סידור קורן לתשעה באב

זכר ה׳ מה היה לנו

מוגה ומבואר בידי
הרב דוד פוקס

•

הוצאת קורן ירושלים

סידור קורן לתשעה באב
מהדורה ראשונה © 2016
הוצאת קורן ירושלים
ת״ד 4044 ירושלים 91040
www.korenpub.com

© כל הזכויות שמורות על גופן תנ״ך קורן, 1962. הוצאת קורן ירושלים בע״מ, 2016
© כל הזכויות שמורות על גופן סידור קורן, 1981. הוצאת קורן ירושלים בע״מ, 2016

אין לשכפל, להעתיק, לצלם, להקליט, לאחסן במאגר מידע, לשדר או לקלוט בכל דרך או בכ
אלקטרוני, אופטי, מכני או אחר כל חלק שהוא מן החומר שבספר זה. שימוש מסחרי מכל ס
הכלול בספר זה אסור בהחלט אלא ברשות מפורשת בכתב מהמו״ל.

אשכנז, מהדורה אישית, כריכה רכה, מסת״ב: 978-965-301-848-8

קצא1

סידור קורן לתשעה באב • נוסח אשכנז

קורן ירושלים

הקדמה i

ערבית לתשעה באב 1
ברכו 3
עמידה 10
מגילת איכה 19
קינות לערב תשעה באב 29
סיום התפילה 38

שחרית לתשעה באב 43
השכמת הבוקר 45
הכנה לתפילה 49
ברכות השחר 52
קדיש דרבנן 66
פסוקי דזמרה 70
ברכו 82
קריאת שמע 86
עמידה 91
סדר קריאת התורה 100
קינות לתשעה באב 109
סיום התפילה 201

מנחה לתשעה באב 207
עטיפת טלית 209
הנחת תפילין 210
שיר של יום 214
סדר קריאת התורה 220
עמידה 227

ערבית למוצאי תשעה באב 241
ברכו 243
עמידה 249
הבדלה 259
קידוש לבנה 259

קינות על קדושי השואה 265

מפתח הקינות 279

הקדמה

"מִי־יִתְּנֵנִי כְיַרְחֵי־קֶדֶם, כִּימֵי אֱלוֹהַּ יִשְׁמְרֵנִי" (איוב כט, ב)
"אֲשַׁוַּע אֵלֶיךָ וְלֹא תַעֲנֵנִי, עָמַדְתִּי, וַתִּתְבֹּנֶן בִּי" (איוב ל, כ)

בכל ספר הרואה אור בהוצאתנו מושקעות שעות רבות של עמל, בירור וליטוש. כדי להעניק לציבור דבר נאה ומתקבל, נדרש להתחיל את המלאכה כשנה לפני מועד היציאה לאור העולם. מציאות זו העמידה אותנו בפני התלבטות: בכל יום אנו מתפללים על שיבת ה' לציון, הכיצד זה נשקיע זמן ומאמצים רבים כל כך בספר שכלל לא ייקרא בפי הציבור אם נוכה שה' ייענה לתפילותינו אלה? האם ניגע לריק? לעומת זה, האין מוטל עלינו לשרת את הציבור ולהגיש לו את סדר הקינות השייכות ליום החורבן, הנהוג כבר אלפיים שנה ואולי אף יותר?

מסתבר שההתלבטות, אם להשקיע מאמצים אף שייתכן שמהלך הגאולה יושלם בקרוב, נוגעת לתחומים רבים אחרים בחיינו, ובעיקר לשיקולים העומדים לפנינו בעת קבלת החלטות. אילו היה לנו ברור שבתוך זמן מועט תגיע הגאולה השלמה, האם היינו בוחרים בקריירה אחרת? האם היינו מייעדים כסף לקרבנות? האם היינו מקצים מקום בבתינו לחפירת מקווה טהרה? ואם התשובה לכל אלה היא שלילית, האם יצאנו מגדר "מצפים לישועה" (שבת לא ע"א)? לעומת זה, האין מוטל עלינו לעצב את אורח חיינו על פי המציאות שבה אנו חיים?

לשאלות אלה אין מענה. אין הסבר מתקבל על הדעת שיפשר כיאות בין הציפייה לעתיד להשלמה עם ההווה. למתח זה מתווספת המורכבות של הקינות הנאמרות בתשעה באב. מהי מהותן? האם אנחנו זועקים בהן על מצבנו הדל מתוך כאב נואש? האם אנחנו מעלים לפני ה' ולפנינו את זיכרון החורבן? האם אנחנו מתחננים לגאולה ולתיקון המעוות? נראה שאף כאן אין הכרעה. כשם שהקינות נכתבו במהלך אלפיים השנים האחרונות בציפייה והשלמה, בזעקה ותקווה, בזיכרון ותחינה – כן הן נאמרות גם בימינו.

העריכה של הקינות והכתיבה של המבואות נעשתה בראש ובראשונה בידיו הנאמנות של הרב דוד פוקס. הטקסט לקוח מסדר הקינות עם פירוש הרי"ד סולובייצ'יק שיצא לאור בהוצאתנו לפני חמש שנים, אז הוכן בידי פנחס רוט בבירור קפדני של הנוסח המקורי של כל הקינות מתוך כתבי יד ודפוסים ישנים, והוגה בידי חנן אריאל וישראל אליצור. את ההגהה לקינות ולמבואות עשתה אפרת גרוס,

והעיצוב המוקפד הוא מעשה ידיה של אסתר באר, על פי העקרונות שקבע אליהו קורן ז״ל. על ההפקה אמון אבישי מגנצא. תקוותנו בעת כתיבת שורות אלה היא שלא יהיה עוד צורך להשתמש בספר זה, מלבד להיזכר כבחלום בימים עָבְרו: ״שיר המעלות בשוב ה׳ את שיבת ציון היינו כחולמים״ (תהלים קכו, א).

בדור שבו אפשר לקבל תשובות לכל שאלה ובקשה בלחיצת כפתור, מציאות של תהייה וסתירות אינה דבר מצוי. אך בתשעה באב הנחת היסוד היא שאין לנו פתרון, ופנייתנו אל ה׳ מורכבת מקריאות רבות שנכתבו במהלך הדורות. שלב זה של זעקה, תעייה וחיפוש נואש ככל הנראה הוא חלק מתהליך הגאולה.

עת אראה יפיֵךְ / אקרא משוררים בשיר
עת אחזה ענֵיךְ / אקרא מקוננֶיךָ
(מתוך הקינה ׳ציון עטרת צבי׳).

יהושע מילר
ערב בין המצרים התשע״ו
שנת החמישים לאיחוד ירושלים

ערבית לתשעה באב

ערבית לתשעה באב

״בְּלֵיל זֶה יִבְכָּיוּן וְיֵלִילוּ בָּנַי״.

במוצאי שבת נוהגים לחלוץ את הנעליים אחרי ׳בָּרְכוּ׳, אך שליח הציבור חולץ לפני ׳בָּרְכוּ׳ ואומר ׳בָּרוּךְ הַמַּבְדִּיל׳. ויש נוהגים לדחות את התפילה עד אחר יציאת השבת, ושכל אחד מהקהל אומר ׳בָּרוּךְ הַמַּבְדִּיל׳ וחולץ נעליים בביתו.

בָּרוּךְ הַמַּבְדִּיל בֵּין קֹדֶשׁ לְחוֹל

קודם התפילה שליח הציבור אומר ׳וְהוּא רַחוּם׳ (סדר רב עמרם גאון), מכיוון שבערבית אין קרבנות ציבור שיכפרו עלינו כבשחרית ובמנחה (מחזור ויטרי).

וְהוּא רַחוּם, יְכַפֵּר עָוֹן וְלֹא־יַשְׁחִית תהלים עח
וְהִרְבָּה לְהָשִׁיב אַפּוֹ, וְלֹא־יָעִיר כָּל־חֲמָתוֹ:
יהוה הוֹשִׁיעָה, הַמֶּלֶךְ יַעֲנֵנוּ בְיוֹם־קָרְאֵנוּ: תהלים כ

קריאת שמע וברכותיה

שליח הציבור כורע בתיבת ׳בָּרְכוּ׳ וזוקף בשם. הקהל כורע בתיבת ׳בָּרוּךְ׳ וזוקף בשם, ושליח הציבור כורע שוב כאשר הוא חוזר אחריהם.

ש״ץ: **בָּרְכוּ**

אֶת יהוה הַמְבֹרָךְ.

קהל: **בָּרוּךְ יהוה הַמְבֹרָךְ לְעוֹלָם וָעֶד.**

ש״ץ: **בָּרוּךְ יהוה הַמְבֹרָךְ לְעוֹלָם וָעֶד.**

במוצאי שבת המתפללים חולצים את נעליהם כאן.

מזכירים את היום בלילה ואת הלילה ביום (ברכות יא ע״ב).
האבחנה בין היום ללילה היא עדות על נאמנות
הקב״ה בדבריו ועל קיום בריתו עם ישראל
(סידור הרוקח על פי ירמיה ל״א, ל״ד).

בָּרוּךְ אַתָּה יהוה אֱלֹהֵינוּ מֶלֶךְ הָעוֹלָם
אֲשֶׁר בִּדְבָרוֹ מַעֲרִיב עֲרָבִים
בְּחָכְמָה פּוֹתֵחַ שְׁעָרִים
וּבִתְבוּנָה מְשַׁנֶּה עִתִּים וּמַחֲלִיף אֶת הַזְּמַנִּים
וּמְסַדֵּר אֶת הַכּוֹכָבִים בְּמִשְׁמְרוֹתֵיהֶם בָּרָקִיעַ כִּרְצוֹנוֹ.
בּוֹרֵא יוֹם וָלָיְלָה
גּוֹלֵל אוֹר מִפְּנֵי חֹשֶׁךְ וְחֹשֶׁךְ מִפְּנֵי אוֹר
‹ וּמַעֲבִיר יוֹם וּמֵבִיא לָיְלָה
וּמַבְדִּיל בֵּין יוֹם וּבֵין לָיְלָה
יהוה צְבָאוֹת שְׁמוֹ.
אֵל חַי וְקַיָּם תָּמִיד, יִמְלֹךְ עָלֵינוּ לְעוֹלָם וָעֶד.
בָּרוּךְ אַתָּה יהוה, הַמַּעֲרִיב עֲרָבִים.

אַהֲבַת עוֹלָם בֵּית יִשְׂרָאֵל עַמְּךָ אָהָבְתָּ
תּוֹרָה וּמִצְוֹת, חֻקִּים וּמִשְׁפָּטִים, אוֹתָנוּ לִמַּדְתָּ
עַל כֵּן יהוה אֱלֹהֵינוּ בְּשָׁכְבֵנוּ וּבְקוּמֵנוּ נָשִׂיחַ בְּחֻקֶּיךָ
וְנִשְׂמַח בְּדִבְרֵי תוֹרָתֶךָ וּבְמִצְוֹתֶיךָ לְעוֹלָם וָעֶד
‹ כִּי הֵם חַיֵּינוּ וְאֹרֶךְ יָמֵינוּ
וּבָהֶם נֶהְגֶּה יוֹמָם וָלָיְלָה.
וְאַהֲבָתְךָ אַל תָּסִיר מִמֶּנּוּ לְעוֹלָמִים.
בָּרוּךְ אַתָּה יהוה, אוֹהֵב עַמּוֹ יִשְׂרָאֵל.

ערבית לתשעה באב · קריאת שמע וברכותיה 5

״יקרא קריאת שמע בכוונה – באימה, ביראה, ברתת וזיע״ (שו״ע סא, א).

המתפלל ביחידות אומר:

אֵל מֶלֶךְ נֶאֱמָן

מכסה את עיניו בידו ואומר בכוונה ובקול רם:

שְׁמַע יִשְׂרָאֵל, יהוה אֱלֹהֵינוּ, יהוה ׀ אֶחָד דברים ו

בלחש: **בָּרוּךְ שֵׁם כְּבוֹד מַלְכוּתוֹ לְעוֹלָם וָעֶד.**

וְאָהַבְתָּ אֵת יהוה אֱלֹהֶיךָ, בְּכָל־לְבָבְךָ וּבְכָל־נַפְשְׁךָ וּבְכָל־ דברים ו
מְאֹדֶךָ׃ וְהָיוּ הַדְּבָרִים הָאֵלֶּה, אֲשֶׁר אָנֹכִי מְצַוְּךָ הַיּוֹם, עַל־לְבָבֶךָ׃
וְשִׁנַּנְתָּם לְבָנֶיךָ וְדִבַּרְתָּ בָּם, בְּשִׁבְתְּךָ בְּבֵיתֶךָ וּבְלֶכְתְּךָ בַדֶּרֶךְ,
וּבְשָׁכְבְּךָ וּבְקוּמֶךָ׃ וּקְשַׁרְתָּם לְאוֹת עַל־יָדֶךָ וְהָיוּ לְטֹטָפֹת בֵּין
עֵינֶיךָ׃ וּכְתַבְתָּם עַל־מְזֻזוֹת בֵּיתֶךָ וּבִשְׁעָרֶיךָ׃

וְהָיָה אִם־שָׁמֹעַ תִּשְׁמְעוּ אֶל־מִצְוֺתַי אֲשֶׁר אָנֹכִי מְצַוֶּה אֶתְכֶם דברים יא
הַיּוֹם, לְאַהֲבָה אֶת־יהוה אֱלֹהֵיכֶם וּלְעָבְדוֹ, בְּכָל־לְבַבְכֶם וּבְכָל־
נַפְשְׁכֶם׃ וְנָתַתִּי מְטַר־אַרְצְכֶם בְּעִתּוֹ, יוֹרֶה וּמַלְקוֹשׁ, וְאָסַפְתָּ
דְגָנֶךָ וְתִירֹשְׁךָ וְיִצְהָרֶךָ׃ וְנָתַתִּי עֵשֶׂב בְּשָׂדְךָ לִבְהֶמְתֶּךָ, וְאָכַלְתָּ
וְשָׂבָעְתָּ׃ הִשָּׁמְרוּ לָכֶם פֶּן־יִפְתֶּה לְבַבְכֶם, וְסַרְתֶּם וַעֲבַדְתֶּם
אֱלֹהִים אֲחֵרִים וְהִשְׁתַּחֲוִיתֶם לָהֶם׃ וְחָרָה אַף־יהוה בָּכֶם, וְעָצַר
אֶת־הַשָּׁמַיִם וְלֹא־יִהְיֶה מָטָר, וְהָאֲדָמָה לֹא תִתֵּן אֶת־יְבוּלָהּ,
וַאֲבַדְתֶּם מְהֵרָה מֵעַל הָאָרֶץ הַטֹּבָה אֲשֶׁר יהוה נֹתֵן לָכֶם׃
וְשַׂמְתֶּם אֶת־דְּבָרַי אֵלֶּה עַל־לְבַבְכֶם וְעַל־נַפְשְׁכֶם, וּקְשַׁרְתֶּם
אֹתָם לְאוֹת עַל־יֶדְכֶם, וְהָיוּ לְטוֹטָפֹת בֵּין עֵינֵיכֶם׃ וְלִמַּדְתֶּם
אֹתָם אֶת־בְּנֵיכֶם לְדַבֵּר בָּם, בְּשִׁבְתְּךָ בְּבֵיתֶךָ, וּבְלֶכְתְּךָ בַדֶּרֶךְ,

וּבְשָׁכְבְּךָ וּבְקוּמֶךָ: וּכְתַבְתָּם עַל־מְזוּזוֹת בֵּיתֶךָ וּבִשְׁעָרֶיךָ: לְמַעַן
יִרְבּוּ יְמֵיכֶם וִימֵי בְנֵיכֶם עַל הָאֲדָמָה אֲשֶׁר נִשְׁבַּע יהוה לַאֲבֹתֵיכֶם
לָתֵת לָהֶם, כִּימֵי הַשָּׁמַיִם עַל־הָאָרֶץ:

במדבר טו וַיֹּאמֶר יהוה אֶל־מֹשֶׁה לֵּאמֹר: דַּבֵּר אֶל־בְּנֵי יִשְׂרָאֵל וְאָמַרְתָּ
אֲלֵהֶם, וְעָשׂוּ לָהֶם צִיצִת עַל־כַּנְפֵי בִגְדֵיהֶם לְדֹרֹתָם, וְנָתְנוּ
עַל־צִיצִת הַכָּנָף פְּתִיל תְּכֵלֶת: וְהָיָה לָכֶם לְצִיצִת, וּרְאִיתֶם אֹתוֹ,
וּזְכַרְתֶּם אֶת־כָּל־מִצְוֺת יהוה וַעֲשִׂיתֶם אֹתָם, וְלֹא תָתֻרוּ אַחֲרֵי
לְבַבְכֶם וְאַחֲרֵי עֵינֵיכֶם, אֲשֶׁר־אַתֶּם זֹנִים אַחֲרֵיהֶם: לְמַעַן תִּזְכְּרוּ
וַעֲשִׂיתֶם אֶת־כָּל־מִצְוֺתָי, וִהְיִיתֶם קְדֹשִׁים לֵאלֹהֵיכֶם: אֲנִי יהוה
אֱלֹהֵיכֶם, אֲשֶׁר הוֹצֵאתִי אֶתְכֶם מֵאֶרֶץ מִצְרַיִם, לִהְיוֹת לָכֶם
לֵאלֹהִים, אֲנִי יהוה אֱלֹהֵיכֶם:

אֱמֶת

שליח הציבור חוזר ואומר:

‹ יהוה אֱלֹהֵיכֶם אֱמֶת

וֶאֱמוּנָה כָּל זֹאת וְקַיָּם עָלֵינוּ
כִּי הוּא יהוה אֱלֹהֵינוּ וְאֵין זוּלָתוֹ
וַאֲנַחְנוּ יִשְׂרָאֵל עַמּוֹ.
הַפּוֹדֵנוּ מִיַּד מְלָכִים
מַלְכֵּנוּ הַגּוֹאֲלֵנוּ מִכַּף כָּל הֶעָרִיצִים.
הָאֵל הַנִּפְרָע לָנוּ מִצָּרֵינוּ
וְהַמְשַׁלֵּם גְּמוּל לְכָל אוֹיְבֵי נַפְשֵׁנוּ.

הָעוֹשֶׂה גְדוֹלוֹת עַד אֵין חֵקֶר, וְנִפְלָאוֹת עַד אֵין מִסְפָּר
הַשָּׂם נַפְשֵׁנוּ בַּחַיִּים, וְלֹא נָתַן לַמּוֹט רַגְלֵנוּ
הַמַּדְרִיכֵנוּ עַל בָּמוֹת אוֹיְבֵינוּ
וַיָּרֶם קַרְנֵנוּ עַל כָּל שׂוֹנְאֵינוּ.
הָעוֹשֶׂה לָנוּ נִסִּים וּנְקָמָה בְּפַרְעֹה
אוֹתוֹת וּמוֹפְתִים בְּאַדְמַת בְּנֵי חָם.
הַמַּכֶּה בְעֶבְרָתוֹ כָּל בְּכוֹרֵי מִצְרָיִם
וַיּוֹצֵא אֶת עַמּוֹ יִשְׂרָאֵל מִתּוֹכָם לְחֵרוּת עוֹלָם.
הַמַּעֲבִיר בָּנָיו בֵּין גִּזְרֵי יַם סוּף
אֶת רוֹדְפֵיהֶם וְאֶת שׂוֹנְאֵיהֶם בִּתְהוֹמוֹת טִבַּע
וְרָאוּ בָנָיו גְּבוּרָתוֹ, שִׁבְּחוּ וְהוֹדוּ לִשְׁמוֹ
‹ וּמַלְכוּתוֹ בְּרָצוֹן קִבְּלוּ עֲלֵיהֶם.
מֹשֶׁה וּבְנֵי יִשְׂרָאֵל, לְךָ עָנוּ שִׁירָה בְּשִׂמְחָה רַבָּה
וְאָמְרוּ כֻלָּם

מִי־כָמֹכָה בָּאֵלִם יהוה שמות טו
מִי כָּמֹכָה נֶאְדָּר בַּקֹּדֶשׁ
נוֹרָא תְהִלֹּת עֹשֵׂה פֶלֶא:

‹ מַלְכוּתְךָ רָאוּ בָנֶיךָ, בּוֹקֵעַ יָם לִפְנֵי מֹשֶׁה
זֶה אֵלִי עָנוּ, וְאָמְרוּ
יהוה יִמְלֹךְ לְעֹלָם וָעֶד: שמות טו

‹ וְנֶאֱמַר
כִּי־פָדָה יהוה אֶת־יַעֲקֹב, וּגְאָלוֹ מִיַּד חָזָק מִמֶּנּוּ: ירמיה לא
בָּרוּךְ אַתָּה יהוה, גָּאַל יִשְׂרָאֵל.

הַשְׁכִּיבֵנוּ יהוה אֱלֹהֵינוּ לְשָׁלוֹם
וְהַעֲמִידֵנוּ מַלְכֵּנוּ לְחַיִּים
וּפְרֹשׂ עָלֵינוּ סֻכַּת שְׁלוֹמֶךָ
וְתַקְּנֵנוּ בְּעֵצָה טוֹבָה מִלְּפָנֶיךָ
וְהוֹשִׁיעֵנוּ לְמַעַן שְׁמֶךָ.
וְהָגֵן בַּעֲדֵנוּ, וְהָסֵר מֵעָלֵינוּ אוֹיֵב, דֶּבֶר וְחֶרֶב וְרָעָב וְיָגוֹן
וְהָסֵר שָׂטָן מִלְּפָנֵינוּ וּמֵאַחֲרֵינוּ
וּבְצֵל כְּנָפֶיךָ תַּסְתִּירֵנוּ
כִּי אֵל שׁוֹמְרֵנוּ וּמַצִּילֵנוּ אָתָּה
כִּי אֵל מֶלֶךְ חַנּוּן וְרַחוּם אָתָּה.
◂ וּשְׁמֹר צֵאתֵנוּ וּבוֹאֵנוּ לְחַיִּים וּלְשָׁלוֹם מֵעַתָּה וְעַד עוֹלָם.
בָּרוּךְ אַתָּה יהוה, שׁוֹמֵר עַמּוֹ יִשְׂרָאֵל לָעַד.

בארץ ישראל ממשיכים את התפילה בחצי קדיש בעמוד הבא. בחו״ל יש אומרים:

בָּרוּךְ יהוה לְעוֹלָם, אָמֵן וְאָמֵן: בָּרוּךְ יהוה מִצִּיּוֹן, שֹׁכֵן יְרוּשָׁלָםִ, תהלים פט תהלים קלה
הַלְלוּיָהּ: בָּרוּךְ יהוה אֱלֹהִים אֱלֹהֵי יִשְׂרָאֵל, עֹשֵׂה נִפְלָאוֹת לְבַדּוֹ: תהלים עב
וּבָרוּךְ שֵׁם כְּבוֹדוֹ לְעוֹלָם, וְיִמָּלֵא כְבוֹדוֹ אֶת־כָּל־הָאָרֶץ, אָמֵן וְאָמֵן:
יְהִי כְבוֹד יהוה לְעוֹלָם, יִשְׂמַח יהוה בְּמַעֲשָׂיו: יְהִי שֵׁם יהוה מְבֹרָךְ תהלים קד תהלים קיג
מֵעַתָּה וְעַד־עוֹלָם: כִּי לֹא־יִטֹּשׁ יהוה אֶת־עַמּוֹ בַּעֲבוּר שְׁמוֹ הַגָּדוֹל, שמואל א׳ יב
כִּי הוֹאִיל יהוה לַעֲשׂוֹת אֶתְכֶם לוֹ לְעָם: וַיַּרְא כָּל־הָעָם וַיִּפְּלוּ עַל־ מלכים א׳ יח
פְּנֵיהֶם, וַיֹּאמְרוּ, יהוה הוּא הָאֱלֹהִים, יהוה הוּא הָאֱלֹהִים: וְהָיָה זכריה יד
יהוה לְמֶלֶךְ עַל־כָּל־הָאָרֶץ, בַּיּוֹם הַהוּא יִהְיֶה יהוה אֶחָד וּשְׁמוֹ
אֶחָד: יְהִי־חַסְדְּךָ יהוה עָלֵינוּ, כַּאֲשֶׁר יִחַלְנוּ לָךְ: תהלים לג

הוֹשִׁיעֵנוּ יהוה אֱלֹהֵינוּ, וְקַבְּצֵנוּ מִן־הַגּוֹיִם, לְהוֹדוֹת לְשֵׁם קָדְשֶׁךָ, תהלים קו
לְהִשְׁתַּבֵּחַ בִּתְהִלָּתֶךָ: כָּל־גּוֹיִם אֲשֶׁר עָשִׂיתָ, יָבוֹאוּ וְיִשְׁתַּחֲווּ לְפָנֶיךָ, תהלים פו
אֲדֹנָי וִיכַבְּדוּ לִשְׁמֶךָ: כִּי־גָדוֹל אַתָּה וְעֹשֵׂה נִפְלָאוֹת, אַתָּה אֱלֹהִים

לְבַדֶּךָ: וַאֲנַחְנוּ עַמְּךָ וְצֹאן מַרְעִיתֶךָ, נוֹדֶה לְּךָ לְעוֹלָם, לְדוֹר וָדֹר תהלים עט
נְסַפֵּר תְּהִלָּתֶךָ:

בָּרוּךְ יהוה בַּיּוֹם, בָּרוּךְ יהוה בַּלָּיְלָה. בָּרוּךְ יהוה בְּשָׁכְבֵנוּ, בָּרוּךְ
יהוה בְּקוּמֵנוּ. כִּי בְיָדְךָ נַפְשׁוֹת הַחַיִּים וְהַמֵּתִים. אֲשֶׁר בְּיָדוֹ נֶפֶשׁ איוב יב
כָּל־חָי, וְרוּחַ כָּל־בְּשַׂר־אִישׁ: בְּיָדְךָ אַפְקִיד רוּחִי, פָּדִיתָה אוֹתִי יהוה תהלים לא
אֵל אֱמֶת: אֱלֹהֵינוּ שֶׁבַּשָּׁמַיִם, יַחֵד שִׁמְךָ וְקַיֵּם מַלְכוּתְךָ תָּמִיד,
וּמְלֹךְ עָלֵינוּ לְעוֹלָם וָעֶד.

יִרְאוּ עֵינֵינוּ וְיִשְׂמַח לִבֵּנוּ, וְתָגֵל נַפְשֵׁנוּ בִּישׁוּעָתְךָ בֶּאֱמֶת, בֶּאֱמֹר
לְצִיּוֹן מָלַךְ אֱלֹהָיִךְ. יהוה מֶלֶךְ, יהוה מָלָךְ, יהוה יִמְלֹךְ לְעֹלָם וָעֶד.
· כִּי הַמַּלְכוּת שֶׁלְּךָ הִיא, וּלְעוֹלְמֵי עַד תִּמְלֹךְ בְּכָבוֹד, כִּי אֵין לָנוּ
מֶלֶךְ אֶלָּא אָתָּה. בָּרוּךְ אַתָּה יהוה, הַמֶּלֶךְ בִּכְבוֹדוֹ תָּמִיד, יִמְלֹךְ
עָלֵינוּ לְעוֹלָם וָעֶד, וְעַל כָּל מַעֲשָׂיו.

חצי קדיש

ש״ץ: יִתְגַּדַּל וְיִתְקַדַּשׁ שְׁמֵהּ רַבָּא (קהל: אָמֵן)
בְּעָלְמָא דִּי בְרָא כִרְעוּתֵהּ
וְיַמְלִיךְ מַלְכוּתֵהּ
בְּחַיֵּיכוֹן וּבְיוֹמֵיכוֹן וּבְחַיֵּי דְכָל בֵּית יִשְׂרָאֵל
בַּעֲגָלָא וּבִזְמַן קָרִיב, וְאִמְרוּ אָמֵן. (קהל: אָמֵן)

קהל וש״ץ: יְהֵא שְׁמֵהּ רַבָּא מְבָרַךְ לְעָלַם וּלְעָלְמֵי עָלְמַיָּא.

ש״ץ: יִתְבָּרַךְ וְיִשְׁתַּבַּח וְיִתְפָּאַר וְיִתְרוֹמַם וְיִתְנַשֵּׂא
וְיִתְהַדָּר וְיִתְעַלֶּה וְיִתְהַלָּל
שְׁמֵהּ דְּקֻדְשָׁא בְּרִיךְ הוּא (קהל: בְּרִיךְ הוּא)
לְעֵלָּא מִן כָּל בִּרְכָתָא וְשִׁירָתָא, תֻּשְׁבְּחָתָא וְנֶחֱמָתָא
דַּאֲמִירָן בְּעָלְמָא, וְאִמְרוּ אָמֵן. (קהל: אָמֵן)

עמידה

"ומתפללים בנחת ודרך בכי כאבלים" (רמ"א, תקנט, א).

"המתפלל צריך שיכוין בלבו פירוש המלות שמוציא בשפתיו; ויחשוב כאלו שכינה כנגדו ויסיר כל המחשבות הטורדות אותו עד שתשאר מחשבתו וכוונתו זכה בתפלתו" (שו"ע צח, א).

פוסע שלוש פסיעות לפנים, כמי שנכנס לפני המלך. עומד ומתפלל בלחש מכאן ועד 'וּכְשָׁנִים קַדְמֹנִיּוֹת' בעמ' 16.

כורע במקומות המסומנים ב־ ׳, קד לפנים במילה הבאה וזוקף בשם.

אֲדֹנָי, שְׂפָתַי תִּפְתָּח, וּפִי יַגִּיד תְּהִלָּתֶךָ: תהלים נא

אבות

׳בָּרוּךְ אַתָּה יהוה, אֱלֹהֵינוּ וֵאלֹהֵי אֲבוֹתֵינוּ
אֱלֹהֵי אַבְרָהָם, אֱלֹהֵי יִצְחָק, וֵאלֹהֵי יַעֲקֹב
הָאֵל הַגָּדוֹל הַגִּבּוֹר וְהַנּוֹרָא, אֵל עֶלְיוֹן
גּוֹמֵל חֲסָדִים טוֹבִים, וְקוֹנֵה הַכֹּל
וְזוֹכֵר חַסְדֵי אָבוֹת
וּמֵבִיא גוֹאֵל לִבְנֵי בְנֵיהֶם, לְמַעַן שְׁמוֹ בְּאַהֲבָה.
מֶלֶךְ עוֹזֵר וּמוֹשִׁיעַ וּמָגֵן.
׳בָּרוּךְ אַתָּה יהוה, מָגֵן אַבְרָהָם.

גבורות

אַתָּה גִּבּוֹר לְעוֹלָם, אֲדֹנָי
מְחַיֵּה מֵתִים אַתָּה, רַב לְהוֹשִׁיעַ
בארץ ישראל: מוֹרִיד הַטָּל
מְכַלְכֵּל חַיִּים בְּחֶסֶד
מְחַיֵּה מֵתִים בְּרַחֲמִים רַבִּים
סוֹמֵךְ נוֹפְלִים, וְרוֹפֵא חוֹלִים, וּמַתִּיר אֲסוּרִים
וּמְקַיֵּם אֱמוּנָתוֹ לִישֵׁנֵי עָפָר.

מִי כָמוֹךָ, בַּעַל גְּבוּרוֹת, וּמִי דּוֹמֶה לָּךְ
מֶלֶךְ, מֵמִית וּמְחַיֶּה וּמַצְמִיחַ יְשׁוּעָה.
וְנֶאֱמָן אַתָּה לְהַחֲיוֹת מֵתִים.
בָּרוּךְ אַתָּה יהוה, מְחַיֵּה הַמֵּתִים.

קדושת השם

אַתָּה קָדוֹשׁ וְשִׁמְךָ קָדוֹשׁ
וּקְדוֹשִׁים בְּכָל יוֹם יְהַלְלוּךָ סֶּלָה.
בָּרוּךְ אַתָּה יהוה, הָאֵל הַקָּדוֹשׁ.

דעת

אַתָּה חוֹנֵן לְאָדָם דַּעַת, וּמְלַמֵּד לֶאֱנוֹשׁ בִּינָה.

במוצאי שבת:

אַתָּה חוֹנַנְתָּנוּ לְמַדַּע תּוֹרָתֶךָ, וַתְּלַמְּדֵנוּ לַעֲשׂוֹת חֻקֵּי רְצוֹנֶךָ, וַתַּבְדֵּל יהוה אֱלֹהֵינוּ בֵּין קֹדֶשׁ לְחֹל, בֵּין אוֹר לְחֹשֶׁךְ, בֵּין יִשְׂרָאֵל לָעַמִּים, בֵּין יוֹם הַשְּׁבִיעִי לְשֵׁשֶׁת יְמֵי הַמַּעֲשֶׂה. אָבִינוּ מַלְכֵּנוּ, הָחֵל עָלֵינוּ הַיָּמִים הַבָּאִים לִקְרָאתֵנוּ לְשָׁלוֹם, חֲשׂוּכִים מִכָּל חֵטְא וּמְנֻקִּים מִכָּל עָוֹן וּמְדֻבָּקִים בְּיִרְאָתֶךָ. וְ

חָנֵּנוּ מֵאִתְּךָ דֵּעָה בִּינָה וְהַשְׂכֵּל.
בָּרוּךְ אַתָּה יהוה, חוֹנֵן הַדָּעַת.

תשובה

הֲשִׁיבֵנוּ אָבִינוּ לְתוֹרָתֶךָ
וְקָרְבֵנוּ מַלְכֵּנוּ לַעֲבוֹדָתֶךָ
וְהַחֲזִירֵנוּ בִּתְשׁוּבָה שְׁלֵמָה לְפָנֶיךָ.
בָּרוּךְ אַתָּה יהוה, הָרוֹצֶה בִּתְשׁוּבָה.

סליחה
נוהגים להכות כנגד הלב במקומות המסומנים ב°.

סְלַח לָנוּ אָבִינוּ כִּי °חָטָאנוּ
מְחַל לָנוּ מַלְכֵּנוּ כִּי °פָשָׁעְנוּ
כִּי מוֹחֵל וְסוֹלֵחַ אָתָּה.
בָּרוּךְ אַתָּה יהוה, חַנּוּן הַמַּרְבֶּה לִסְלֹחַ.

גאולה

רְאֵה בְעָנְיֵנוּ, וְרִיבָה רִיבֵנוּ
וּגְאָלֵנוּ מְהֵרָה לְמַעַן שְׁמֶךָ
כִּי גּוֹאֵל חָזָק אָתָּה.
בָּרוּךְ אַתָּה יהוה, גּוֹאֵל יִשְׂרָאֵל.

רפואה

רְפָאֵנוּ יהוה וְנֵרָפֵא
הוֹשִׁיעֵנוּ וְנִוָּשֵׁעָה
כִּי תְהִלָּתֵנוּ אָתָּה
וְהַעֲלֵה רְפוּאָה שְׁלֵמָה לְכָל מַכּוֹתֵינוּ

המתפלל על חולה מוסיף:
יְהִי רָצוֹן מִלְּפָנֶיךָ יהוה אֱלֹהַי וֵאלֹהֵי אֲבוֹתַי, שֶׁתִּשְׁלַח מְהֵרָה רְפוּאָה שְׁלֵמָה מִן הַשָּׁמַיִם, רְפוּאַת הַנֶּפֶשׁ וּרְפוּאַת הַגּוּף, לַחוֹלֶה פלוני בֶּן פלונית/ לַחוֹלָה פלונית בַּת פלונית בְּתוֹךְ שְׁאָר חוֹלֵי יִשְׂרָאֵל

כִּי אֵל מֶלֶךְ רוֹפֵא נֶאֱמָן וְרַחֲמָן אָתָּה.
בָּרוּךְ אַתָּה יהוה, רוֹפֵא חוֹלֵי עַמּוֹ יִשְׂרָאֵל.

ברכת השנים

בָּרֵךְ עָלֵינוּ יהוה אֱלֹהֵינוּ אֶת הַשָּׁנָה הַזֹּאת
וְאֶת כָּל מִינֵי תְבוּאָתָהּ, לְטוֹבָה
וְתֵן בְּרָכָה עַל פְּנֵי הָאֲדָמָה, וְשַׂבְּעֵנוּ מִטּוּבָהּ
וּבָרֵךְ שְׁנָתֵנוּ כַּשָּׁנִים הַטּוֹבוֹת.
בָּרוּךְ אַתָּה יהוה, מְבָרֵךְ הַשָּׁנִים.

קיבוץ גלויות

תְּקַע בְּשׁוֹפָר גָּדוֹל לְחֵרוּתֵנוּ, וְשָׂא נֵס לְקַבֵּץ גָּלֻיּוֹתֵינוּ
וְקַבְּצֵנוּ יַחַד מֵאַרְבַּע כַּנְפוֹת הָאָרֶץ.
בָּרוּךְ אַתָּה יהוה, מְקַבֵּץ נִדְחֵי עַמּוֹ יִשְׂרָאֵל.

השבת המשפט

הָשִׁיבָה שׁוֹפְטֵינוּ כְּבָרִאשׁוֹנָה, וְיוֹעֲצֵינוּ כְּבַתְּחִלָּה
וְהָסֵר מִמֶּנּוּ יָגוֹן וַאֲנָחָה
וּמְלֹךְ עָלֵינוּ אַתָּה יהוה לְבַדְּךָ בְּחֶסֶד וּבְרַחֲמִים
וְצַדְּקֵנוּ בַּמִּשְׁפָּט.
בָּרוּךְ אַתָּה יהוה, מֶלֶךְ אוֹהֵב צְדָקָה וּמִשְׁפָּט.

ברכת המינים

וְלַמַּלְשִׁינִים אַל תְּהִי תִקְוָה
וְכָל הָרִשְׁעָה כְּרֶגַע תֹּאבֵד
וְכָל אוֹיְבֵי עַמְּךָ מְהֵרָה יִכָּרֵתוּ
וְהַזֵּדִים מְהֵרָה תְעַקֵּר וּתְשַׁבֵּר וּתְמַגֵּר וְתַכְנִיעַ בִּמְהֵרָה בְיָמֵינוּ.
בָּרוּךְ אַתָּה יהוה, שׁוֹבֵר אוֹיְבִים וּמַכְנִיעַ זֵדִים.

על הצדיקים

עַל הַצַּדִּיקִים וְעַל הַחֲסִידִים
וְעַל זִקְנֵי עַמְּךָ בֵּית יִשְׂרָאֵל, וְעַל פְּלֵיטַת סוֹפְרֵיהֶם
וְעַל גֵּרֵי הַצֶּדֶק, וְעָלֵינוּ
יֶהֱמוּ רַחֲמֶיךָ יהוה אֱלֹהֵינוּ
וְתֵן שָׂכָר טוֹב לְכָל הַבּוֹטְחִים בְּשִׁמְךָ בֶּאֱמֶת
וְשִׂים חֶלְקֵנוּ עִמָּהֶם
וּלְעוֹלָם לֹא נֵבוֹשׁ כִּי בְךָ בָּטָחְנוּ.
בָּרוּךְ אַתָּה יהוה, מִשְׁעָן וּמִבְטָח לַצַּדִּיקִים.

בניין ירושלים

וְלִירוּשָׁלַיִם עִירְךָ בְּרַחֲמִים תָּשׁוּב
וְתִשְׁכֹּן בְּתוֹכָהּ כַּאֲשֶׁר דִּבַּרְתָּ
וּבְנֵה אוֹתָהּ בְּקָרוֹב בְּיָמֵינוּ בִּנְיַן עוֹלָם
וְכִסֵּא דָוִד מְהֵרָה לְתוֹכָהּ תָּכִין.
בָּרוּךְ אַתָּה יהוה, בּוֹנֵה יְרוּשָׁלָיִם.

משיח בן דוד

אֶת צֶמַח דָּוִד עַבְדְּךָ מְהֵרָה תַצְמִיחַ
וְקַרְנוֹ תָּרוּם בִּישׁוּעָתֶךָ, כִּי לִישׁוּעָתְךָ קִוִּינוּ כָּל הַיּוֹם.
בָּרוּךְ אַתָּה יהוה, מַצְמִיחַ קֶרֶן יְשׁוּעָה.

שומע תפילה

שְׁמַע קוֹלֵנוּ יהוה אֱלֹהֵינוּ
חוּס וְרַחֵם עָלֵינוּ, וְקַבֵּל בְּרַחֲמִים וּבְרָצוֹן אֶת תְּפִלָּתֵנוּ
כִּי אֵל שׁוֹמֵעַ תְּפִלּוֹת וְתַחֲנוּנִים אָתָּה

וּמִלְּפָנֶיךָ מַלְכֵּנוּ רֵיקָם אַל תְּשִׁיבֵנוּ
כִּי אַתָּה שׁוֹמֵעַ תְּפִלַּת עַמְּךָ יִשְׂרָאֵל בְּרַחֲמִים.
בָּרוּךְ אַתָּה יהוה, שׁוֹמֵעַ תְּפִלָּה.

עבודה

רְצֵה יהוה אֱלֹהֵינוּ בְּעַמְּךָ יִשְׂרָאֵל, וּבִתְפִלָּתָם
וְהָשֵׁב אֶת הָעֲבוֹדָה לִדְבִיר בֵּיתֶךָ
וְאִשֵּׁי יִשְׂרָאֵל וּתְפִלָּתָם בְּאַהֲבָה תְקַבֵּל בְּרָצוֹן
וּתְהִי לְרָצוֹן תָּמִיד עֲבוֹדַת יִשְׂרָאֵל עַמֶּךָ.
וְתֶחֱזֶינָה עֵינֵינוּ בְּשׁוּבְךָ לְצִיּוֹן בְּרַחֲמִים.
בָּרוּךְ אַתָּה יהוה, הַמַּחֲזִיר שְׁכִינָתוֹ לְצִיּוֹן.

הודאה

כורע ב׳מודים׳ ואינו זוקף עד אמירת השם.

מוֹדִים אֲנַחְנוּ לָךְ
שָׁאַתָּה הוּא יהוה אֱלֹהֵינוּ וֵאלֹהֵי אֲבוֹתֵינוּ לְעוֹלָם וָעֶד.
צוּר חַיֵּינוּ, מָגֵן יִשְׁעֵנוּ אַתָּה הוּא לְדוֹר וָדוֹר.
נוֹדֶה לְּךָ וּנְסַפֵּר תְּהִלָּתֶךָ, עַל חַיֵּינוּ הַמְּסוּרִים בְּיָדֶךָ
וְעַל נִשְׁמוֹתֵינוּ הַפְּקוּדוֹת לָךְ, וְעַל נִסֶּיךָ שֶׁבְּכָל יוֹם עִמָּנוּ
וְעַל נִפְלְאוֹתֶיךָ וְטוֹבוֹתֶיךָ שֶׁבְּכָל עֵת, עֶרֶב וָבֹקֶר וְצָהֳרָיִם.
הַטּוֹב, כִּי לֹא כָלוּ רַחֲמֶיךָ, וְהַמְרַחֵם, כִּי לֹא תַמּוּ חֲסָדֶיךָ
מֵעוֹלָם קִוִּינוּ לָךְ.
וְעַל כֻּלָּם יִתְבָּרַךְ וְיִתְרוֹמַם שִׁמְךָ מַלְכֵּנוּ תָּמִיד לְעוֹלָם וָעֶד.
וְכֹל הַחַיִּים יוֹדוּךָ סֶּלָה, וִיהַלְלוּ אֶת שִׁמְךָ בֶּאֱמֶת
הָאֵל יְשׁוּעָתֵנוּ וְעֶזְרָתֵנוּ סֶלָה.
בָּרוּךְ אַתָּה יהוה, הַטּוֹב שִׁמְךָ וּלְךָ נָאֶה לְהוֹדוֹת.

ברכת שלום

שָׁלוֹם רָב עַל יִשְׂרָאֵל עַמְּךָ תָּשִׂים לְעוֹלָם
כִּי אַתָּה הוּא מֶלֶךְ אָדוֹן לְכָל הַשָּׁלוֹם.
וְטוֹב בְּעֵינֶיךָ לְבָרֵךְ אֶת עַמְּךָ יִשְׂרָאֵל
בְּכָל עֵת וּבְכָל שָׁעָה בִּשְׁלוֹמֶךָ.
בָּרוּךְ אַתָּה יהוה, הַמְבָרֵךְ אֶת עַמּוֹ יִשְׂרָאֵל בַּשָּׁלוֹם.

יש מוסיפים:

תהלים יט יִהְיוּ לְרָצוֹן אִמְרֵי־פִי וְהֶגְיוֹן לִבִּי לְפָנֶיךָ, יהוה צוּרִי וְגוֹאֲלִי:

ברכות יז. אֱלֹהַי
נְצֹר לְשׁוֹנִי מֵרָע וּשְׂפָתַי מִדַּבֵּר מִרְמָה
וְלִמְקַלְלַי נַפְשִׁי תִדֹּם, וְנַפְשִׁי כֶּעָפָר לַכֹּל תִּהְיֶה.
פְּתַח לִבִּי בְּתוֹרָתֶךָ, וּבְמִצְוֹתֶיךָ תִּרְדֹּף נַפְשִׁי.
וְכָל הַחוֹשְׁבִים עָלַי רָעָה
מְהֵרָה הָפֵר עֲצָתָם וְקַלְקֵל מַחֲשַׁבְתָּם.
עֲשֵׂה לְמַעַן שְׁמֶךָ, עֲשֵׂה לְמַעַן יְמִינֶךָ
עֲשֵׂה לְמַעַן קְדֻשָּׁתֶךָ, עֲשֵׂה לְמַעַן תּוֹרָתֶךָ.
תהלים ס לְמַעַן יֵחָלְצוּן יְדִידֶיךָ, הוֹשִׁיעָה יְמִינְךָ וַעֲנֵנִי:
תהלים יט יִהְיוּ לְרָצוֹן אִמְרֵי־פִי וְהֶגְיוֹן לִבִּי לְפָנֶיךָ, יהוה צוּרִי וְגוֹאֲלִי:

כורע ופוסע שלוש פסיעות לאחור. קד לשמאל, לימין ולפנים באמירת:

עֹשֶׂה שָׁלוֹם בִּמְרוֹמָיו
הוּא יַעֲשֶׂה שָׁלוֹם עָלֵינוּ וְעַל כָּל יִשְׂרָאֵל, וְאִמְרוּ אָמֵן.

יְהִי רָצוֹן מִלְּפָנֶיךָ יהוה אֱלֹהֵינוּ וֵאלֹהֵי אֲבוֹתֵינוּ
שֶׁיִּבָּנֶה בֵּית הַמִּקְדָּשׁ בִּמְהֵרָה בְיָמֵינוּ, וְתֵן חֶלְקֵנוּ בְּתוֹרָתֶךָ
וְשָׁם נַעֲבָדְךָ בְּיִרְאָה כִּימֵי עוֹלָם וּכְשָׁנִים קַדְמֹנִיּוֹת.
מלאכי ג וְעָרְבָה לַיהוה מִנְחַת יְהוּדָה וִירוּשָׁלָםִ כִּימֵי עוֹלָם וּכְשָׁנִים קַדְמֹנִיּוֹת:

קדיש שלם

ש"ץ: יִתְגַּדַּל וְיִתְקַדַּשׁ שְׁמֵהּ רַבָּא (קהל: אָמֵן)
בְּעָלְמָא דִּי בְרָא כִרְעוּתֵהּ
וְיַמְלִיךְ מַלְכוּתֵהּ
בְּחַיֵּיכוֹן וּבְיוֹמֵיכוֹן וּבְחַיֵּי דְכָל בֵּית יִשְׂרָאֵל
בַּעֲגָלָא וּבִזְמַן קָרִיב, וְאִמְרוּ אָמֵן. (קהל: אָמֵן)

קהל
ושץ: יְהֵא שְׁמֵהּ רַבָּא מְבָרַךְ לְעָלַם וּלְעָלְמֵי עָלְמַיָּא.

ש"ץ: יִתְבָּרַךְ וְיִשְׁתַּבַּח וְיִתְפָּאַר וְיִתְרוֹמַם וְיִתְנַשֵּׂא
וְיִתְהַדָּר וְיִתְעַלֶּה וְיִתְהַלָּל
שְׁמֵהּ דְּקֻדְשָׁא בְּרִיךְ הוּא (קהל: בְּרִיךְ הוּא)
לְעֵלָּא מִן כָּל בִּרְכָתָא וְשִׁירָתָא, תֻּשְׁבְּחָתָא וְנֶחֱמָתָא
דַּאֲמִירָן בְּעָלְמָא, וְאִמְרוּ אָמֵן. (קהל: אָמֵן)

תִּתְקַבַּל צְלוֹתְהוֹן וּבָעוּתְהוֹן דְּכָל יִשְׂרָאֵל
קֳדָם אֲבוּהוֹן דִּי בִשְׁמַיָּא, וְאִמְרוּ אָמֵן. (קהל: אָמֵן)

יְהֵא שְׁלָמָא רַבָּא מִן שְׁמַיָּא
וְחַיִּים, עָלֵינוּ וְעַל כָּל יִשְׂרָאֵל, וְאִמְרוּ אָמֵן. (קהל: אָמֵן)

כורע ופוסע שלוש פסיעות לאחור. קד לשמאל, לימין ולפנים באמירת:

עֹשֶׂה שָׁלוֹם בִּמְרוֹמָיו
הוּא יַעֲשֶׂה שָׁלוֹם
עָלֵינוּ וְעַל כָּל יִשְׂרָאֵל, וְאִמְרוּ אָמֵן. (קהל: אָמֵן)

במוצאי שבת נוהגים לומר כאן ברכת הבדלה (משנ"ב תקנ"ו, א):

בָּרוּךְ אַתָּה יהוה אֱלֹהֵינוּ מֶלֶךְ הָעוֹלָם
בּוֹרֵא מְאוֹרֵי הָאֵשׁ.

מגילת איכה

יושבים על הארץ וקוראים איכה.

אם קוראים מתוך מגילה, נוהגים לברך (משנ״ב תצ, ח):

בָּרוּךְ אַתָּה יהוה אֱלֹהֵינוּ מֶלֶךְ הָעוֹלָם
אֲשֶׁר קִדְּשָׁנוּ בְּמִצְוֹתָיו וְצִוָּנוּ עַל מִקְרָא מְגִלָּה.

א א אֵיכָה ׀ יָשְׁבָה בָדָד הָעִיר רַבָּתִי עָם הָיְתָה כְּאַלְמָנָה רַבָּתִי בַגּוֹיִם
ב שָׂרָתִי בַּמְּדִינוֹת הָיְתָה לָמַס: בָּכוֹ תִבְכֶּה בַּלַּיְלָה וְדִמְעָתָהּ עַל
לֶחֱיָהּ אֵין־לָהּ מְנַחֵם מִכָּל־אֹהֲבֶיהָ כָּל־רֵעֶיהָ בָּגְדוּ בָהּ הָיוּ לָהּ
ג לְאֹיְבִים: גָּלְתָה יְהוּדָה מֵעֹנִי וּמֵרֹב עֲבֹדָה הִיא יָשְׁבָה בַגּוֹיִם לֹא
ד מָצְאָה מָנוֹחַ כָּל־רֹדְפֶיהָ הִשִּׂיגוּהָ בֵּין הַמְּצָרִים: דַּרְכֵי צִיּוֹן אֲבֵלוֹת
מִבְּלִי בָּאֵי מוֹעֵד כָּל־שְׁעָרֶיהָ שׁוֹמֵמִין כֹּהֲנֶיהָ נֶאֱנָחִים בְּתוּלֹתֶיהָ
ה נּוּגוֹת וְהִיא מַר־לָהּ: הָיוּ צָרֶיהָ לְרֹאשׁ אֹיְבֶיהָ שָׁלוּ כִּי־יְהוָה הוֹגָהּ
ו עַל־רֹב פְּשָׁעֶיהָ עוֹלָלֶיהָ הָלְכוּ שְׁבִי לִפְנֵי־צָר: וַיֵּצֵא מִן בַּת־צִיּוֹן מִבַּת־
כָּל־הֲדָרָהּ הָיוּ שָׂרֶיהָ כְּאַיָּלִים לֹא־מָצְאוּ מִרְעֶה וַיֵּלְכוּ בְלֹא־
ז כֹחַ לִפְנֵי רוֹדֵף: זָכְרָה יְרוּשָׁלִַם יְמֵי עָנְיָהּ וּמְרוּדֶיהָ כֹּל מַחֲמֻדֶיהָ
אֲשֶׁר הָיוּ מִימֵי קֶדֶם בִּנְפֹל עַמָּהּ בְּיַד־צָר וְאֵין עוֹזֵר לָהּ רָאוּהָ
ח צָרִים שָׂחֲקוּ עַל־מִשְׁבַּתֶּהָ: חֵטְא חָטְאָה יְרוּשָׁלִַם עַל־כֵּן לְנִידָה
הָיָתָה כָּל־מְכַבְּדֶיהָ הִזִּילוּהָ כִּי־רָאוּ עֶרְוָתָהּ גַּם־הִיא נֶאֶנְחָה
ט וַתָּשָׁב אָחוֹר: טֻמְאָתָהּ בְּשׁוּלֶיהָ לֹא זָכְרָה אַחֲרִיתָהּ וַתֵּרֶד
י פְּלָאִים אֵין מְנַחֵם לָהּ רְאֵה יְהוָה אֶת־עָנְיִי כִּי הִגְדִּיל אוֹיֵב: יָדוֹ
פָּרַשׂ צָר עַל כָּל־מַחֲמַדֶּיהָ כִּי־רָאֲתָה גוֹיִם בָּאוּ מִקְדָּשָׁהּ אֲשֶׁר
יא צִוִּיתָה לֹא־יָבֹאוּ בַקָּהָל לָךְ: כָּל־עַמָּהּ נֶאֱנָחִים מְבַקְּשִׁים לֶחֶם
נָתְנוּ מחמודיהם בְּאֹכֶל לְהָשִׁיב נָפֶשׁ רְאֵה יְהוָה וְהַבִּיטָה כִּי מַחֲמַדֵּיהֶם
יב הָיִיתִי זוֹלֵלָה: לוֹא אֲלֵיכֶם כָּל־עֹבְרֵי דֶרֶךְ הַבִּיטוּ וּרְאוּ אִם־יֵשׁ
מַכְאוֹב כְּמַכְאֹבִי אֲשֶׁר עוֹלַל לִי אֲשֶׁר הוֹגָה יְהוָה בְּיוֹם חֲרוֹן

יג אַפּֽוֹ׃ מִמָּר֛וֹם שָֽׁלַח־אֵ֥שׁ בְּעַצְמֹתַ֖י וַיִּרְדֶּ֑נָּה פָּרַ֨שׂ רֶ֤שֶׁת לְרַגְלַי֙
יד הֱשִׁיבַ֣נִי אָח֔וֹר נְתָנַ֙נִי֙ שֹֽׁמֵמָ֔ה כָּל־הַיּ֖וֹם דָּוָֽה׃ נִשְׂקַד֩ עֹ֨ל פְּשָׁעַ֜י
בְּיָד֗וֹ יִשְׂתָּֽרְג֛וּ עָל֥וּ עַל־צַוָּארִ֖י הִכְשִׁ֣יל כֹּחִ֑י נְתָנַ֣נִי אֲדֹנָ֔י בִּידֵ֖י
טו לֹא־אוּכַ֥ל קֽוּם׃ סִלָּ֨ה כָל־אַבִּירַ֤י ׀ אֲדֹנָי֙ בְּקִרְבִּ֔י קָרָ֥א עָלַ֛י מוֹעֵ֖ד
טז לִשְׁבֹּ֣ר בַּחוּרָ֑י גַּ֚ת דָּרַ֣ךְ אֲדֹנָ֔י לִבְתוּלַ֖ת בַּת־יְהוּדָֽה׃ עַל־אֵ֣לֶּה ׀
אֲנִ֣י בוֹכִיָּ֗ה עֵינִ֤י ׀ עֵינִי֙ יֹ֣רְדָה מַּ֔יִם כִּֽי־רָחַ֥ק מִמֶּ֛נִּי מְנַחֵ֖ם מֵשִׁ֣יב
יז נַפְשִׁ֑י הָי֤וּ בָנַי֙ שֽׁוֹמֵמִ֔ים כִּ֥י גָבַ֖ר אוֹיֵֽב׃ פֵּֽרְשָׂ֨ה צִיּ֜וֹן בְּיָדֶ֗יהָ אֵ֤ין
מְנַחֵם֙ לָ֔הּ צִוָּ֧ה יְהוָ֛ה לְיַעֲקֹ֖ב סְבִיבָ֣יו צָרָ֑יו הָיְתָ֧ה יְרוּשָׁלִַ֛ם לְנִדָּ֖ה
יח בֵּינֵיהֶֽם׃ צַדִּ֥יק ה֛וּא יְהוָ֖ה כִּ֣י פִ֣יהוּ מָרִ֑יתִי שִׁמְעוּ־נָ֣א כָל־עמים הָֽעַמִּ֗ים
יט וּרְאוּ֙ מַכְאֹבִ֔י בְּתוּלֹתַ֥י וּבַחוּרַ֖י הָלְכ֥וּ בַשֶּֽׁבִי׃ קָרָ֤אתִי לַֽמְאַהֲבַי֙
הֵ֣מָּה רִמּ֔וּנִי כֹּהֲנַ֥י וּזְקֵנַ֖י בָּעִ֣יר גָּוָ֑עוּ כִּֽי־בִקְשׁ֥וּ אֹ֙כֶל֙ לָ֔מוֹ וְיָשִׁ֖יבוּ
כ אֶת־נַפְשָֽׁם׃ רְאֵ֨ה יְהוָ֤ה כִּֽי־צַר־לִי֙ מֵעַ֣י חֳמַרְמָ֔רוּ נֶהְפַּ֤ךְ לִבִּי֙
כא בְּקִרְבִּ֔י כִּ֥י מָר֖וֹ מָרִ֑יתִי מִח֥וּץ שִׁכְּלָה־חֶ֖רֶב בַּבַּ֥יִת כַּמָּֽוֶת׃ שָׁמְע֞וּ
כִּ֧י נֶאֱנָחָ֣ה אָ֗נִי אֵ֤ין מְנַחֵם֙ לִ֔י כָּל־אֹ֨יְבַ֜י שָׁמְע֤וּ רָֽעָתִי֙ שָׂ֔שׂוּ כִּ֥י אַתָּ֖ה
כב עָשִׂ֑יתָ הֵבֵ֥אתָ יוֹם־קָרָ֖אתָ וְיִהְי֥וּ כָמֹֽנִי׃ תָּבֹ֨א כָל־רָעָתָ֤ם לְפָנֶ֙יךָ֙
וְעוֹלֵ֣ל לָ֔מוֹ כַּאֲשֶׁ֥ר עוֹלַ֛לְתָּ לִ֖י עַ֣ל כָּל־פְּשָׁעָ֑י כִּֽי־רַבּ֥וֹת אַנְחֹתַ֖י
וְלִבִּ֥י דַוָּֽי׃

ב א אֵיכָ֡ה יָעִיב֩ בְּאַפּ֨וֹ ׀ אֲדֹנָ֜י אֶת־בַּת־צִיּ֗וֹן הִשְׁלִ֤יךְ מִשָּׁמַ֙יִם֙ אֶ֔רֶץ
ב תִּפְאֶ֖רֶת יִשְׂרָאֵ֑ל וְלֹֽא־זָכַ֥ר הֲדֹם־רַגְלָ֖יו בְּי֥וֹם אַפּֽוֹ׃ בִּלַּ֨ע אֲדֹנָ֜י
לא חָמַ֗ל אֵ֚ת כָּל־נְא֣וֹת יַעֲקֹ֔ב הָרַ֧ס בְּעֶבְרָת֛וֹ מִבְצְרֵ֥י בַת־ וְלֹ֥א
ג יְהוּדָ֖ה הִגִּ֣יעַ לָאָ֑רֶץ חִלֵּ֥ל מַמְלָכָ֖ה וְשָׂרֶֽיהָ׃ גָּדַ֣ע בָּֽחֳרִי־אַ֗ף כֹּ֚ל
קֶ֣רֶן יִשְׂרָאֵ֔ל הֵשִׁ֥יב אָח֛וֹר יְמִינ֖וֹ מִפְּנֵ֣י אוֹיֵ֑ב וַיִּבְעַ֤ר בְּיַעֲקֹב֙ כְּאֵ֣שׁ
ד לֶֽהָבָ֔ה אָכְלָ֖ה סָבִֽיב׃ דָּרַ֨ךְ קַשְׁתּ֜וֹ כְּאוֹיֵ֗ב נִצָּ֤ב יְמִינוֹ֙ כְּצָ֔ר וַיַּהֲרֹ֕ג
ה כֹּ֖ל מַחֲמַדֵּי־עָ֑יִן בְּאֹ֙הֶל֙ בַּת־צִיּ֔וֹן שָׁפַ֥ךְ כָּאֵ֖שׁ חֲמָתֽוֹ׃ הָיָ֨ה אֲדֹנָ֤י ׀

כְּאוֹיֵב בִּלַּע יִשְׂרָאֵל בִּלַּע כָּל־אַרְמְנוֹתֶיהָ שִׁחֵת מִבְצָרָיו וַיֶּרֶב
ו בְּבַת־יְהוּדָה תַּאֲנִיָּה וַאֲנִיָּה׃ וַיַּחְמֹס כַּגַּן שֻׂכּוֹ שִׁחֵת מוֹעֲדוֹ שִׁכַּח
ז יְהוָה ׀ בְּצִיּוֹן מוֹעֵד וְשַׁבָּת וַיִּנְאַץ בְּזַעַם־אַפּוֹ מֶלֶךְ וְכֹהֵן׃ זָנַח
אֲדֹנָי ׀ מִזְבְּחוֹ נִאֵר מִקְדָּשׁוֹ הִסְגִּיר בְּיַד־אוֹיֵב חוֹמֹת אַרְמְנוֹתֶיהָ
ח קוֹל נָתְנוּ בְּבֵית־יְהוָה כְּיוֹם מוֹעֵד׃ חָשַׁב יְהוָה ׀ לְהַשְׁחִית חוֹמַת
בַּת־צִיּוֹן נָטָה קָו לֹא־הֵשִׁיב יָדוֹ מִבַּלֵּעַ וַיַּאֲבֶל־חֵל וְחוֹמָה יַחְדָּו
ט אֻמְלָלוּ׃ טָבְעוּ בָאָרֶץ שְׁעָרֶיהָ אִבַּד וְשִׁבַּר בְּרִיחֶיהָ מַלְכָּהּ וְשָׂרֶיהָ
י בַגּוֹיִם אֵין תּוֹרָה גַּם־נְבִיאֶיהָ לֹא־מָצְאוּ חָזוֹן מֵיְהוָה׃ יֵשְׁבוּ לָאָרֶץ
יִדְּמוּ זִקְנֵי בַת־צִיּוֹן הֶעֱלוּ עָפָר עַל־רֹאשָׁם חָגְרוּ שַׂקִּים הוֹרִידוּ
יא לָאָרֶץ רֹאשָׁן בְּתוּלֹת יְרוּשָׁלִָם׃ כָּלוּ בַדְּמָעוֹת עֵינַי חֳמַרְמְרוּ
מֵעַי נִשְׁפַּךְ לָאָרֶץ כְּבֵדִי עַל־שֶׁבֶר בַּת־עַמִּי בֵּעָטֵף עוֹלֵל וְיוֹנֵק
יב בִּרְחֹבוֹת קִרְיָה׃ לְאִמֹּתָם יֹאמְרוּ אַיֵּה דָּגָן וָיָיִן בְּהִתְעַטְּפָם כֶּחָלָל
יג בִּרְחֹבוֹת עִיר בְּהִשְׁתַּפֵּךְ נַפְשָׁם אֶל־חֵיק אִמֹּתָם׃ מָה־אעודך אֲעִידֵךְ
מָה אֲדַמֶּה־לָּךְ הַבַּת יְרוּשָׁלִַם מָה אַשְׁוֶה־לָּךְ וַאֲנַחֲמֵךְ בְּתוּלַת
יד בַּת־צִיּוֹן כִּי־גָדוֹל כַּיָּם שִׁבְרֵךְ מִי יִרְפָּא־לָךְ׃ נְבִיאַיִךְ חָזוּ לָךְ שָׁוְא
וְתָפֵל וְלֹא־גִלּוּ עַל־עֲוֹנֵךְ לְהָשִׁיב שביתך וַיֶּחֱזוּ לָךְ מַשְׂאוֹת שְׁבוּתֵךְ
טו שָׁוְא וּמַדּוּחִים׃ סָפְקוּ עָלַיִךְ כַּפַּיִם כָּל־עֹבְרֵי דֶרֶךְ שָׁרְקוּ וַיָּנִעוּ
רֹאשָׁם עַל־בַּת יְרוּשָׁלִָם הֲזֹאת הָעִיר שֶׁיֹּאמְרוּ כְּלִילַת יֹפִי מָשׂוֹשׂ
טז לְכָל־הָאָרֶץ׃ פָּצוּ עָלַיִךְ פִּיהֶם כָּל־אֹיְבַיִךְ שָׁרְקוּ וַיַּחַרְקוּ־שֵׁן
יז אָמְרוּ בִּלָּעְנוּ אַךְ זֶה הַיּוֹם שֶׁקִּוִּינֻהוּ מָצָאנוּ רָאִינוּ׃ עָשָׂה יְהוָה
אֲשֶׁר זָמָם בִּצַּע אֶמְרָתוֹ אֲשֶׁר צִוָּה מִימֵי־קֶדֶם הָרַס וְלֹא חָמָל
יח וַיְשַׂמַּח עָלַיִךְ אוֹיֵב הֵרִים קֶרֶן צָרָיִךְ׃ צָעַק לִבָּם אֶל־אֲדֹנָי חוֹמַת
בַּת־צִיּוֹן הוֹרִידִי כַנַּחַל דִּמְעָה יוֹמָם וָלַיְלָה אַל־תִּתְּנִי פוּגַת לָךְ
יט אַל־תִּדֹּם בַּת־עֵינֵךְ׃ קוּמִי ׀ רֹנִּי בַלַּיְלָה לְרֹאשׁ אַשְׁמֻרוֹת שִׁפְכִי

כַּמַּיִם לִבֵּךְ נֹכַח פְּנֵי אֲדֹנָי שְׂאִי אֵלָיו כַּפַּיִךְ עַל־נֶפֶשׁ עוֹלָלַיִךְ
הָעֲטוּפִים בְּרָעָב בְּרֹאשׁ כָּל־חוּצוֹת: רְאֵה יהוה וְהַבִּיטָה לְמִי כ
עוֹלַלְתָּ כֹּה אִם־תֹּאכַלְנָה נָשִׁים פִּרְיָם עֹלְלֵי טִפֻּחִים אִם־יֵהָרֵג
בְּמִקְדַּשׁ אֲדֹנָי כֹּהֵן וְנָבִיא: שָׁכְבוּ לָאָרֶץ חוּצוֹת נַעַר וְזָקֵן בְּתוּלֹתַי כא
וּבַחוּרַי נָפְלוּ בֶחָרֶב הָרַגְתָּ בְּיוֹם אַפֶּךָ טָבַחְתָּ לֹא חָמָלְתָּ: תִּקְרָא כב
כְיוֹם מוֹעֵד מְגוּרַי מִסָּבִיב וְלֹא הָיָה בְּיוֹם אַף־יהוה פָּלִיט וְשָׂרִיד
אֲשֶׁר־טִפַּחְתִּי וְרִבִּיתִי אֹיְבִי כִלָּם:
אֲנִי הַגֶּבֶר רָאָה עֳנִי בְּשֵׁבֶט עֶבְרָתוֹ: אוֹתִי נָהַג וַיֹּלַךְ חֹשֶׁךְ וְלֹא־ א ב ג
אוֹר: אַךְ בִּי יָשֻׁב יַהֲפֹךְ יָדוֹ כָּל־הַיּוֹם: בִּלָּה בְשָׂרִי וְעוֹרִי שִׁבַּר ג ד
עַצְמוֹתָי: בָּנָה עָלַי וַיַּקַּף רֹאשׁ וּתְלָאָה: בְּמַחֲשַׁכִּים הוֹשִׁיבַנִי ה ו
כְּמֵתֵי עוֹלָם: גָּדַר בַּעֲדִי וְלֹא אֵצֵא הִכְבִּיד נְחָשְׁתִּי: גַּם כִּי אֶזְעַק ז ח
וַאֲשַׁוֵּעַ שָׂתַם תְּפִלָּתִי: גָּדַר דְּרָכַי בְּגָזִית נְתִיבֹתַי עִוָּה: דֹּב אֹרֵב ט י
אֲרִי הוּא לִי אריה בְּמִסְתָּרִים: דְּרָכַי סוֹרֵר וַיְפַשְּׁחֵנִי שָׂמַנִי שֹׁמֵם: יא
דָּרַךְ קַשְׁתּוֹ וַיַּצִּיבֵנִי כַּמַּטָּרָא לַחֵץ: הֵבִיא בְּכִלְיוֹתָי בְּנֵי אַשְׁפָּתוֹ: יב יג
הָיִיתִי שְּׂחֹק לְכָל־עַמִּי נְגִינָתָם כָּל־הַיּוֹם: הִשְׂבִּיעַנִי בַמְּרוֹרִים יד טו
הִרְוַנִי לַעֲנָה: וַיַּגְרֵס בֶּחָצָץ שִׁנָּי הִכְפִּישַׁנִי בָּאֵפֶר: וַתִּזְנַח מִשָּׁלוֹם טז יז
נַפְשִׁי נָשִׁיתִי טוֹבָה: וָאֹמַר אָבַד נִצְחִי וְתוֹחַלְתִּי מֵיהוה: זְכָר־ יח יט
וְתָשׁוֹחַ עָנְיִי וּמְרוּדִי לַעֲנָה וָרֹאשׁ: זָכוֹר תִּזְכּוֹר ותשיח עָלַי נַפְשִׁי: זֹאת כ כא
אָשִׁיב אֶל־לִבִּי עַל־כֵּן אוֹחִיל: חַסְדֵי יהוה כִּי לֹא־תָמְנוּ כִּי כב
לֹא־כָלוּ רַחֲמָיו: חֲדָשִׁים לַבְּקָרִים רַבָּה אֱמוּנָתֶךָ: חֶלְקִי יהוה כג כד
אָמְרָה נַפְשִׁי עַל־כֵּן אוֹחִיל לוֹ: טוֹב יהוה לְקֹוָו לְנֶפֶשׁ תִּדְרְשֶׁנּוּ: כה
טוֹב וְיָחִיל וְדוּמָם לִתְשׁוּעַת יהוה: טוֹב לַגֶּבֶר כִּי־יִשָּׂא עֹל כו כז
בִּנְעוּרָיו: יֵשֵׁב בָּדָד וְיִדֹּם כִּי נָטַל עָלָיו: יִתֵּן בֶּעָפָר פִּיהוּ אוּלַי כח כט
יֵשׁ תִּקְוָה: יִתֵּן לְמַכֵּהוּ לֶחִי יִשְׂבַּע בְּחֶרְפָּה: כִּי לֹא יִזְנַח לְעוֹלָם ל לא

לב לג אֲדֹנָי׃ כִּי אִם־הוֹגָה וְרִחַם כְּרֹב חֲסָדָו׃ כִּי לֹא עִנָּה מִלִּבּוֹ וַיַּגֶּה
לד לה בְּנֵי־אִישׁ׃ לְדַכֵּא תַּחַת רַגְלָיו כֹּל אֲסִירֵי אָרֶץ׃ לְהַטּוֹת מִשְׁפַּט־
לו לז גָּבֶר נֶגֶד פְּנֵי עֶלְיוֹן׃ לְעַוֵּת אָדָם בְּרִיבוֹ אֲדֹנָי לֹא רָאָה׃ מִי זֶה
לח אָמַר וַתֶּהִי אֲדֹנָי לֹא צִוָּה׃ מִפִּי עֶלְיוֹן לֹא תֵצֵא הָרָעוֹת וְהַטּוֹב׃
לט מ מַה־יִּתְאוֹנֵן אָדָם חָי גֶּבֶר עַל־חֲטָאָו׃ נַחְפְּשָׂה דְרָכֵינוּ וְנַחְקֹרָה
מא וְנָשׁוּבָה עַד־יְהוָה׃ נִשָּׂא לְבָבֵנוּ אֶל־כַּפָּיִם אֶל־אֵל בַּשָּׁמָיִם׃
מב מג נַחְנוּ פָשַׁעְנוּ וּמָרִינוּ אַתָּה לֹא סָלָחְתָּ׃ סַכֹּתָה בָאַף וַתִּרְדְּפֵנוּ
מד מה הָרַגְתָּ לֹא חָמָלְתָּ׃ סַכּוֹתָה בֶעָנָן לָךְ מֵעֲבוֹר תְּפִלָּה׃ סְחִי וּמָאוֹס
מו מז תְּשִׂימֵנוּ בְּקֶרֶב הָעַמִּים׃ פָּצוּ עָלֵינוּ פִּיהֶם כָּל־אֹיְבֵינוּ׃ פַּחַד
מח וָפַחַת הָיָה לָנוּ הַשֵּׁאת וְהַשָּׁבֶר׃ פַּלְגֵי־מַיִם תֵּרַד עֵינִי עַל־שֶׁבֶר
מט נ בַּת־עַמִּי׃ עֵינִי נִגְּרָה וְלֹא תִדְמֶה מֵאֵין הֲפֻגוֹת׃ עַד־יַשְׁקִיף וְיֵרֶא
נא נב יְהוָה מִשָּׁמָיִם׃ עֵינִי עוֹלְלָה לְנַפְשִׁי מִכֹּל בְּנוֹת עִירִי׃ צוֹד צָדוּנִי
נג נד כַּצִּפּוֹר אֹיְבַי חִנָּם׃ צָמְתוּ בַבּוֹר חַיָּי וַיַּדּוּ־אֶבֶן בִּי׃ צָפוּ־מַיִם עַל־
נה רֹאשִׁי אָמַרְתִּי נִגְזָרְתִּי׃ קָרָאתִי שִׁמְךָ יְהוָה מִבּוֹר תַּחְתִּיּוֹת׃
נו נז קוֹלִי שָׁמָעְתָּ אַל־תַּעְלֵם אָזְנְךָ לְרַוְחָתִי לְשַׁוְעָתִי׃ קָרַבְתָּ בְּיוֹם
נח אֶקְרָאֶךָּ אָמַרְתָּ אַל־תִּירָא׃ רַבְתָּ אֲדֹנָי רִיבֵי נַפְשִׁי גָּאַלְתָּ חַיָּי׃
נט ס רָאִיתָה יְהוָה עַוָּתָתִי שָׁפְטָה מִשְׁפָּטִי׃ רָאִיתָה כָּל־נִקְמָתָם
סא כָּל־מַחְשְׁבֹתָם לִי׃ שָׁמַעְתָּ חֶרְפָּתָם יְהוָה כָּל־מַחְשְׁבֹתָם עָלָי׃
סב סג שִׂפְתֵי קָמַי וְהֶגְיוֹנָם עָלַי כָּל־הַיּוֹם׃ שִׁבְתָּם וְקִימָתָם הַבִּיטָה
סד סה אֲנִי מַנְגִּינָתָם׃ תָּשִׁיב לָהֶם גְּמוּל יְהוָה כְּמַעֲשֵׂה יְדֵיהֶם׃ תִּתֵּן
סו לָהֶם מְגִנַּת־לֵב תַּאֲלָתְךָ לָהֶם׃ תִּרְדֹּף בְּאַף וְתַשְׁמִידֵם מִתַּחַת
שְׁמֵי יְהוָה׃

ד א אֵיכָה יוּעַם זָהָב יִשְׁנֶא הַכֶּתֶם הַטּוֹב תִּשְׁתַּפֵּכְנָה אַבְנֵי־קֹדֶשׁ
ב בְּרֹאשׁ כָּל־חוּצוֹת׃ בְּנֵי צִיּוֹן הַיְקָרִים הַמְסֻלָּאִים בַּפָּז אֵיכָה

26 מגילת איכה

תַּנִּים נֶחְשְׁבוּ לְנִבְלֵי־חֶרֶשׂ מַעֲשֵׂה יְדֵי יוֹצֵר׃ גַּם־תנין חָלְצוּ שַׁד הֵינִיקוּ ג
כַּיְעֵנִים גּוּרֵיהֶן בַּת־עַמִּי לְאַכְזָר כי ענים בַּמִּדְבָּר׃ דָּבַק לְשׁוֹן יוֹנֵק אֶל־חִכּוֹ ד
בַּצָּמָא עוֹלָלִים שָׁאֲלוּ לֶחֶם פֹּרֵשׂ אֵין לָהֶם׃ הָאֹכְלִים לְמַעֲדַנִּים ה
נָשַׁמּוּ בַּחוּצוֹת הָאֱמֻנִים עֲלֵי תוֹלָע חִבְּקוּ אַשְׁפַּתּוֹת׃ וַיִּגְדַּל עֲוֺן ו
בַּת־עַמִּי מֵחַטַּאת סְדֹם הַהֲפוּכָה כְמוֹ־רָגַע וְלֹא־חָלוּ בָהּ יָדָיִם׃
זַכּוּ נְזִירֶיהָ מִשֶּׁלֶג צַחוּ מֵחָלָב אָדְמוּ עֶצֶם מִפְּנִינִים סַפִּיר גִּזְרָתָם׃ ז
חָשַׁךְ מִשְּׁחוֹר תָּאֳרָם לֹא נִכְּרוּ בַּחוּצוֹת צָפַד עוֹרָם עַל־עַצְמָם ח
יָבֵשׁ הָיָה כָעֵץ׃ טוֹבִים הָיוּ חַלְלֵי־חֶרֶב מֵחַלְלֵי רָעָב שֶׁהֵם יָזוּבוּ ט
מְדֻקָּרִים מִתְּנוּבֹת שָׂדָי׃ יְדֵי נָשִׁים רַחֲמָנִיּוֹת בִּשְּׁלוּ יַלְדֵיהֶן הָיוּ י
לְבָרוֹת לָמוֹ בְּשֶׁבֶר בַּת־עַמִּי׃ כִּלָּה יהוה אֶת־חֲמָתוֹ שָׁפַךְ חֲרוֹן יא
אַפּוֹ וַיַּצֶּת־אֵשׁ בְּצִיּוֹן וַתֹּאכַל יְסוֹדֹתֶיהָ׃ לֹא הֶאֱמִינוּ מַלְכֵי־אֶרֶץ יב
כֹּל וכל יֹשְׁבֵי תֵבֵל כִּי יָבֹא צַר וְאוֹיֵב בְּשַׁעֲרֵי יְרוּשָׁלָםִ׃ מֵחַטֹּאת יג
נְבִיאֶיהָ עֲוֺנֹת כֹּהֲנֶיהָ הַשֹּׁפְכִים בְּקִרְבָּהּ דַּם צַדִּיקִים׃ נָעוּ עִוְרִים יד
בַּחוּצוֹת נְגֹאֲלוּ בַּדָּם בְּלֹא יוּכְלוּ יִגְּעוּ בִּלְבֻשֵׁיהֶם׃ סוּרוּ טָמֵא טו
קָרְאוּ לָמוֹ סוּרוּ סוּרוּ אַל־תִּגָּעוּ כִּי נָצוּ גַּם־נָעוּ אָמְרוּ בַּגּוֹיִם לֹא
יוֹסִפוּ לָגוּר׃ פְּנֵי יהוה חִלְּקָם לֹא יוֹסִיף לְהַבִּיטָם פְּנֵי כֹהֲנִים לֹא טז
וּזְקֵנִים עוֹדֵינוּ נָשָׂאוּ זקנים לֹא חָנָנוּ׃ עודינה תִּכְלֶינָה עֵינֵינוּ אֶל־עֶזְרָתֵנוּ הָבֶל יז
בְּצִפִּיָּתֵנוּ צִפִּינוּ אֶל־גּוֹי לֹא יוֹשִׁעַ׃ צָדוּ צְעָדֵינוּ מִלֶּכֶת בִּרְחֹבֹתֵינוּ יח
קָרַב קִצֵּנוּ מָלְאוּ יָמֵינוּ כִּי־בָא קִצֵּנוּ׃ קַלִּים הָיוּ רֹדְפֵינוּ מִנִּשְׁרֵי יט
שָׁמָיִם עַל־הֶהָרִים דְּלָקֻנוּ בַּמִּדְבָּר אָרְבוּ לָנוּ׃ רוּחַ אַפֵּינוּ מְשִׁיחַ כ
יהוה נִלְכַּד בִּשְׁחִיתוֹתָם אֲשֶׁר אָמַרְנוּ בְּצִלּוֹ נִחְיֶה בַגּוֹיִם׃ שִׂישִׂי כא
יוֹשֶׁבֶת וְשִׂמְחִי בַּת־אֱדוֹם יושבתי בְּאֶרֶץ עוּץ גַּם־עָלַיִךְ תַּעֲבָר־כּוֹס
תִּשְׁכְּרִי וְתִתְעָרִי׃ תַּם־עֲוֺנֵךְ בַּת־צִיּוֹן לֹא יוֹסִיף לְהַגְלוֹתֵךְ פָּקַד כב
עֲוֺנֵךְ בַּת־אֱדוֹם גִּלָּה עַל־חַטֹּאתָיִךְ׃

ה א ב זְכֹר יְהוָה מֶה־הָיָה לָנוּ הַבִּיטָה וּרְאֵה אֶת־חֶרְפָּתֵנוּ: נַחֲלָתֵנוּ
ג נֶהֶפְכָה לְזָרִים בָּתֵּינוּ לְנָכְרִים: יְתוֹמִים הָיִינוּ אֵין אָב אִמֹּתֵינוּ (וְאֵין)
ד ה כְּאַלְמָנוֹת: מֵימֵינוּ בְּכֶסֶף שָׁתִינוּ עֵצֵינוּ בִּמְחִיר יָבֹאוּ: עַל צַוָּארֵנוּ
ו נִרְדָּפְנוּ יָגַעְנוּ לֹא הוּנַח־לָנוּ: מִצְרַיִם נָתַנּוּ יָד אַשּׁוּר לִשְׂבֹּעַ (וְלֹא)
ז ח לָחֶם: אֲבֹתֵינוּ חָטְאוּ אֵינָם אֲנַחְנוּ עֲוֺנֹתֵיהֶם סָבָלְנוּ: עֲבָדִים (וְאֵינָם וַאֲנַחְנוּ)
ט מָשְׁלוּ בָנוּ פֹּרֵק אֵין מִיָּדָם: בְּנַפְשֵׁנוּ נָבִיא לַחְמֵנוּ מִפְּנֵי חֶרֶב
י יא הַמִּדְבָּר: עוֹרֵנוּ כְּתַנּוּר נִכְמָרוּ מִפְּנֵי זַלְעֲפוֹת רָעָב: נָשִׁים בְּצִיּוֹן
יב עִנּוּ בְּתֻלֹת בְּעָרֵי יְהוּדָה: שָׂרִים בְּיָדָם נִתְלוּ פְּנֵי זְקֵנִים לֹא נֶהְדָּרוּ:
יג יד בַּחוּרִים טְחוֹן נָשָׂאוּ וּנְעָרִים בָּעֵץ כָּשָׁלוּ: זְקֵנִים מִשַּׁעַר שָׁבָתוּ
טו בַּחוּרִים מִנְּגִינָתָם: שָׁבַת מְשׂוֹשׂ לִבֵּנוּ נֶהְפַּךְ לְאֵבֶל מְחֹלֵנוּ:
טז יז נָפְלָה עֲטֶרֶת רֹאשֵׁנוּ אוֹי־נָא לָנוּ כִּי חָטָאנוּ: עַל־זֶה הָיָה דָוֶה
יח לִבֵּנוּ עַל־אֵלֶּה חָשְׁכוּ עֵינֵינוּ: עַל הַר־צִיּוֹן שֶׁשָּׁמֵם שׁוּעָלִים
יט כ הִלְּכוּ־בוֹ: אַתָּה יְהוָה לְעוֹלָם תֵּשֵׁב כִּסְאֲךָ לְדוֹר וָדוֹר: לָמָּה לָנֶצַח
כא תִּשְׁכָּחֵנוּ תַּעַזְבֵנוּ לְאֹרֶךְ יָמִים: הֲשִׁיבֵנוּ יְהוָה ׀ אֵלֶיךָ וְנָשׁוּבָה חַדֵּשׁ
כב יָמֵינוּ כְּקֶדֶם: כִּי אִם־מָאֹס מְאַסְתָּנוּ קָצַפְתָּ עָלֵינוּ עַד־מְאֹד:

נוהגים שהקהל אומר את הפסוק 'הֲשִׁיבֵנוּ' בקול רם (רמ"א תקנט, א).
והיום מקובל לומר בקול רם רק 'הֲשִׁיבֵנוּ' לאחר הקריאה,
ושליח הציבור חוזר ואומר אותו שוב אחרי הקהל:

השיבנו יהוה אליך ונשובה חדש ימינו כקדם

קינות לערב תשעה באב

א | זכור ה׳ מה היה לנו

לאחר קריאת איכה שליח הציבור חוזר על פרק ה, המתאר את האומה האבלה לאחר שחלף זמן מאז החורבן, והיא מקוננת על מצבה השפל. שליח הציבור קורא פסוק פסוק, והקהל עונה ׳אוי׳ (כבפסוק טז) וחוזר על חלק מהפסוק הראשון ׳מֶה־הָיָה לָנוּ׳. פסוק יט ״אַתָּה ה׳ לְעוֹלָם תֵּשֵׁב״ כבר אינו קינה, אלא תפילה. מפסוק זה והלאה שליח הציבור אומר בקול והקהל אינו עונה (מחזור ויטרי, רסד). במנהג אשכנז המזרחי נהגו לומר רק את חציו הראשון של כל פסוק, ובמקום חציו השני אמרו שורה המתחרזת עם הראשונה, לעתים מקבילה לה בתוכנה לעתים מפתחת את הרעיון הגלום בה.

זְכֹר יהוה מֶה־הָיָה לָנוּ   אוי.
הַבִּיטָה וּרְאֵה אֶת־חֶרְפָּתֵנוּ   אוי מֶה הָיָה לָנוּ.

נַחֲלָתֵנוּ נֶהֶפְכָה לְזָרִים   אוי.
בָּתֵּינוּ לְנָכְרִים   אוי מֶה הָיָה לָנוּ.

יְתוֹמִים הָיִינוּ וְאֵין אָב   אוי.
וְאִמּוֹתֵינוּ מְקוֹנְנוֹת בְּחֹדֶשׁ אָב   אוי מֶה הָיָה לָנוּ.

מֵימֵינוּ בְּכֶסֶף שָׁתִינוּ   אוי.
כִּי נִסּוּךְ הַמַּיִם בָּזִינוּ   אוי מֶה הָיָה לָנוּ.

עַל צַוָּארֵנוּ נִרְדָּפְנוּ   אוי.
כִּי שִׂנְאַת חִנָּם רָדַפְנוּ   אוי מֶה הָיָה לָנוּ.

מִצְרַיִם נָתַנּוּ יָד   אוי.
וְאַשּׁוּר צַדְנוּ כְּצַיָּד   אוי מֶה הָיָה לָנוּ.

אֲבֹתֵינוּ חָטְאוּ וְאֵינָם   אוי.
וַאֲנַחְנוּ סוֹבְלִים אֶת עֲוֹנָם   אוי מֶה הָיָה לָנוּ.

עֲבָדִים מָשְׁלוּ בָנוּ   אוי.
כִּי שִׁלּוּחַ עֲבָדִים בִּטַּלְנוּ   אוי מֶה הָיָה לָנוּ.

בְּנַפְשֵׁנוּ נָבִיא לַחְמֵנוּ   אוי.
כִּי קִפַּצְנוּ מֵעֲנִי יָדֵנוּ   אוי מֶה הָיָה לָנוּ.

עוֹרֵנוּ כְּתַנּוּר נִכְמָרוּ אוֹי.
כִּי כְבוֹדָם בְּקָלוֹן הֵמִירוּ אוֹי מֶה הָיָה לָנוּ.

נָשִׁים בְּצִיּוֹן עִנּוּ אוֹי.
כִּי אֵשֶׁת אִישׁ טִמְּאוּ וְזִנּוּ אוֹי מֶה הָיָה לָנוּ.

שָׂרִים בְּיָדָם נִתְלוּ אוֹי.
כִּי גְזֵלַת הֶעָנִי חָמְסוּ וְגָזָלוּ אוֹי מֶה הָיָה לָנוּ.

בַּחוּרִים טְחוֹן נָשָׂאוּ אוֹי.
כִּי בְּבֵית זוֹנָה נִמְצָאוּ אוֹי מֶה הָיָה לָנוּ.

זְקֵנִים מִשַּׁעַר שָׁבָתוּ אוֹי.
כִּי מִשְׁפַּט יָתוֹם וְאַלְמָנָה עִוְּתוּ אוֹי מֶה הָיָה לָנוּ.

שָׁבַת מְשׂוֹשׂ לִבֵּנוּ אוֹי.
כִּי נִבְטְלוּ עוֹלֵי רְגָלֵינוּ אוֹי מֶה הָיָה לָנוּ.

נָפְלָה עֲטֶרֶת רֹאשֵׁנוּ אוֹי.
כִּי נִשְׂרַף בֵּית מִקְדָּשֵׁנוּ אוֹי מֶה הָיָה לָנוּ.

עַל זֶה הָיָה דָוֶה לִבֵּנוּ אוֹי.
כִּי נִטַּל כְּבוֹד בֵּית מַאֲוַיֵּינוּ אוֹי מֶה הָיָה לָנוּ.

עַל הַר צִיּוֹן שֶׁשָּׁמֵם אוֹי.
כִּי נִתַּן עָלָיו שִׁקּוּץ מְשׁוֹמֵם אוֹי מֶה הָיָה לָנוּ.

שליח הציבור:

איכה ה אַתָּה יהוה לְעוֹלָם תֵּשֵׁב, כִּסְאֲךָ לְדוֹר וָדוֹר:
לָמָּה לָנֶצַח תִּשְׁכָּחֵנוּ, תַּעַזְבֵנוּ לְאֹרֶךְ יָמִים:
הֲשִׁיבֵנוּ יהוה אֵלֶיךָ וְנָשׁוּבָה, חַדֵּשׁ יָמֵינוּ כְּקֶדֶם:

כִּי אִם־מָאֹס מְאַסְתָּנוּ, קָצַפְתָּ עָלֵינוּ עַד־מְאֹד:
הֲשִׁיבֵנוּ יהוה אֵלֶיךָ וְנָשׁוּבָה, חַדֵּשׁ יָמֵינוּ כְּקֶדֶם:

ב | איך מפי בן ובת

אם תשעה באב חל במוצאי שבת, אין אומרים 'וִיהִי נֹעַם'
(סדר רב עמרם גאון; ראה עמ' 38), ונוהגים לומר קינה זו:

אֵיךְ מִפִּי בֵן וּבַת / הֲגוּת קִינוֹת רַבַּת
תְּמוּר שִׁירִים וְחֶדְוַת
וִיהִי נֹעַם נִשְׁבַּת, בְּמוֹצָאֵי שַׁבָּת.

אוֹי כִּי נִגְזְרָה גְּזֵרָה / בַּחֲרִי אַף וְגַם בְּעֶבְרָה
וְאַפּוֹ בָּנוּ חָרָה / וּבָעֲרָה חֲמָתוֹ כְּלֶהָבָה
וִיהִי נֹעַם נִשְׁבַּת, בְּמוֹצָאֵי שַׁבָּת.

אוֹי כִּי בָּתֵּינוּ שַׁמּוּ / וּבְתוּלוֹתֵינוּ עֻנּוּ
וּפָנֵינוּ נִשְׁתַּנּוּ / וְגַם הֻשְׁחֲרוּ כְּמַחֲבַת
וִיהִי נֹעַם נִשְׁבַּת, בְּמוֹצָאֵי שַׁבָּת.

אוֹי כִּי שַׁדּוּנוּ צָרִים / וְגַם נָפְלוּ בִי שָׂרִים
בְּנֵי צִיּוֹן הַיְקָרִים: / הָיוּ נְצוּרִים כְּבָבַת איכה ד
וִיהִי נֹעַם נִשְׁבַּת, בְּמוֹצָאֵי שַׁבָּת.

אוֹי כִּי נָפְלָה עֲטֶרֶת / וְגָבְרָה כַּתֵּף סוֹרֶרֶת
וְחָדַל הוֹד וְתִפְאֶרֶת / צִמְצוּם שֶׁכֶן חִבַּת
וִיהִי נֹעַם נִשְׁבַּת, בְּמוֹצָאֵי שַׁבָּת.

אוֹי כִּי נִטְּלָה מְנוֹרָה / וּקְטֹרֶת לְבוֹנָה הַטְּהוֹרָה
וְנִבְזָה גָּזִית מְיֻקָּרָה / אָבְלָה אֶרֶץ זָבַת
וִיהִי נֹעַם נִשְׁבַּת, בְּמוֹצָאֵי שַׁבָּת.

ג | בליל זה יבכיון

"תשיעי סמוך לחשכה הציתו בו את האור והיה דולק והולך כל היום כולו" (תענית כט ע"א). בשני הבתים הראשונים המשורר האלמוני מתאר את הגלות. תחילה הוא מדמה את עם ישראל לבת שנשבתה מבית אביה, ואחר כך לאישה נואפת שגורשה מבית בעלה. בשני הבתים הבאים הוא מתאר את תשעה באב כיום מועד לפורענות, כדברי הגמרא (שם) "מגלגלין זכות ליום זכאי וחובה ליום חייב".

בְּלֵיל זֶה יִבְכָּיוּן וְיֵילִילוּ בָּנַי / לֵיל חָרַב קָדְשִׁי וְנִשְׂרְפוּ אַרְמוֹנַי.
וְכָל בֵּית יִשְׂרָאֵל יֶהְגּוּ בִּיגוֹנַי / וְיִבְכּוּ אֶת־הַשְּׂרֵפָה אֲשֶׁר שָׂרַף יהוה: ויקרא י
בְּלֵיל זֶה יִבְכָּיוּן וְיֵילִילוּ בָּנָי.

בְּלֵיל זֶה תְּיַלִּיל מַר עֲנִיָּה נֶחְדֶּלֶת / וּמִבֵּית אָבִיהָ בְּחַיִּים מֻבְדֶּלֶת.
וְיָצְאָה מִבֵּיתוֹ וְנִסְגַּר הַדֶּלֶת / וְהָלְכָה בַּשְּׁבִיָּה, בְּכָל פֶּה נֶאֱכֶלֶת.
בְּיוֹם שִׁלְּחָה, בְּאֵשׁ בּוֹעֶרֶת וְאוֹכֶלֶת / וְאֵשׁ עִם גַּחֶלֶת יָצְאָה מֵאֵת יהוה.
בְּלֵיל זֶה יִבְכָּיוּן וְיֵילִילוּ בָּנָי.

בְּלֵיל זֶה הַגַּלְגַּל סִבֵּב הַחוֹבָה / רִאשׁוֹן גַּם שֵׁנִי, בֵּיתִי נֶחֱרָבָה.
וְעוֹד לֹא רֻחֲמָה בַּת הַשּׁוֹבֵבָה / הִשְׁקְתָה מֵי רֹאשׁ, וְאֶת בִּטְנָהּ צָבָה.
וְשִׁלְּחָה מִבֵּיתוֹ, וְגַם נָתְנָה טוֹבָה / גְּדוֹלָה הַשִּׂנְאָה מֵאֵת אֲשֶׁר אֲהֵבָהּ.
וּבְאַלְמְנוּת חַיּוּת כְּאִשָּׁה נֶעֱזָבָה / וַתֹּאמֶר צִיּוֹן עֲזָבַנִי יהוה: ישעיה מט
בְּלֵיל זֶה יִבְכָּיוּן וְיֵילִילוּ בָּנָי.

בְּלֵיל זֶה קָדַרְתִּי וְחָשְׁכוּ הַמְּאוֹרוֹת / לְחֻרְבַּן בֵּית קָדְשִׁי, וּבִטּוּל מִשְׁמָרוֹת.
בְּלֵיל זֶה סַבּוּנִי, אֲפָפוּנִי צָרוֹת / וְגַם קָרָא מוֹעֵד, בְּדִין חָמֵשׁ גְּזֵרוֹת.
בְּכִי חִנָּם בָּכוּ, וְנִקְבַּע לַדּוֹרוֹת / יַעַן, כִּי־הָיְתָה סִבָּה מֵאֵת יהוה: מלכים א יב
בְּלֵיל זֶה יִבְכָּיוּן וְיֵילִילוּ בָּנָי.

בְּלֵיל זֶה, אֵרְעוּ בוֹ חָמֵשׁ מְאֹרָעוֹת / גָּזַר עַל אָבוֹת, בִּפְרֹעַ פְּרָעוֹת.
וְדָבְקוּ בוֹ צָרוֹת מְצֵרוֹת וְגַם רָעוֹת / יוֹם מוּכָן הָיָה, בִּפְגֹעַ פְּגָעוֹת.
וְהֶעֱמִיד הָאוֹיֵב, וְהֵרִים קוֹל זְוָעוֹת / קוּם, כִּי זֶה הַיּוֹם אֲשֶׁר אָמַר יהוה.
בְּלֵיל זֶה יִבְכָּיוּן וְיֵילִילוּ בָּנָי.

ד | שומרון קול תיתן

ביחזקאל פרק כג הנביא מדמה את שומרון וירושלים לשתי אחיות, הקרויות במשל אהלה ואהליבה, ומתאר כיצד בגדו בה׳ ונענשו על כך. המשורר (ר׳ שלמה אבן גבירול) מתאר שיחה ביניהן לאחר החורבן, משווה בין סבלן של שתיהן, ומסיים בתפילה שהקב״ה ירחם עליהן.

יש נוהגים לומר קינה זו ואת הבאה אחריה גם בסוף הקינות של שחרית, ויש האומרים רק את הבית הראשון ׳שׁוֹמְרוֹן קוֹל תִּתֵּן׳, ׳עַד אָנָה׳ (בעמוד הבא) ואת סוף הקינה הבאה, ׳מִתְרַחֵם צִיּוֹן כַּאֲשֶׁר אָמַרְתָּ׳ (עמ׳ 37).

סימן שלמה

שׁוֹמְרוֹן קוֹל תִּתֵּן, מְצָאוּנִי עֲוֹנַי / לְאֶרֶץ אַחֶרֶת יְצָאוּנִי בָנַי.

וְאָהֳלִיבָה תִּזְעַק נִשְׂרְפוּ אַרְמוֹנַי / וַתֹּאמֶר צִיּוֹן עֲזָבַנִי יהוה: ישעיה מט

לֹא לָךְ אָהֳלִיבָה, חֲשׁוֹב עָנְיֵךְ כְּעָנְיִי / הֲתַמְשִׁילִי שִׁבְרֵךְ לְשִׁבְרִי וּלְחָלְיִי.

אֲנִי אָהֳלָה, סוֹרָה בָּגַדְתִּי בְקָשְׁיִי / וְקָם עָלַי כַּחֲשִׁי, וְעָנָה בִי מֶרְיִי.

וּלְמִקְצַת הַיָּמִים שִׁלַּמְתִּי נִשְׁיִי / וְתִגְלַת פִּלְאֶסֶר אָכַל אֶת פִּרְיִי.

חֲמוּדוֹתַי הִפְשִׁיט, וְהִצִּיל אֶת עֶדְיִי / וְלַחְלַח וְחָבוֹר נָשָׂא אֶת שִׁבְיִי.

דֹּמִּי אָהֳלִיבָה, וְאַל תִּבְכִּי כְּבִכְיִי / שְׁנוֹתַיִךְ אָרְכוּ, וְלֹא אָרְכוּ שָׁנַי.

וְאָהֳלִיבָה תִּזְעַק נִשְׂרְפוּ אַרְמוֹנַי / וַתֹּאמֶר צִיּוֹן עֲזָבַנִי יהוה:

מְשִׁיבָה אָהֳלִיבָה, אֲנִי כֵּן נֶעֱקַשְׁתִּי / וּבְאַלּוּף נְעוּרַי כְּאָהֳלָה בָּגַדְתִּי.

דֹּמִּי אָהֳלָה, כִּי יְגוֹנִי זָכַרְתִּי / נָדַדְתְּ אַתְּ אַחַת, וְרַבּוֹת נָדַדְתִּי.

הִנֵּה בְּיַד כַּשְׂדִּים פַּעֲמַיִם נִלְכַּדְתִּי / וּשְׁבִיָּה עֲנִיָּה לְבָבֶל יָרַדְתִּי.

וְנִשְׂרַף הַהֵיכָל אֲשֶׁר בּוֹ נִכְבַּדְתִּי / וּלְשִׁבְעִים שָׁנָה בְּבָבֶל נִפְקַדְתִּי.

וְשַׁבְתִּי לְצִיּוֹן עוֹד, וְהֵיכָל יָסַדְתִּי / גַּם זֹאת הַפַּעַם, מְעַט לֹא עָמַדְתִּי.

עַד לְקָחַנִי אֱדוֹם, וּכְמְעַט אָבַדְתִּי / וְעַל כָּל הָאֲרָצוֹת נָפוֹצוּ הֲמוֹנַי.

וְאָהֳלִיבָה תִּזְעַק נִשְׂרְפוּ אַרְמוֹנַי / וַתֹּאמֶר צִיּוֹן עֲזָבַנִי יהוה:

הַחוֹמֵל עַל דַּל, חֲמוֹל עַל דַּלּוּתָם / וּרְאֵה שׁוֹמְמוּתָם וְאֹרֶךְ גָּלוּתָם.

וְאַל תִּקְצֹף עַד מְאֹד, וּרְאֵה שִׁפְלוּתָם / וְאַל לָעַד תִּזְכֹּר עֲוֹנָם וְסִכְלוּתָם.

רְפָא נָא אֶת שִׁבְרָם, וְנַחֵם אֲבֵלוּתָם / כִּי אַתָּה סִבְרָם וְאַתָּה אֱיָלוּתָם.

חַדֵּשׁ יָמֵינוּ כִּימֵי קַדְמוֹנַי / כְּנָאֳמָךְ: בּוֹנֵה יְרוּשָׁלַםִ יהוה: תהלים קמז

ה | עד אנה בכייה בציון

לפני סיום הקינות נוהגים לומר 'עַד אָנָה' כתפילה לה' שיגאל את ישראל.
המקובלים נוהגים לומר בקשה זו בכל יום, בסוף תיקון חצות.

עַד אָנָה בְּכִיָּה בְּצִיּוֹן, וּמִסְפֵּד בִּירוּשָׁלָיִם.
תְּרַחֵם צִיּוֹן וְתִבְנֶה חוֹמוֹת יְרוּשָׁלָיִם: תהלים קב

"'בָּכוֹ תִבְכֶּה בַּלַּיְלָה' (איכה א, ב) – בוכה ומבכה מלאכי השרת עימה... בוכה ומבכה שמש וירח עימה... בוכה ומבכה כוכבים ומזלות עימה, שנאמר (יואל ב, י): 'וְכוֹכָבִים אָסְפוּ נָגְהָם'" (איכה רבה א, כג). פיוט זה, שעל פי סגנונו הוא הקדום מהקינות הנאמרות בתשעה באב, מתאר את קינת צבא השמים כמקבילה לקינת ישראל על החורבן. את הפיוט אומרים גם בקהילות הספרדים בהבדלי נוסח לא מעטים.

סימן א"ב

אָז בַּחֲטָאֵינוּ חָרַב מִקְדָּשׁ / וּבַעֲוֹנוֹתֵינוּ נִשְׂרַף הֵיכָל.
בָּאֶרֶץ חָבְרָה לָהּ, קָשְׁרָה מִסְפֵּד / וּצְבָא הַשָּׁמַיִם נָשְׂאוּ קִינָה.
גַּם בָּכוּ בְּמֶרֶר שִׁבְטֵי יַעֲקֹב / וְאַף מַזָּלוֹת יִזְּלוּ דִמְעָה.
דִּגְלֵי יְשֻׁרוּן חָפוּ רֹאשָׁם / וְכִימָה וּכְסִיל קָדְרוּ פְנֵיהֶם.
הֶעְתִּירוּ אָבוֹת, וְאֵל כְּלֹא שׁוֹמֵעַ / צָעֲקוּ בָנִים וְלֹא עָנָה אָב.
וְקוֹל הַתּוֹר נִשְׁמַע בַּמָּרוֹם / וְרוֹעֶה נֶאֱמָן לֹא הִטָּה אֹזֶן.
זֶרַע קֹדֶשׁ לָבְשׁוּ שַׂקִּים / וּצְבָא הַשָּׁמַיִם גַּם הֵם, שַׂק הוּשַׂם כְּסוּתָם.
חָשַׁךְ הַשֶּׁמֶשׁ וְיָרֵחַ קָדַר / וְכוֹכָבִים וּמַזָּלוֹת אָסְפוּ נָגְהָם.

יש שכתבו שעדיף לדלג על השורות הבאות,
מכיוון שהן מאנישות מדי את המזלות (יזבחי צדק', החדשות כב):

טָלֶה רִאשׁוֹן בָּכָה בְּמַר נֶפֶשׁ / עַל כִּי כְבָשָׂיו לַטֶּבַח הוּבָלוּ.
יְלָלָה הִשְׁמִיעַ שׁוֹר בַּמְּרוֹמִים / כִּי עַל צַוָּארֵנוּ נִרְדַּפְנוּ כֻלָּנוּ.
כּוֹכָב תְּאוֹמִים נִרְאֶה חָלוּק / כִּי דַם אַחִים נִשְׁפַּךְ כַּמָּיִם.
לָאָרֶץ בִּקֵּשׁ לִנְפּוֹל סַרְטָן / כִּי הִתְעַלַּפְנוּ מִפְּנֵי צָמָא.
מָרוֹם נִבְעַת מִקּוֹל אַרְיֵה / כִּי שַׁאֲגָתֵנוּ לֹא עָלְתָה לַמָּרוֹם.
נֶהֶרְגוּ בְתוּלוֹת וְגַם בַּחוּרִים / עַל כֵּן בְּתוּלָה קָדְרָה פָנֶיהָ.
סִבֵּב מֹאזְנַיִם וּבִקֵּשׁ תְּחִנָּה / כִּי נִבְחַר לָמוֹ מָוֶת מֵחַיִּים.

עַקְרָב לָבַשׁ פַּחַד וּרְעָדָה / כִּי בְחֶרֶב וּבְרָעָב שְׁפָטָנוּ צוּרֵנוּ.
פַּלְגֵי מַיִם הוֹרִידוּ דִמְעָה כַּנַּחַל / כִּי אוֹת בַּקֶּשֶׁת לֹא נִתַּן לָנוּ.
צָפוּ מַיִם עַל רֹאשֵׁנוּ / וּבִדְלִי מָלֵא חִכֵּנוּ יָבֵשׁ.
קֵרַבְנוּ קָרְבָּן וְלֹא נִתְקַבֵּל / וּגְדִי פָּסַק שְׂעִיר חַטָּאתֵנוּ.
רַחֲמָנִיּוֹת בִּשְּׁלוּ יַלְדֵיהֶן / וּמַזַּל דָּגִים הֶעְלִים עֵינָיו.
שָׁכַחְנוּ שַׁבָּת בְּלִבּוֹת שׁוֹבָבִים / שַׁדַּי שָׁכַח כָּל צִדְקוֹתֵינוּ.
תְּקַנֵּא לְצִיּוֹן קִנְאָה גְדוֹלָה / וְתָאִיר לְרַבָּתִי עָם מְאוֹר נָגְהֶךָ.

הקהל עומד ושליח הציבור אומר:

תְּרַחֵם צִיּוֹן כַּאֲשֶׁר אָמַרְתָּ / וּתְכוֹנְנֶהָ כַּאֲשֶׁר דִּבַּרְתָּ
תְּמַהֵר יְשׁוּעָה וְתָחִישׁ גְּאֻלָּה / וְתָשׁוּב לִירוּשָׁלַיִם בְּרַחֲמִים רַבִּים.

כַּכָּתוּב עַל יַד נְבִיאֶךָ:
לָכֵן כֹּה־אָמַר יהוה, שַׁבְתִּי לִירוּשָׁלַםִ בְּרַחֲמִים זכריה א
בֵּיתִי יִבָּנֶה בָּהּ, נְאֻם יהוה צְבָאוֹת
וְקָו יִנָּטֶה עַל־יְרוּשָׁלָםִ:
וְנֶאֱמַר:
עוֹד קְרָא לֵאמֹר, כֹּה אָמַר יהוה צְבָאוֹת שם
עוֹד תְּפוּצֶנָה עָרַי מִטּוֹב
וְנִחַם יהוה עוֹד אֶת־צִיּוֹן, וּבָחַר עוֹד בִּירוּשָׁלָםִ:
וְנֶאֱמַר:
כִּי־נִחַם יהוה צִיּוֹן, נִחַם כָּל־חָרְבֹתֶיהָ ישעיה נא
וַיָּשֶׂם מִדְבָּרָהּ כְּעֵדֶן, וְעַרְבָתָהּ כְּגַן־יהוה
שָׂשׂוֹן וְשִׂמְחָה יִמָּצֵא בָהּ, תּוֹדָה וְקוֹל זִמְרָה:

ממשיכים ׳וְאַתָּה קָדוֹשׁ׳ בעמוד הבא.
בשחרית ממשיכים ׳אַשְׁרֵי׳ בעמ׳ 201.

בסדר רב עמרם כתב שאין אומרים לא ׳וִיהִי נֹעַם׳ ולא ׳וְאַתָּה קָדוֹשׁ׳ בליל תשעה באב, אפילו אם חל במוצאי שבת. והיום נוהגים לומר ׳וְאַתָּה קָדוֹשׁ׳ (מחזור ויטרי, רנא; ספר המנהיג עמ׳ רצו), אך אין אומרים ׳וִיהִי נֹעַם׳ – מפני שאמירתו נתקנה על המעבר משבת לששת ימי המעשה, ואילו תשעה באב נקרא מועד, ואין עושים בו מלאכה (ראבי״ה ג, תתצ), ועוד שמזמור צא נאמר על בניית המשכן, ואין ראוי לאומרו בליל חורבן הבית (סדר טרויש על פי רש״י).

וְאַתָּה קָדוֹשׁ יוֹשֵׁב תְּהִלּוֹת יִשְׂרָאֵל: וְקָרָא זֶה אֶל־זֶה וְאָמַר תהלים כב / ישעיה ו
קָדוֹשׁ, קָדוֹשׁ, קָדוֹשׁ, יהוה צְבָאוֹת, מְלֹא כָל־הָאָרֶץ כְּבוֹדוֹ:

וּמְקַבְּלִין דֵּין מִן דֵּין וְאָמְרִין תרגום יונתן / ישעיה ו
קַדִּישׁ בִּשְׁמֵי מְרוֹמָא עִלָּאָה בֵּית שְׁכִינְתֵהּ
קַדִּישׁ עַל אַרְעָא עוֹבַד גְּבוּרְתֵהּ
קַדִּישׁ לְעָלַם וּלְעָלְמֵי עָלְמַיָּא
יהוה צְבָאוֹת, מַלְיָא כָל אַרְעָא זִיו יְקָרֵהּ.

◂וַתִּשָּׂאֵנִי רוּחַ, וָאֶשְׁמַע אַחֲרַי קוֹל רַעַשׁ גָּדוֹל יחזקאל ג
בָּרוּךְ כְּבוֹד־יהוה מִמְּקוֹמוֹ:

וּנְטָלַתְנִי רוּחָא, וּשְׁמָעִית בַּתְרַי קָל זִיעַ סַגִּיא, דִּמְשַׁבְּחִין וְאָמְרִין תרגום יונתן / יחזקאל ג
בְּרִיךְ יְקָרָא דַיהוה מֵאֲתַר בֵּית שְׁכִינְתֵהּ.

יהוה יִמְלֹךְ לְעֹלָם וָעֶד: שמות טו
יהוה מַלְכוּתֵהּ קָאֵם לְעָלַם וּלְעָלְמֵי עָלְמַיָּא. תרגום אונקלוס / שמות טו

יהוה אֱלֹהֵי אַבְרָהָם יִצְחָק וְיִשְׂרָאֵל אֲבֹתֵינוּ, שָׁמְרָה־זֹּאת לְעוֹלָם דברי הימים א׳ כט
לְיֵצֶר מַחְשְׁבוֹת לְבַב עַמֶּךָ, וְהָכֵן לְבָבָם אֵלֶיךָ: וְהוּא רַחוּם יְכַפֵּר תהלים עח
עָוֹן וְלֹא־יַשְׁחִית, וְהִרְבָּה לְהָשִׁיב אַפּוֹ, וְלֹא־יָעִיר כָּל־חֲמָתוֹ: כִּי־ תהלים פו
אַתָּה אֲדֹנָי טוֹב וְסַלָּח, וְרַב־חֶסֶד לְכָל־קֹרְאֶיךָ: צִדְקָתְךָ צֶדֶק תהלים קיט
לְעוֹלָם וְתוֹרָתְךָ אֱמֶת: תִּתֵּן אֱמֶת לְיַעֲקֹב, חֶסֶד לְאַבְרָהָם, אֲשֶׁר־ מיכה ז
נִשְׁבַּעְתָּ לַאֲבֹתֵינוּ מִימֵי קֶדֶם: בָּרוּךְ אֲדֹנָי יוֹם יוֹם יַעֲמָס־לָנוּ, הָאֵל תהלים סח
יְשׁוּעָתֵנוּ סֶלָה: יהוה צְבָאוֹת עִמָּנוּ, מִשְׂגָּב לָנוּ אֱלֹהֵי יַעֲקֹב סֶלָה: תהלים מו

ערבית לתשעה באב · קדיש שלם 39

יהוה צְבָאוֹת, אַשְׁרֵי אָדָם בֹּטֵחַ בָּךְ: יהוה הוֹשִׁיעָה, הַמֶּלֶךְ יַעֲנֵנוּ תהלים פד תהלים כ
בְיוֹם־קָרְאֵנוּ:

בָּרוּךְ הוּא אֱלֹהֵינוּ שֶׁבְּרָאָנוּ לִכְבוֹדוֹ, וְהִבְדִּילָנוּ מִן הַתּוֹעִים, וְנָתַן לָנוּ תּוֹרַת אֱמֶת, וְחַיֵּי עוֹלָם נָטַע בְּתוֹכֵנוּ. הוּא יִפְתַּח לִבֵּנוּ בְּתוֹרָתוֹ, וְיָשֵׂם בְּלִבֵּנוּ אַהֲבָתוֹ וְיִרְאָתוֹ וְלַעֲשׂוֹת רְצוֹנוֹ וּלְעָבְדוֹ בְּלֵבָב שָׁלֵם, לְמַעַן לֹא נִיגַע לָרִיק וְלֹא נֵלֵד לַבֶּהָלָה.

יְהִי רָצוֹן מִלְּפָנֶיךָ יהוה אֱלֹהֵינוּ וֵאלֹהֵי אֲבוֹתֵינוּ, שֶׁנִּשְׁמֹר חֻקֶּיךָ
בָּעוֹלָם הַזֶּה, וְנִזְכֶּה וְנִחְיֶה וְנִרְאֶה וְנִירַשׁ טוֹבָה וּבְרָכָה, לִשְׁנֵי יְמוֹת
הַמָּשִׁיחַ וּלְחַיֵּי הָעוֹלָם הַבָּא. לְמַעַן יְזַמֶּרְךָ כָבוֹד וְלֹא יִדֹּם, יהוה תהלים ל
אֱלֹהַי, לְעוֹלָם אוֹדֶךָּ: בָּרוּךְ הַגֶּבֶר אֲשֶׁר יִבְטַח בַּיהוה, וְהָיָה יהוה ירמיה יז
מִבְטַחוֹ: בִּטְחוּ בַיהוה עֲדֵי־עַד, כִּי בְּיָהּ יהוה צוּר עוֹלָמִים: ◂ וְיִבְטְחוּ ישעיה כו תהלים ט
בְךָ יוֹדְעֵי שְׁמֶךָ, כִּי לֹא־עָזַבְתָּ דֹרְשֶׁיךָ, יהוה: יהוה חָפֵץ לְמַעַן ישעיה מב
צִדְקוֹ, יַגְדִּיל תּוֹרָה וְיַאְדִּיר:

אומרים קדיש שלם שוב, אך אין אומרים בו ׳תִּתְקַבַּל צְלוֹתְהוֹן׳
(רמ״א תקנט, ד בשם ראבי״ה).

בבתי כנסת המתפללים בנוסח ספרד, אומרים אחרי הקדיש השלם
את מזמור קכא (עמ׳ 261), קדיש יתום, ׳בָּרְכוּ׳, ׳עָלֵינוּ׳ וקדיש יתום.

קדיש שלם

ש״ץ: יִתְגַּדַּל וְיִתְקַדַּשׁ שְׁמֵהּ רַבָּא (קהל: אָמֵן)
בְּעָלְמָא דִּי בְרָא כִרְעוּתֵהּ
וְיַמְלִיךְ מַלְכוּתֵהּ
בְּחַיֵּיכוֹן וּבְיוֹמֵיכוֹן וּבְחַיֵּי דְכָל בֵּית יִשְׂרָאֵל
בַּעֲגָלָא וּבִזְמַן קָרִיב
וְאִמְרוּ אָמֵן. (קהל: אָמֵן)

קהל וש״ץ: יְהֵא שְׁמֵהּ רַבָּא מְבָרַךְ לְעָלַם וּלְעָלְמֵי עָלְמַיָּא.

ש״ץ: יִתְבָּרַךְ וְיִשְׁתַּבַּח וְיִתְפָּאַר
וְיִתְרוֹמַם וְיִתְנַשֵּׂא וְיִתְהַדָּר וְיִתְעַלֶּה וְיִתְהַלָּל
שְׁמֵהּ דְּקֻדְשָׁא בְּרִיךְ הוּא (קהל: בְּרִיךְ הוּא)
לְעֵלָּא מִן כָּל בִּרְכָתָא וְשִׁירָתָא, תֻּשְׁבְּחָתָא וְנֶחֱמָתָא
דַּאֲמִירָן בְּעָלְמָא
וְאִמְרוּ אָמֵן. (קהל: אָמֵן)

יְהֵא שְׁלָמָא רַבָּא מִן שְׁמַיָּא
וְחַיִּים, עָלֵינוּ וְעַל כָּל יִשְׂרָאֵל
וְאִמְרוּ אָמֵן. (קהל: אָמֵן)

כורע ופוסע שלוש פסיעות לאחור. קד לשמאל, לימין ולפנים באמירת:
עֹשֶׂה שָׁלוֹם בִּמְרוֹמָיו
הוּא יַעֲשֶׂה שָׁלוֹם עָלֵינוּ וְעַל כָּל יִשְׂרָאֵל
וְאִמְרוּ אָמֵן. (קהל: אָמֵן)

עומדים באמירת 'עָלֵינוּ' (טור, קלג) ומשתחווים במקום המסומן ב*.
עָלֵינוּ לְשַׁבֵּחַ לַאֲדוֹן הַכֹּל, לָתֵת גְּדֻלָּה לְיוֹצֵר בְּרֵאשִׁית
שֶׁלֹּא עָשָׂנוּ כְּגוֹיֵי הָאֲרָצוֹת, וְלֹא שָׂמָנוּ כְּמִשְׁפְּחוֹת הָאֲדָמָה
שֶׁלֹּא שָׂם חֶלְקֵנוּ כָּהֶם וְגוֹרָלֵנוּ כְּכָל הֲמוֹנָם.
שֶׁהֵם מִשְׁתַּחֲוִים לְהֶבֶל וָרִיק וּמִתְפַּלְלִים אֶל אֵל לֹא יוֹשִׁיעַ.
*וַאֲנַחְנוּ כּוֹרְעִים וּמִשְׁתַּחֲוִים וּמוֹדִים
לִפְנֵי מֶלֶךְ מַלְכֵי הַמְּלָכִים, הַקָּדוֹשׁ בָּרוּךְ הוּא
שֶׁהוּא נוֹטֶה שָׁמַיִם וְיוֹסֵד אָרֶץ, וּמוֹשַׁב יְקָרוֹ בַּשָּׁמַיִם מִמַּעַל
וּשְׁכִינַת עֻזּוֹ בְּגָבְהֵי מְרוֹמִים.
הוּא אֱלֹהֵינוּ, אֵין עוֹד.

אֱמֶת מַלְכֵּנוּ, אֶפֶס זוּלָתוֹ
כַּכָּתוּב בְּתוֹרָתוֹ

דברים ד

וְיָדַעְתָּ הַיּוֹם וַהֲשֵׁבֹתָ אֶל־לְבָבֶךָ
כִּי יהוה הוּא הָאֱלֹהִים בַּשָּׁמַיִם מִמַּעַל וְעַל־הָאָרֶץ מִתָּחַת
אֵין עוֹד:

עַל כֵּן נְקַוֶּה לְךָ יהוה אֱלֹהֵינוּ, לִרְאוֹת מְהֵרָה בְּתִפְאֶרֶת עֻזֶּךָ
לְהַעֲבִיר גִּלּוּלִים מִן הָאָרֶץ, וְהָאֱלִילִים כָּרוֹת יִכָּרֵתוּן
לְתַקֵּן עוֹלָם בְּמַלְכוּת שַׁדַּי.
וְכָל בְּנֵי בָשָׂר יִקְרְאוּ בִשְׁמֶךָ לְהַפְנוֹת אֵלֶיךָ כָּל רִשְׁעֵי אָרֶץ.
יַכִּירוּ וְיֵדְעוּ כָּל יוֹשְׁבֵי תֵבֵל
כִּי לְךָ תִּכְרַע כָּל בֶּרֶךְ, תִּשָּׁבַע כָּל לָשׁוֹן.
לְפָנֶיךָ יהוה אֱלֹהֵינוּ יִכְרְעוּ וְיִפֹּלוּ
וְלִכְבוֹד שִׁמְךָ יְקָר יִתֵּנוּ
וִיקַבְּלוּ כֻלָּם אֶת עֹל מַלְכוּתֶךָ
וְתִמְלֹךְ עֲלֵיהֶם מְהֵרָה לְעוֹלָם וָעֶד.
כִּי הַמַּלְכוּת שֶׁלְּךָ הִיא וּלְעוֹלְמֵי עַד תִּמְלֹךְ בְּכָבוֹד
כַּכָּתוּב בְּתוֹרָתֶךָ

שמות טו

יהוה יִמְלֹךְ לְעֹלָם וָעֶד:

זכריה יד

• וְנֶאֱמַר, וְהָיָה יהוה לְמֶלֶךְ עַל־כָּל־הָאָרֶץ
בַּיּוֹם הַהוּא יִהְיֶה יהוה אֶחָד וּשְׁמוֹ אֶחָד:

יש מוסיפים:

משלי ג

אַל־תִּירָא מִפַּחַד פִּתְאֹם וּמִשֹּׁאַת רְשָׁעִים כִּי תָבֹא:

ישעיה ח

עֻצוּ עֵצָה וְתֻפָר, דַּבְּרוּ דָבָר וְלֹא יָקוּם, כִּי עִמָּנוּ אֵל:

ישעיה מו

וְעַד־זִקְנָה אֲנִי הוּא, וְעַד־שֵׂיבָה אֲנִי אֶסְבֹּל
אֲנִי עָשִׂיתִי וַאֲנִי אֶשָּׂא וַאֲנִי אֶסְבֹּל וַאֲמַלֵּט:

קדיש יתום

אבל: יִתְגַּדַּל וְיִתְקַדַּשׁ שְׁמֵהּ רַבָּא (קהל: אָמֵן)
בְּעָלְמָא דִּי בְרָא כִרְעוּתֵהּ
וְיַמְלִיךְ מַלְכוּתֵהּ
בְּחַיֵּיכוֹן וּבְיוֹמֵיכוֹן וּבְחַיֵּי דְכָל בֵּית יִשְׂרָאֵל
בַּעֲגָלָא וּבִזְמַן קָרִיב
וְאִמְרוּ אָמֵן. (קהל: אָמֵן)

קהל ואבל: יְהֵא שְׁמֵהּ רַבָּא מְבָרַךְ לְעָלַם וּלְעָלְמֵי עָלְמַיָּא.

אבל: יִתְבָּרַךְ וְיִשְׁתַּבַּח וְיִתְפָּאַר וְיִתְרוֹמַם וְיִתְנַשֵּׂא
וְיִתְהַדָּר וְיִתְעַלֶּה וְיִתְהַלָּל
שְׁמֵהּ דְּקֻדְשָׁא בְּרִיךְ הוּא (קהל: בְּרִיךְ הוּא)
לְעֵלָּא מִן כָּל בִּרְכָתָא וְשִׁירָתָא, תֻּשְׁבְּחָתָא וְנֶחֱמָתָא
דַּאֲמִירָן בְּעָלְמָא
וְאִמְרוּ אָמֵן. (קהל: אָמֵן)

יְהֵא שְׁלָמָא רַבָּא מִן שְׁמַיָּא
וְחַיִּים, עָלֵינוּ וְעַל כָּל יִשְׂרָאֵל
וְאִמְרוּ אָמֵן. (קהל: אָמֵן)

כורע ופוסע שלוש פסיעות לאחור. קד לשמאל, לימין ולפנים באמירת:

עֹשֶׂה שָׁלוֹם בִּמְרוֹמָיו
הוּא יַעֲשֶׂה שָׁלוֹם
עָלֵינוּ וְעַל כָּל יִשְׂרָאֵל
וְאִמְרוּ אָמֵן. (קהל: אָמֵן)

שחרית לתשעה באב

שחרית

"ה' בֹּקֶר תִּשְׁמַע קוֹלִי, בֹּקֶר אֶעֱרָךְ־לְךָ וַאֲצַפֶּה" (תהלים ה, ד).

השכמת הבוקר

"יתגבר כארי לעמוד בבוקר לעבודת בוראו" (שו"ע א, א).

מיד כשמתעורר אדם משנתו, עוד בטרם נוטל את ידיו,
כשעדיין אינו יכול לברך או לומר פסוקים, אומר:

מוֹדֶה/ נשים אומרות: **מוֹדָה/ אֲנִי לְפָנֶיךָ מֶלֶךְ חַי וְקַיָּם**
שֶׁהֶחֱזַרְתָּ בִּי נִשְׁמָתִי בְּחֶמְלָה
רַבָּה אֱמוּנָתֶךָ.

נוטל את ידיו עד קשרי האצבעות ומברך:

בָּרוּךְ אַתָּה יהוה אֱלֹהֵינוּ מֶלֶךְ הָעוֹלָם
אֲשֶׁר קִדְּשָׁנוּ בְּמִצְוֹתָיו וְצִוָּנוּ עַל נְטִילַת יָדַיִם.

בָּרוּךְ אַתָּה יהוה אֱלֹהֵינוּ מֶלֶךְ הָעוֹלָם
אֲשֶׁר יָצַר אֶת הָאָדָם בְּחָכְמָה
וּבָרָא בוֹ נְקָבִים נְקָבִים, חֲלוּלִים חֲלוּלִים.
גָּלוּי וְיָדוּעַ לִפְנֵי כִסֵּא כְבוֹדֶךָ
שֶׁאִם יִפָּתֵחַ אֶחָד מֵהֶם אוֹ יִסָּתֵם אֶחָד מֵהֶם
אִי אֶפְשָׁר לְהִתְקַיֵּם וְלַעֲמֹד לְפָנֶיךָ.
בָּרוּךְ אַתָּה יהוה, רוֹפֵא כָל בָּשָׂר וּמַפְלִיא לַעֲשׂוֹת.

השכמת הבוקר • שחרית

הגמרא בברכות ס ע"ב מזכירה ברכה זו שצריך לאומרה מיד כשמתעורר. הגאונים תיקנו לאומרה אחרי ברכת 'אֲשֶׁר יָצַר', כיוון שאינה פותחת בתיבת 'בָּרוּךְ אַתָּה ה'' (רב נטרונאי גאון).

אֱלֹהַי

נְשָׁמָה שֶׁנָּתַתָּ בִּי טְהוֹרָה הִיא.
אַתָּה בְרָאתָהּ, אַתָּה יְצַרְתָּהּ, אַתָּה נְפַחְתָּהּ בִּי
וְאַתָּה מְשַׁמְּרָהּ בְּקִרְבִּי
וְאַתָּה עָתִיד לִטְּלָהּ מִמֶּנִּי
וּלְהַחֲזִירָהּ בִּי לֶעָתִיד לָבוֹא.
כָּל זְמַן שֶׁהַנְּשָׁמָה בְקִרְבִּי, מוֹדֶה/ נשים אומרות: מוֹדָה/ אֲנִי לְפָנֶיךָ
יהוה אֱלֹהַי וֵאלֹהֵי אֲבוֹתַי
רִבּוֹן כָּל הַמַּעֲשִׂים, אֲדוֹן כָּל הַנְּשָׁמוֹת.
בָּרוּךְ אַתָּה יהוה, הַמַּחֲזִיר נְשָׁמוֹת לִפְגָרִים מֵתִים.

לבישת ציצית

נוהגים שלא להניח תפילין בתשעה באב שחרית ולא טלית, אלא לובשים טלית קטן תחת בגדיהם בלא ברכה" (שו"ע תקנה, א). והמשנה ברורה (שם, ב) כתב שיש נוהגים לברך:

בָּרוּךְ אַתָּה יהוה אֱלֹהֵינוּ מֶלֶךְ הָעוֹלָם
אֲשֶׁר קִדְּשָׁנוּ בְּמִצְוֹתָיו
וְצִוָּנוּ עַל מִצְוַת צִיצִית.

אחרי שלבש, אומר:

יְהִי רָצוֹן מִלְּפָנֶיךָ, יהוה אֱלֹהַי וֵאלֹהֵי אֲבוֹתַי
שֶׁתְּהֵא חֲשׁוּבָה מִצְוַת צִיצִית לְפָנֶיךָ
כְּאִלּוּ קִיַּמְתִּיהָ בְּכָל פְּרָטֶיהָ וְדִקְדּוּקֶיהָ וְכַוָּנוֹתֶיהָ
וְתַרְיַ"ג מִצְוֹת הַתְּלוּיוֹת בָּהּ
אָמֵן סֶלָה.

ברכות התורה

"ואסור לקרות בתורה בנביאים ובכתובים, ולשנות במשנה בתלמוד ובמדרש ובהלכות ובאגדות... ותינוקות של בית רבן בטלין, משום שנאמר (תהלים יט, ט): 'פִּקּוּדֵי ה' יְשָׁרִים מְשַׂמְּחֵי־לֵב'" (תענית ל ע"א). אך הפוסקים כתבו שמותר לומר את סדר היום הקבוע (שו"ע תקנד, ד על פי הרמב"ן).

בָּרוּךְ אַתָּה יהוה אֱלֹהֵינוּ מֶלֶךְ הָעוֹלָם
אֲשֶׁר קִדְּשָׁנוּ בְּמִצְוֹתָיו
וְצִוָּנוּ לַעֲסֹק בְּדִבְרֵי תוֹרָה.
וְהַעֲרֶב נָא יהוה אֱלֹהֵינוּ אֶת דִּבְרֵי תוֹרָתְךָ
בְּפִינוּ וּבְפִי עַמְּךָ בֵּית יִשְׂרָאֵל
וְנִהְיֶה אֲנַחְנוּ וְצֶאֱצָאֵינוּ (וְצֶאֱצָאֵי צֶאֱצָאֵינוּ)
וְצֶאֱצָאֵי עַמְּךָ בֵּית יִשְׂרָאֵל
כֻּלָּנוּ יוֹדְעֵי שְׁמֶךָ וְלוֹמְדֵי תוֹרָתְךָ לִשְׁמָהּ.
בָּרוּךְ אַתָּה יהוה
הַמְלַמֵּד תּוֹרָה לְעַמּוֹ יִשְׂרָאֵל.

בָּרוּךְ אַתָּה יהוה אֱלֹהֵינוּ מֶלֶךְ הָעוֹלָם
אֲשֶׁר בָּחַר בָּנוּ מִכָּל הָעַמִּים וְנָתַן לָנוּ אֶת תּוֹרָתוֹ.
בָּרוּךְ אַתָּה יהוה
נוֹתֵן הַתּוֹרָה.

יְבָרֶכְךָ יהוה וְיִשְׁמְרֶךָ׃ במדבר ו
יָאֵר יהוה פָּנָיו אֵלֶיךָ וִיחֻנֶּךָּ׃
יִשָּׂא יהוה פָּנָיו אֵלֶיךָ וְיָשֵׂם לְךָ שָׁלוֹם׃

48 ברכות התורה • שחרית

משנה פאה א, א

אֵלּוּ דְבָרִים שֶׁאֵין לָהֶם שִׁעוּר
הַפֵּאָה וְהַבִּכּוּרִים וְהָרֵאָיוֹן
וּגְמִילוּת חֲסָדִים
וְתַלְמוּד תּוֹרָה.

שבת קכז.

אֵלּוּ דְבָרִים שֶׁאָדָם אוֹכֵל פֵּרוֹתֵיהֶם בָּעוֹלָם הַזֶּה
וְהַקֶּרֶן קַיֶּמֶת לוֹ לָעוֹלָם הַבָּא
וְאֵלּוּ הֵן
כִּבּוּד אָב וָאֵם
וּגְמִילוּת חֲסָדִים
וְהַשְׁכָּמַת בֵּית הַמִּדְרָשׁ שַׁחֲרִית וְעַרְבִית
וְהַכְנָסַת אוֹרְחִים
וּבִקּוּר חוֹלִים
וְהַכְנָסַת כַּלָּה
וּלְוָיַת הַמֵּת
וְעִיּוּן תְּפִלָּה
וַהֲבָאַת שָׁלוֹם בֵּין אָדָם לַחֲבֵרוֹ
וְתַלְמוּד תּוֹרָה כְּנֶגֶד כֻּלָּם.

עטיפת טלית והנחת תפילין

נוהגים שלא להתעטף בטלית ולא להניח תפילין בבוקר תשעה באב (שו״ע תקנה, א בשם מהר״ם). יש מהמקובלים שנוהגים להניח תפילין, וחולצים אותן לפני אמירת הקינות (בה״ט שם, א בשם מהר״ם גלנטי); אך המנהג המקובל הוא להניח במנחה (עמ׳ 210), וב׳מעשה רב׳, ר מובא שהגר״א הניח תפילין מיד לאחר אמירת הקינות.

הכנה לתפילה

יכנס שיעור שני פתחים ואחר כך יתפלל (שו"ע צ, כ).
כאשר נכנס לבית הכנסת אומר:

במדבר כד

מַה־טֹּֽבוּ
אֹהָלֶֽיךָ יַעֲקֹב, מִשְׁכְּנֹתֶֽיךָ יִשְׂרָאֵל:

תהלים ה

וַאֲנִי בְּרֹב חַסְדְּךָ אָבוֹא בֵיתֶֽךָ
אֶשְׁתַּחֲוֶה אֶל־הֵיכַל־קָדְשְׁךָ
בְּיִרְאָתֶֽךָ:

תהלים כו

יהוה אָהַֽבְתִּי מְעוֹן בֵּיתֶֽךָ
וּמְקוֹם מִשְׁכַּן כְּבוֹדֶֽךָ:

וַאֲנִי אֶשְׁתַּחֲוֶה
וְאֶכְרָֽעָה
אֲבָרְכָה לִפְנֵי יהוה עֹשִׂי.

תהלים סט

וַאֲנִי תְפִלָּתִי־לְךָ יהוה
עֵת רָצוֹן
אֱלֹהִים בְּרָב־חַסְדֶּֽךָ
עֲנֵֽנִי בֶּאֱמֶת יִשְׁעֶֽךָ:

"לְהַגִּיד בַּבֹּקֶר חַסְדֶּךָ וֶאֱמוּנָתְךָ בַּלֵּילוֹת" (תהלים צב, ג).

פיוט עתיק זה מיוחס לר' שלמה אבן גבירול (ויש המקדימים את זמנו לתקופת הגאונים).
רבים נוהגים לאומרו פעמיים ביום: לפני תפילת שחרית ובקריאת שמע שעל המיטה.

אֲדוֹן עוֹלָם

אֲשֶׁר מָלַךְ בְּטֶרֶם כָּל־יְצִיר נִבְרָא.

לְעֵת נַעֲשָׂה בְחֶפְצוֹ כֹּל אֲזַי מֶלֶךְ שְׁמוֹ נִקְרָא.

וְאַחֲרֵי כִּכְלוֹת הַכֹּל לְבַדּוֹ יִמְלֹךְ נוֹרָא.

וְהוּא הָיָה וְהוּא הֹוֶה וְהוּא יִהְיֶה בְּתִפְאָרָה.

וְהוּא אֶחָד וְאֵין שֵׁנִי לְהַמְשִׁיל לוֹ לְהַחְבִּירָה.

בְּלִי רֵאשִׁית בְּלִי תַכְלִית וְלוֹ הָעֹז וְהַמִּשְׂרָה.

וְהוּא אֵלִי וְחַי גּוֹאֲלִי וְצוּר חֶבְלִי בְּעֵת צָרָה.

וְהוּא נִסִּי וּמָנוֹס לִי מְנָת כּוֹסִי בְּיוֹם אֶקְרָא.

בְּיָדוֹ אַפְקִיד רוּחִי בְּעֵת אִישַׁן וְאָעִירָה.

וְעִם רוּחִי גְּוִיָּתִי יהוה לִי וְלֹא אִירָא.

׳יִגְדַּל׳ מיוסד על שלושה עשר עיקרי האמונה שמָּנה הרמב״ם.

יִגְדַּל

אֱלֹהִים חַי וְיִשְׁתַּבַּח, נִמְצָא וְאֵין עֵת אֶל מְצִיאוּתוֹ.

אֶחָד וְאֵין יָחִיד כְּיִחוּדוֹ, נֶעְלָם וְגַם אֵין סוֹף לְאַחְדוּתוֹ.

אֵין לוֹ דְּמוּת הַגּוּף וְאֵינוֹ גוּף, לֹא נַעֲרֹךְ אֵלָיו קְדֻשָּׁתוֹ.

קַדְמוֹן לְכָל דָּבָר אֲשֶׁר נִבְרָא, רִאשׁוֹן וְאֵין רֵאשִׁית לְרֵאשִׁיתוֹ.

הִנּוֹ אֲדוֹן עוֹלָם, וְכָל נוֹצָר יוֹרֶה גְדֻלָּתוֹ וּמַלְכוּתוֹ.

שֶׁפַע נְבוּאָתוֹ נְתָנוֹ אֶל־אַנְשֵׁי סְגֻלָּתוֹ וְתִפְאַרְתּוֹ.

לֹא קָם בְּיִשְׂרָאֵל כְּמֹשֶׁה עוֹד נָבִיא וּמַבִּיט אֶת תְּמוּנָתוֹ.

תּוֹרַת אֱמֶת נָתַן לְעַמּוֹ אֵל עַל יַד נְבִיאוֹ נֶאֱמַן בֵּיתוֹ.

לֹא יַחֲלִיף הָאֵל וְלֹא יָמִיר דָּתוֹ לְעוֹלָמִים לְזוּלָתוֹ.

צוֹפֶה וְיוֹדֵעַ סְתָרֵינוּ, מַבִּיט לְסוֹף דָּבָר בְּקַדְמָתוֹ.

גּוֹמֵל לְאִישׁ חֶסֶד כְּמִפְעָלוֹ, נוֹתֵן לְרָשָׁע רָע כְּרִשְׁעָתוֹ.

יִשְׁלַח לְקֵץ יָמִין מְשִׁיחֵנוּ לִפְדּוֹת מְחַכֵּי קֵץ יְשׁוּעָתוֹ.

מֵתִים יְחַיֶּה אֵל בְּרֹב חַסְדּוֹ, בָּרוּךְ עֲדֵי עַד שֵׁם תְּהִלָּתוֹ.

ברכות השחר

ברכות השחר נתקנו כדי שהאדם יאמרן במקביל למעשיו הראשונים כשמתעורר בבוקר (ברכות ס ע"ב). אך כבר בימי הראשונים נהגו שהציבור כולו אומרן יחד בבית הכנסת (פתיחה לסידור רב עמרם גאון).

בבתי כנסת רבים שליח הציבור מתחיל כאן.
ויש מקומות שבהם נוהגים ששליח הציבור מתחיל בברייתא דרבי ישמעאל (עמ' 65) או במזמור שלפני פסוקי דזמרה (עמ' 68).

בָּרוּךְ אַתָּה יהוה אֱלֹהֵינוּ מֶלֶךְ הָעוֹלָם
אֲשֶׁר נָתַן לַשֶּׂכְוִי בִינָה
לְהַבְחִין בֵּין יוֹם וּבֵין לָיְלָה.

בָּרוּךְ אַתָּה יהוה אֱלֹהֵינוּ מֶלֶךְ הָעוֹלָם
שֶׁלֹּא עָשַׂנִי גּוֹי.

בָּרוּךְ אַתָּה יהוה אֱלֹהֵינוּ מֶלֶךְ הָעוֹלָם
שֶׁלֹּא עָשַׂנִי עָבֶד.

בָּרוּךְ אַתָּה יהוה אֱלֹהֵינוּ מֶלֶךְ הָעוֹלָם
גברים: שֶׁלֹּא עָשַׂנִי אִשָּׁה. / נשים: שֶׁעָשַׂנִי כִּרְצוֹנוֹ.

בָּרוּךְ אַתָּה יהוה אֱלֹהֵינוּ מֶלֶךְ הָעוֹלָם
פּוֹקֵחַ עִוְרִים.

בָּרוּךְ אַתָּה יהוה אֱלֹהֵינוּ מֶלֶךְ הָעוֹלָם
מַלְבִּישׁ עֲרֻמִּים.

בָּרוּךְ אַתָּה יהוה אֱלֹהֵינוּ מֶלֶךְ הָעוֹלָם
מַתִּיר אֲסוּרִים.

בָּרוּךְ אַתָּה יהוה אֱלֹהֵינוּ מֶלֶךְ הָעוֹלָם
זוֹקֵף כְּפוּפִים.

בָּרוּךְ אַתָּה יהוה אֱלֹהֵינוּ מֶלֶךְ הָעוֹלָם
רוֹקַע הָאָרֶץ עַל הַמָּיִם.

יש שאינם אומרים ברכה זו, שנתקנה על נעילת הנעליים (ברכות ס ע״ב), עד שנועל נעליו במוצאי הצום (וכך מובא בשם הגר״א), אך המנהג המקובל לברך כרגיל (משנ״ב תקנד, לא).

בָּרוּךְ אַתָּה יהוה אֱלֹהֵינוּ מֶלֶךְ הָעוֹלָם
שֶׁעָשָׂה לִי כָּל צָרְכִּי.

בָּרוּךְ אַתָּה יהוה אֱלֹהֵינוּ מֶלֶךְ הָעוֹלָם
הַמֵּכִין מִצְעֲדֵי גָבֶר.

בָּרוּךְ אַתָּה יהוה אֱלֹהֵינוּ מֶלֶךְ הָעוֹלָם
אוֹזֵר יִשְׂרָאֵל בִּגְבוּרָה.

יש נוהגים לדחות ברכה זו עד לאחר הנחת תפילין במנחה (עבודת ישראל).

בָּרוּךְ אַתָּה יהוה אֱלֹהֵינוּ מֶלֶךְ הָעוֹלָם
עוֹטֵר יִשְׂרָאֵל בְּתִפְאָרָה.

בָּרוּךְ אַתָּה יהוה אֱלֹהֵינוּ מֶלֶךְ הָעוֹלָם
הַנּוֹתֵן לַיָּעֵף כֹּחַ.

בָּרוּךְ אַתָּה יהוה אֱלֹהֵינוּ מֶלֶךְ הָעוֹלָם, הַמַּעֲבִיר שֵׁנָה מֵעֵינַי וּתְנוּמָה מֵעַפְעַפָּי. וִיהִי רָצוֹן מִלְּפָנֶיךָ יהוה אֱלֹהֵינוּ וֵאלֹהֵי אֲבוֹתֵינוּ, שֶׁתַּרְגִּילֵנוּ בְּתוֹרָתֶךָ, וְדַבְּקֵנוּ בְּמִצְוֹתֶיךָ, וְאַל תְּבִיאֵנוּ לֹא לִידֵי חֵטְא, וְלֹא לִידֵי עֲבֵרָה וְעָוֹן, וְלֹא לִידֵי נִסָּיוֹן וְלֹא לִידֵי בִזָּיוֹן, וְאַל תַּשְׁלֶט בָּנוּ יֵצֶר הָרָע, וְהַרְחִיקֵנוּ מֵאָדָם רָע וּמֵחָבֵר רָע, וְדַבְּקֵנוּ בְּיֵצֶר הַטּוֹב וּבְמַעֲשִׂים טוֹבִים, וְכֹף אֶת יִצְרֵנוּ לְהִשְׁתַּעְבֶּד לָךְ, וּתְנֵנוּ הַיּוֹם וּבְכָל יוֹם לְחֵן וּלְחֶסֶד וּלְרַחֲמִים, בְּעֵינֶיךָ, וּבְעֵינֵי כָל רוֹאֵינוּ, וְתִגְמְלֵנוּ חֲסָדִים טוֹבִים. בָּרוּךְ אַתָּה יהוה, גּוֹמֵל חֲסָדִים טוֹבִים לְעַמּוֹ יִשְׂרָאֵל.

ברכות טז:
יְהִי רָצוֹן מִלְּפָנֶיךָ יהוה אֱלֹהַי וֵאלֹהֵי אֲבוֹתַי, שֶׁתַּצִּילֵנִי הַיּוֹם וּבְכָל יוֹם מֵעַזֵּי פָנִים וּמֵעַזּוּת פָּנִים, מֵאָדָם רָע, וּמֵחָבֵר רָע, וּמִשָּׁכֵן רָע, וּמִפֶּגַע רָע, וּמִשָּׂטָן הַמַּשְׁחִית, מִדִּין קָשֶׁה, וּמִבַּעַל דִּין קָשֶׁה בֵּין שֶׁהוּא בֶן בְּרִית וּבֵין שֶׁאֵינוֹ בֶן בְּרִית.

פרשת העקדה

אין לומדים תורה בתשעה באב, פרט לסדר היום (שו״ע תקנד, ד).
המשנ״ב (שם, ז) כתב שאומרים רק את פרשת התמיד, פרק ׳אֵיזֶהוּ מְקוֹמָן׳
ובריתא דר׳ ישמעאל; ולדעת ׳ערוך השולחן׳ (שם, ו) אומרים גם את
פרשת העקדה, ואת כל סדר התפילה שאומרים בכל יום.

אֱלֹהֵינוּ וֵאלֹהֵי אֲבוֹתֵינוּ, זָכְרֵנוּ בְּזִכָּרוֹן טוֹב לְפָנֶיךָ, וּפָקְדֵנוּ בִּפְקֻדַּת יְשׁוּעָה וְרַחֲמִים מִשְּׁמֵי שְׁמֵי קֶדֶם, וּזְכָר לָנוּ יהוה אֱלֹהֵינוּ, אַהֲבַת הַקַּדְמוֹנִים אַבְרָהָם יִצְחָק וְיִשְׂרָאֵל עֲבָדֶיךָ, אֶת הַבְּרִית וְאֶת הַחֶסֶד וְאֶת הַשְּׁבוּעָה שֶׁנִּשְׁבַּעְתָּ לְאַבְרָהָם אָבִינוּ בְּהַר הַמּוֹרִיָּה, וְאֶת הָעֲקֵדָה שֶׁעָקַד אֶת יִצְחָק בְּנוֹ עַל גַּבֵּי הַמִּזְבֵּחַ, כַּכָּתוּב בְּתוֹרָתֶךָ:

בראשית כב וַיְהִי אַחַר הַדְּבָרִים הָאֵלֶּה, וְהָאֱלֹהִים נִסָּה אֶת־אַבְרָהָם,
וַיֹּאמֶר אֵלָיו אַבְרָהָם, וַיֹּאמֶר הִנֵּנִי: וַיֹּאמֶר קַח־נָא אֶת־בִּנְךָ
אֶת־יְחִידְךָ אֲשֶׁר־אָהַבְתָּ, אֶת־יִצְחָק, וְלֶךְ־לְךָ אֶל־אֶרֶץ
הַמֹּרִיָּה, וְהַעֲלֵהוּ שָׁם לְעֹלָה עַל אַחַד הֶהָרִים אֲשֶׁר אֹמַר
אֵלֶיךָ: וַיַּשְׁכֵּם אַבְרָהָם בַּבֹּקֶר, וַיַּחֲבֹשׁ אֶת־חֲמֹרוֹ, וַיִּקַּח
אֶת־שְׁנֵי נְעָרָיו אִתּוֹ וְאֵת יִצְחָק בְּנוֹ, וַיְבַקַּע עֲצֵי עֹלָה, וַיָּקָם
וַיֵּלֶךְ אֶל־הַמָּקוֹם אֲשֶׁר־אָמַר־לוֹ הָאֱלֹהִים: בַּיּוֹם הַשְּׁלִישִׁי
וַיִּשָּׂא אַבְרָהָם אֶת־עֵינָיו וַיַּרְא אֶת־הַמָּקוֹם מֵרָחֹק: וַיֹּאמֶר
אַבְרָהָם אֶל־נְעָרָיו, שְׁבוּ־לָכֶם פֹּה עִם־הַחֲמוֹר, וַאֲנִי וְהַנַּעַר
נֵלְכָה עַד־כֹּה, וְנִשְׁתַּחֲוֶה וְנָשׁוּבָה אֲלֵיכֶם: וַיִּקַּח אַבְרָהָם
אֶת־עֲצֵי הָעֹלָה וַיָּשֶׂם עַל־יִצְחָק בְּנוֹ, וַיִּקַּח בְּיָדוֹ אֶת־הָאֵשׁ
וְאֶת־הַמַּאֲכֶלֶת, וַיֵּלְכוּ שְׁנֵיהֶם יַחְדָּו: וַיֹּאמֶר יִצְחָק אֶל־
אַבְרָהָם אָבִיו, וַיֹּאמֶר אָבִי, וַיֹּאמֶר הִנֶּנִּי בְנִי, וַיֹּאמֶר, הִנֵּה
הָאֵשׁ וְהָעֵצִים, וְאַיֵּה הַשֶּׂה לְעֹלָה: וַיֹּאמֶר אַבְרָהָם, אֱלֹהִים
יִרְאֶה־לּוֹ הַשֶּׂה לְעֹלָה, בְּנִי, וַיֵּלְכוּ שְׁנֵיהֶם יַחְדָּו: וַיָּבֹאוּ אֶל־
הַמָּקוֹם אֲשֶׁר אָמַר־לוֹ הָאֱלֹהִים, וַיִּבֶן שָׁם אַבְרָהָם אֶת־

הַמִּזְבֵּחַ וַיַּעֲרֹךְ אֶת־הָעֵצִים, וַיַּעֲקֹד אֶת־יִצְחָק בְּנוֹ, וַיָּשֶׂם
אֹתוֹ עַל־הַמִּזְבֵּחַ מִמַּעַל לָעֵצִים: וַיִּשְׁלַח אַבְרָהָם אֶת־יָדוֹ,
וַיִּקַּח אֶת־הַמַּאֲכֶלֶת, לִשְׁחֹט אֶת־בְּנוֹ: וַיִּקְרָא אֵלָיו מַלְאַךְ
יהוה מִן־הַשָּׁמַיִם, וַיֹּאמֶר אַבְרָהָם אַבְרָהָם, וַיֹּאמֶר הִנֵּנִי:
וַיֹּאמֶר אַל־תִּשְׁלַח יָדְךָ אֶל־הַנַּעַר, וְאַל־תַּעַשׂ לוֹ מְאוּמָה,
כִּי עַתָּה יָדַעְתִּי כִּי־יְרֵא אֱלֹהִים אַתָּה, וְלֹא חָשַׂכְתָּ אֶת־בִּנְךָ
אֶת־יְחִידְךָ מִמֶּנִּי: וַיִּשָּׂא אַבְרָהָם אֶת־עֵינָיו, וַיַּרְא וְהִנֵּה־אַיִל,
אַחַר נֶאֱחַז בַּסְּבַךְ בְּקַרְנָיו, וַיֵּלֶךְ אַבְרָהָם וַיִּקַּח אֶת־הָאַיִל,
וַיַּעֲלֵהוּ לְעֹלָה תַּחַת בְּנוֹ: וַיִּקְרָא אַבְרָהָם שֵׁם־הַמָּקוֹם
הַהוּא יהוה יִרְאֶה, אֲשֶׁר יֵאָמֵר הַיּוֹם בְּהַר יהוה יֵרָאֶה:
וַיִּקְרָא מַלְאַךְ יהוה אֶל־אַבְרָהָם שֵׁנִית מִן־הַשָּׁמָיִם: וַיֹּאמֶר,
בִּי נִשְׁבַּעְתִּי נְאֻם־יהוה, כִּי יַעַן אֲשֶׁר עָשִׂיתָ אֶת־הַדָּבָר הַזֶּה,
וְלֹא חָשַׂכְתָּ אֶת־בִּנְךָ אֶת־יְחִידֶךָ: כִּי־בָרֵךְ אֲבָרֶכְךָ, וְהַרְבָּה
אַרְבֶּה אֶת־זַרְעֲךָ כְּכוֹכְבֵי הַשָּׁמַיִם, וְכַחוֹל אֲשֶׁר עַל־שְׂפַת
הַיָּם, וְיִרַשׁ זַרְעֲךָ אֵת שַׁעַר אֹיְבָיו: וְהִתְבָּרְכוּ בְזַרְעֲךָ כֹּל
גּוֹיֵי הָאָרֶץ, עֵקֶב אֲשֶׁר שָׁמַעְתָּ בְּקֹלִי: וַיָּשָׁב אַבְרָהָם אֶל־
נְעָרָיו, וַיָּקֻמוּ וַיֵּלְכוּ יַחְדָּו אֶל־בְּאֵר שָׁבַע, וַיֵּשֶׁב אַבְרָהָם
בִּבְאֵר שָׁבַע:

רִבּוֹנוֹ שֶׁל עוֹלָם, כְּמוֹ שֶׁכָּבַשׁ אַבְרָהָם אָבִינוּ אֶת רַחֲמָיו לַעֲשׂוֹת רְצוֹנְךָ
בְּלֵבָב שָׁלֵם, כֵּן יִכְבְּשׁוּ רַחֲמֶיךָ אֶת כַּעַסְךָ מֵעָלֵינוּ וְיִגֹּלּוּ רַחֲמֶיךָ עַל
מִדּוֹתֶיךָ. וְתִתְנַהֵג עִמָּנוּ יהוה אֱלֹהֵינוּ בְּמִדַּת הַחֶסֶד וּבְמִדַּת הָרַחֲמִים,
וּבְטוּבְךָ הַגָּדוֹל יָשׁוּב חֲרוֹן אַפְּךָ מֵעַמְּךָ וּמֵעִירְךָ וּמֵאַרְצְךָ וּמִנַּחֲלָתֶךָ. וְקַיֶּם
לָנוּ יהוה אֱלֹהֵינוּ אֶת הַדָּבָר שֶׁהִבְטַחְתָּנוּ בְּתוֹרָתֶךָ עַל יְדֵי מֹשֶׁה עַבְדֶּךָ,
כָּאָמוּר: וְזָכַרְתִּי אֶת־בְּרִיתִי יַעֲקוֹב וְאַף אֶת־בְּרִיתִי יִצְחָק, וְאַף אֶת־בְּרִיתִי ויקרא כו
אַבְרָהָם אֶזְכֹּר, וְהָאָרֶץ אֶזְכֹּר:

קבלת עול מלכות שמים

תפילה לאומית, הפותחת בחולשת ההווה, ממשיכה בקריאת שמע
ומסיימת בתפילה לגאולה ובהכרה כלל עולמית במלכות ה׳ (רש״ר הירש).

תפילה זו נזכרה כבר ב׳תנא דבי אליהו׳ יט, ו. ככל הנראה נקבעה בתקופת הרדיפות,
כאשר היה אסור לקרוא קריאת שמע בציבור (ספר הפרדס, ׳שיבולי הלקט׳).

לְעוֹלָם יְהֵא אָדָם יְרֵא שָׁמַיִם בְּסֵתֶר וּבְגָלוּי
וּמוֹדֶה עַל הָאֱמֶת, וְדוֹבֵר אֱמֶת בִּלְבָבוֹ
וְיַשְׁכֵּם וְיֹאמַר

רִבּוֹן כָּל הָעוֹלָמִים
דניאל ט לֹא עַל־צִדְקוֹתֵינוּ אֲנַחְנוּ מַפִּילִים תַּחֲנוּנֵינוּ לְפָנֶיךָ
כִּי עַל־רַחֲמֶיךָ הָרַבִּים:

מָה אָנוּ, מֶה חַיֵּינוּ, מֶה חַסְדֵּנוּ, מַה צִּדְקוֹתֵינוּ
מַה יְשׁוּעָתֵנוּ, מַה כֹּחֵנוּ, מַה גְּבוּרָתֵנוּ
מַה נֹּאמַר לְפָנֶיךָ, יהוה אֱלֹהֵינוּ וֵאלֹהֵי אֲבוֹתֵינוּ
הֲלֹא כָּל הַגִּבּוֹרִים כְּאַיִן לְפָנֶיךָ, וְאַנְשֵׁי הַשֵּׁם כְּלֹא הָיוּ
וַחֲכָמִים כִּבְלִי מַדָּע, וּנְבוֹנִים כִּבְלִי הַשְׂכֵּל
כִּי רֹב מַעֲשֵׂיהֶם תֹּהוּ, וִימֵי חַיֵּיהֶם הֶבֶל לְפָנֶיךָ
קהלת ג וּמוֹתַר הָאָדָם מִן־הַבְּהֵמָה אָיִן
כִּי הַכֹּל הָבֶל:

אֲבָל אֲנַחְנוּ עַמְּךָ בְּנֵי בְרִיתֶךָ
בְּנֵי אַבְרָהָם אֹהַבְךָ שֶׁנִּשְׁבַּעְתָּ לּוֹ בְּהַר הַמּוֹרִיָּה
זֶרַע יִצְחָק יְחִידוֹ שֶׁנֶּעֱקַד עַל גַּבֵּי הַמִּזְבֵּחַ
עֲדַת יַעֲקֹב בִּנְךָ בְּכוֹרֶךָ
שֶׁמֵּאַהֲבָתְךָ שֶׁאָהַבְתָּ אוֹתוֹ, וּמִשִּׂמְחָתְךָ שֶׁשָּׂמַחְתָּ בּוֹ
קָרָאתָ אֶת שְׁמוֹ יִשְׂרָאֵל וִישֻׁרוּן.

לְפִיכָךְ אֲנַחְנוּ חַיָּבִים
לְהוֹדוֹת לְךָ וּלְשַׁבֵּחֲךָ וּלְפָאֶרְךָ
וּלְבָרֵךְ וּלְקַדֵּשׁ וְלָתֵת שֶׁבַח וְהוֹדָיָה לִשְׁמֶךָ.
אַשְׁרֵינוּ, מַה טּוֹב חֶלְקֵנוּ
וּמַה נָּעִים גּוֹרָלֵנוּ, וּמַה יָּפָה יְרֻשָּׁתֵנוּ.

◂ אַשְׁרֵינוּ, שֶׁאֲנַחְנוּ מַשְׁכִּימִים וּמַעֲרִיבִים עֶרֶב וָבֹקֶר
וְאוֹמְרִים פַּעֲמַיִם בְּכָל יוֹם

דברים ו

שְׁמַע יִשְׂרָאֵל, יהוה אֱלֹהֵינוּ, יהוה אֶחָד:

בלחש: בָּרוּךְ שֵׁם כְּבוֹד מַלְכוּתוֹ לְעוֹלָם וָעֶד.

יש הקוראים כאן את הפרשה הראשונה בקריאת שמע (מהרש״ל),
והמנהג הנפוץ הוא להמשיך ׳אַתָּה הוּא עַד שֶׁלֹּא נִבְרָא הָעוֹלָם׳.

אם חושש שיעבור זמן קריאת שמע, קורא את כל שלוש הפרשות (עמ׳ 86).

וְאָהַבְתָּ אֵת יהוה אֱלֹהֶיךָ, בְּכָל־לְבָבְךָ, וּבְכָל־נַפְשְׁךָ, וּבְכָל־מְאֹדֶךָ: וְהָיוּ הַדְּבָרִים הָאֵלֶּה, אֲשֶׁר אָנֹכִי מְצַוְּךָ הַיּוֹם, עַל־לְבָבֶךָ: וְשִׁנַּנְתָּם לְבָנֶיךָ, וְדִבַּרְתָּ בָּם, בְּשִׁבְתְּךָ בְּבֵיתֶךָ וּבְלֶכְתְּךָ בַדֶּרֶךְ, וּבְשָׁכְבְּךָ וּבְקוּמֶךָ: וּקְשַׁרְתָּם לְאוֹת עַל־יָדֶךָ וְהָיוּ לְטֹטָפֹת בֵּין עֵינֶיךָ: וּכְתַבְתָּם עַל־מְזֻזוֹת בֵּיתֶךָ וּבִשְׁעָרֶיךָ:

אַתָּה הוּא עַד שֶׁלֹּא נִבְרָא הָעוֹלָם
אַתָּה הוּא מִשֶּׁנִּבְרָא הָעוֹלָם.
אַתָּה הוּא בָּעוֹלָם הַזֶּה
וְאַתָּה הוּא לָעוֹלָם הַבָּא.
◂ קַדֵּשׁ אֶת שִׁמְךָ עַל מַקְדִּישֵׁי שְׁמֶךָ
וְקַדֵּשׁ אֶת שִׁמְךָ בְּעוֹלָמֶךָ
וּבִישׁוּעָתְךָ תָּרוּם וְתַגְבִּיהַּ קַרְנֵנוּ.
בָּרוּךְ אַתָּה יהוה, הַמְקַדֵּשׁ אֶת שִׁמְךָ בָּרַבִּים.

אַתָּה הוּא יהוה אֱלֹהֵינוּ
בַּשָּׁמַיִם וּבָאָרֶץ
וּבִשְׁמֵי הַשָּׁמַיִם הָעֶלְיוֹנִים.
אֱמֶת, אַתָּה הוּא רִאשׁוֹן
וְאַתָּה הוּא אַחֲרוֹן
וּמִבַּלְעָדֶיךָ אֵין אֱלֹהִים.
קַבֵּץ קֹוֶיךָ מֵאַרְבַּע כַּנְפוֹת הָאָרֶץ.
יַכִּירוּ וְיֵדְעוּ כָּל בָּאֵי עוֹלָם
מלכים ב׳ יט כִּי אַתָּה־הוּא הָאֱלֹהִים לְבַדְּךָ לְכֹל מַמְלְכוֹת הָאָרֶץ
אַתָּה עָשִׂיתָ אֶת־הַשָּׁמַיִם וְאֶת־הָאָרֶץ:
שמות כ אֶת־הַיָּם וְאֶת־כָּל־אֲשֶׁר־בָּם:
וּמִי בְּכָל מַעֲשֵׂי יָדֶיךָ בָּעֶלְיוֹנִים אוֹ בַתַּחְתּוֹנִים
שֶׁיֹּאמַר לְךָ מַה תַּעֲשֶׂה.

אָבִינוּ שֶׁבַּשָּׁמַיִם
עֲשֵׂה עִמָּנוּ חֶסֶד
בַּעֲבוּר שִׁמְךָ הַגָּדוֹל שֶׁנִּקְרָא עָלֵינוּ
וְקַיֶּם לָנוּ יהוה אֱלֹהֵינוּ
מַה שֶּׁכָּתוּב:
צפניה ג בָּעֵת הַהִיא אָבִיא אֶתְכֶם
וּבָעֵת קַבְּצִי אֶתְכֶם
כִּי־אֶתֵּן אֶתְכֶם לְשֵׁם וְלִתְהִלָּה בְּכֹל עַמֵּי הָאָרֶץ
בְּשׁוּבִי אֶת־שְׁבוּתֵיכֶם לְעֵינֵיכֶם
אָמַר יהוה:

סדר הקרבנות

"אמר אברהם: רבונו של עולם! שמא ישראל חוטאין לפניך... בזמן שאין בית המקדש קיים, מה תהא עליהם? – אמר לו: כבר תקנתי להם סדר קרבנות, בזמן שקוראין בהן לפני – מעלה אני עליהם כאילו הקריבום לפני, ואני מוחל להם על כל עונותיהם" (תענית כז ע"ב).

יש לומר את פרשת קרבן התמיד (בעמוד הבא) בכל יום.
ונוהגים לומר לפניה את פרשות הכיור ותרומת הדשן,
ולאחריה את פרשת הקטורת (שו"ע א, ט).

פרשת הכיור

שמות ל וַיְדַבֵּר יהוה אֶל־מֹשֶׁה לֵּאמֹר: וְעָשִׂיתָ כִּיּוֹר נְחֹשֶׁת וְכַנּוֹ נְחֹשֶׁת לְרָחְצָה, וְנָתַתָּ אֹתוֹ בֵּין־אֹהֶל מוֹעֵד וּבֵין הַמִּזְבֵּחַ, וְנָתַתָּ שָׁמָּה מָיִם: וְרָחֲצוּ אַהֲרֹן וּבָנָיו מִמֶּנּוּ אֶת־יְדֵיהֶם וְאֶת־רַגְלֵיהֶם: בְּבֹאָם אֶל־אֹהֶל מוֹעֵד יִרְחֲצוּ־מַיִם, וְלֹא יָמֻתוּ, אוֹ בְגִשְׁתָּם אֶל־הַמִּזְבֵּחַ לְשָׁרֵת, לְהַקְטִיר אִשֶּׁה לַיהוה: וְרָחֲצוּ יְדֵיהֶם וְרַגְלֵיהֶם וְלֹא יָמֻתוּ, וְהָיְתָה לָהֶם חָק־עוֹלָם, לוֹ וּלְזַרְעוֹ לְדֹרֹתָם:

פרשת תרומת הדשן

ויקרא ו וַיְדַבֵּר יהוה אֶל־מֹשֶׁה לֵּאמֹר: צַו אֶת־אַהֲרֹן וְאֶת־בָּנָיו לֵאמֹר, זֹאת תּוֹרַת הָעֹלָה, הִוא הָעֹלָה עַל מוֹקְדָה עַל־הַמִּזְבֵּחַ כָּל־הַלַּיְלָה עַד־הַבֹּקֶר, וְאֵשׁ הַמִּזְבֵּחַ תּוּקַד בּוֹ: וְלָבַשׁ הַכֹּהֵן מִדּוֹ בַד, וּמִכְנְסֵי־בַד יִלְבַּשׁ עַל־בְּשָׂרוֹ, וְהֵרִים אֶת־הַדֶּשֶׁן אֲשֶׁר תֹּאכַל הָאֵשׁ אֶת־הָעֹלָה, עַל־הַמִּזְבֵּחַ, וְשָׂמוֹ אֵצֶל הַמִּזְבֵּחַ: וּפָשַׁט אֶת־בְּגָדָיו, וְלָבַשׁ בְּגָדִים אֲחֵרִים, וְהוֹצִיא אֶת־הַדֶּשֶׁן אֶל־מִחוּץ לַמַּחֲנֶה, אֶל־מָקוֹם טָהוֹר: וְהָאֵשׁ עַל־הַמִּזְבֵּחַ תּוּקַד־בּוֹ, לֹא תִכְבֶּה, וּבִעֵר עָלֶיהָ הַכֹּהֵן עֵצִים בַּבֹּקֶר בַּבֹּקֶר, וְעָרַךְ עָלֶיהָ הָעֹלָה, וְהִקְטִיר עָלֶיהָ חֶלְבֵי הַשְּׁלָמִים: אֵשׁ, תָּמִיד תּוּקַד עַל־הַמִּזְבֵּחַ, לֹא תִכְבֶּה:

יְהִי רָצוֹן מִלְּפָנֶיךָ יהוה אֱלֹהֵינוּ וֵאלֹהֵי אֲבוֹתֵינוּ, שֶׁתְּרַחֵם עָלֵינוּ, וְתִמְחֹל לָנוּ עַל כָּל חַטֹּאתֵינוּ וּתְכַפֵּר לָנוּ עַל כָּל עֲוֹנוֹתֵינוּ וְתִסְלַח לָנוּ עַל כָּל פְּשָׁעֵינוּ, וְתִבְנֶה בֵּית הַמִּקְדָּשׁ בִּמְהֵרָה בְיָמֵינוּ, וְנַקְרִיב לְפָנֶיךָ קָרְבַּן הַתָּמִיד שֶׁיְּכַפֵּר בַּעֲדֵנוּ, כְּמוֹ שֶׁכָּתַבְתָּ עָלֵינוּ בְּתוֹרָתֶךָ עַל יְדֵי מֹשֶׁה עַבְדֶּךָ מִפִּי כְבוֹדֶךָ, כָּאָמוּר

60 סדר הקרבנות · שחרית

פרשת קרבן התמיד

במדבר כח וַיְדַבֵּר יהוה אֶל־מֹשֶׁה לֵּאמֹר: צַו אֶת־בְּנֵי יִשְׂרָאֵל וְאָמַרְתָּ אֲלֵהֶם, אֶת־קָרְבָּנִי לַחְמִי לְאִשַּׁי, רֵיחַ נִיחֹחִי, תִּשְׁמְרוּ לְהַקְרִיב לִי בְּמוֹעֲדוֹ: וְאָמַרְתָּ לָהֶם, זֶה הָאִשֶּׁה אֲשֶׁר תַּקְרִיבוּ לַיהוה, כְּבָשִׂים בְּנֵי־שָׁנָה תְמִימִם שְׁנַיִם לַיּוֹם, עֹלָה תָמִיד: אֶת־הַכֶּבֶשׂ אֶחָד תַּעֲשֶׂה בַבֹּקֶר, וְאֵת הַכֶּבֶשׂ הַשֵּׁנִי תַּעֲשֶׂה בֵּין הָעַרְבָּיִם: וַעֲשִׂירִית הָאֵיפָה סֹלֶת לְמִנְחָה, בְּלוּלָה בְּשֶׁמֶן כָּתִית רְבִיעִת הַהִין: עֹלַת תָּמִיד, הָעֲשֻׂיָה בְּהַר סִינַי, לְרֵיחַ נִיחֹחַ אִשֶּׁה לַיהוה: וְנִסְכּוֹ רְבִיעִת הַהִין לַכֶּבֶשׂ הָאֶחָד, בַּקֹּדֶשׁ הַסֵּךְ נֶסֶךְ שֵׁכָר לַיהוה: וְאֵת הַכֶּבֶשׂ הַשֵּׁנִי תַּעֲשֶׂה בֵּין הָעַרְבָּיִם, כְּמִנְחַת הַבֹּקֶר וּכְנִסְכּוֹ תַּעֲשֶׂה, אִשֵּׁה רֵיחַ נִיחֹחַ לַיהוה:

ויקרא א וְשָׁחַט אֹתוֹ עַל יֶרֶךְ הַמִּזְבֵּחַ צָפֹנָה לִפְנֵי יהוה, וְזָרְקוּ בְּנֵי אַהֲרֹן הַכֹּהֲנִים אֶת־דָּמוֹ עַל־הַמִּזְבֵּחַ, סָבִיב:

יְהִי רָצוֹן מִלְּפָנֶיךָ, יהוה אֱלֹהֵינוּ וֵאלֹהֵי אֲבוֹתֵינוּ, שֶׁתְּהֵא אֲמִירָה זוֹ חֲשׁוּבָה וּמְקֻבֶּלֶת וּמְרֻצָּה לְפָנֶיךָ, כְּאִלּוּ הִקְרַבְנוּ קָרְבַּן הַתָּמִיד בְּמוֹעֲדוֹ וּבִמְקוֹמוֹ וּכְהִלְכָתוֹ.

הנוהגים כדעת המשנ״ב (לעיל עמ׳ 54), ממשיכים ׳אֵיזֶהוּ מְקוֹמָן שֶׁל זְבָחִים׳ בעמ׳ 63.

אַתָּה הוּא יהוה אֱלֹהֵינוּ שֶׁהִקְטִירוּ אֲבוֹתֵינוּ לְפָנֶיךָ אֶת קְטֹרֶת הַסַּמִּים בִּזְמַן שֶׁבֵּית הַמִּקְדָּשׁ הָיָה קַיָּם, כַּאֲשֶׁר צִוִּיתָ אוֹתָם עַל יְדֵי מֹשֶׁה נְבִיאֶךָ, כַּכָּתוּב בְּתוֹרָתֶךָ:

פרשת הקטורת

שמות ל וַיֹּאמֶר יהוה אֶל־מֹשֶׁה, קַח־לְךָ סַמִּים נָטָף וּשְׁחֵלֶת וְחֶלְבְּנָה, סַמִּים וּלְבֹנָה זַכָּה, בַּד בְּבַד יִהְיֶה: וְעָשִׂיתָ אֹתָהּ קְטֹרֶת, רֹקַח מַעֲשֵׂה רוֹקֵחַ, מְמֻלָּח, טָהוֹר קֹדֶשׁ: וְשָׁחַקְתָּ מִמֶּנָּה הָדֵק, וְנָתַתָּה מִמֶּנָּה לִפְנֵי הָעֵדֻת בְּאֹהֶל מוֹעֵד אֲשֶׁר אִוָּעֵד לְךָ שָׁמָּה, קֹדֶשׁ קָדָשִׁים תִּהְיֶה לָכֶם:

וְנֶאֱמַר

וְהִקְטִיר עָלָיו אַהֲרֹן קְטֹרֶת סַמִּים, בַּבֹּקֶר בַּבֹּקֶר בְּהֵיטִיבוֹ אֶת־הַנֵּרֹת יַקְטִירֶנָּה: וּבְהַעֲלֹת אַהֲרֹן אֶת־הַנֵּרֹת בֵּין הָעַרְבַּיִם יַקְטִירֶנָּה, קְטֹרֶת תָּמִיד לִפְנֵי יהוה לְדֹרֹתֵיכֶם:

תָּנוּ רַבָּנָן: פִּטּוּם הַקְּטֹרֶת כֵּיצַד, שְׁלֹשׁ מֵאוֹת וְשִׁשִּׁים וּשְׁמוֹנָה מָנִים הָיוּ כריתות ו.
בָהּ. שְׁלֹשׁ מֵאוֹת וְשִׁשִּׁים וַחֲמִשָּׁה כְּמִנְיַן יְמוֹת הַחַמָּה, מָנֶה לְכָל יוֹם, פְּרַס בְּשַׁחֲרִית וּפְרַס בֵּין הָעַרְבַּיִם, וּשְׁלֹשָׁה מָנִים יְתֵרִים שֶׁמֵּהֶם מַכְנִיס כֹּהֵן גָּדוֹל מְלֹא חָפְנָיו בְּיוֹם הַכִּפּוּרִים, וּמַחֲזִירָן לְמַכְתֶּשֶׁת בְּעֶרֶב יוֹם הַכִּפּוּרִים וְשׁוֹחֲקָן יָפֶה יָפֶה, כְּדֵי שֶׁתְּהֵא דַקָּה מִן הַדַּקָּה. וְאַחַד עָשָׂר סַמָּנִים הָיוּ בָהּ, וְאֵלּוּ הֵן: הַצֳּרִי, וְהַצִּפֹּרֶן, וְהַחֶלְבְּנָה, וְהַלְּבוֹנָה מִשְׁקַל שִׁבְעִים שִׁבְעִים מָנֶה, מֹר, וּקְצִיעָה, שִׁבֹּלֶת נֵרְדְּ, וְכַרְכֹּם מִשְׁקַל שִׁשָּׁה עָשָׂר שִׁשָּׁה עָשָׂר מָנֶה, הַקֹּשְׁטְ שְׁנֵים עָשָׂר, קִלּוּפָה שְׁלֹשָׁה וְקִנָּמוֹן תִּשְׁעָה, בֹּרִית כַּרְשִׁינָה תִּשְׁעָה קַבִּין, יֵין קַפְרִיסִין סְאִין תְּלָת וְקַבִּין תְּלָתָא, וְאִם אֵין לוֹ יֵין קַפְרִיסִין, מֵבִיא חֲמַר חִוַּרְיָן עַתִּיק. מֶלַח סְדוֹמִית רֹבַע, מַעֲלֶה עָשָׁן כָּל שֶׁהוּא. רַבִּי נָתָן הַבַּבְלִי אוֹמֵר: אַף כִּפַּת הַיַּרְדֵּן כָּל שֶׁהוּא, וְאִם נָתַן בָּהּ דְּבַשׁ פְּסָלָהּ, וְאִם חִסַּר אֶחָד מִכָּל סַמָּנֶיהָ, חַיָּב מִיתָה.

רַבָּן שִׁמְעוֹן בֶּן גַּמְלִיאֵל אוֹמֵר: הַצֳּרִי אֵינוֹ אֶלָּא שְׂרָף הַנּוֹטֵף מֵעֲצֵי הַקְּטָף. בֹּרִית כַּרְשִׁינָה שֶׁשָּׁפִין בָּהּ אֶת הַצִּפֹּרֶן כְּדֵי שֶׁתְּהֵא נָאָה, יֵין קַפְרִיסִין שֶׁשּׁוֹרִין בּוֹ אֶת הַצִּפֹּרֶן כְּדֵי שֶׁתְּהֵא עַזָּה, וַהֲלֹא מֵי רַגְלַיִם יָפִין לָהּ, אֶלָּא שֶׁאֵין מַכְנִיסִין מֵי רַגְלַיִם בַּמִּקְדָּשׁ מִפְּנֵי הַכָּבוֹד.

תַּנְיָא, רַבִּי נָתָן אוֹמֵר: כְּשֶׁהוּא שׁוֹחֵק אוֹמֵר, הָדֵק הֵיטֵב הֵיטֵב הָדֵק, מִפְּנֵי שֶׁהַקּוֹל יָפֶה לַבְּשָׂמִים. פִּטְּמָהּ לַחֲצָאִין כְּשֵׁרָה, לִשְׁלִישׁ וְלִרְבִיעַ לֹא שָׁמַעְנוּ. אָמַר רַבִּי יְהוּדָה: זֶה הַכְּלָל, אִם כְּמִדָּתָהּ כְּשֵׁרָה לַחֲצָאִין, וְאִם חִסַּר אֶחָד מִכָּל סַמָּנֶיהָ חַיָּב מִיתָה.

תַּנְיָא, בַּר קַפָּרָא אוֹמֵר: אַחַת לְשִׁשִּׁים אוֹ לְשִׁבְעִים שָׁנָה הָיְתָה בָאָה שֶׁל שִׁירַיִם ירושלמי
לַחֲצָאִין. וְעוֹד תָּנֵי בַּר קַפָּרָא: אִלּוּ הָיָה נוֹתֵן בָּהּ קוֹרְטוֹב שֶׁל דְּבַשׁ אֵין אָדָם יומא ד,
יָכוֹל לַעֲמֹד מִפְּנֵי רֵיחָהּ, וְלָמָּה אֵין מְעָרְבִין בָּהּ דְּבַשׁ, מִפְּנֵי שֶׁהַתּוֹרָה אָמְרָה: הלכה ה
כִּי כָל־שְׂאֹר וְכָל־דְּבַשׁ לֹא־תַקְטִירוּ מִמֶּנּוּ אִשֶּׁה לַיהוה: ויקרא ב

נוהגים לומר שלושה פסוקים אלה אחרי פרשת הקטורת (שער הכוונות, על פי הירושלמי במסכת ברכות). והשל״ה כתב לומר כל פסוק שלוש פעמים.

תהלים מו יהוה צְבָאוֹת עִמָּנוּ, מִשְׂגָּב לָנוּ אֱלֹהֵי יַעֲקֹב סֶלָה:

תהלים פד יהוה צְבָאוֹת, אַשְׁרֵי אָדָם בֹּטֵחַ בָּךְ:

תהלים כ יהוה הוֹשִׁיעָה, הַמֶּלֶךְ יַעֲנֵנוּ בְיוֹם־קָרְאֵנוּ:

תהלים לב אַתָּה סֵתֶר לִי, מִצַּר תִּצְּרֵנִי, רָנֵּי פַלֵּט תְּסוֹבְבֵנִי סֶלָה:

מלאכי ג וְעָרְבָה לַיהוה מִנְחַת יְהוּדָה וִירוּשָׁלָםִ
כִּימֵי עוֹלָם וּכְשָׁנִים קַדְמֹנִיּוֹת:

סדר המערכה

יומא לג. אַבַּיֵּי הֲוָה מְסַדֵּר סֵדֶר הַמַּעֲרָכָה מִשְּׁמָא דִּגְמָרָא, וְאַלִּבָּא דְאַבָּא שָׁאוּל: מַעֲרָכָה גְדוֹלָה קוֹדֶמֶת לְמַעֲרָכָה שְׁנִיָּה שֶׁל קְטֹרֶת, וּמַעֲרָכָה שְׁנִיָּה שֶׁל קְטֹרֶת קוֹדֶמֶת לְסִדּוּר שְׁנֵי גִזְרֵי עֵצִים, וְסִדּוּר שְׁנֵי גִזְרֵי עֵצִים קוֹדֵם לְדִשּׁוּן מִזְבֵּחַ הַפְּנִימִי, וְדִשּׁוּן מִזְבֵּחַ הַפְּנִימִי קוֹדֵם לַהֲטָבַת חָמֵשׁ נֵרוֹת, וַהֲטָבַת חָמֵשׁ נֵרוֹת קוֹדֶמֶת לְדַם הַתָּמִיד, וְדַם הַתָּמִיד קוֹדֵם לַהֲטָבַת שְׁתֵּי נֵרוֹת, וַהֲטָבַת שְׁתֵּי נֵרוֹת קוֹדֶמֶת לִקְטֹרֶת, וּקְטֹרֶת קוֹדֶמֶת לְאֵבָרִים, וְאֵבָרִים לְמִנְחָה, וּמִנְחָה לַחֲבִתִּין, וַחֲבִתִּין לִנְסָכִין, וּנְסָכִין לְמוּסָפִין, וּמוּסָפִין לְבָזִיכִין, וּבָזִיכִין קוֹדְמִין לְתָמִיד שֶׁל בֵּין
ויקרא ו הָעַרְבָּיִם. שֶׁנֶּאֱמַר: וְעָרַךְ עָלֶיהָ הָעֹלָה, וְהִקְטִיר עָלֶיהָ חֶלְבֵי הַשְּׁלָמִים: עָלֶיהָ הַשְׁלֵם כָּל הַקָּרְבָּנוֹת כֻּלָּם.

המקובלים הנהיגו לומר פיוט עתיק זה המיוחס לתנא ר׳ נחוניה בן הקנה, כהכנה לתפילה (שער הכוונות).

אָנָּא, בְּכֹחַ גְּדֻלַּת יְמִינְךָ, תַּתִּיר צְרוּרָה.
קַבֵּל רִנַּת עַמְּךָ, שַׂגְּבֵנוּ, טַהֲרֵנוּ, נוֹרָא.
נָא גִבּוֹר, דּוֹרְשֵׁי יִחוּדְךָ כְּבָבַת שָׁמְרֵם.
בָּרְכֵם, טַהֲרֵם, רַחֲמֵם, צִדְקָתְךָ תָּמִיד גָּמְלֵם.
חֲסִין קָדוֹשׁ, בְּרֹב טוּבְךָ נַהֵל עֲדָתֶךָ.
יָחִיד גֵּאֶה, לְעַמְּךָ פְּנֵה, זוֹכְרֵי קְדֻשָּׁתֶךָ.
שַׁוְעָתֵנוּ קַבֵּל וּשְׁמַע צַעֲקָתֵנוּ, יוֹדֵעַ תַּעֲלוּמוֹת.
בָּרוּךְ שֵׁם כְּבוֹד מַלְכוּתוֹ לְעוֹלָם וָעֶד.

רִבּוֹן הָעוֹלָמִים, אַתָּה צִוִּיתָנוּ לְהַקְרִיב קָרְבַּן הַתָּמִיד בְּמוֹעֲדוֹ וְלִהְיוֹת כֹּהֲנִים בַּעֲבוֹדָתָם וּלְוִיִּים בְּדוּכָנָם וְיִשְׂרָאֵל בְּמַעֲמָדָם, וְעַתָּה בַּעֲוֹנוֹתֵינוּ חָרַב בֵּית הַמִּקְדָּשׁ וּבֻטַּל הַתָּמִיד וְאֵין לָנוּ לֹא כֹהֵן בַּעֲבוֹדָתוֹ וְלֹא לֵוִי בְּדוּכָנוֹ וְלֹא יִשְׂרָאֵל בְּמַעֲמָדוֹ, וְאַתָּה אָמַרְתָּ: וּנְשַׁלְּמָה פָרִים שְׂפָתֵינוּ: לָכֵן יְהִי רָצוֹן מִלְּפָנֶיךָ יהוה אֱלֹהֵינוּ וֵאלֹהֵי אֲבוֹתֵינוּ, שֶׁיְּהֵא שִׂיחַ שִׂפְתוֹתֵינוּ חָשׁוּב וּמְקֻבָּל וּמְרֻצֶּה לְפָנֶיךָ, כְּאִלּוּ הִקְרַבְנוּ קָרְבַּן הַתָּמִיד בְּמוֹעֲדוֹ וּבִמְקוֹמוֹ וּכְהִלְכָתוֹ.

הושע יד

לאחר פסוקי הקרבנות אומרים פרק משנה ואת הברייתא הפותחת את מדרש תורת כוהנים כדי ללמוד בכל יום מקרא, משנה וגמרא (תוספות, קידושין ל ע"א).
חכמים בחרו את פרק ה במסכת זבחים, כיוון שכולו הלכה פסוקה בלי מחלוקת (משנ"ב נ, ב).

דיני זבחים

אֵיזֶהוּ מְקוֹמָן שֶׁל זְבָחִים. קָדְשֵׁי קָדָשִׁים שְׁחִיטָתָן בַּצָּפוֹן. פַּר וְשָׂעִיר שֶׁל יוֹם הַכִּפּוּרִים, שְׁחִיטָתָן בַּצָּפוֹן, וְקִבּוּל דָּמָן בִּכְלִי שָׁרֵת בַּצָּפוֹן, וְדָמָן טָעוּן הַזָּיָה עַל בֵּין הַבַּדִּים, וְעַל הַפָּרֹכֶת, וְעַל מִזְבַּח הַזָּהָב. מַתָּנָה אַחַת מֵהֶן מְעַכֶּבֶת. שְׁיָרֵי הַדָּם הָיָה שׁוֹפֵךְ עַל יְסוֹד מַעֲרָבִי שֶׁל מִזְבֵּחַ הַחִיצוֹן, אִם לֹא נָתַן לֹא עִכֵּב.

זבחים פרק ה

פָּרִים הַנִּשְׂרָפִים וּשְׂעִירִים הַנִּשְׂרָפִים, שְׁחִיטָתָן בַּצָּפוֹן, וְקִבּוּל דָּמָן בִּכְלִי שָׁרֵת בַּצָּפוֹן, וְדָמָן טָעוּן הַזָּיָה עַל הַפָּרֹכֶת וְעַל מִזְבַּח הַזָּהָב. מַתָּנָה אַחַת מֵהֶן מְעַכֶּבֶת. שְׁיָרֵי הַדָּם הָיָה שׁוֹפֵךְ עַל יְסוֹד מַעֲרָבִי שֶׁל מִזְבֵּחַ הַחִיצוֹן, אִם לֹא נָתַן לֹא עִכֵּב. אֵלּוּ וָאֵלּוּ נִשְׂרָפִין בְּבֵית הַדֶּשֶׁן.

חַטֹּאת הַצִּבּוּר וְהַיָּחִיד. אֵלּוּ הֵן חַטֹּאת הַצִּבּוּר: שְׂעִירֵי רָאשֵׁי חֳדָשִׁים וְשֶׁל מוֹעֲדוֹת. שְׁחִיטָתָן בַּצָּפוֹן, וְקִבּוּל דָּמָן בִּכְלִי שָׁרֵת בַּצָּפוֹן, וְדָמָן טָעוּן אַרְבַּע מַתָּנוֹת עַל אַרְבַּע קְרָנוֹת. כֵּיצַד, עָלָה בַכֶּבֶשׁ, וּפָנָה לַסּוֹבֵב, וּבָא לוֹ לְקֶרֶן דְּרוֹמִית מִזְרָחִית, מִזְרָחִית צְפוֹנִית, צְפוֹנִית מַעֲרָבִית, מַעֲרָבִית דְּרוֹמִית. שְׁיָרֵי הַדָּם הָיָה שׁוֹפֵךְ

עַל יְסוֹד דְּרוֹמִי. וְנֶאֱכָלִין לִפְנִים מִן הַקְּלָעִים, לְזִכְרֵי כְהֻנָּה, בְּכָל מַאֲכָל, לְיוֹם וָלַיְלָה עַד חֲצוֹת.

הָעוֹלָה קֹדֶשׁ קָדָשִׁים. שְׁחִיטָתָהּ בַּצָּפוֹן, וְקִבּוּל דָּמָהּ בִּכְלִי שָׁרֵת בַּצָּפוֹן, וְדָמָהּ טָעוּן שְׁתֵּי מַתָּנוֹת שֶׁהֵן אַרְבַּע, וּטְעוּנָה הֶפְשֵׁט וְנִתּוּחַ, וְכָלִיל לָאִשִּׁים.

זִבְחֵי שַׁלְמֵי צִבּוּר וַאֲשָׁמוֹת. אֵלּוּ הֵן אֲשָׁמוֹת: אֲשַׁם גְּזֵלוֹת, אֲשַׁם מְעִילוֹת, אֲשַׁם שִׁפְחָה חֲרוּפָה, אֲשַׁם נָזִיר, אֲשַׁם מְצֹרָע, אָשָׁם תָּלוּי. שְׁחִיטָתָן בַּצָּפוֹן, וְקִבּוּל דָּמָן בִּכְלִי שָׁרֵת בַּצָּפוֹן, וְדָמָן טָעוּן שְׁתֵּי מַתָּנוֹת שֶׁהֵן אַרְבַּע. וְנֶאֱכָלִין לִפְנִים מִן הַקְּלָעִים, לְזִכְרֵי כְהֻנָּה, בְּכָל מַאֲכָל, לְיוֹם וָלַיְלָה עַד חֲצוֹת.

הַתּוֹדָה וְאֵיל נָזִיר קָדָשִׁים קַלִּים. שְׁחִיטָתָן בְּכָל מָקוֹם בָּעֲזָרָה, וְדָמָן טָעוּן שְׁתֵּי מַתָּנוֹת שֶׁהֵן אַרְבַּע, וְנֶאֱכָלִין בְּכָל הָעִיר, לְכָל אָדָם, בְּכָל מַאֲכָל, לְיוֹם וָלַיְלָה עַד חֲצוֹת. הַמּוּרָם מֵהֶם כַּיּוֹצֵא בָהֶם, אֶלָּא שֶׁהַמּוּרָם נֶאֱכָל לַכֹּהֲנִים, לִנְשֵׁיהֶם, וְלִבְנֵיהֶם וּלְעַבְדֵיהֶם.

שְׁלָמִים קָדָשִׁים קַלִּים. שְׁחִיטָתָן בְּכָל מָקוֹם בָּעֲזָרָה, וְדָמָן טָעוּן שְׁתֵּי מַתָּנוֹת שֶׁהֵן אַרְבַּע, וְנֶאֱכָלִין בְּכָל הָעִיר, לְכָל אָדָם, בְּכָל מַאֲכָל, לִשְׁנֵי יָמִים וְלַיְלָה אֶחָד. הַמּוּרָם מֵהֶם כַּיּוֹצֵא בָהֶם, אֶלָּא שֶׁהַמּוּרָם נֶאֱכָל לַכֹּהֲנִים, לִנְשֵׁיהֶם, וְלִבְנֵיהֶם וּלְעַבְדֵיהֶם.

הַבְּכוֹר וְהַמַּעֲשֵׂר וְהַפֶּסַח קָדָשִׁים קַלִּים. שְׁחִיטָתָן בְּכָל מָקוֹם בָּעֲזָרָה, וְדָמָן טָעוּן מַתָּנָה אֶחָת, וּבִלְבָד שֶׁיִּתֵּן כְּנֶגֶד הַיְסוֹד. שִׁנָּה בַאֲכִילָתָן, הַבְּכוֹר נֶאֱכָל לַכֹּהֲנִים וְהַמַּעֲשֵׂר לְכָל אָדָם, וְנֶאֱכָלִין בְּכָל הָעִיר, בְּכָל מַאֲכָל, לִשְׁנֵי יָמִים וְלַיְלָה אֶחָד. הַפֶּסַח אֵינוֹ נֶאֱכָל אֶלָּא בַלַּיְלָה, וְאֵינוֹ נֶאֱכָל אֶלָּא עַד חֲצוֹת, וְאֵינוֹ נֶאֱכָל אֶלָּא לִמְנוּיָיו, וְאֵינוֹ נֶאֱכָל אֶלָּא צָלִי.

יש בתי כנסת המתחילים את התפילה בציבור כאן.

ברייתא דרבי ישמעאל

רַבִּי יִשְׁמָעֵאל אוֹמֵר: בִּשְׁלֹשׁ עֶשְׂרֵה מִדּוֹת הַתּוֹרָה נִדְרֶשֶׁת

א מִקַּל וָחֹמֶר

ב וּמִגְּזֵרָה שָׁוָה

ג מִבִּנְיַן אָב מִכָּתוּב אֶחָד, וּמִבִּנְיַן אָב מִשְּׁנֵי כְתוּבִים

ד מִכְּלָל וּפְרָט

ה מִפְּרָט וּכְלָל

ו כְּלָל וּפְרָט וּכְלָל, אִי אַתָּה דָן אֶלָּא כְּעֵין הַפְּרָט

ז מִכְּלָל שֶׁהוּא צָרִיךְ לִפְרָט, וּמִפְּרָט שֶׁהוּא צָרִיךְ לִכְלָל

ח כָּל דָּבָר שֶׁהָיָה בִּכְלָל, וְיָצָא מִן הַכְּלָל לְלַמֵּד
לֹא לְלַמֵּד עַל עַצְמוֹ יָצָא, אֶלָּא לְלַמֵּד עַל הַכְּלָל כֻּלּוֹ יָצָא

ט כָּל דָּבָר שֶׁהָיָה בִּכְלָל, וְיָצָא לִטְעֹן טֹעַן אֶחָד שֶׁהוּא כְעִנְיָנוֹ
יָצָא לְהָקֵל וְלֹא לְהַחֲמִיר

י כָּל דָּבָר שֶׁהָיָה בִּכְלָל, וְיָצָא לִטְעֹן טֹעַן אַחֵר שֶׁלֹּא כְעִנְיָנוֹ
יָצָא לְהָקֵל וּלְהַחֲמִיר

יא כָּל דָּבָר שֶׁהָיָה בִּכְלָל, וְיָצָא לִדּוֹן בַּדָּבָר הֶחָדָשׁ
אִי אַתָּה יָכוֹל לְהַחֲזִירוֹ לִכְלָלוֹ
עַד שֶׁיַּחֲזִירֶנּוּ הַכָּתוּב לִכְלָלוֹ בְּפֵרוּשׁ

◄ יב דָּבָר הַלָּמֵד מֵעִנְיָנוֹ, וְדָבָר הַלָּמֵד מִסּוֹפוֹ

יג וְכֵן שְׁנֵי כְתוּבִים הַמַּכְחִישִׁים זֶה אֶת זֶה
עַד שֶׁיָּבוֹא הַכָּתוּב הַשְּׁלִישִׁי וְיַכְרִיעַ בֵּינֵיהֶם.

יְהִי רָצוֹן מִלְּפָנֶיךָ, יהוה אֱלֹהֵינוּ וֵאלֹהֵי אֲבוֹתֵינוּ, שֶׁיִּבָּנֶה בֵּית הַמִּקְדָּשׁ בִּמְהֵרָה בְיָמֵינוּ, וְתֵן חֶלְקֵנוּ בְּתוֹרָתֶךָ, וְשָׁם נַעֲבָדְךָ בְּיִרְאָה כִּימֵי עוֹלָם וּכְשָׁנִים קַדְמוֹנִיּוֹת.

קדיש דרבנן

אם יש מניין, האבלים עומדים ואומרים קדיש דרבנן.

אבל:

יתגדל ויתקדש שמו הגדול   יִתְגַּדַּל וְיִתְקַדַּשׁ שְׁמֵהּ רַבָּא (קהל: אָמֵן)
בעולם אשר ברא כרצונו   בְּעָלְמָא דִּי בְרָא כִרְעוּתֵהּ
וימליך מלכותו   וְיַמְלִיךְ מַלְכוּתֵהּ
בחייכם ובימיכם   בְּחַיֵּיכוֹן וּבְיוֹמֵיכוֹן
ובחיי כל בית ישראל   וּבְחַיֵּי דְכָל בֵּית יִשְׂרָאֵל
במהרה ובזמן קרוב   בַּעֲגָלָא וּבִזְמַן קָרִיב
ואמרו אמן.   וְאִמְרוּ אָמֵן. (קהל: אָמֵן)

קהל ואבל:

יהא שמו הגדול מבורך   יְהֵא שְׁמֵהּ רַבָּא מְבָרַךְ
לעולם ולעולמי עולמים   לְעָלַם וּלְעָלְמֵי עָלְמַיָּא.

אבל:

יתברך וישתבח ויתפאר   יִתְבָּרַךְ וְיִשְׁתַּבַּח וְיִתְפָּאַר
ויתרומם ויתנשא   וְיִתְרוֹמַם וְיִתְנַשֵּׂא
ויתהדר ויתעלה ויתהלל   וְיִתְהַדָּר וְיִתְעַלֶּה וְיִתְהַלָּל
שמו של הקדוש   שְׁמֵהּ דְּקֻדְשָׁא
ברוך הוא   בְּרִיךְ הוּא (קהל: בְּרִיךְ הוּא)
למעלה מכל הברכות והשירות   לְעֵלָּא מִן כָּל בִּרְכָתָא וְשִׁירָתָא
התשבחות והנחמות   תֻּשְׁבְּחָתָא וְנֶחֱמָתָא
האמורות בעולם   דַּאֲמִירָן בְּעָלְמָא
ואמרו אמן   וְאִמְרוּ אָמֵן. (קהל: אָמֵן)

על ישראל ועל רבותינו	עַל יִשְׂרָאֵל וְעַל רַבָּנָן
ועל תלמידיהם	וְעַל תַּלְמִידֵיהוֹן
ועל כל תלמידי תלמידיהם	וְעַל כָּל תַּלְמִידֵי תַלְמִידֵיהוֹן
ועל כל מי שעוסקים בתורה	וְעַל כָּל מָאן דְּעָסְקִין בְּאוֹרַיְתָא
שבמקום הקדוש הזה	דִּי בְאַתְרָא קַדִּישָׁא הָדֵין
ושבכל מקום ומקום	וְדִי בְּכָל אֲתַר וַאֲתַר
יהא להם ולכם שלום רב	יְהֵא לְהוֹן וּלְכוֹן שְׁלָמָא רַבָּא
חן וחסד, ורחמים	חִנָּא וְחִסְדָּא, וְרַחֲמֵי
וחיים ארוכים, ומזונות רווחים	וְחַיֵּי אֲרִיכֵי, וּמְזוֹנֵי רְוִיחֵי
וישועה מלפני אביהם שבשמים	וּפֻרְקָנָא מִן קֳדָם אֲבוּהוֹן דִּי בִשְׁמַיָּא
ואמרו אמן.	וְאִמְרוּ אָמֵן. (קהל: אָמֵן)

יהא שלום רב מן השמים	יְהֵא שְׁלָמָא רַבָּא מִן שְׁמַיָּא
וחיים (טובים) עלינו	וְחַיִּים (טוֹבִים) עָלֵינוּ
ועל כל ישראל	וְעַל כָּל יִשְׂרָאֵל
ואמרו אמן.	וְאִמְרוּ אָמֵן. (קהל: אָמֵן)

כורע ופוסע שלוש פסיעות לאחור.
קד לשמאל, לימין ולפנים באמירת:

עֹשֶׂה שָׁלוֹם בִּמְרוֹמָיו
הוּא יַעֲשֶׂה בְרַחֲמָיו שָׁלוֹם
עָלֵינוּ וְעַל כָּל יִשְׂרָאֵל
וְאִמְרוּ אָמֵן. (קהל: אָמֵן)

מזמור לפני פסוקי דזמרה

דוד לא זכה לבנות את בית המקדש, אך מכיוון שנתן את נפשו
על המקדש, נקרא על שמו (במדבר רבה יב, ט).

בסידורי ספרד העתיקים פרק זה נאמר לפני פסוקי דזמרה.
בדורות האחרונים גם קהילות אשכנז אימצו את המנהג
והוסיפו אחריו קדיש, כיוון שאינו חלק מפסוקי דזמרה.

בבתי כנסת המתפללים בנוסח ספרד, הסדר הוא:
׳הודוּ לַיהוה קִרְאוּ בִשְׁמוֹ׳ (עמ׳ 71), ׳מִזְמוֹר שִׁיר־חֲנֻכַּת הַבַּיִת לְדָוִד׳
(ואין אומרים קדיש אחריו), פסוקי ייחוד ה׳ (עמ׳ 73), ׳לַמְנַצֵּחַ בִּנְגִינֹת, מִזְמוֹר שִׁיר׳
(עמ׳ 262), ׳בָּרוּךְ שֶׁאָמַר׳ (עמ׳ 70), ׳מִזְמוֹר לְתוֹדָה׳ (עמ׳ 73), וממשיכים כרגיל.

תהלים ל מִזְמוֹר שִׁיר־חֲנֻכַּת הַבַּיִת לְדָוִד:
אֲרוֹמִמְךָ יהוה כִּי דִלִּיתָנִי, וְלֹא־שִׂמַּחְתָּ אֹיְבַי לִי:
יהוה אֱלֹהָי, שִׁוַּעְתִּי אֵלֶיךָ וַתִּרְפָּאֵנִי:
יהוה, הֶעֱלִיתָ מִן־שְׁאוֹל נַפְשִׁי, חִיִּיתַנִי מִיָּרְדִי־בוֹר:
זַמְּרוּ לַיהוה חֲסִידָיו, וְהוֹדוּ לְזֵכֶר קָדְשׁוֹ:
כִּי רֶגַע בְּאַפּוֹ, חַיִּים בִּרְצוֹנוֹ, בָּעֶרֶב יָלִין בֶּכִי וְלַבֹּקֶר רִנָּה:
וַאֲנִי אָמַרְתִּי בְשַׁלְוִי, בַּל־אֶמּוֹט לְעוֹלָם:
יהוה, בִּרְצוֹנְךָ הֶעֱמַדְתָּה לְהַרְרִי עֹז
הִסְתַּרְתָּ פָנֶיךָ הָיִיתִי נִבְהָל:
אֵלֶיךָ יהוה אֶקְרָא, וְאֶל־אֲדֹנָי אֶתְחַנָּן:
מַה־בֶּצַע בְּדָמִי, בְּרִדְתִּי אֶל שָׁחַת
הֲיוֹדְךָ עָפָר, הֲיַגִּיד אֲמִתֶּךָ:
שְׁמַע־יהוה וְחָנֵּנִי, יהוה הֱיֵה־עֹזֵר לִי:
◄ הָפַכְתָּ מִסְפְּדִי לְמָחוֹל לִי, פִּתַּחְתָּ שַׂקִּי, וַתְּאַזְּרֵנִי שִׂמְחָה:
לְמַעַן יְזַמֶּרְךָ כָבוֹד וְלֹא יִדֹּם, יהוה אֱלֹהַי, לְעוֹלָם אוֹדֶךָּ:

קדיש יתום

אם יש מניין, האבלים עומדים ואומרים קדיש יתום.

אבל: **יִתְגַּדַּל וְיִתְקַדַּשׁ שְׁמֵהּ רַבָּא** (קהל: אָמֵן)
בְּעָלְמָא דִּי בְרָא כִרְעוּתֵהּ
וְיַמְלִיךְ מַלְכוּתֵהּ
בְּחַיֵּיכוֹן וּבְיוֹמֵיכוֹן וּבְחַיֵּי דְכָל בֵּית יִשְׂרָאֵל
בַּעֲגָלָא וּבִזְמַן קָרִיב
וְאִמְרוּ אָמֵן. (קהל: אָמֵן)

קהל ואבל: **יְהֵא שְׁמֵהּ רַבָּא מְבָרַךְ לְעָלַם וּלְעָלְמֵי עָלְמַיָּא.**

אבל: **יִתְבָּרַךְ וְיִשְׁתַּבַּח וְיִתְפָּאַר וְיִתְרוֹמַם וְיִתְנַשֵּׂא**
וְיִתְהַדָּר וְיִתְעַלֶּה וְיִתְהַלָּל
שְׁמֵהּ דְּקֻדְשָׁא בְּרִיךְ הוּא (קהל: בְּרִיךְ הוּא)
לְעֵלָּא מִן כָּל בִּרְכָתָא וְשִׁירָתָא, תֻּשְׁבְּחָתָא וְנֶחֱמָתָא
דַּאֲמִירָן בְּעָלְמָא
וְאִמְרוּ אָמֵן. (קהל: אָמֵן)

יְהֵא שְׁלָמָא רַבָּא מִן שְׁמַיָּא
וְחַיִּים, עָלֵינוּ וְעַל כָּל יִשְׂרָאֵל
וְאִמְרוּ אָמֵן. (קהל: אָמֵן)

כורע ופוסע שלוש פסיעות לאחור. קד לשמאל, לימין ולפנים באמירת:

עֹשֶׂה שָׁלוֹם בִּמְרוֹמָיו
הוּא יַעֲשֶׂה שָׁלוֹם עָלֵינוּ וְעַל כָּל יִשְׂרָאֵל
וְאִמְרוּ אָמֵן. (קהל: אָמֵן)

פסוקי דזמרה

לפני פסוקי דזמרה אומרים את ברכת 'בָּרוּךְ שֶׁאָמַר'
(שמקורה בספר היכלות), ואחריהם את ברכת 'יִשְׁתַּבַּח'.
מ'בָּרוּךְ שֶׁאָמַר' ואילך אסור לדבר בדברי חול עד סוף התפילה.
נהוג לומר 'בָּרוּךְ שֶׁאָמַר' בעמידה, והמתפלל אוחז שתי ציציות לפניו
(משנ"ב נא, א).

יש אומרים (סידור השל"ה):

הֲרֵינִי מְזַמֵּן אֶת פִּי לְהוֹדוֹת וּלְהַלֵּל וּלְשַׁבֵּחַ אֶת בּוֹרְאִי, לְשֵׁם יִחוּד קֻדְשָׁא בְּרִיךְ הוּא וּשְׁכִינְתֵּהּ עַל יְדֵי הַהוּא טָמִיר וְנֶעְלָם בְּשֵׁם כָּל יִשְׂרָאֵל.

בָּרוּךְ
שֶׁאָמַר

וְהָיָה הָעוֹלָם, בָּרוּךְ הוּא.
בָּרוּךְ עוֹשֶׂה בְרֵאשִׁית
בָּרוּךְ אוֹמֵר וְעוֹשֶׂה
בָּרוּךְ גּוֹזֵר וּמְקַיֵּם
בָּרוּךְ מְרַחֵם עַל הָאָרֶץ
בָּרוּךְ מְרַחֵם עַל הַבְּרִיּוֹת
בָּרוּךְ מְשַׁלֵּם שָׂכָר טוֹב לִירֵאָיו
בָּרוּךְ חַי לָעַד וְקַיָּם לָנֶצַח
בָּרוּךְ פּוֹדֶה וּמַצִּיל
בָּרוּךְ שְׁמוֹ

בָּרוּךְ אַתָּה יהוה אֱלֹהֵינוּ מֶלֶךְ הָעוֹלָם
הָאֵל הָאָב הָרַחֲמָן הַמְהֻלָּל בְּפִי עַמּוֹ
מְשֻׁבָּח וּמְפֹאָר בִּלְשׁוֹן חֲסִידָיו וַעֲבָדָיו
וּבְשִׁירֵי דָוִד עַבְדֶּךָ, נְהַלֶּלְךָ יהוה אֱלֹהֵינוּ.
בִּשְׁבָחוֹת וּבִזְמִירוֹת נְגַדֶּלְךָ וּנְשַׁבֵּחֲךָ וּנְפָאֶרְךָ
וְנַזְכִּיר שִׁמְךָ וְנַמְלִיכְךָ מַלְכֵּנוּ אֱלֹהֵינוּ, ◄ יָחִיד חֵי הָעוֹלָמִים
מֶלֶךְ, מְשֻׁבָּח וּמְפֹאָר עֲדֵי עַד שְׁמוֹ הַגָּדוֹל
בָּרוּךְ אַתָּה יהוה, מֶלֶךְ מְהֻלָּל בַּתִּשְׁבָּחוֹת.

בשעה שהעלו את ארון ה׳ לירושלים, אמרו הלוויים מזמור זה (רד״ק).
ב׳סדר עולם רבה׳ מסופר, שקודם לבניית המקדש אמרו הלוויים לפני ארון ה׳ את חלקו הראשון של מזמור זה מ׳הוֹדוּ לַה׳׳ עד ׳וּבִנְבִיאַי אַל־תָּרֵעוּ׳ בעת הקרבת תמיד של שחר. בשעת הקרבת תמיד של בין הערביים אמרו מ׳שִׁירוּ לַיהוה כָּל־הָאָרֶץ׳ עד ׳אָמֵן, וְהַלֵּל לַיהוה׳.

אחרי המזמור מדברי הימים נהגו להוסיף פסוקים המזכירים את חסדי ה׳ (ספר האשכול).

הוֹדוּ לַיהוה קִרְאוּ בִשְׁמוֹ, הוֹדִיעוּ בָעַמִּים עֲלִילֹתָיו: שִׁירוּ לוֹ, דברי הימים א׳ טז
זַמְּרוּ־לוֹ, שִׂיחוּ בְּכָל־נִפְלְאוֹתָיו: הִתְהַלְלוּ בְּשֵׁם קָדְשׁוֹ, יִשְׂמַח לֵב
מְבַקְשֵׁי יהוה: דִּרְשׁוּ יהוה וְעֻזּוֹ, בַּקְּשׁוּ פָנָיו תָּמִיד: זִכְרוּ נִפְלְאֹתָיו
אֲשֶׁר עָשָׂה, מֹפְתָיו וּמִשְׁפְּטֵי־פִיהוּ: זֶרַע יִשְׂרָאֵל עַבְדּוֹ, בְּנֵי יַעֲקֹב
בְּחִירָיו: הוּא יהוה אֱלֹהֵינוּ בְּכָל־הָאָרֶץ מִשְׁפָּטָיו: זִכְרוּ לְעוֹלָם
בְּרִיתוֹ, דָּבָר צִוָּה לְאֶלֶף דּוֹר: אֲשֶׁר כָּרַת אֶת־אַבְרָהָם, וּשְׁבוּעָתוֹ
לְיִצְחָק: וַיַּעֲמִידֶהָ לְיַעֲקֹב לְחֹק, לְיִשְׂרָאֵל בְּרִית עוֹלָם: לֵאמֹר, לְךָ
אֶתֵּן אֶרֶץ־כְּנָעַן, חֶבֶל נַחֲלַתְכֶם: בִּהְיוֹתְכֶם מְתֵי מִסְפָּר, כִּמְעַט
וְגָרִים בָּהּ: וַיִּתְהַלְּכוּ מִגּוֹי אֶל־גּוֹי, וּמִמַּמְלָכָה אֶל־עַם אַחֵר: לֹא־
הִנִּיחַ לְאִישׁ לְעָשְׁקָם, וַיּוֹכַח עֲלֵיהֶם מְלָכִים: אַל־תִּגְּעוּ בִּמְשִׁיחָי,
וּבִנְבִיאַי אַל־תָּרֵעוּ: שִׁירוּ לַיהוה כָּל־הָאָרֶץ, בַּשְּׂרוּ מִיּוֹם־אֶל־יוֹם
יְשׁוּעָתוֹ: סַפְּרוּ בַגּוֹיִם אֶת־כְּבוֹדוֹ, בְּכָל־הָעַמִּים נִפְלְאֹתָיו: כִּי גָדוֹל

יהוה וּמְהֻלָּל מְאֹד, וְנוֹרָא הוּא עַל־כָּל־אֱלֹהִים: • כִּי כָּל־אֱלֹהֵי
הָעַמִּים אֱלִילִים, וַיהוה שָׁמַיִם עָשָׂה:

הוֹד וְהָדָר לְפָנָיו, עֹז וְחֶדְוָה בִּמְקֹמוֹ: הָבוּ לַיהוה מִשְׁפְּחוֹת
עַמִּים, הָבוּ לַיהוה כָּבוֹד וָעֹז: הָבוּ לַיהוה כְּבוֹד שְׁמוֹ, שְׂאוּ מִנְחָה
וּבֹאוּ לְפָנָיו, הִשְׁתַּחֲווּ לַיהוה בְּהַדְרַת־קֹדֶשׁ: חִילוּ מִלְּפָנָיו כָּל־
הָאָרֶץ, אַף־תִּכּוֹן תֵּבֵל בַּל־תִּמּוֹט: יִשְׂמְחוּ הַשָּׁמַיִם וְתָגֵל הָאָרֶץ,
וְיֹאמְרוּ בַגּוֹיִם יהוה מָלָךְ: יִרְעַם הַיָּם וּמְלוֹאוֹ, יַעֲלֹץ הַשָּׂדֶה וְכָל־
אֲשֶׁר־בּוֹ: אָז יְרַנְּנוּ עֲצֵי הַיָּעַר, מִלִּפְנֵי יהוה, כִּי־בָא לִשְׁפּוֹט אֶת־
הָאָרֶץ: הוֹדוּ לַיהוה כִּי טוֹב, כִּי לְעוֹלָם חַסְדּוֹ: וְאִמְרוּ, הוֹשִׁיעֵנוּ
אֱלֹהֵי יִשְׁעֵנוּ, וְקַבְּצֵנוּ וְהַצִּילֵנוּ מִן־הַגּוֹיִם, לְהֹדוֹת לְשֵׁם קָדְשֶׁךָ,
לְהִשְׁתַּבֵּחַ בִּתְהִלָּתֶךָ: בָּרוּךְ יהוה אֱלֹהֵי יִשְׂרָאֵל מִן־הָעוֹלָם
וְעַד־הָעֹלָם, וַיֹּאמְרוּ כָל־הָעָם אָמֵן, וְהַלֵּל לַיהוה:

תהלים צט • רוֹמְמוּ יהוה אֱלֹהֵינוּ וְהִשְׁתַּחֲווּ לַהֲדֹם רַגְלָיו, קָדוֹשׁ הוּא:
רוֹמְמוּ יהוה אֱלֹהֵינוּ וְהִשְׁתַּחֲווּ לְהַר קָדְשׁוֹ, כִּי־קָדוֹשׁ יהוה אֱלֹהֵינוּ:

תהלים עח וְהוּא רַחוּם, יְכַפֵּר עָוֹן וְלֹא־יַשְׁחִית, וְהִרְבָּה לְהָשִׁיב אַפּוֹ,
תהלים מ וְלֹא־יָעִיר כָּל־חֲמָתוֹ: אַתָּה יהוה לֹא־תִכְלָא רַחֲמֶיךָ מִמֶּנִּי, חַסְדְּךָ
תהלים כה וַאֲמִתְּךָ תָּמִיד יִצְּרוּנִי: זְכֹר־רַחֲמֶיךָ יהוה וַחֲסָדֶיךָ, כִּי מֵעוֹלָם
תהלים סח הֵמָּה: תְּנוּ עֹז לֵאלֹהִים, עַל־יִשְׂרָאֵל גַּאֲוָתוֹ, וְעֻזּוֹ בַּשְּׁחָקִים:
נוֹרָא אֱלֹהִים מִמִּקְדָּשֶׁיךָ, אֵל יִשְׂרָאֵל הוּא נֹתֵן עֹז וְתַעֲצֻמוֹת
תהלים צד לָעָם, בָּרוּךְ אֱלֹהִים: אֵל־נְקָמוֹת יהוה, אֵל נְקָמוֹת הוֹפִיעַ: הִנָּשֵׂא
תהלים ג שֹׁפֵט הָאָרֶץ, הָשֵׁב גְּמוּל עַל־גֵּאִים: לַיהוה הַיְשׁוּעָה, עַל־עַמְּךָ
תהלים מו בִרְכָתֶךָ סֶּלָה: • יהוה צְבָאוֹת עִמָּנוּ, מִשְׂגָּב לָנוּ אֱלֹהֵי יַעֲקֹב
תהלים פד תהלים כ סֶלָה: יהוה צְבָאוֹת, אַשְׁרֵי אָדָם בֹּטֵחַ בָּךְ: יהוה הוֹשִׁיעָה, הַמֶּלֶךְ
יַעֲנֵנוּ בְיוֹם־קָרְאֵנוּ:

הוֹשִׁיעָה אֶת־עַמֶּךָ, וּבָרֵךְ אֶת־נַחֲלָתֶךָ, וּרְעֵם וְנַשְּׂאֵם עַד־ תהלים כח
הָעוֹלָם: נַפְשֵׁנוּ חִכְּתָה לַיהוה, עֶזְרֵנוּ וּמָגִנֵּנוּ הוּא: כִּי־בוֹ יִשְׂמַח תהלים לג
לִבֵּנוּ, כִּי בְשֵׁם קָדְשׁוֹ בָטָחְנוּ: יְהִי־חַסְדְּךָ יהוה עָלֵינוּ, כַּאֲשֶׁר
יִחַלְנוּ לָךְ: הַרְאֵנוּ יהוה חַסְדֶּךָ, וְיֶשְׁעֲךָ תִּתֶּן־לָנוּ: קוּמָה עֶזְרָתָה תהלים פה תהלים מד
לָּנוּ, וּפְדֵנוּ לְמַעַן חַסְדֶּךָ: אָנֹכִי יהוה אֱלֹהֶיךָ הַמַּעַלְךָ מֵאֶרֶץ תהלים פא
מִצְרָיִם, הַרְחֶב־פִּיךָ וַאֲמַלְאֵהוּ: › אַשְׁרֵי הָעָם שֶׁכָּכָה לּוֹ, אַשְׁרֵי תהלים קמד
הָעָם שֶׁיהוה אֱלֹהָיו: וַאֲנִי בְּחַסְדְּךָ בָטַחְתִּי, יָגֵל לִבִּי בִּישׁוּעָתֶךָ, תהלים יג
אָשִׁירָה לַיהוה, כִּי גָמַל עָלָי:

בבתי כנסת המתפללים בנוסח ספרד, עומדים ואומרים:

יהוה מֶלֶךְ, יהוה מָלָךְ, יהוה יִמְלֹךְ לְעֹלָם וָעֶד.
יהוה מֶלֶךְ, יהוה מָלָךְ, יהוה יִמְלֹךְ לְעֹלָם וָעֶד.

וְהָיָה יהוה לְמֶלֶךְ עַל־כָּל־הָאָרֶץ זכריה יד
בַּיּוֹם הַהוּא יִהְיֶה יהוה אֶחָד וּשְׁמוֹ אֶחָד:

הוֹשִׁיעֵנוּ יהוה אֱלֹהֵינוּ, וְקַבְּצֵנוּ מִן־הַגּוֹיִם, לְהוֹדוֹת לְשֵׁם קָדְשֶׁךָ, לְהִשְׁתַּבֵּחַ בִּתְהִלָּתֶךָ: תהלים קו
בָּרוּךְ יהוה אֱלֹהֵי יִשְׂרָאֵל מִן־הָעוֹלָם וְעַד הָעוֹלָם, וְאָמַר כָּל־הָעָם אָמֵן, הַלְלוּיָהּ: כֹּל תהלים קנ
הַנְּשָׁמָה תְּהַלֵּל יָהּ, הַלְלוּיָהּ: וממשיכים ׳לַמְנַצֵּחַ בִּנְגִינֹת, מִזְמוֹר שִׁיר׳ בעמ׳ 262.

מזמור זה נאמר בכינור ובנבלים בשעת קידוש ירושלים (׳מלאה הארץ דעה׳, על פי רש״י, שבועות טו ע״ב). אין אומרים ׳מִזְמוֹר לְתוֹדָה׳ בימים שאין מקריבים בהם קרבן תודה (סידור רש״י), אך בתשעה באב אומרים, שהרי הקריבו בו תודה, ולכשייבנה המקדש יהפוך לששון ולשמחה (שו״ת מהרש״ל, סד על פי ראש השנה יח ע״ב).

נחלקו המקובלים אם מוטב לאומרו בישיבה או בעמידה, והמנהג הנפוץ לאומרו בעמידה.

מִזְמוֹר לְתוֹדָה, הָרִיעוּ לַיהוה כָּל־הָאָרֶץ: עִבְדוּ אֶת־יהוה תהלים ק
בְּשִׂמְחָה, בֹּאוּ לְפָנָיו בִּרְנָנָה: דְּעוּ כִּי־יהוה הוּא אֱלֹהִים, הוּא
עָשָׂנוּ וְלוֹ אֲנַחְנוּ, עַמּוֹ וְצֹאן מַרְעִיתוֹ: בֹּאוּ שְׁעָרָיו בְּתוֹדָה,
חֲצֵרֹתָיו בִּתְהִלָּה, הוֹדוּ לוֹ, בָּרְכוּ שְׁמוֹ: › כִּי־טוֹב יהוה, לְעוֹלָם
חַסְדּוֹ, וְעַד־דֹּר וָדֹר אֱמוּנָתוֹ:

במדרש מתואר כיצד בכל בוקר עומד מלאך ברקיע ואומר ״ה׳ מלך, ה׳ מלך, ה׳ ימלך לעולם ועד״ (שיבולי הלקט). וכבר מימות הגאונים נתקן לאומרו בתוך לקט פסוקים על גדולת ה׳ ועל השבחים שהבריאה כולה משבחת אותו.

(תהלים קד, תהלים קיג) יְהִי כְבוֹד יהוה לְעוֹלָם, יִשְׂמַח יהוה בְּמַעֲשָׂיו: יְהִי שֵׁם יהוה מְבֹרָךְ,
מֵעַתָּה וְעַד־עוֹלָם: מִמִּזְרַח־שֶׁמֶשׁ עַד־מְבוֹאוֹ, מְהֻלָּל שֵׁם יהוה: רָם
(תהלים קלה) עַל־כָּל־גּוֹיִם יהוה, עַל הַשָּׁמַיִם כְּבוֹדוֹ: יהוה שִׁמְךָ לְעוֹלָם, יהוה
(תהלים קג) זִכְרְךָ לְדֹר־וָדֹר: יהוה בַּשָּׁמַיִם הֵכִין כִּסְאוֹ, וּמַלְכוּתוֹ בַּכֹּל מָשָׁלָה:
(דברי הימים א׳ טז) יִשְׂמְחוּ הַשָּׁמַיִם וְתָגֵל הָאָרֶץ, וְיֹאמְרוּ בַגּוֹיִם יהוה מָלָךְ: יהוה מֶלֶךְ,
(תהלים י) יהוה מָלָךְ, יהוה יִמְלֹךְ לְעֹלָם וָעֶד. יהוה מֶלֶךְ עוֹלָם וָעֶד, אָבְדוּ
(תהלים לג, משלי יט) גוֹיִם מֵאַרְצוֹ: יהוה הֵפִיר עֲצַת־גּוֹיִם, הֵנִיא מַחְשְׁבוֹת עַמִּים: רַבּוֹת
(תהלים לג) מַחֲשָׁבוֹת בְּלֶב־אִישׁ, וַעֲצַת יהוה הִיא תָקוּם: עֲצַת יהוה לְעוֹלָם
תַּעֲמֹד, מַחְשְׁבוֹת לִבּוֹ לְדֹר וָדֹר: כִּי הוּא אָמַר וַיֶּהִי, הוּא־צִוָּה
(תהלים קלב, תהלים קלה) וַיַּעֲמֹד: כִּי־בָחַר יהוה בְּצִיּוֹן, אִוָּהּ לְמוֹשָׁב לוֹ: כִּי־יַעֲקֹב בָּחַר לוֹ
(תהלים צד) יָהּ, יִשְׂרָאֵל לִסְגֻלָּתוֹ: כִּי לֹא־יִטֹּשׁ יהוה עַמּוֹ, וְנַחֲלָתוֹ לֹא יַעֲזֹב:
(תהלים עח) ◂ וְהוּא רַחוּם, יְכַפֵּר עָוֹן וְלֹא־יַשְׁחִית, וְהִרְבָּה לְהָשִׁיב אַפּוֹ, וְלֹא־
(תהלים כ) יָעִיר כָּל־חֲמָתוֹ: יהוה הוֹשִׁיעָה, הַמֶּלֶךְ יַעֲנֵנוּ בְיוֹם־קָרְאֵנוּ:

״אמר ר׳ יוסי: יהי חלקי מגומרי הלל בכל יום״ (שבת קיח ע״ב), והכוונה לששת המזמורים האחרונים בספר תהלים. הראשון שבהם פותח ב׳תְּהִלָּה לְדָוִד׳, וכל מזמור אחר כך פותח ומסיים ב׳הַלְלוּיָהּ׳ (רי״ף).

״כל האומר ׳תְּהִלָּה לְדָוִד׳ בכל יום שלש פעמים – מובטח לו שהוא בן העולם הבא... משום דאית ביה ׳פּוֹתֵחַ אֶת־יָדֶךָ׳״ (ברכות ד ע״ב), משום כך יש לכוון במיוחד בפסוק זה, ואם לא התכוון צריך לחזור ולאומרו שנית (תלמידי ר׳ יונה, ברכות כג ע״א).

(תהלים פד) אַשְׁרֵי יוֹשְׁבֵי בֵיתֶךָ, עוֹד יְהַלְלוּךָ סֶּלָה:
(תהלים קמד) אַשְׁרֵי הָעָם שֶׁכָּכָה לּוֹ, אַשְׁרֵי הָעָם שֶׁיהוה אֱלֹהָיו:
(תהלים קמה) תְּהִלָּה לְדָוִד

אֲרוֹמִמְךָ אֱלוֹהַי הַמֶּלֶךְ, וַאֲבָרְכָה שִׁמְךָ לְעוֹלָם וָעֶד:
בְּכָל־יוֹם אֲבָרְכֶךָּ, וַאֲהַלְלָה שִׁמְךָ לְעוֹלָם וָעֶד:

גָּדוֹל יהוה וּמְהֻלָּל מְאֹד, וְלִגְדֻלָּתוֹ אֵין חֵקֶר:
דּוֹר לְדוֹר יְשַׁבַּח מַעֲשֶׂיךָ, וּגְבוּרֹתֶיךָ יַגִּידוּ:
הֲדַר כְּבוֹד הוֹדֶךָ, וְדִבְרֵי נִפְלְאֹתֶיךָ אָשִׂיחָה:
וֶעֱזוּז נוֹרְאֹתֶיךָ יֹאמֵרוּ, וּגְדוּלָּתְךָ אֲסַפְּרֶנָּה:
זֵכֶר רַב־טוּבְךָ יַבִּיעוּ, וְצִדְקָתְךָ יְרַנֵּנוּ:
חַנּוּן וְרַחוּם יהוה, אֶרֶךְ אַפַּיִם וּגְדָל־חָסֶד:
טוֹב־יהוה לַכֹּל, וְרַחֲמָיו עַל־כָּל־מַעֲשָׂיו:
יוֹדוּךָ יהוה כָּל־מַעֲשֶׂיךָ, וַחֲסִידֶיךָ יְבָרְכוּכָה:
כְּבוֹד מַלְכוּתְךָ יֹאמֵרוּ, וּגְבוּרָתְךָ יְדַבֵּרוּ:
לְהוֹדִיעַ לִבְנֵי הָאָדָם גְּבוּרֹתָיו, וּכְבוֹד הֲדַר מַלְכוּתוֹ:
מַלְכוּתְךָ מַלְכוּת כָּל־עֹלָמִים, וּמֶמְשַׁלְתְּךָ בְּכָל־דּוֹר וָדֹר:
סוֹמֵךְ יהוה לְכָל־הַנֹּפְלִים, וְזוֹקֵף לְכָל־הַכְּפוּפִים:
עֵינֵי־כֹל אֵלֶיךָ יְשַׂבֵּרוּ, וְאַתָּה נוֹתֵן־לָהֶם אֶת־אָכְלָם בְּעִתּוֹ:
פּוֹתֵחַ אֶת־יָדֶךָ, וּמַשְׂבִּיעַ לְכָל־חַי רָצוֹן:
צַדִּיק יהוה בְּכָל־דְּרָכָיו, וְחָסִיד בְּכָל־מַעֲשָׂיו:
קָרוֹב יהוה לְכָל־קֹרְאָיו, לְכֹל אֲשֶׁר יִקְרָאֻהוּ בֶאֱמֶת:
רְצוֹן־יְרֵאָיו יַעֲשֶׂה, וְאֶת־שַׁוְעָתָם יִשְׁמַע, וְיוֹשִׁיעֵם:
שׁוֹמֵר יהוה אֶת־כָּל־אֹהֲבָיו, וְאֵת כָּל־הָרְשָׁעִים יַשְׁמִיד:
› תְּהִלַּת יהוה יְדַבֶּר פִּי, וִיבָרֵךְ כָּל־בָּשָׂר שֵׁם קָדְשׁוֹ לְעוֹלָם וָעֶד:
וַאֲנַחְנוּ נְבָרֵךְ יָהּ מֵעַתָּה וְעַד־עוֹלָם, הַלְלוּיָהּ: תהלים קטו

הַלְלוּיָהּ, הַלְלִי נַפְשִׁי אֶת־יהוה: אֲהַלְלָה יהוה בְּחַיָּי, אֲזַמְּרָה תהלים קמו
לֵאלֹהַי בְּעוֹדִי: אַל־תִּבְטְחוּ בִנְדִיבִים, בְּבֶן־אָדָם שֶׁאֵין לוֹ תְשׁוּעָה:
תֵּצֵא רוּחוֹ, יָשֻׁב לְאַדְמָתוֹ, בַּיּוֹם הַהוּא אָבְדוּ עֶשְׁתֹּנֹתָיו: אַשְׁרֵי
שֶׁאֵל יַעֲקֹב בְּעֶזְרוֹ, שִׂבְרוֹ עַל־יהוה אֱלֹהָיו: עֹשֶׂה שָׁמַיִם וָאָרֶץ,

אֶת־הַיָּם וְאֶת־כׇּל־אֲשֶׁר־בָּם, הַשֹּׁמֵר אֱמֶת לְעוֹלָם: עֹשֶׂה מִשְׁפָּט
לָעֲשׁוּקִים, נֹתֵן לֶחֶם לָרְעֵבִים, יהוה מַתִּיר אֲסוּרִים: יהוה פֹּקֵחַ
עִוְרִים, יהוה זֹקֵף כְּפוּפִים, יהוה אֹהֵב צַדִּיקִים: ‹ יהוה שֹׁמֵר אֶת־
גֵּרִים, יָתוֹם וְאַלְמָנָה יְעוֹדֵד, וְדֶרֶךְ רְשָׁעִים יְעַוֵּת: יִמְלֹךְ יהוה לְעוֹלָם,
אֱלֹהַיִךְ צִיּוֹן לְדֹר וָדֹר, הַלְלוּיָהּ:

תהלים קמז הַלְלוּיָהּ, כִּי־טוֹב זַמְּרָה אֱלֹהֵינוּ, כִּי־נָעִים נָאוָה תְהִלָּה: בּוֹנֵה יְרוּשָׁלַםִ
יהוה, נִדְחֵי יִשְׂרָאֵל יְכַנֵּס: הָרוֹפֵא לִשְׁבוּרֵי לֵב, וּמְחַבֵּשׁ לְעַצְּבוֹתָם:
מוֹנֶה מִסְפָּר לַכּוֹכָבִים, לְכֻלָּם שֵׁמוֹת יִקְרָא: גָּדוֹל אֲדוֹנֵינוּ וְרַב־כֹּחַ,
לִתְבוּנָתוֹ אֵין מִסְפָּר: מְעוֹדֵד עֲנָוִים יהוה, מַשְׁפִּיל רְשָׁעִים עֲדֵי־אָרֶץ:
עֱנוּ לַיהוה בְּתוֹדָה, זַמְּרוּ לֵאלֹהֵינוּ בְכִנּוֹר: הַמְכַסֶּה שָׁמַיִם בְּעָבִים,
הַמֵּכִין לָאָרֶץ מָטָר, הַמַּצְמִיחַ הָרִים חָצִיר: נוֹתֵן לִבְהֵמָה לַחְמָהּ,
לִבְנֵי עֹרֵב אֲשֶׁר יִקְרָאוּ: לֹא בִגְבוּרַת הַסּוּס יֶחְפָּץ, לֹא־בְשׁוֹקֵי הָאִישׁ
יִרְצֶה: רוֹצֶה יהוה אֶת־יְרֵאָיו, אֶת־הַמְיַחֲלִים לְחַסְדּוֹ: שַׁבְּחִי יְרוּשָׁלַםִ
אֶת־יהוה, הַלְלִי אֱלֹהַיִךְ צִיּוֹן: כִּי־חִזַּק בְּרִיחֵי שְׁעָרָיִךְ, בֵּרַךְ בָּנַיִךְ
בְּקִרְבֵּךְ: הַשָּׂם־גְּבוּלֵךְ שָׁלוֹם, חֵלֶב חִטִּים יַשְׂבִּיעֵךְ: הַשֹּׁלֵחַ אִמְרָתוֹ
אָרֶץ, עַד־מְהֵרָה יָרוּץ דְּבָרוֹ: הַנֹּתֵן שֶׁלֶג כַּצָּמֶר, כְּפוֹר כָּאֵפֶר יְפַזֵּר:
מַשְׁלִיךְ קַרְחוֹ כְפִתִּים, לִפְנֵי קָרָתוֹ מִי יַעֲמֹד: יִשְׁלַח דְּבָרוֹ וְיַמְסֵם,
יַשֵּׁב רוּחוֹ יִזְּלוּ־מָיִם: ‹ מַגִּיד דְּבָרָו לְיַעֲקֹב, חֻקָּיו וּמִשְׁפָּטָיו לְיִשְׂרָאֵל:
לֹא עָשָׂה כֵן לְכׇל־גּוֹי, וּמִשְׁפָּטִים בַּל־יְדָעוּם, הַלְלוּיָהּ:

תהלים קמח הַלְלוּיָהּ, הַלְלוּ אֶת־יהוה מִן־הַשָּׁמַיִם, הַלְלוּהוּ בַּמְּרוֹמִים: הַלְלוּהוּ
כׇל־מַלְאָכָיו, הַלְלוּהוּ כׇּל־צְבָאָו: הַלְלוּהוּ שֶׁמֶשׁ וְיָרֵחַ, הַלְלוּהוּ
כׇּל־כּוֹכְבֵי אוֹר: הַלְלוּהוּ שְׁמֵי הַשָּׁמָיִם, וְהַמַּיִם אֲשֶׁר מֵעַל הַשָּׁמָיִם:
יְהַלְלוּ אֶת־שֵׁם יהוה, כִּי הוּא צִוָּה וְנִבְרָאוּ: וַיַּעֲמִידֵם לָעַד לְעוֹלָם,
חׇק־נָתַן וְלֹא יַעֲבוֹר: הַלְלוּ אֶת־יהוה מִן־הָאָרֶץ, תַּנִּינִים וְכׇל־
תְּהֹמוֹת: אֵשׁ וּבָרָד שֶׁלֶג וְקִיטוֹר, רוּחַ סְעָרָה עֹשָׂה דְבָרוֹ: הֶהָרִים

וְכָל־גְּבָעוֹת, עֵץ פְּרִי וְכָל־אֲרָזִים: הַחַיָּה וְכָל־בְּהֵמָה, רֶמֶשׂ וְצִפּוֹר
כָּנָף: מַלְכֵי־אֶרֶץ וְכָל־לְאֻמִּים, שָׂרִים וְכָל־שֹׁפְטֵי אָרֶץ: בַּחוּרִים
וְגַם־בְּתוּלוֹת, זְקֵנִים עִם־נְעָרִים: ◂ יְהַלְלוּ אֶת־שֵׁם יהוה, כִּי־נִשְׂגָּב
שְׁמוֹ לְבַדּוֹ, הוֹדוֹ עַל־אֶרֶץ וְשָׁמָיִם: וַיָּרֶם קֶרֶן לְעַמּוֹ, תְּהִלָּה לְכָל־
חֲסִידָיו, לִבְנֵי יִשְׂרָאֵל עַם קְרֹבוֹ, הַלְלוּיָהּ:

תהלים קמט
הַלְלוּיָהּ, שִׁירוּ לַיהוה שִׁיר חָדָשׁ, תְּהִלָּתוֹ בִּקְהַל חֲסִידִים: יִשְׂמַח
יִשְׂרָאֵל בְּעֹשָׂיו, בְּנֵי־צִיּוֹן יָגִילוּ בְמַלְכָּם: יְהַלְלוּ שְׁמוֹ בְמָחוֹל, בְּתֹף
וְכִנּוֹר יְזַמְּרוּ־לוֹ: כִּי־רוֹצֶה יהוה בְּעַמּוֹ, יְפָאֵר עֲנָוִים בִּישׁוּעָה: יַעְלְזוּ
חֲסִידִים בְּכָבוֹד, יְרַנְּנוּ עַל־מִשְׁכְּבוֹתָם: רוֹמְמוֹת אֵל בִּגְרוֹנָם, וְחֶרֶב
פִּיפִיּוֹת בְּיָדָם: לַעֲשׂוֹת נְקָמָה בַּגּוֹיִם, תּוֹכֵחוֹת בַּלְאֻמִּים: ◂ לֶאְסֹר
מַלְכֵיהֶם בְּזִקִּים, וְנִכְבְּדֵיהֶם בְּכַבְלֵי בַרְזֶל: לַעֲשׂוֹת בָּהֶם מִשְׁפָּט
כָּתוּב, הָדָר הוּא לְכָל־חֲסִידָיו, הַלְלוּיָהּ:

חוזרים על הפסוק האחרון פעמיים, מפני שהוא סוף ה׳הלל שבכל יום׳ (סידור רש״י).

תהלים קנ
הַלְלוּיָהּ, הַלְלוּ־אֵל בְּקָדְשׁוֹ, הַלְלוּהוּ בִּרְקִיעַ עֻזּוֹ:
הַלְלוּהוּ בִגְבוּרֹתָיו, הַלְלוּהוּ כְּרֹב גֻּדְלוֹ:
הַלְלוּהוּ בְּתֵקַע שׁוֹפָר, הַלְלוּהוּ בְּנֵבֶל וְכִנּוֹר:
הַלְלוּהוּ בְתֹף וּמָחוֹל, הַלְלוּהוּ בְּמִנִּים וְעוּגָב:
◂ הַלְלוּהוּ בְצִלְצְלֵי־שָׁמַע, הַלְלוּהוּ בְּצִלְצְלֵי תְרוּעָה:
כֹּל הַנְּשָׁמָה תְּהַלֵּל יָהּ, הַלְלוּיָהּ: כֹּל הַנְּשָׁמָה תְּהַלֵּל יָהּ, הַלְלוּיָהּ:

ספר תהלים נחלק לחמישה ספרים כנגד חמישה חומשי תורה (מדרש שוחר טוב).
לאחר סיום הספר החמישי חוזרים ואומרים את פסוקי הסיום של שאר ספרי תהלים
פרט לספר הראשון והרביעי, כיוון שהם נאמרו כברכות במקדש (סידור יעב״ץ).

תהלים פט
בָּרוּךְ יהוה לְעוֹלָם, אָמֵן וְאָמֵן:

תהלים קלה
בָּרוּךְ יהוה מִצִּיּוֹן, שֹׁכֵן יְרוּשָׁלָםִ, הַלְלוּיָהּ:

תהלים עב
בָּרוּךְ יהוה אֱלֹהִים אֱלֹהֵי יִשְׂרָאֵל, עֹשֵׂה נִפְלָאוֹת לְבַדּוֹ:
◂ וּבָרוּךְ שֵׁם כְּבוֹדוֹ לְעוֹלָם, וְיִמָּלֵא כְבוֹדוֹ אֶת־כֹּל הָאָרֶץ, אָמֵן וְאָמֵן:

פסוקי דזמרה מסתיימים בשלושה מעמדות מרכזיים בחיי העם:
ברכת דוד כאשר נאספו הנדבות לבניין המקדש,
הברית שכרתו עולי הגולה בימי עזרא ונחמיה ושירת הים (הרב זקס).

נוהגים לומר פרשות אלה בעמידה (׳דרך החיים׳, קיצור שו״ע),
וכן נוהגים לתת צדקה באמירת ׳וְאַתָּה מוֹשֵׁל בַּכֹּל׳ (שער הכוונות).

דברי הימים א׳ כט וַיְבָרֶךְ דָּוִיד אֶת־יהוה לְעֵינֵי כָּל־הַקָּהָל, וַיֹּאמֶר דָּוִיד, בָּרוּךְ אַתָּה יהוה, אֱלֹהֵי יִשְׂרָאֵל אָבִינוּ, מֵעוֹלָם וְעַד־עוֹלָם: לְךָ יהוה הַגְּדֻלָּה וְהַגְּבוּרָה וְהַתִּפְאֶרֶת וְהַנֵּצַח וְהַהוֹד, כִּי־כֹל בַּשָּׁמַיִם וּבָאָרֶץ, לְךָ יהוה הַמַּמְלָכָה וְהַמִּתְנַשֵּׂא לְכֹל לְרֹאשׁ: וְהָעֹשֶׁר וְהַכָּבוֹד מִלְּפָנֶיךָ, וְאַתָּה מוֹשֵׁל בַּכֹּל, וּבְיָדְךָ כֹּחַ וּגְבוּרָה, וּבְיָדְךָ לְגַדֵּל וּלְחַזֵּק לַכֹּל: וְעַתָּה אֱלֹהֵינוּ מוֹדִים אֲנַחְנוּ לָךְ, וּמְהַלְלִים לְשֵׁם תִּפְאַרְתֶּךָ:

נחמיה ט אַתָּה־הוּא יהוה לְבַדֶּךָ, אַתְּ עָשִׂיתָ אֶת־הַשָּׁמַיִם, שְׁמֵי הַשָּׁמַיִם וְכָל־צְבָאָם, הָאָרֶץ וְכָל־אֲשֶׁר עָלֶיהָ, הַיַּמִּים וְכָל־אֲשֶׁר בָּהֶם, וְאַתָּה מְחַיֶּה אֶת־כֻּלָּם, וּצְבָא הַשָּׁמַיִם לְךָ מִשְׁתַּחֲוִים: › אַתָּה הוּא יהוה הָאֱלֹהִים אֲשֶׁר בָּחַרְתָּ בְּאַבְרָם, וְהוֹצֵאתוֹ מֵאוּר כַּשְׂדִּים, וְשַׂמְתָּ שְּׁמוֹ אַבְרָהָם: וּמָצָאתָ אֶת־לְבָבוֹ נֶאֱמָן לְפָנֶיךָ, › וְכָרוֹת עִמּוֹ הַבְּרִית לָתֵת אֶת־אֶרֶץ הַכְּנַעֲנִי הַחִתִּי הָאֱמֹרִי וְהַפְּרִזִּי וְהַיְבוּסִי וְהַגִּרְגָּשִׁי, לָתֵת לְזַרְעוֹ, וַתָּקֶם אֶת־דְּבָרֶיךָ, כִּי צַדִּיק אָתָּה: וַתֵּרֶא אֶת־עֳנִי אֲבֹתֵינוּ בְּמִצְרָיִם, וְאֶת־זַעֲקָתָם שָׁמַעְתָּ עַל־יַם־סוּף: וַתִּתֵּן אֹתֹת וּמֹפְתִים בְּפַרְעֹה וּבְכָל־עֲבָדָיו וּבְכָל־עַם אַרְצוֹ, כִּי יָדַעְתָּ כִּי הֵזִידוּ עֲלֵיהֶם, וַתַּעַשׂ־לְךָ שֵׁם כְּהַיּוֹם הַזֶּה: › וְהַיָּם בָּקַעְתָּ לִפְנֵיהֶם, וַיַּעַבְרוּ בְתוֹךְ־הַיָּם בַּיַּבָּשָׁה, וְאֶת־רֹדְפֵיהֶם הִשְׁלַכְתָּ בִמְצוֹלֹת כְּמוֹ־אֶבֶן, בְּמַיִם עַזִּים:

שמות יד וַיּֽוֹשַׁע יהוה בַּיּוֹם הַהוּא אֶת־יִשְׂרָאֵל מִיַּד מִצְרָיִם וַיַּרְא יִשְׂרָאֵל אֶת־מִצְרַיִם מֵת עַל־שְׂפַת הַיָּם: › וַיַּרְא יִשְׂרָאֵל אֶת־הַיָּד הַגְּדֹלָה

אֲשֶׁר עָשָׂה יהוה בְּמִצְרַיִם וַיִּירְאוּ הָעָם אֶת־יהוה וַיַּאֲמִינוּ בַּיהוה
וּבְמֹשֶׁה עַבְדּוֹ:

יש מהראשונים שכתבו שאין ראוי לומר את שירת הים בתשעה באב (כל בו; אגור), אך אין נוהגים כן (ד"מ, תקנט, ו).

'ה' יִמְלֹךְ לְעֹלָם וָעֶד' מסכם את פסוקי דזמרה, ולכן חוזרים עליו פעמיים (אבודרהם). האר"י נהג לומר גם את התרגום לפסוק, ובקהילות אשכנז רבות אימצו מנהג זה.

אחרי השירה מוסיפים שלושה פסוקים מפסוקי מלכויות במוסף לראש השנה, כדי לחתום במלכות ה' על העולם כולו (סידור חסידי אשכנז).

אָז יָשִׁיר־מֹשֶׁה וּבְנֵי יִשְׂרָאֵל אֶת־הַשִּׁירָה הַזֹּאת לַיהוה, וַיֹּאמְרוּ
לֵאמֹר, אָשִׁירָה לַיהוה כִּי־גָאֹה גָּאָה, סוּס
וְרֹכְבוֹ רָמָה בַיָּם: עָזִּי וְזִמְרָת יָהּ וַיְהִי־לִי
לִישׁוּעָה, זֶה אֵלִי וְאַנְוֵהוּ, אֱלֹהֵי
אָבִי וַאֲרֹמְמֶנְהוּ: יהוה אִישׁ מִלְחָמָה, יהוה
שְׁמוֹ: מַרְכְּבֹת פַּרְעֹה וְחֵילוֹ יָרָה בַיָּם, וּמִבְחַר
שָׁלִשָׁיו טֻבְּעוּ בְיַם־סוּף: תְּהֹמֹת יְכַסְיֻמוּ, יָרְדוּ בִמְצוֹלֹת כְּמוֹ־
אָבֶן: יְמִינְךָ יהוה נֶאְדָּרִי בַּכֹּחַ, יְמִינְךָ
יהוה תִּרְעַץ אוֹיֵב: וּבְרֹב גְּאוֹנְךָ תַּהֲרֹס
קָמֶיךָ, תְּשַׁלַּח חֲרֹנְךָ יֹאכְלֵמוֹ כַּקַּשׁ: וּבְרוּחַ
אַפֶּיךָ נֶעֶרְמוּ מַיִם, נִצְּבוּ כְמוֹ־נֵד
נֹזְלִים, קָפְאוּ תְהֹמֹת בְּלֶב־יָם: אָמַר
אוֹיֵב אֶרְדֹּף, אַשִּׂיג, אֲחַלֵּק שָׁלָל, תִּמְלָאֵמוֹ
נַפְשִׁי, אָרִיק חַרְבִּי תּוֹרִישֵׁמוֹ יָדִי: נָשַׁפְתָּ
בְרוּחֲךָ כִּסָּמוֹ יָם, צָלְלוּ כַּעוֹפֶרֶת בְּמַיִם
אַדִּירִים: מִי־כָמֹכָה בָּאֵלִם יהוה, מִי
כָּמֹכָה נֶאְדָּר בַּקֹּדֶשׁ, נוֹרָא תְהִלֹּת עֹשֵׂה
פֶלֶא: נָטִיתָ יְמִינְךָ תִּבְלָעֵמוֹ אָרֶץ: נָחִיתָ

בְחַסְדְּךָ עַם־זוּ גָּאָלְתָּ, נֵהַלְתָּ בְעָזְּךָ אֶל־נְוֵה
קָדְשֶׁךָ: שָׁמְעוּ עַמִּים יִרְגָּזוּן, חִיל
אָחַז יֹשְׁבֵי פְּלָשֶׁת: אָז נִבְהֲלוּ אַלּוּפֵי
אֱדוֹם, אֵילֵי מוֹאָב יֹאחֲזֵמוֹ רָעַד, נָמֹגוּ
כֹּל יֹשְׁבֵי כְנָעַן: תִּפֹּל עֲלֵיהֶם אֵימָתָה
וָפַחַד, בִּגְדֹל זְרוֹעֲךָ יִדְּמוּ כָּאָבֶן, עַד־
יַעֲבֹר עַמְּךָ יהוה, עַד־יַעֲבֹר עַם־זוּ
קָנִיתָ: תְּבִאֵמוֹ וְתִטָּעֵמוֹ בְּהַר נַחֲלָתְךָ, מָכוֹן
לְשִׁבְתְּךָ פָּעַלְתָּ יהוה, מִקְּדָשׁ אֲדֹנָי כּוֹנְנוּ
יָדֶיךָ: יהוה ׀ יִמְלֹךְ לְעֹלָם וָעֶד:

יהוה יִמְלֹךְ לְעֹלָם וָעֶד.
יהוה מַלְכוּתֵהּ קָאֵם לְעָלַם וּלְעָלְמֵי עָלְמַיָּא.

כִּי
בָא סוּס פַּרְעֹה בְּרִכְבּוֹ וּבְפָרָשָׁיו בַּיָּם, וַיָּשֶׁב יהוה עֲלֵהֶם אֶת־מֵי
הַיָּם, וּבְנֵי יִשְׂרָאֵל הָלְכוּ בַיַּבָּשָׁה בְּתוֹךְ הַיָּם:

תהלים כב ◂ כִּי לַיהוה הַמְּלוּכָה וּמֹשֵׁל בַּגּוֹיִם:
עובדיה א וְעָלוּ מוֹשִׁעִים בְּהַר צִיּוֹן
לִשְׁפֹּט אֶת־הַר עֵשָׂו
וְהָיְתָה לַיהוה הַמְּלוּכָה:
זכריה יד וְהָיָה יהוה לְמֶלֶךְ עַל־כָּל־הָאָרֶץ
בַּיּוֹם הַהוּא יִהְיֶה יהוה אֶחָד וּשְׁמוֹ אֶחָד:
דברים ו (וּבְתוֹרָתְךָ כָּתוּב לֵאמֹר, שְׁמַע יִשְׂרָאֵל, יהוה אֱלֹהֵינוּ יהוה אֶחָד:)

יִשְׁתַּבַּח

שִׁמְךָ לָעַד, מַלְכֵּנוּ
הָאֵל הַמֶּלֶךְ הַגָּדוֹל וְהַקָּדוֹשׁ בַּשָּׁמַיִם וּבָאָרֶץ
כִּי לְךָ נָאֶה, יהוה אֱלֹהֵינוּ וֵאלֹהֵי אֲבוֹתֵינוּ
שִׁיר וּשְׁבָחָה, הַלֵּל וְזִמְרָה
עֹז וּמֶמְשָׁלָה, נֶצַח, גְּדֻלָּה וּגְבוּרָה
תְּהִלָּה וְתִפְאֶרֶת, קְדֻשָּׁה וּמַלְכוּת
◂ בְּרָכוֹת וְהוֹדָאוֹת, מֵעַתָּה וְעַד עוֹלָם.
בָּרוּךְ אַתָּה יהוה, אֵל מֶלֶךְ גָּדוֹל בַּתִּשְׁבָּחוֹת
אֵל הַהוֹדָאוֹת, אֲדוֹן הַנִּפְלָאוֹת, הַבּוֹחֵר בְּשִׁירֵי זִמְרָה
מֶלֶךְ, אֵל, חֵי הָעוֹלָמִים.

חצי קדיש

ש״ץ: יִתְגַּדַּל וְיִתְקַדַּשׁ שְׁמֵהּ רַבָּא (קהל: אָמֵן)
בְּעָלְמָא דִּי בְרָא כִרְעוּתֵהּ, וְיַמְלִיךְ מַלְכוּתֵהּ
בְּחַיֵּיכוֹן וּבְיוֹמֵיכוֹן וּבְחַיֵּי דְכָל בֵּית יִשְׂרָאֵל
בַּעֲגָלָא וּבִזְמַן קָרִיב, וְאִמְרוּ אָמֵן. (קהל: אָמֵן)

קהל וש״ץ: יְהֵא שְׁמֵהּ רַבָּא מְבָרַךְ לְעָלַם וּלְעָלְמֵי עָלְמַיָּא.

ש״ץ: יִתְבָּרַךְ וְיִשְׁתַּבַּח וְיִתְפָּאַר וְיִתְרוֹמַם וְיִתְנַשֵּׂא
וְיִתְהַדָּר וְיִתְעַלֶּה וְיִתְהַלָּל
שְׁמֵהּ דְּקֻדְשָׁא בְּרִיךְ הוּא (קהל: בְּרִיךְ הוּא)
לְעֵלָּא מִן כָּל בִּרְכָתָא וְשִׁירָתָא, תֻּשְׁבְּחָתָא וְנֶחֱמָתָא
דַּאֲמִירָן בְּעָלְמָא, וְאִמְרוּ אָמֵן. (קהל: אָמֵן)

קריאת שמע וברכותיה

בתפילה במניין שליח הציבור אומר ׳בָּרְכוּ׳ כדי לקרוא לציבור להתפלל עמו (ראב״ן).

שליח הציבור כורע בתיבת ׳בָּרְכוּ׳ וזוקף בשם (כלבו). הקהל כורע בתיבת ׳בָּרוּךְ׳ וזוקף בשם (מקור חיים), ושליח הציבור כורע שוב כאשר הוא חוזר אחריהם.

ש״ץ: **בָּרְכוּ**

אֶת יהוה הַמְבֹרָךְ.

קהל: **בָּרוּךְ יהוה הַמְבֹרָךְ לְעוֹלָם וָעֶד.**

ש״ץ: **בָּרוּךְ יהוה הַמְבֹרָךְ לְעוֹלָם וָעֶד.**

״בשחר מברך שתים לפניה ואחת לאחריה״ (משנה, ברכות יא ע״א).

הברכה הראשונה היא על האור, שהוא תחילת הבריאה, עם זאת מזכירים גם את בריאת החושך להודיע שבורא אחד ברא הכל (תלמידי רבינו יונה ברכות יא ע״ב) ומטיל שלום ביניהם, שכן ״אם אין שלום אין כלום״ (רש״י, ויקרא כו, ו).

נוהגים לשבת בקריאת שמע וברכותיה (זוהר חדש תרומה, ח״א סט ע״ב).

אין להפסיק בדיבור מ׳בָּרְכוּ׳ ועד סוף תפילת העמידה פרט לדברים שבקדושה.

בָּרוּךְ אַתָּה יהוה אֱלֹהֵינוּ מֶלֶךְ הָעוֹלָם
יוֹצֵר אוֹר וּבוֹרֵא חֹשֶׁךְ
עֹשֶׂה שָׁלוֹם וּבוֹרֵא אֶת הַכֹּל.

הַמֵּאִיר לָאָרֶץ וְלַדָּרִים עָלֶיהָ בְּרַחֲמִים
וּבְטוּבוֹ מְחַדֵּשׁ בְּכָל יוֹם תָּמִיד מַעֲשֵׂה בְרֵאשִׁית.
מָה־רַבּוּ מַעֲשֶׂיךָ יהוה, כֻּלָּם בְּחָכְמָה עָשִׂיתָ תהלים קד
מָלְאָה הָאָרֶץ קִנְיָנֶךָ:
הַמֶּלֶךְ הַמְרוֹמָם לְבַדּוֹ מֵאָז
הַמְשֻׁבָּח וְהַמְפֹאָר וְהַמִּתְנַשֵּׂא מִימוֹת עוֹלָם.

אֱלֹהֵי עוֹלָם
בְּרַחֲמֶיךָ הָרַבִּים רַחֵם עָלֵינוּ
אֲדוֹן עֻזֵּנוּ, צוּר מִשְׂגַּבֵּנוּ
מָגֵן יִשְׁעֵנוּ, מִשְׂגָּב בַּעֲדֵנוּ.
אֵל בָּרוּךְ גְּדוֹל דֵּעָה, הֵכִין וּפָעַל זָהֳרֵי חַמָּה
טוֹב יָצַר כָּבוֹד לִשְׁמוֹ, מְאוֹרוֹת נָתַן סְבִיבוֹת עֻזּוֹ
פִּנּוֹת צְבָאָיו קְדוֹשִׁים, רוֹמְמֵי שַׁדַּי
תָּמִיד מְסַפְּרִים כְּבוֹד אֵל וּקְדֻשָּׁתוֹ.
תִּתְבָּרַךְ יהוה אֱלֹהֵינוּ, עַל שֶׁבַח מַעֲשֵׂה יָדֶיךָ
וְעַל מְאוֹרֵי אוֹר שֶׁעָשִׂיתָ, יְפָאֲרוּךָ סֶּלָה.

תִּתְבָּרַךְ
צוּרֵנוּ מַלְכֵּנוּ וְגוֹאֲלֵנוּ, בּוֹרֵא קְדוֹשִׁים
יִשְׁתַּבַּח שִׁמְךָ לָעַד
מַלְכֵּנוּ, יוֹצֵר מְשָׁרְתִים
וַאֲשֶׁר מְשָׁרְתָיו כֻּלָּם עוֹמְדִים בְּרוּם עוֹלָם
וּמַשְׁמִיעִים בְּיִרְאָה יַחַד בְּקוֹל דִּבְרֵי אֱלֹהִים חַיִּים וּמֶלֶךְ עוֹלָם.
כֻּלָּם אֲהוּבִים, כֻּלָּם בְּרוּרִים, כֻּלָּם גִּבּוֹרִים
וְכֻלָּם עוֹשִׂים בְּאֵימָה וּבְיִרְאָה רְצוֹן קוֹנָם
‹ וְכֻלָּם פּוֹתְחִים אֶת פִּיהֶם בִּקְדֻשָּׁה וּבְטָהֳרָה
בְּשִׁירָה וּבְזִמְרָה
וּמְבָרְכִים וּמְשַׁבְּחִים וּמְפָאֲרִים
וּמַעֲרִיצִים וּמַקְדִּישִׁים וּמַמְלִיכִים ›
אֶת שֵׁם הָאֵל הַמֶּלֶךְ הַגָּדוֹל, הַגִּבּוֹר וְהַנּוֹרָא
קָדוֹשׁ הוּא.

◂ וְכֻלָּם מְקַבְּלִים עֲלֵיהֶם עֹל מַלְכוּת שָׁמַיִם זֶה מִזֶּה
וְנוֹתְנִים רְשׁוּת זֶה לָזֶה
לְהַקְדִּישׁ לְיוֹצְרָם בְּנַחַת רוּחַ
בְּשָׂפָה בְרוּרָה וּבִנְעִימָה
קְדֻשָּׁה כֻּלָּם כְּאֶחָד
עוֹנִים וְאוֹמְרִים בְּיִרְאָה

יש פוסקים הסבורים שיחיד אינו אומר את הפסוקים 'קָדוֹשׁ' ו'בָּרוּךְ' אלא רק ציבור (רס"ג), ולכן ראוי שיחיד יאמר אותם בטעמים (שו"ע נט, ג; משנ"ב שם, יא).

הקהל עונה יחד בקול רם ('אליה רבה' נט, ד):

ישעיה ו
קָדוֹשׁ ׀ קָדוֹשׁ, קָדוֹשׁ יְהוָה צְבָאוֹת
מְלֹא כָל־הָאָרֶץ כְּבוֹדוֹ:

◂ וְהָאוֹפַנִּים וְחַיּוֹת הַקֹּדֶשׁ
בְּרַעַשׁ גָּדוֹל מִתְנַשְּׂאִים לְעֻמַּת שְׂרָפִים
לְעֻמָּתָם מְשַׁבְּחִים וְאוֹמְרִים

הקהל עונה יחד בקול רם (שם):

יחזקאל ג
בָּרוּךְ כְּבוֹד־יְהוָה מִמְּקוֹמוֹ:

לָאֵל בָּרוּךְ נְעִימוֹת יִתֵּנוּ
לְמֶלֶךְ אֵל חַי וְקַיָּם
זְמִירוֹת יֹאמֵרוּ וְתִשְׁבָּחוֹת יַשְׁמִיעוּ
כִּי הוּא לְבַדּוֹ
פּוֹעֵל גְּבוּרוֹת, עוֹשֶׂה חֲדָשׁוֹת
בַּעַל מִלְחָמוֹת, זוֹרֵעַ צְדָקוֹת
מַצְמִיחַ יְשׁוּעוֹת, בּוֹרֵא רְפוּאוֹת
נוֹרָא תְהִלּוֹת, אֲדוֹן הַנִּפְלָאוֹת

הַמְחַדֵּשׁ בְּטוּבוֹ בְּכָל יוֹם תָּמִיד מַעֲשֵׂה בְרֵאשִׁית
כָּאָמוּר

לְעֹשֵׂה אוֹרִים גְּדֹלִים תהלים קלו
כִּי לְעוֹלָם חַסְדּוֹ:

› אוֹר חָדָשׁ עַל צִיּוֹן תָּאִיר
וְנִזְכֶּה כֻלָּנוּ מְהֵרָה לְאוֹרוֹ.
בָּרוּךְ אַתָּה יהוה, יוֹצֵר הַמְּאוֹרוֹת.

בברכות יא ע״ב נחלקו התנאים אם נוסח הברכה השנייה לפני קריאת שמע הוא 'אַהֲבָה רַבָּה' או 'אַהֲבַת עוֹלָם'. מנהג אשכנז לומר 'אַהֲבָה רַבָּה' בשחרית ו'אַהֲבַת עוֹלָם' בערבית (ראבי״ה ח״א, לד), כיוון שבבוקר האדם מודה על החסדים שה' גמל עמו, ובערב מתפלל על החסדים שיעשה עמו בעתיד (צל״ח ברכות שם).

אַהֲבָה רַבָּה אֲהַבְתָּנוּ, יהוה אֱלֹהֵינוּ
חֶמְלָה גְדוֹלָה וִיתֵרָה חָמַלְתָּ עָלֵינוּ.
אָבִינוּ מַלְכֵּנוּ
בַּעֲבוּר אֲבוֹתֵינוּ שֶׁבָּטְחוּ בְךָ, וַתְּלַמְּדֵם חֻקֵּי חַיִּים
כֵּן תְּחָנֵּנוּ וּתְלַמְּדֵנוּ.
אָבִינוּ, הָאָב הָרַחֲמָן, הַמְרַחֵם
רַחֵם עָלֵינוּ, וְתֵן בְּלִבֵּנוּ לְהָבִין וּלְהַשְׂכִּיל
לִשְׁמֹעַ, לִלְמֹד וּלְלַמֵּד, לִשְׁמֹר וְלַעֲשׂוֹת, וּלְקַיֵּם
אֶת כָּל דִּבְרֵי תַלְמוּד תּוֹרָתֶךָ בְּאַהֲבָה.
וְהָאֵר עֵינֵינוּ בְּתוֹרָתֶךָ, וְדַבֵּק לִבֵּנוּ בְּמִצְוֹתֶיךָ
וְיַחֵד לְבָבֵנוּ לְאַהֲבָה וּלְיִרְאָה אֶת שְׁמֶךָ
וְלֹא נֵבוֹשׁ לְעוֹלָם וָעֶד.
כִּי בְשֵׁם קָדְשְׁךָ הַגָּדוֹל וְהַנּוֹרָא בָּטָחְנוּ
נָגִילָה וְנִשְׂמְחָה בִּישׁוּעָתֶךָ.

"מצוה לאחוז הציצית ביד שמאלית כנגד לבו בשעת קריאת שמע" (שו"ע כד, ב), ולדעת האר"י, יש לאוספן ולאוחזן בין קמיצה לזרת כשמגיע לתיבת 'וַהֲבִיאֵנוּ'. יש נוהגים לאחוז את ארבעתן (הרדב"ז והאר"י) ויש נוהגים לאחוז רק שתיים כדי להישאר מסובב במצוות ('בית יוסף' בשם הרקנטי, מהרש"ל והגר"א).

וַהֲבִיאֵנוּ לְשָׁלוֹם מֵאַרְבַּע כַּנְפוֹת הָאָרֶץ
וְתוֹלִיכֵנוּ קוֹמְמִיּוּת לְאַרְצֵנוּ.
› כִּי אֵל פּוֹעֵל יְשׁוּעוֹת אָתָּה, וּבָנוּ בָחַרְתָּ מִכָּל עַם וְלָשׁוֹן
וְקֵרַבְתָּנוּ לְשִׁמְךָ הַגָּדוֹל סֶלָה, בֶּאֱמֶת
לְהוֹדוֹת לְךָ וּלְיַחֶדְךָ בְּאַהֲבָה.
בָּרוּךְ אַתָּה יהוה, הַבּוֹחֵר בְּעַמּוֹ יִשְׂרָאֵל בְּאַהֲבָה.

"יקרא קריאת שמע בכוונה – באימה, ביראה, ברתת וזיע" (שו"ע סא, א).

קריאת שמע צריכה כוונה מיוחדת בכל שלוש פרשיותיה. מי שאינו יכול לכוון בכולן חייב לכוון לפחות בפסוק הראשון, ואם לא התכוון צריך לחזור ולקרוא שוב (שו"ע סג, ד).

בקריאת שמע שלוש פרשיות: 'שְׁמַע', שעניינה קבלת עול מלכות שמים; 'וְהָיָה אִם־שָׁמֹעַ', שעניינה קבלת עול מצוות; ציצית, שיש בה הזכרת יציאת מצרים ובחירת ה' בעם ישראל (משנה, ברכות יג ע"א).

המתפלל ביחידות אומר (רמ"א סא, ג על פי ספר חסידים):

אֵל מֶלֶךְ נֶאֱמָן

מכסה את עיניו בידו ואומר בכוונה ובקול רם:

דברים ו שְׁמַע יִשְׂרָאֵל, יהוה אֱלֹהֵינוּ, יהוה | אֶחָד:

בלחש: בָּרוּךְ שֵׁם כְּבוֹד מַלְכוּתוֹ לְעוֹלָם וָעֶד.

דברים ו וְאָהַבְתָּ אֵת יהוה אֱלֹהֶיךָ, בְּכָל־לְבָבְךָ וּבְכָל־נַפְשְׁךָ וּבְכָל־מְאֹדֶךָ:
וְהָיוּ הַדְּבָרִים הָאֵלֶּה, אֲשֶׁר אָנֹכִי מְצַוְּךָ הַיּוֹם, עַל־לְבָבֶךָ: וְשִׁנַּנְתָּם
לְבָנֶיךָ וְדִבַּרְתָּ בָּם, בְּשִׁבְתְּךָ בְּבֵיתֶךָ וּבְלֶכְתְּךָ בַדֶּרֶךְ, וּבְשָׁכְבְּךָ
וּבְקוּמֶךָ: וּקְשַׁרְתָּם לְאוֹת עַל־יָדֶךָ, וְהָיוּ לְטֹטָפֹת בֵּין עֵינֶיךָ:
וּכְתַבְתָּם עַל־מְזֻזוֹת בֵּיתֶךָ וּבִשְׁעָרֶיךָ:

דברים יא וְהָיָה אִם־שָׁמֹעַ תִּשְׁמְעוּ אֶל־מִצְוֺתַי אֲשֶׁר אָנֹכִי מְצַוֶּה אֶתְכֶם הַיּוֹם, לְאַהֲבָה אֶת־יהוה אֱלֹהֵיכֶם וּלְעָבְדוֹ, בְּכָל־לְבַבְכֶם וּבְכָל־נַפְשְׁכֶם: וְנָתַתִּי מְטַר־אַרְצְכֶם בְּעִתּוֹ, יוֹרֶה וּמַלְקוֹשׁ, וְאָסַפְתָּ דְגָנֶךָ וְתִירֹשְׁךָ וְיִצְהָרֶךָ: וְנָתַתִּי עֵשֶׂב בְּשָׂדְךָ לִבְהֶמְתֶּךָ, וְאָכַלְתָּ וְשָׂבָעְתָּ: הִשָּׁמְרוּ לָכֶם פֶּן־יִפְתֶּה לְבַבְכֶם, וְסַרְתֶּם וַעֲבַדְתֶּם אֱלֹהִים אֲחֵרִים וְהִשְׁתַּחֲוִיתֶם לָהֶם: וְחָרָה אַף־יהוה בָּכֶם, וְעָצַר אֶת־הַשָּׁמַיִם וְלֹא־יִהְיֶה מָטָר, וְהָאֲדָמָה לֹא תִתֵּן אֶת־יְבוּלָהּ, וַאֲבַדְתֶּם מְהֵרָה מֵעַל הָאָרֶץ הַטֹּבָה אֲשֶׁר יהוה נֹתֵן לָכֶם: וְשַׂמְתֶּם אֶת־דְּבָרַי אֵלֶּה עַל־לְבַבְכֶם וְעַל־נַפְשְׁכֶם, וּקְשַׁרְתֶּם אֹתָם לְאוֹת עַל־יֶדְכֶם, וְהָיוּ לְטוֹטָפֹת בֵּין עֵינֵיכֶם: וְלִמַּדְתֶּם אֹתָם אֶת־בְּנֵיכֶם לְדַבֵּר בָּם, בְּשִׁבְתְּךָ בְּבֵיתֶךָ וּבְלֶכְתְּךָ בַדֶּרֶךְ, וּבְשָׁכְבְּךָ וּבְקוּמֶךָ: וּכְתַבְתָּם עַל־מְזוּזוֹת בֵּיתֶךָ וּבִשְׁעָרֶיךָ: לְמַעַן יִרְבּוּ יְמֵיכֶם וִימֵי בְנֵיכֶם עַל הָאֲדָמָה אֲשֶׁר נִשְׁבַּע יהוה לַאֲבֹתֵיכֶם לָתֵת לָהֶם, כִּימֵי הַשָּׁמַיִם עַל־הָאָרֶץ:

במדבר טו וַיֹּאמֶר יהוה אֶל־מֹשֶׁה לֵּאמֹר: דַּבֵּר אֶל־בְּנֵי יִשְׂרָאֵל וְאָמַרְתָּ אֲלֵהֶם, וְעָשׂוּ לָהֶם צִיצִת עַל־כַּנְפֵי בִגְדֵיהֶם לְדֹרֹתָם, וְנָתְנוּ עַל־צִיצִת הַכָּנָף פְּתִיל תְּכֵלֶת: וְהָיָה לָכֶם לְצִיצִת, וּרְאִיתֶם אֹתוֹ וּזְכַרְתֶּם אֶת־כָּל־מִצְוֺת יהוה וַעֲשִׂיתֶם אֹתָם, וְלֹא תָתוּרוּ אַחֲרֵי לְבַבְכֶם וְאַחֲרֵי עֵינֵיכֶם, אֲשֶׁר־אַתֶּם זֹנִים אַחֲרֵיהֶם: לְמַעַן תִּזְכְּרוּ וַעֲשִׂיתֶם אֶת־כָּל־מִצְוֺתָי, וִהְיִיתֶם קְדֹשִׁים לֵאלֹהֵיכֶם: אֲנִי יהוה אֱלֹהֵיכֶם, אֲשֶׁר הוֹצֵאתִי אֶתְכֶם מֵאֶרֶץ מִצְרַיִם, לִהְיוֹת לָכֶם לֵאלֹהִים, אֲנִי יהוה אֱלֹהֵיכֶם:

אֱמֶת

שליח הציבור חוזר ואומר (שו״ע סא, ג על פי הזוהר):

› יהוה אֱלֹהֵיכֶם אֱמֶת

וְיַצִּיב, וְנָכוֹן וְקַיָּם, וְיָשָׁר וְנֶאֱמָן
וְאָהוּב וְחָבִיב, וְנֶחְמָד וְנָעִים
וְנוֹרָא וְאַדִּיר, וּמְתֻקָּן וּמְקֻבָּל
וְטוֹב וְיָפֶה
הַדָּבָר הַזֶּה עָלֵינוּ לְעוֹלָם וָעֶד.

אֱמֶת אֱלֹהֵי עוֹלָם מַלְכֵּנוּ
צוּר יַעֲקֹב מָגֵן יִשְׁעֵנוּ
לְדוֹר וָדוֹר הוּא קַיָּם וּשְׁמוֹ קַיָּם
וְכִסְאוֹ נָכוֹן, וּמַלְכוּתוֹ וֶאֱמוּנָתוֹ לָעַד קַיֶּמֶת.

וּדְבָרָיו חָיִים וְקַיָּמִים, נֶאֱמָנִים וְנֶחֱמָדִים
לָעַד וּלְעוֹלְמֵי עוֹלָמִים
◂ עַל אֲבוֹתֵינוּ וְעָלֵינוּ
עַל בָּנֵינוּ וְעַל דּוֹרוֹתֵינוּ
וְעַל כָּל דּוֹרוֹת זֶרַע יִשְׂרָאֵל עֲבָדֶיךָ. ◂

עַל הָרִאשׁוֹנִים וְעַל הָאַחֲרוֹנִים
דָּבָר טוֹב וְקַיָּם לְעוֹלָם וָעֶד

אֱמֶת וֶאֱמוּנָה, חֹק וְלֹא יַעֲבֹר.

אֱמֶת שָׁאַתָּה הוּא יהוה
אֱלֹהֵינוּ וֵאלֹהֵי אֲבוֹתֵינוּ
◂ מַלְכֵּנוּ מֶלֶךְ אֲבוֹתֵינוּ
גּוֹאֲלֵנוּ גּוֹאֵל אֲבוֹתֵינוּ, יוֹצְרֵנוּ צוּר יְשׁוּעָתֵנוּ
פּוֹדֵנוּ וּמַצִּילֵנוּ מֵעוֹלָם שְׁמֶךָ
אֵין אֱלֹהִים זוּלָתֶךָ.

עֶזְרַת אֲבוֹתֵינוּ אַתָּה הוּא מֵעוֹלָם
מָגֵן וּמוֹשִׁיעַ לִבְנֵיהֶם אַחֲרֵיהֶם בְּכָל דּוֹר וָדוֹר.
בְּרוּם עוֹלָם מוֹשָׁבֶךָ
וּמִשְׁפָּטֶיךָ וְצִדְקָתְךָ עַד אַפְסֵי אָרֶץ.
אַשְׁרֵי אִישׁ שֶׁיִּשְׁמַע לְמִצְוֹתֶיךָ
וְתוֹרָתְךָ וּדְבָרְךָ יָשִׂים עַל לִבּוֹ.

אֱמֶת אַתָּה הוּא אָדוֹן לְעַמֶּךָ
וּמֶלֶךְ גִּבּוֹר לָרִיב רִיבָם.

אֱמֶת אַתָּה הוּא רִאשׁוֹן
וְאַתָּה הוּא אַחֲרוֹן
וּמִבַּלְעָדֶיךָ אֵין לָנוּ מֶלֶךְ גּוֹאֵל וּמוֹשִׁיעַ.

מִמִּצְרַיִם גְּאַלְתָּנוּ, יהוה אֱלֹהֵינוּ
וּמִבֵּית עֲבָדִים פְּדִיתָנוּ
כָּל בְּכוֹרֵיהֶם הָרָגְתָּ
וּבְכוֹרְךָ גָּאָלְתָּ
וְיַם סוּף בָּקַעְתָּ
וְזֵדִים טִבַּעְתָּ
וִידִידִים הֶעֱבַרְתָּ
וַיְכַסּוּ־מַיִם צָרֵיהֶם תהלים קו
אֶחָד מֵהֶם לֹא נוֹתָר:

עַל זֹאת שִׁבְּחוּ אֲהוּבִים, וְרוֹמְמוּ אֵל
וְנָתְנוּ יְדִידִים זְמִירוֹת, שִׁירוֹת וְתִשְׁבָּחוֹת
בְּרָכוֹת וְהוֹדָאוֹת לְמֶלֶךְ אֵל חַי וְקַיָּם

רָם וְנִשָּׂא, גָּדוֹל וְנוֹרָא
מַשְׁפִּיל גֵּאִים וּמַגְבִּיהַּ שְׁפָלִים
מוֹצִיא אֲסִירִים, וּפוֹדֶה עֲנָוִים וְעוֹזֵר דַּלִּים
וְעוֹנֶה לְעַמּוֹ בְּעֵת שַׁוְּעָם אֵלָיו.

כאן נוהגים לעמוד כהכנה לתפילת העמידה ('דרך החיים' על פי מהרי"ל)
ולפסוע שלוש פסיעות לאחור ('אליה רבה' סו, ט בשם 'פרי עץ חיים').

‣ תְּהִלּוֹת לְאֵל עֶלְיוֹן, בָּרוּךְ הוּא וּמְבֹרָךְ
מֹשֶׁה וּבְנֵי יִשְׂרָאֵל
לְךָ עָנוּ שִׁירָה בְּשִׂמְחָה רַבָּה
וְאָמְרוּ כֻלָּם

שמות טו
מִי־כָמֹכָה בָּאֵלִם, יהוה
מִי כָּמֹכָה נֶאְדָּר בַּקֹּדֶשׁ
נוֹרָא תְהִלֹּת, עֹשֵׂה פֶלֶא:

‣ שִׁירָה חֲדָשָׁה שִׁבְּחוּ גְאוּלִים
לְשִׁמְךָ עַל שְׂפַת הַיָּם
יַחַד כֻּלָּם הוֹדוּ וְהִמְלִיכוּ
וְאָמְרוּ

שמות טו
יהוה יִמְלֹךְ לְעֹלָם וָעֶד:

נחלקו הפוסקים אם יש לענות אמן אחר ברכת 'גָּאַל יִשְׂרָאֵל'.
רבים נוהגים לסיים את הברכה עם שליח הציבור
כדי לצאת מהמחלוקת (מג"א סו, יא).

‣ צוּר יִשְׂרָאֵל, קוּמָה בְּעֶזְרַת יִשְׂרָאֵל
וּפְדֵה כִנְאֻמֶךָ יְהוּדָה וְיִשְׂרָאֵל.

ישעיה מז
גֹּאֲלֵנוּ יהוה צְבָאוֹת שְׁמוֹ, קְדוֹשׁ יִשְׂרָאֵל:
בָּרוּךְ אַתָּה יהוה, גָּאַל יִשְׂרָאֵל.

עמידה

״המתפלל צריך שיכוין בלבו פירוש המלות שמוציא בשפתיו; ויחשוב כאלו שכינה כנגדו
ויסיר כל המחשבות הטורדות אותו עד שתשאר מחשבתו
וכוונתו זכה בתפלתו״ (שו״ע צח, א).

פוסע שלוש פסיעות לפנים כמי שנכנס לפני המלך (רמ״א צה, א בשם הרוקח).
עומד ומתפלל בלחש מכאן ועד ׳וּכְשָׁנִים קַדְמֹנִיּוֹת׳ בעמ׳ 99.

כורע במקומות המסומנים ב׳, קד לפנים ב׳אַתָּה׳ וזוקף בשם (סידור השל״ה).

אֲדֹנָי, שְׂפָתַי תִּפְתָּח, וּפִי יַגִּיד תְּהִלָּתֶךָ: תהלים נא

אבות

׳בָּרוּךְ אַתָּה יהוה, אֱלֹהֵינוּ וֵאלֹהֵי אֲבוֹתֵינוּ
אֱלֹהֵי אַבְרָהָם, אֱלֹהֵי יִצְחָק, וֵאלֹהֵי יַעֲקֹב
הָאֵל הַגָּדוֹל הַגִּבּוֹר וְהַנּוֹרָא, אֵל עֶלְיוֹן
גּוֹמֵל חֲסָדִים טוֹבִים, וְקוֹנֵה הַכֹּל
וְזוֹכֵר חַסְדֵי אָבוֹת
וּמֵבִיא גוֹאֵל לִבְנֵי בְנֵיהֶם לְמַעַן שְׁמוֹ בְּאַהֲבָה.
מֶלֶךְ עוֹזֵר וּמוֹשִׁיעַ וּמָגֵן.
׳בָּרוּךְ אַתָּה יהוה, מָגֵן אַבְרָהָם.

גבורות

אַתָּה גִּבּוֹר לְעוֹלָם, אֲדֹנָי
מְחַיֵּה מֵתִים אַתָּה, רַב לְהוֹשִׁיעַ
בארץ ישראל: מוֹרִיד הַטָּל
מְכַלְכֵּל חַיִּים בְּחֶסֶד, מְחַיֵּה מֵתִים בְּרַחֲמִים רַבִּים
סוֹמֵךְ נוֹפְלִים, וְרוֹפֵא חוֹלִים, וּמַתִּיר אֲסוּרִים
וּמְקַיֵּם אֱמוּנָתוֹ לִישֵׁנֵי עָפָר.
מִי כָמוֹךָ, בַּעַל גְּבוּרוֹת, וּמִי דּוֹמֶה לָּךְ
מֶלֶךְ, מֵמִית וּמְחַיֶּה וּמַצְמִיחַ יְשׁוּעָה.

וְנֶאֱמָן אַתָּה לְהַחֲיוֹת מֵתִים.
בָּרוּךְ אַתָּה יהוה, מְחַיֵּה הַמֵּתִים.

בתפילת לחש ממשיך 'אַתָּה קָדוֹשׁ' למטה.

קדושה

בחזרת הש"ץ הקהל עומד ואומר קדושה.
במקומות המסומנים ב־', המתפלל מתרומם על קצות אצבעותיו (מג"א קכה, א בשם השל"ה).

קהל ואחריו שליח הציבור:

נְקַדֵּשׁ אֶת שִׁמְךָ בָּעוֹלָם, כְּשֵׁם שֶׁמַּקְדִּישִׁים אוֹתוֹ בִּשְׁמֵי מָרוֹם
כַּכָּתוּב עַל יַד נְבִיאֶךָ, וְקָרָא זֶה אֶל־זֶה וְאָמַר ישעיה ו

קהל ואחריו שליח הציבור:

'קָדוֹשׁ, 'קָדוֹשׁ, 'קָדוֹשׁ, יהוה צְבָאוֹת, מְלֹא כָל־הָאָרֶץ כְּבוֹדוֹ:
לְעֻמָּתָם בָּרוּךְ יֹאמֵרוּ

קהל ואחריו שליח הציבור:

'בָּרוּךְ כְּבוֹד־יהוה מִמְּקוֹמוֹ: יחזקאל ג
וּבְדִבְרֵי קָדְשְׁךָ כָּתוּב לֵאמֹר

קהל ואחריו שליח הציבור:

'יִמְלֹךְ יהוה לְעוֹלָם, אֱלֹהַיִךְ צִיּוֹן לְדֹר וָדֹר, הַלְלוּיָהּ: תהלים קמו

שליח הציבור:

לְדוֹר וָדוֹר נַגִּיד גָּדְלֶךָ, וּלְנֵצַח נְצָחִים קְדֻשָּׁתְךָ נַקְדִּישׁ
וְשִׁבְחֲךָ אֱלֹהֵינוּ מִפִּינוּ לֹא יָמוּשׁ לְעוֹלָם וָעֶד
כִּי אֵל מֶלֶךְ גָּדוֹל וְקָדוֹשׁ אָתָּה.
בָּרוּךְ אַתָּה יהוה, הָאֵל הַקָּדוֹשׁ.

שליח הציבור ממשיך 'אַתָּה חוֹנֵן' בעמוד הבא.

קדושת השם

אַתָּה קָדוֹשׁ וְשִׁמְךָ קָדוֹשׁ
וּקְדוֹשִׁים בְּכָל יוֹם יְהַלְלוּךָ סֶּלָה.
בָּרוּךְ אַתָּה יהוה, הָאֵל הַקָּדוֹשׁ.

שחרית • עמידה

דעת
אַתָּה חוֹנֵן לְאָדָם דַּעַת
וּמְלַמֵּד לֶאֱנוֹשׁ בִּינָה.
חָנֵּנוּ מֵאִתְּךָ דֵּעָה בִּינָה וְהַשְׂכֵּל.
בָּרוּךְ אַתָּה יהוה, חוֹנֵן הַדָּעַת.

תשובה
הֲשִׁיבֵנוּ אָבִינוּ לְתוֹרָתֶךָ
וְקָרְבֵנוּ מַלְכֵּנוּ לַעֲבוֹדָתֶךָ
וְהַחֲזִירֵנוּ בִּתְשׁוּבָה שְׁלֵמָה לְפָנֶיךָ.
בָּרוּךְ אַתָּה יהוה, הָרוֹצֶה בִּתְשׁוּבָה.

סליחה
נוהגים להכות כנגד הלב במקומות המסומנים ב°
(סידור יעב״ץ בשם של״ה).

סְלַח לָנוּ אָבִינוּ כִּי °חָטָאנוּ
מְחַל לָנוּ מַלְכֵּנוּ כִּי °פָשָׁעְנוּ
כִּי מוֹחֵל וְסוֹלֵחַ אָתָּה.
בָּרוּךְ אַתָּה יהוה, חַנּוּן הַמַּרְבֶּה לִסְלֹחַ.

גאולה
רְאֵה בְעָנְיֵנוּ
וְרִיבָה רִיבֵנוּ
וּגְאָלֵנוּ מְהֵרָה לְמַעַן שְׁמֶךָ
כִּי גּוֹאֵל חָזָק אָתָּה.
בָּרוּךְ אַתָּה יהוה, גּוֹאֵל יִשְׂרָאֵל.

"ותפילת הצום, כשהם ציבור יאמר החזן בין הברכה השביעית והשמינית, ר"ל בין גואל ורופא" (סדר רס"ג).

שליח הציבור מוסיף:

עֲנֵנוּ יהוה עֲנֵנוּ בְּיוֹם צוֹם תַּעֲנִיתֵנוּ, כִּי בְצָרָה גְדוֹלָה אֲנָחְנוּ. אַל תֵּפֶן אֶל רִשְׁעֵנוּ, וְאַל תַּסְתֵּר פָּנֶיךָ מִמֶּנּוּ, וְאַל תִּתְעַלַּם מִתְּחִנָּתֵנוּ. הֱיֵה נָא קָרוֹב לְשַׁוְעָתֵנוּ, יְהִי נָא חַסְדְּךָ לְנַחֲמֵנוּ, טֶרֶם נִקְרָא אֵלֶיךָ עֲנֵנוּ, כַּדָּבָר שֶׁנֶּאֱמַר: וְהָיָה טֶרֶם יִקְרָאוּ וַאֲנִי אֶעֱנֶה, עוֹד הֵם מְדַבְּרִים וַאֲנִי אֶשְׁמָע: כִּי אַתָּה יהוה הָעוֹנֶה בְּעֵת צָרָה, פּוֹדֶה וּמַצִּיל בְּכָל עֵת צָרָה וְצוּקָה. בָּרוּךְ אַתָּה יהוה, הָעוֹנֶה בְּעֵת צָרָה. ישעיה סה

רפואה

רְפָאֵנוּ יהוה וְנֵרָפֵא, הוֹשִׁיעֵנוּ וְנִוָּשֵׁעָה

כִּי תְהִלָּתֵנוּ אָתָּה

וְהַעֲלֵה רְפוּאָה שְׁלֵמָה לְכָל מַכּוֹתֵינוּ

המתפלל על חולה מוסיף:

יְהִי רָצוֹן מִלְּפָנֶיךָ יהוה אֱלֹהַי וֵאלֹהֵי אֲבוֹתַי, שֶׁתִּשְׁלַח מְהֵרָה רְפוּאָה שְׁלֵמָה מִן הַשָּׁמַיִם, רְפוּאַת הַנֶּפֶשׁ וּרְפוּאַת הַגּוּף, לַחוֹלֶה פלוני בֶּן פלונית/לַחוֹלָה פלונית בַּת פלונית בְּתוֹךְ שְׁאָר חוֹלֵי יִשְׂרָאֵל

כִּי אֵל מֶלֶךְ רוֹפֵא נֶאֱמָן וְרַחֲמָן אָתָּה.

בָּרוּךְ אַתָּה יהוה, רוֹפֵא חוֹלֵי עַמּוֹ יִשְׂרָאֵל.

ברכת השנים

בָּרֵךְ עָלֵינוּ יהוה אֱלֹהֵינוּ אֶת הַשָּׁנָה הַזֹּאת

וְאֶת כָּל מִינֵי תְבוּאָתָהּ, לְטוֹבָה

וְתֵן בְּרָכָה עַל פְּנֵי הָאֲדָמָה, וְשַׂבְּעֵנוּ מִטּוּבָהּ

וּבָרֵךְ שְׁנָתֵנוּ כַּשָּׁנִים הַטּוֹבוֹת.

בָּרוּךְ אַתָּה יהוה, מְבָרֵךְ הַשָּׁנִים.

קיבוץ גלויות
תְּקַע בְּשׁוֹפָר גָּדוֹל לְחֵרוּתֵנוּ
וְשָׂא נֵס לְקַבֵּץ גָּלֻיּוֹתֵינוּ
וְקַבְּצֵנוּ יַחַד מֵאַרְבַּע כַּנְפוֹת הָאָרֶץ.
בָּרוּךְ אַתָּה יהוה, מְקַבֵּץ נִדְחֵי עַמּוֹ יִשְׂרָאֵל.

השבת המשפט
הָשִׁיבָה שׁוֹפְטֵינוּ כְּבָרִאשׁוֹנָה
וְיוֹעֲצֵינוּ כְּבַתְּחִלָּה
וְהָסֵר מִמֶּנּוּ יָגוֹן וַאֲנָחָה
וּמְלֹךְ עָלֵינוּ אַתָּה יהוה לְבַדְּךָ בְּחֶסֶד וּבְרַחֲמִים
וְצַדְּקֵנוּ בַּמִּשְׁפָּט.
בָּרוּךְ אַתָּה יהוה, מֶלֶךְ אוֹהֵב צְדָקָה וּמִשְׁפָּט.

ברכת המינים
וְלַמַּלְשִׁינִים אַל תְּהִי תִקְוָה
וְכָל הָרִשְׁעָה כְּרֶגַע תֹּאבֵד
וְכָל אוֹיְבֵי עַמְּךָ מְהֵרָה יִכָּרֵתוּ
וְהַזֵּדִים מְהֵרָה תְעַקֵּר וּתְשַׁבֵּר וּתְמַגֵּר וְתַכְנִיעַ בִּמְהֵרָה בְיָמֵינוּ.
בָּרוּךְ אַתָּה יהוה, שׁוֹבֵר אוֹיְבִים וּמַכְנִיעַ זֵדִים.

על הצדיקים
עַל הַצַּדִּיקִים וְעַל הַחֲסִידִים
וְעַל זִקְנֵי עַמְּךָ בֵּית יִשְׂרָאֵל
וְעַל פְּלֵיטַת סוֹפְרֵיהֶם
וְעַל גֵּרֵי הַצֶּדֶק, וְעָלֵינוּ
יֶהֱמוּ רַחֲמֶיךָ יהוה אֱלֹהֵינוּ

וְתֵן שָׂכָר טוֹב לְכָל הַבּוֹטְחִים בְּשִׁמְךָ בֶּאֱמֶת
וְשִׂים חֶלְקֵנוּ עִמָּהֶם, וּלְעוֹלָם לֹא נֵבוֹשׁ כִּי בְךָ בָטָחְנוּ.
בָּרוּךְ אַתָּה יהוה, מִשְׁעָן וּמִבְטָח לַצַּדִּיקִים.

בניין ירושלים

וְלִירוּשָׁלַיִם עִירְךָ בְּרַחֲמִים תָּשׁוּב, וְתִשְׁכֹּן בְּתוֹכָהּ כַּאֲשֶׁר דִּבַּרְתָּ
וּבְנֵה אוֹתָהּ בְּקָרוֹב בְּיָמֵינוּ בִּנְיַן עוֹלָם
וְכִסֵּא דָוִד מְהֵרָה לְתוֹכָהּ תָּכִין.
בָּרוּךְ אַתָּה יהוה, בּוֹנֵה יְרוּשָׁלָיִם.

מלכות בית דוד

אֶת צֶמַח דָּוִד עַבְדְּךָ מְהֵרָה תַצְמִיחַ, וְקַרְנוֹ תָּרוּם בִּישׁוּעָתֶךָ
כִּי לִישׁוּעָתְךָ קִוִּינוּ כָּל הַיּוֹם.
בָּרוּךְ אַתָּה יהוה, מַצְמִיחַ קֶרֶן יְשׁוּעָה.

שומע תפילה

שְׁמַע קוֹלֵנוּ יהוה אֱלֹהֵינוּ
חוּס וְרַחֵם עָלֵינוּ, וְקַבֵּל בְּרַחֲמִים וּבְרָצוֹן אֶת תְּפִלָּתֵנוּ
כִּי אֵל שׁוֹמֵעַ תְּפִלּוֹת וְתַחֲנוּנִים אָתָּה
וּמִלְּפָנֶיךָ מַלְכֵּנוּ רֵיקָם אַל תְּשִׁיבֵנוּ
כִּי אַתָּה שׁוֹמֵעַ תְּפִלַּת עַמְּךָ יִשְׂרָאֵל בְּרַחֲמִים.
בָּרוּךְ אַתָּה יהוה, שׁוֹמֵעַ תְּפִלָּה.

עבודה

רְצֵה יהוה אֱלֹהֵינוּ בְּעַמְּךָ יִשְׂרָאֵל וּבִתְפִלָּתָם
וְהָשֵׁב אֶת הָעֲבוֹדָה לִדְבִיר בֵּיתֶךָ
וְאִשֵּׁי יִשְׂרָאֵל וּתְפִלָּתָם בְּאַהֲבָה תְקַבֵּל בְּרָצוֹן
וּתְהִי לְרָצוֹן תָּמִיד עֲבוֹדַת יִשְׂרָאֵל עַמֶּךָ.

וְתֶחֱזֶינָה עֵינֵינוּ בְּשׁוּבְךָ לְצִיּוֹן בְּרַחֲמִים.
בָּרוּךְ אַתָּה יהוה
הַמַּחֲזִיר שְׁכִינָתוֹ לְצִיּוֹן.

הודאה

כורע ב׳מוֹדִים׳ ואינו זוקף עד אמירת השם (סידור השל״ה).

מוֹדִים אֲנַחְנוּ לָךְ
שָׁאַתָּה הוּא יהוה אֱלֹהֵינוּ
וֵאלֹהֵי אֲבוֹתֵינוּ לְעוֹלָם וָעֶד.
צוּר חַיֵּינוּ, מָגֵן יִשְׁעֵנוּ
אַתָּה הוּא לְדוֹר וָדוֹר.
נוֹדֶה לְּךָ וּנְסַפֵּר תְּהִלָּתֶךָ
עַל חַיֵּינוּ הַמְּסוּרִים בְּיָדֶךָ
וְעַל נִשְׁמוֹתֵינוּ הַפְּקוּדוֹת לָךְ
וְעַל נִסֶּיךָ שֶׁבְּכָל יוֹם עִמָּנוּ
וְעַל נִפְלְאוֹתֶיךָ וְטוֹבוֹתֶיךָ
שֶׁבְּכָל עֵת
עֶרֶב וָבֹקֶר וְצָהֳרָיִם.
הַטּוֹב, כִּי לֹא כָלוּ רַחֲמֶיךָ
וְהַמְרַחֵם, כִּי לֹא תַמּוּ חֲסָדֶיךָ
מֵעוֹלָם קִוִּינוּ לָךְ.

כשהש״ץ אומר ׳מוֹדִים׳,
הקהל אומר בלחש (סוטה מ ע״א):

מוֹדִים אֲנַחְנוּ לָךְ
שָׁאַתָּה הוּא יהוה אֱלֹהֵינוּ
וֵאלֹהֵי אֲבוֹתֵינוּ
אֱלֹהֵי כָל בָּשָׂר
יוֹצְרֵנוּ, יוֹצֵר בְּרֵאשִׁית.
בְּרָכוֹת וְהוֹדָאוֹת
לְשִׁמְךָ הַגָּדוֹל וְהַקָּדוֹשׁ
עַל שֶׁהֶחֱיִיתָנוּ וְקִיַּמְתָּנוּ.
כֵּן תְּחַיֵּנוּ וּתְקַיְּמֵנוּ
וְתֶאֱסֹף גָּלֻיּוֹתֵינוּ
לְחַצְרוֹת קָדְשֶׁךָ
לִשְׁמֹר חֻקֶּיךָ
וְלַעֲשׂוֹת רְצוֹנֶךָ וּלְעָבְדְךָ
בְּלֵבָב שָׁלֵם
עַל שֶׁאֲנַחְנוּ מוֹדִים לָךְ.
בָּרוּךְ אֵל הַהוֹדָאוֹת.

וְעַל כֻּלָּם יִתְבָּרַךְ וְיִתְרוֹמַם שִׁמְךָ מַלְכֵּנוּ תָּמִיד לְעוֹלָם וָעֶד.
וְכֹל הַחַיִּים יוֹדוּךָ סֶּלָה, וִיהַלְלוּ אֶת שִׁמְךָ בֶּאֱמֶת
הָאֵל יְשׁוּעָתֵנוּ וְעֶזְרָתֵנוּ סֶלָה.
בָּרוּךְ אַתָּה יהוה, הַטּוֹב שִׁמְךָ וּלְךָ נָאֶה לְהוֹדוֹת.

המנהג המקובל הוא שאין אומרים ברכת כוהנים בתפילת שחרית (אבודרהם), ושליח הציבור אינו אומר 'אֱלֹהֵינוּ וֵאלֹהֵי אֲבוֹתֵינוּ', משום גערת הנביא (ישעיה א, טו): "וּבְפָרִשְׂכֶם כַּפֵּיכֶם אַעְלִים עֵינַי מִכֶּם" (דה"ח רה, ו). עם זאת, נוהגים לומר 'שִׂים שָׁלוֹם' ('אשי ישראל' מד הערה קמח).

שלום

שִׂים שָׁלוֹם טוֹבָה וּבְרָכָה
חֵן וָחֶסֶד וְרַחֲמִים עָלֵינוּ וְעַל כָּל יִשְׂרָאֵל עַמֶּךָ.
בָּרְכֵנוּ אָבִינוּ כֻּלָּנוּ כְּאֶחָד בְּאוֹר פָּנֶיךָ
כִּי בְאוֹר פָּנֶיךָ נָתַתָּ לָּנוּ יהוה אֱלֹהֵינוּ
תּוֹרַת חַיִּים וְאַהֲבַת חֶסֶד
וּצְדָקָה וּבְרָכָה וְרַחֲמִים וְחַיִּים וְשָׁלוֹם.
וְטוֹב בְּעֵינֶיךָ לְבָרֵךְ אֶת עַמְּךָ יִשְׂרָאֵל
בְּכָל עֵת וּבְכָל שָׁעָה בִּשְׁלוֹמֶךָ.
בָּרוּךְ אַתָּה יהוה, הַמְבָרֵךְ אֶת עַמּוֹ יִשְׂרָאֵל בַּשָּׁלוֹם.

שליח הציבור מסיים באמירת הפסוק הבא בלחש (מג"א קכג, יד).
יש הנוהגים לאומרו גם בסוף תפילת לחש של יחיד.

תהלים יט יִהְיוּ לְרָצוֹן אִמְרֵי־פִי וְהֶגְיוֹן לִבִּי לְפָנֶיךָ, יהוה צוּרִי וְגֹאֲלִי:

ברכות יז. אֱלֹהַי
נְצֹר לְשׁוֹנִי מֵרָע וּשְׂפָתַי מִדַּבֵּר מִרְמָה
וְלִמְקַלְלַי נַפְשִׁי תִדֹּם, וְנַפְשִׁי כֶּעָפָר לַכֹּל תִּהְיֶה.
פְּתַח לִבִּי בְּתוֹרָתֶךָ, וּבְמִצְוֹתֶיךָ תִּרְדֹּף נַפְשִׁי.
וְכָל הַחוֹשְׁבִים עָלַי רָעָה
מְהֵרָה הָפֵר עֲצָתָם וְקַלְקֵל מַחֲשַׁבְתָּם.
עֲשֵׂה לְמַעַן שְׁמֶךָ, עֲשֵׂה לְמַעַן יְמִינֶךָ
עֲשֵׂה לְמַעַן קְדֻשָּׁתֶךָ, עֲשֵׂה לְמַעַן תּוֹרָתֶךָ.

לְמַעַן יֵחָלְצוּן יְדִידֶיךָ, הוֹשִׁיעָה יְמִינְךָ וַעֲנֵנִי: תהלים ס
יִהְיוּ לְרָצוֹן אִמְרֵי־פִי וְהֶגְיוֹן לִבִּי לְפָנֶיךָ, יהוה צוּרִי וְגֹאֲלִי: תהלים יט

כורע ופוסע שלוש פסיעות לאחור. קד לשמאל, לימין ולפנים באמירת:

עֹשֶׂה שָׁלוֹם בִּמְרוֹמָיו
הוּא יַעֲשֶׂה שָׁלוֹם עָלֵינוּ וְעַל כָּל יִשְׂרָאֵל, וְאִמְרוּ אָמֵן.

יְהִי רָצוֹן מִלְּפָנֶיךָ יהוה אֱלֹהֵינוּ וֵאלֹהֵי אֲבוֹתֵינוּ
שֶׁיִּבָּנֶה בֵּית הַמִּקְדָּשׁ בִּמְהֵרָה בְיָמֵינוּ, וְתֵן חֶלְקֵנוּ בְּתוֹרָתֶךָ
וְשָׁם נַעֲבָדְךָ בְּיִרְאָה כִּימֵי עוֹלָם וּכְשָׁנִים קַדְמוֹנִיּוֹת.
וְעָרְבָה לַיהוה מִנְחַת יְהוּדָה וִירוּשָׁלָםִ כִּימֵי עוֹלָם וּכְשָׁנִים קַדְמֹנִיּוֹת: מלאכי ג

שליח הציבור חוזר על התפילה בקול רם,
ומוסיף 'עֲנֵנוּ' בין הברכה השביעית לשמינית.

חצי קדיש

ש"ץ: יִתְגַּדַּל וְיִתְקַדַּשׁ שְׁמֵהּ רַבָּא (קהל: אָמֵן)
בְּעָלְמָא דִּי בְרָא כִרְעוּתֵהּ
וְיַמְלִיךְ מַלְכוּתֵהּ
בְּחַיֵּיכוֹן וּבְיוֹמֵיכוֹן וּבְחַיֵּי דְכָל בֵּית יִשְׂרָאֵל
בַּעֲגָלָא וּבִזְמַן קָרִיב
וְאִמְרוּ אָמֵן. (קהל: אָמֵן)

קהל וש"ץ: יְהֵא שְׁמֵהּ רַבָּא מְבָרַךְ לְעָלַם וּלְעָלְמֵי עָלְמַיָּא.

ש"ץ: יִתְבָּרַךְ וְיִשְׁתַּבַּח וְיִתְפָּאַר וְיִתְרוֹמַם וְיִתְנַשֵּׂא
וְיִתְהַדָּר וְיִתְעַלֶּה וְיִתְהַלָּל
שְׁמֵהּ דְּקֻדְשָׁא בְּרִיךְ הוּא (קהל: בְּרִיךְ הוּא)
לְעֵלָּא מִן כָּל בִּרְכָתָא וְשִׁירָתָא, תֻּשְׁבְּחָתָא וְנֶחֱמָתָא
דַּאֲמִירָן בְּעָלְמָא
וְאִמְרוּ אָמֵן. (קהל: אָמֵן)

הוצאת ספר תורה

פותחים את ארון הקודש. הקהל עומד על רגליו.

במדבר י
וַיְהִי בִּנְסֹעַ הָאָרֹן וַיֹּאמֶר מֹשֶׁה
קוּמָה יהוה וְיָפֻצוּ אֹיְבֶיךָ וְיָנֻסוּ מְשַׂנְאֶיךָ מִפָּנֶיךָ:

ישעיה ב
כִּי מִצִּיּוֹן תֵּצֵא תוֹרָה וּדְבַר־יהוה מִירוּשָׁלָםִ:
בָּרוּךְ שֶׁנָּתַן תּוֹרָה לְעַמּוֹ יִשְׂרָאֵל בִּקְדֻשָּׁתוֹ.

כתוב בספר הזוהר שבזמן הוצאת ספר התורה לקריאה בציבור,
נפתחים שערי השמים וראוי לומר תחינה זו.

זוהר ויקהל
בְּרִיךְ שְׁמֵהּ דְּמָרֵא עָלְמָא, בְּרִיךְ כִּתְרָךְ וְאַתְרָךְ. יְהֵא רְעוּתָךְ עִם עַמָּךְ יִשְׂרָאֵל לְעָלַם, וּפֻרְקַן יְמִינָךְ אַחֲזֵי לְעַמָּךְ בְּבֵית מַקְדְּשָׁךְ, וּלְאַמְטוּיֵי לַנָא מִטּוּב נְהוֹרָךְ, וּלְקַבֵּל צְלוֹתַנָא בְּרַחֲמִין. יְהֵא רַעֲוָא קֳדָמָךְ דְּתוֹרִיךְ לַן חַיִּין בְּטִיבוּ, וְלֶהֱוֵי אֲנָא פְּקִידָא בְּגוֹ צַדִּיקַיָּא, לְמִרְחַם עָלַי וּלְמִנְטַר יָתִי וְיַת כָּל דִּי לִי וְדִי לְעַמָּךְ יִשְׂרָאֵל. אַנְתְּ הוּא זָן לְכֹלָּא וּמְפַרְנֵס לְכֹלָּא, אַנְתְּ הוּא שַׁלִּיט עַל כֹּלָּא, אַנְתְּ הוּא דְשַׁלִּיט עַל מַלְכַיָּא, וּמַלְכוּתָא דִּילָךְ הִיא. אֲנָא עַבְדָּא דְקֻדְשָׁא בְּרִיךְ הוּא, דְּסָגֵדְנָא קַמֵּהּ וּמִקַּמֵּי דִּיקַר אוֹרַיְתֵהּ בְּכָל עִדָּן וְעִדָּן. לָא עַל אֱנָשׁ רָחִיצְנָא וְלָא עַל בַּר אֱלָהִין סָמִיכְנָא, אֶלָּא בֶּאֱלָהָא דִשְׁמַיָּא, דְּהוּא אֱלָהָא קְשׁוֹט, וְאוֹרַיְתֵהּ קְשׁוֹט, וּנְבִיאוֹהִי קְשׁוֹט, וּמַסְגֵּא לְמֶעְבַּד טַבְוָן וּקְשׁוֹט. ◂ בֵּהּ אֲנָא רָחִיץ, וְלִשְׁמֵהּ קַדִּישָׁא יַקִּירָא אֲנָא אֵמַר

תרגום

ברוך שמו של אדון העולם, ברוך כתרך ומקומך. יהי רצונך עם עמך ישראל לעולם, וישועת ימינך הראה לעמך בבית מקדשך, ולהביא לנו מטוב אורך, ולקבל תפילותינו ברחמים. יהי רצון מלפניך שתאריך לנו חיים בטוב, ואהיה אני נמנה בתוך הצדיקים, לרחם עלי ולשמור אותי ואת כל אשר לי ואשר לעמך ישראל. אתה הוא זן לכול ומפרנס לכול, אתה הוא שליט על הכול, אתה הוא השליט על המלכים, והמלכות שלך היא. אני עבדו של הקדוש ברוך הוא, משתחוה לפניו ולפני כבוד תורתו בכל עת ועת. לא על אדם אני בטוח ולא על מלאך אני סמוך, אלא באלהי השמים, שהוא אלהים אמת, ותורתו אמת, ונביאיו אמת, ומרבה לעשות חסד ואמת. בו

שחרית · הוצאת ספר תורה 101

תֻּשְׁבְּחָן. יְהֵא רַעֲוָא קֳדָמָךְ דְּתִפְתַּח לִבַּאי בְּאוֹרַיְתָא, וְתַשְׁלִים מִשְׁאֲלִין דְּלִבַּאי וְלִבָּא דְכָל עַמָּךְ יִשְׂרָאֵל לְטָב וּלְחַיִּין וְלִשְׁלָם.

שליח הציבור מקבל את ספר התורה בימינו
(רמ״א קלד, ב בשם מהרי״ל), ואומר:

תהלים לד
גַּדְּלוּ לַיהוה אִתִּי וּנְרוֹמְמָה שְׁמוֹ יַחְדָּו:

סוגרים את ארון הקודש. כאשר שליח הציבור הולך אל הבימה, הקהל אומר
(סדר הפסוקים לקוח מסדר רב עמרם גאון, ו׳אַב הָרַחֲמִים׳ ממחזור ויטרי):

דברי הימים א׳ כט
לְךָ יהוה הַגְּדֻלָּה וְהַגְּבוּרָה וְהַתִּפְאֶרֶת וְהַנֵּצַח וְהַהוֹד, כִּי־כֹל בַּשָּׁמַיִם וּבָאָרֶץ, לְךָ יהוה הַמַּמְלָכָה וְהַמִּתְנַשֵּׂא לְכֹל לְרֹאשׁ:

תהלים צט
רוֹמְמוּ יהוה אֱלֹהֵינוּ וְהִשְׁתַּחֲווּ לַהֲדֹם רַגְלָיו, קָדוֹשׁ הוּא: רוֹמְמוּ יהוה אֱלֹהֵינוּ וְהִשְׁתַּחֲווּ לְהַר קָדְשׁוֹ, כִּי־קָדוֹשׁ יהוה אֱלֹהֵינוּ:

אַב הָרַחֲמִים הוּא יְרַחֵם עַם עֲמוּסִים, וְיִזְכֹּר בְּרִית אֵיתָנִים, וְיַצִּיל נַפְשׁוֹתֵינוּ מִן הַשָּׁעוֹת הָרָעוֹת, וְיִגְעַר בְּיֵצֶר הָרָע מִן הַנְּשׂוּאִים, וְיָחֹן אוֹתָנוּ לִפְלֵיטַת עוֹלָמִים, וִימַלֵּא מִשְׁאֲלוֹתֵינוּ בְּמִדָּה טוֹבָה יְשׁוּעָה וְרַחֲמִים.

מניח את ספר התורה על הבימה, והגבאי מכריז (מחזור ויטרי):

וְתִגָּלֶה וְתֵרָאֶה מַלְכוּתוֹ עָלֵינוּ בִּזְמַן קָרוֹב, וְיָחֹן פְּלֵיטָתֵנוּ וּפְלֵיטַת עַמּוֹ בֵּית יִשְׂרָאֵל לְחֵן וּלְחֶסֶד וּלְרַחֲמִים וּלְרָצוֹן וְנֹאמַר אָמֵן. הַכֹּל הָבוּ גֹדֶל לֵאלֹהֵינוּ וּתְנוּ כָבוֹד לַתּוֹרָה. *כֹּהֵן קְרַב, יַעֲמֹד (פלוני בֶּן פלוני) הַכֹּהֵן.

*אם אין כוהן, הגבאי קורא ללוי או לישראל ואומר:

/אֵין כָּאן כֹּהֵן, יַעֲמֹד (פלוני בֶּן פלוני) בִּמְקוֹם כֹּהֵן./

בָּרוּךְ שֶׁנָּתַן תּוֹרָה לְעַמּוֹ יִשְׂרָאֵל בִּקְדֻשָּׁתוֹ.

הקהל ואחריו הגבאי (סידור השל״ה, סידור יעב״ץ):

דברים ד
וְאַתֶּם הַדְּבֵקִים בַּיהוה אֱלֹהֵיכֶם חַיִּים כֻּלְּכֶם הַיּוֹם:

אני בטוח, ולשמו הקדוש הנכבד אני אומר תשבחות. יהי רצון מלפניך שתפתח לבי בתורה, ותמלא משאלות לבי ולב כל עמך ישראל לטובה ולחיים ולשלום.

אין אומרים מי שבירך לעולים לתורה (כה״ח תקנט, מ בשם מהרי״ל).

יש נוהגים שהעולה אומר בלחש לפני הברכה
(קיצוש״ע קכד, ג על פי המג״א תקנט, ה):

בָּרוּךְ דַּיַּן הָאֱמֶת.

קודם הברכה על העולה לראות היכן קוראים (מגילה לב ע״א) ולנשק את ספר התורה (׳ערוך השולחן׳ קלט, טו). בשעת הברכה אוחז בעמודי הספר (שו״ע קלט, יא על פי הראבי״ה והמנהיג).

עולה: **בָּרְכוּ אֶת יהוה הַמְבֹרָךְ.**

קהל: בָּרוּךְ יהוה הַמְבֹרָךְ לְעוֹלָם וָעֶד.

עולה: **בָּרוּךְ יהוה הַמְבֹרָךְ לְעוֹלָם וָעֶד.**
בָּרוּךְ אַתָּה יהוה, אֱלֹהֵינוּ מֶלֶךְ הָעוֹלָם
אֲשֶׁר בָּחַר בָּנוּ מִכָּל הָעַמִּים
וְנָתַן לָנוּ אֶת תּוֹרָתוֹ.
בָּרוּךְ אַתָּה יהוה, נוֹתֵן הַתּוֹרָה.

לאחר הקריאה העולה מנשק את ספר התורה
(מג״א קלט, יא בשם ספר חסידים) ומברך:

עולה: **בָּרוּךְ אַתָּה יהוה אֱלֹהֵינוּ מֶלֶךְ הָעוֹלָם**
אֲשֶׁר נָתַן לָנוּ תּוֹרַת אֱמֶת
וְחַיֵּי עוֹלָם נָטַע בְּתוֹכֵנוּ.
בָּרוּךְ אַתָּה יהוה, נוֹתֵן הַתּוֹרָה.

קריאת התורה

דברים ד,כה–מ

כִּֽי־תוֹלִ֤יד בָּנִים֙ וּבְנֵ֣י בָנִ֔ים וְנוֹשַׁנְתֶּ֖ם בָּאָ֑רֶץ וְהִשְׁחַתֶּ֗ם וַעֲשִׂ֤יתֶם
פֶּ֙סֶל֙ תְּמ֣וּנַת כֹּ֔ל וַעֲשִׂיתֶ֥ם הָרַ֛ע בְּעֵינֵֽי־יהוה אֱלֹהֶ֖יךָ לְהַכְעִיסֽוֹ׃
הַעִידֹ֨תִי בָכֶ֜ם הַיּ֗וֹם אֶת־הַשָּׁמַ֣יִם וְאֶת־הָאָ֘רֶץ֒ כִּֽי־אָבֹ֣ד תֹּאבֵדוּן֮
מַהֵר֒ מֵעַ֣ל הָאָ֗רֶץ אֲשֶׁ֨ר אַתֶּ֜ם עֹבְרִ֧ים אֶת־הַיַּרְדֵּ֛ן שָׁ֖מָּה לְרִשְׁתָּ֑הּ
לֹא־תַאֲרִיכֻ֤ן יָמִים֙ עָלֶ֔יהָ כִּ֥י הִשָּׁמֵ֖ד תִּשָּׁמֵדֽוּן׃ וְהֵפִ֧יץ יהוה אֶתְכֶ֖ם

בָּעַמִּים וְנִשְׁאַרְתֶּם מְתֵי מִסְפָּר בַּגּוֹיִם אֲשֶׁר יְנַהֵג יְהֹוָה אֶתְכֶם
שָׁמָּה: וַעֲבַדְתֶּם־שָׁם אֱלֹהִים מַעֲשֵׂה יְדֵי אָדָם עֵץ וָאֶבֶן אֲשֶׁר
לֹא־יִרְאוּן וְלֹא יִשְׁמְעוּן וְלֹא יֹאכְלוּן וְלֹא יְרִיחֻן: וּבִקַּשְׁתֶּם מִשָּׁם
אֶת־יְהֹוָה אֱלֹהֶיךָ וּמָצָאתָ כִּי תִדְרְשֶׁנּוּ בְּכָל־לְבָבְךָ וּבְכָל־נַפְשֶׁךָ:
לוי *בַּצַּר לְךָ וּמְצָאוּךָ כֹּל הַדְּבָרִים הָאֵלֶּה בְּאַחֲרִית הַיָּמִים וְשַׁבְתָּ
עַד־יְהֹוָה אֱלֹהֶיךָ וְשָׁמַעְתָּ בְּקֹלוֹ: כִּי אֵל רַחוּם יְהֹוָה אֱלֹהֶיךָ לֹא
יַרְפְּךָ וְלֹא יַשְׁחִיתֶךָ וְלֹא יִשְׁכַּח אֶת־בְּרִית אֲבֹתֶיךָ אֲשֶׁר נִשְׁבַּע
לָהֶם: כִּי שְׁאַל־נָא לְיָמִים רִאשֹׁנִים אֲשֶׁר־הָיוּ לְפָנֶיךָ לְמִן־הַיּוֹם
אֲשֶׁר בָּרָא אֱלֹהִים ׀ אָדָם עַל־הָאָרֶץ וּלְמִקְצֵה הַשָּׁמַיִם וְעַד־קְצֵה
הַשָּׁמָיִם הֲנִהְיָה כַּדָּבָר הַגָּדוֹל הַזֶּה אוֹ הֲנִשְׁמַע כָּמֹהוּ: הֲשָׁמַע
עָם קוֹל אֱלֹהִים מְדַבֵּר מִתּוֹךְ־הָאֵשׁ כַּאֲשֶׁר־שָׁמַעְתָּ אַתָּה וַיֶּחִי:
אוֹ ׀ הֲנִסָּה אֱלֹהִים לָבוֹא לָקַחַת לוֹ גוֹי מִקֶּרֶב גּוֹי בְּמַסֹּת בְּאֹתֹת
וּבְמוֹפְתִים וּבְמִלְחָמָה וּבְיָד חֲזָקָה וּבִזְרוֹעַ נְטוּיָה וּבְמוֹרָאִים
גְּדֹלִים כְּכֹל אֲשֶׁר־עָשָׂה לָכֶם יְהֹוָה אֱלֹהֵיכֶם בְּמִצְרַיִם לְעֵינֶיךָ:
אַתָּה הָרְאֵתָ לָדַעַת כִּי יְהֹוָה הוּא הָאֱלֹהִים אֵין עוֹד מִלְּבַדּוֹ:
ישראל (מפטיר) *מִן־הַשָּׁמַיִם הִשְׁמִיעֲךָ אֶת־קֹלוֹ לְיַסְּרֶךָּ וְעַל־הָאָרֶץ הֶרְאֲךָ
אֶת־אִשּׁוֹ הַגְּדוֹלָה וּדְבָרָיו שָׁמַעְתָּ מִתּוֹךְ הָאֵשׁ: וְתַחַת כִּי אָהַב
אֶת־אֲבֹתֶיךָ וַיִּבְחַר בְּזַרְעוֹ אַחֲרָיו וַיּוֹצִאֲךָ בְּפָנָיו בְּכֹחוֹ הַגָּדֹל
מִמִּצְרָיִם: לְהוֹרִישׁ גּוֹיִם גְּדֹלִים וַעֲצֻמִים מִמְּךָ מִפָּנֶיךָ לַהֲבִיאֲךָ
לָתֶת־לְךָ אֶת־אַרְצָם נַחֲלָה כַּיּוֹם הַזֶּה: וְיָדַעְתָּ הַיּוֹם וַהֲשֵׁבֹתָ
אֶל־לְבָבֶךָ כִּי יְהֹוָה הוּא הָאֱלֹהִים בַּשָּׁמַיִם מִמַּעַל וְעַל־הָאָרֶץ
מִתָּחַת אֵין עוֹד: וְשָׁמַרְתָּ אֶת־חֻקָּיו וְאֶת־מִצְוֹתָיו אֲשֶׁר אָנֹכִי
מְצַוְּךָ הַיּוֹם אֲשֶׁר יִיטַב לְךָ וּלְבָנֶיךָ אַחֲרֶיךָ וּלְמַעַן תַּאֲרִיךְ יָמִים
עַל־הָאֲדָמָה אֲשֶׁר יְהֹוָה אֱלֹהֶיךָ נֹתֵן לְךָ כָּל־הַיָּמִים:

104 הגבהה וגלילה · שחרית

חצי קדיש

לאחר קריאת התורה בעל הקורא אומר חצי קדיש (סדר רב עמרם גאון):

בעל קורא: יִתְגַּדַּל וְיִתְקַדַּשׁ שְׁמֵהּ רַבָּא (קהל: אָמֵן)
בְּעָלְמָא דִּי בְרָא כִרְעוּתֵהּ
וְיַמְלִיךְ מַלְכוּתֵהּ
בְּחַיֵּיכוֹן וּבְיוֹמֵיכוֹן וּבְחַיֵּי דְכָל בֵּית יִשְׂרָאֵל
בַּעֲגָלָא וּבִזְמַן קָרִיב
וְאִמְרוּ אָמֵן. (קהל: אָמֵן)

בעל קורא וקהל: יְהֵא שְׁמֵהּ רַבָּא מְבָרַךְ לְעָלַם וּלְעָלְמֵי עָלְמַיָּא.

בעל קורא: יִתְבָּרַךְ וְיִשְׁתַּבַּח וְיִתְפָּאַר וְיִתְרוֹמַם וְיִתְנַשֵּׂא
וְיִתְהַדָּר וְיִתְעַלֶּה וְיִתְהַלָּל
שְׁמֵהּ דְּקֻדְשָׁא בְּרִיךְ הוּא (קהל: בְּרִיךְ הוּא)
לְעֵלָּא מִן כָּל בִּרְכָתָא וְשִׁירָתָא, תֻּשְׁבְּחָתָא וְנֶחֱמָתָא
דַּאֲמִירָן בְּעָלְמָא
וְאִמְרוּ אָמֵן. (קהל: אָמֵן)

הגבהה וגלילה

כאשר מגביהים את ספר התורה (רמב״ן, דברים כז, כו), הקהל אומר:

דברים ד וְזֹאת הַתּוֹרָה אֲשֶׁר־שָׂם מֹשֶׁה לִפְנֵי בְּנֵי יִשְׂרָאֵל:
במדבר ט עַל־פִּי יהוה בְּיַד־מֹשֶׁה:

ויש מוסיפים (סידור השל״ה):

משלי ג עֵץ־חַיִּים הִיא לַמַּחֲזִיקִים בָּהּ וְתֹמְכֶיהָ מְאֻשָּׁר:
דְּרָכֶיהָ דַרְכֵי־נֹעַם וְכָל־נְתִיבוֹתֶיהָ שָׁלוֹם:
אֹרֶךְ יָמִים בִּימִינָהּ, בִּשְׂמֹאולָהּ עֹשֶׁר וְכָבוֹד:
ישעיה מב יהוה חָפֵץ לְמַעַן צִדְקוֹ יַגְדִּיל תּוֹרָה וְיַאְדִּיר:

ברכות ההפטרה

לפני קריאת ההפטרה בנביא, המפטיר מברך:

בָּרוּךְ אַתָּה יהוה אֱלֹהֵינוּ מֶלֶךְ הָעוֹלָם אֲשֶׁר בָּחַר בִּנְבִיאִים טוֹבִים, וְרָצָה בְדִבְרֵיהֶם הַנֶּאֱמָרִים בֶּאֱמֶת. בָּרוּךְ אַתָּה יהוה, הַבּוֹחֵר בַּתּוֹרָה וּבְמֹשֶׁה עַבְדּוֹ וּבְיִשְׂרָאֵל עַמּוֹ וּבִנְבִיאֵי הָאֱמֶת וָצֶדֶק.

הפטרה

קוראים בניגון של איכה, עד שני פסוקי הנחמה החותמים (מג״א תקנט, ו):

אָסֹף אֲסִיפֵם נְאֻם־יְהוָה אֵין עֲנָבִים בַּגֶּפֶן וְאֵין תְּאֵנִים בַּתְּאֵנָה ירמיהו ח, יג–ט, כג
וְהֶעָלֶה נָבֵל וָאֶתֵּן לָהֶם יַעַבְרוּם: עַל־מָה אֲנַחְנוּ יֹשְׁבִים הֵאָסְפוּ
וְנָבוֹא אֶל־עָרֵי הַמִּבְצָר וְנִדְּמָה־שָּׁם כִּי יְהוָה אֱלֹהֵינוּ הֲדִמָּנוּ
וַיַּשְׁקֵנוּ מֵי־רֹאשׁ כִּי חָטָאנוּ לַיהוָה: קַוֵּה לְשָׁלוֹם וְאֵין טוֹב לְעֵת
מַרְפֵּה וְהִנֵּה בְעָתָה: מִדָּן נִשְׁמַע נַחְרַת סוּסָיו מִקּוֹל מִצְהֲלוֹת
אַבִּירָיו רָעֲשָׁה כָּל־הָאָרֶץ וַיָּבוֹאוּ וַיֹּאכְלוּ אֶרֶץ וּמְלוֹאָהּ עִיר
וְיֹשְׁבֵי בָהּ: כִּי הִנְנִי מְשַׁלֵּחַ בָּכֶם נְחָשִׁים צִפְעֹנִים אֲשֶׁר אֵין־
לָהֶם לָחַשׁ וְנִשְּׁכוּ אֶתְכֶם נְאֻם־יְהוָה: מַבְלִיגִיתִי עֲלֵי
יָגוֹן עָלַי לִבִּי דַוָּי: הִנֵּה־קוֹל שַׁוְעַת בַּת־עַמִּי מֵאֶרֶץ מַרְחַקִּים
הַיהוָה אֵין בְּצִיּוֹן אִם־מַלְכָּהּ אֵין בָּהּ מַדּוּעַ הִכְעִסוּנִי בִּפְסִלֵיהֶם
בְּהַבְלֵי נֵכָר: עָבַר קָצִיר כָּלָה קָיִץ וַאֲנַחְנוּ לוֹא נוֹשָׁעְנוּ: עַל־
שֶׁבֶר בַּת־עַמִּי הָשְׁבָּרְתִּי קָדַרְתִּי שַׁמָּה הֶחֱזִקָתְנִי: הַצֳרִי אֵין
בְּגִלְעָד אִם־רֹפֵא אֵין שָׁם כִּי מַדּוּעַ לֹא עָלְתָה אֲרֻכַת בַּת־
עַמִּי: מִי־יִתֵּן רֹאשִׁי מַיִם וְעֵינִי מְקוֹר דִּמְעָה וְאֶבְכֶּה
יוֹמָם וָלַיְלָה אֵת חַלְלֵי בַת־עַמִּי: מִי־יִתְּנֵנִי בַמִּדְבָּר מְלוֹן אֹרְחִים
וְאֶעֶזְבָה אֶת־עַמִּי וְאֵלְכָה מֵאִתָּם כִּי כֻלָּם מְנָאֲפִים עֲצֶרֶת בֹּגְדִים:

וַיַּדְרְכוּ אֶת־לְשׁוֹנָם קַשְׁתָּם שֶׁקֶר וְלֹא לֶאֱמוּנָה גָּבְרוּ בָאָרֶץ כִּי
מֵרָעָה אֶל־רָעָה ׀ יָצָאוּ וְאֹתִי לֹא־יָדָעוּ נְאֻם־יְהוָה׃ אִישׁ מֵרֵעֵהוּ
הִשָּׁמֵרוּ וְעַל־כָּל־אָח אַל־תִּבְטָחוּ כִּי כָל־אָח עָקוֹב יַעְקֹב וְכָל־רֵעַ
רָכִיל יַהֲלֹךְ׃ וְאִישׁ בְּרֵעֵהוּ יְהָתֵלּוּ וֶאֱמֶת לֹא יְדַבֵּרוּ לִמְּדוּ לְשׁוֹנָם
דַּבֶּר־שֶׁקֶר הַעֲוֵה נִלְאוּ׃ שִׁבְתְּךָ בְּתוֹךְ מִרְמָה בְּמִרְמָה מֵאֲנוּ
דַעַת־אוֹתִי נְאֻם־יְהוָה׃ לָכֵן כֹּה אָמַר יְהוָה צְבָאוֹת
שָׁחוּט הִנְנִי צוֹרְפָם וּבְחַנְתִּים כִּי־אֵיךְ אֶעֱשֶׂה מִפְּנֵי בַּת־עַמִּי׃ חֵץ שׁוֹחֵט
לְשׁוֹנָם מִרְמָה דִבֵּר בְּפִיו שָׁלוֹם אֶת־רֵעֵהוּ יְדַבֵּר וּבְקִרְבּוֹ יָשִׂים
אָרְבּוֹ׃ הַעַל־אֵלֶּה לֹא־אֶפְקָד־בָּם נְאֻם־יְהוָה אִם בְּגוֹי אֲשֶׁר־
כָּזֶה לֹא תִתְנַקֵּם נַפְשִׁי׃ עַל־הֶהָרִים אֶשָּׂא בְכִי וָנֶהִי
וְעַל־נְאוֹת מִדְבָּר קִינָה כִּי נִצְּתוּ מִבְּלִי־אִישׁ עֹבֵר וְלֹא שָׁמְעוּ
קוֹל מִקְנֶה מֵעוֹף הַשָּׁמַיִם וְעַד־בְּהֵמָה נָדְדוּ הָלָכוּ׃ וְנָתַתִּי אֶת־
יְרוּשָׁלַםִ לְגַלִּים מְעוֹן תַּנִּים וְאֶת־עָרֵי יְהוּדָה אֶתֵּן שְׁמָמָה מִבְּלִי
יוֹשֵׁב׃ מִי־הָאִישׁ הֶחָכָם וְיָבֵן אֶת־זֹאת וַאֲשֶׁר דִּבֶּר
פִּי־יְהוָה אֵלָיו וְיַגִּדָהּ עַל־מָה אָבְדָה הָאָרֶץ נִצְּתָה כַמִּדְבָּר מִבְּלִי
עֹבֵר׃ וַיֹּאמֶר יְהוָה עַל־עָזְבָם אֶת־תּוֹרָתִי אֲשֶׁר נָתַתִּי
לִפְנֵיהֶם וְלֹא־שָׁמְעוּ בְקוֹלִי וְלֹא־הָלְכוּ בָהּ׃ וַיֵּלְכוּ אַחֲרֵי שְׁרִרוּת
לִבָּם וְאַחֲרֵי הַבְּעָלִים אֲשֶׁר לִמְּדוּם אֲבוֹתָם׃ לָכֵן
כֹּה־אָמַר יְהוָה צְבָאוֹת אֱלֹהֵי יִשְׂרָאֵל הִנְנִי מַאֲכִילָם אֶת־הָעָם
הַזֶּה לַעֲנָה וְהִשְׁקִיתִים מֵי־רֹאשׁ׃ וַהֲפִצוֹתִים בַּגּוֹיִם אֲשֶׁר לֹא
יָדְעוּ הֵמָּה וַאֲבוֹתָם וְשִׁלַּחְתִּי אַחֲרֵיהֶם אֶת־הַחֶרֶב עַד כַּלּוֹתִי
אוֹתָם׃ כֹּה אָמַר יְהוָה צְבָאוֹת הִתְבּוֹנְנוּ וְקִרְאוּ
לַמְקוֹנְנוֹת וּתְבוֹאֶינָה וְאֶל־הַחֲכָמוֹת שִׁלְחוּ וְתָבוֹאנָה׃ וּתְמַהֵרְנָה
וְתִשֶּׂנָה עָלֵינוּ נֶהִי וְתֵרַדְנָה עֵינֵינוּ דִּמְעָה וְעַפְעַפֵּינוּ יִזְּלוּ־מָיִם׃

כִּי קוֹל נְהִי נִשְׁמַע מִצִּיּוֹן אֵיךְ שֻׁדָּדְנוּ בֹּשְׁנוּ מְאֹד כִּי־עָזַבְנוּ אָרֶץ כִּי הִשְׁלִיכוּ מִשְׁכְּנוֹתֵינוּ׃ כִּי־שְׁמַעְנָה נָשִׁים דְּבַר־יְהוָה וְתִקַּח אָזְנְכֶם דְּבַר־פִּיו וְלַמֵּדְנָה בְנוֹתֵיכֶם נֶהִי וְאִשָּׁה רְעוּתָהּ קִינָה׃ כִּי־עָלָה מָוֶת בְּחַלּוֹנֵינוּ בָּא בְּאַרְמְנוֹתֵינוּ לְהַכְרִית עוֹלָל מִחוּץ בַּחוּרִים מֵרְחֹבוֹת׃ דַּבֵּר כֹּה נְאֻם־יְהוָה וְנָפְלָה נִבְלַת הָאָדָם כְּדֹמֶן עַל־פְּנֵי הַשָּׂדֶה וּכְעָמִיר מֵאַחֲרֵי הַקּוֹצֵר וְאֵין מְאַסֵּף׃ כֹּה ׀ אָמַר יְהוָה אַל־יִתְהַלֵּל חָכָם בְּחָכְמָתוֹ וְאַל־יִתְהַלֵּל הַגִּבּוֹר בִּגְבוּרָתוֹ אַל־יִתְהַלֵּל עָשִׁיר בְּעָשְׁרוֹ׃ כִּי אִם־בְּזֹאת יִתְהַלֵּל הַמִּתְהַלֵּל הַשְׂכֵּל וְיָדֹעַ אוֹתִי כִּי אֲנִי יְהוָה עֹשֶׂה חֶסֶד מִשְׁפָּט וּצְדָקָה בָּאָרֶץ כִּי־בְאֵלֶּה חָפַצְתִּי נְאֻם־יְהוָה׃

אחר קריאת ההפטרה המפטיר מברך:

בָּרוּךְ אַתָּה יהוה אֱלֹהֵינוּ מֶלֶךְ הָעוֹלָם, צוּר כָּל הָעוֹלָמִים, צַדִּיק בְּכָל הַדּוֹרוֹת, הָאֵל הַנֶּאֱמָן, הָאוֹמֵר וְעוֹשֶׂה, הַמְּדַבֵּר וּמְקַיֵּם, שֶׁכָּל דְּבָרָיו אֱמֶת וָצֶדֶק. נֶאֱמָן אַתָּה הוּא יהוה אֱלֹהֵינוּ וְנֶאֱמָנִים דְּבָרֶיךָ, וְדָבָר אֶחָד מִדְּבָרֶיךָ אָחוֹר לֹא יָשׁוּב רֵיקָם, כִּי אֵל מֶלֶךְ נֶאֱמָן (וְרַחֲמָן) אָתָּה. בָּרוּךְ אַתָּה יהוה, הָאֵל הַנֶּאֱמָן בְּכָל דְּבָרָיו.

רַחֵם עַל צִיּוֹן כִּי הִיא בֵּית חַיֵּינוּ, וְלַעֲלוּבַת נֶפֶשׁ תּוֹשִׁיעַ בִּמְהֵרָה בְיָמֵינוּ. בָּרוּךְ אַתָּה יהוה, מְשַׂמֵּחַ צִיּוֹן בְּבָנֶיהָ.

שַׂמְּחֵנוּ יהוה אֱלֹהֵינוּ בְּאֵלִיָּהוּ הַנָּבִיא עַבְדֶּךָ, וּבְמַלְכוּת בֵּית דָּוִד מְשִׁיחֶךָ, בִּמְהֵרָה יָבוֹא וְיָגֵל לִבֵּנוּ. עַל כִּסְאוֹ לֹא יֵשֶׁב זָר, וְלֹא יִנְחֲלוּ עוֹד אֲחֵרִים אֶת כְּבוֹדוֹ, כִּי בְשֵׁם קָדְשְׁךָ נִשְׁבַּעְתָּ לּוֹ שֶׁלֹּא יִכְבֶּה נֵרוֹ לְעוֹלָם וָעֶד. בָּרוּךְ אַתָּה יהוה, מָגֵן דָּוִד.

הכנסת ספר תורה

פותחים את ארון הקודש. שליח הציבור לוקח את ספר התורה בימינו ואומר (סידור הרוקח):

תהלים קמח יְהַלְלוּ אֶת־שֵׁם יהוה, כִּי־נִשְׂגָּב שְׁמוֹ, לְבַדּוֹ

הקהל עונה:

הוֹדוֹ עַל־אֶרֶץ וְשָׁמָיִם:
וַיָּרֶם קֶרֶן לְעַמּוֹ
תְּהִלָּה לְכָל־חֲסִידָיו
לִבְנֵי יִשְׂרָאֵל עַם קְרֹבוֹ, הַלְלוּיָהּ:

מלווים את ספר התורה לארון הקודש באמירת (סידור השל״ה):

תהלים כד לְדָוִד מִזְמוֹר, לַיהוה הָאָרֶץ וּמְלוֹאָהּ, תֵּבֵל וְיֹשְׁבֵי בָהּ: כִּי־הוּא עַל־יַמִּים יְסָדָהּ, וְעַל־נְהָרוֹת יְכוֹנְנֶהָ: מִי־יַעֲלֶה בְהַר־יהוה, וּמִי־יָקוּם בִּמְקוֹם קָדְשׁוֹ: נְקִי כַפַּיִם וּבַר־לֵבָב, אֲשֶׁר לֹא־נָשָׂא לַשָּׁוְא נַפְשִׁי וְלֹא נִשְׁבַּע לְמִרְמָה: יִשָּׂא בְרָכָה מֵאֵת יהוה, וּצְדָקָה מֵאֱלֹהֵי יִשְׁעוֹ: זֶה דּוֹר דֹּרְשָׁו, מְבַקְשֵׁי פָנֶיךָ, יַעֲקֹב, סֶלָה: שְׂאוּ שְׁעָרִים רָאשֵׁיכֶם, וְהִנָּשְׂאוּ פִּתְחֵי עוֹלָם, וְיָבוֹא מֶלֶךְ הַכָּבוֹד: מִי זֶה מֶלֶךְ הַכָּבוֹד, יהוה עִזּוּז וְגִבּוֹר, יהוה גִּבּוֹר מִלְחָמָה: שְׂאוּ שְׁעָרִים רָאשֵׁיכֶם, וּשְׂאוּ פִּתְחֵי עוֹלָם, וְיָבֹא מֶלֶךְ הַכָּבוֹד: מִי הוּא זֶה מֶלֶךְ הַכָּבוֹד, יהוה צְבָאוֹת הוּא מֶלֶךְ הַכָּבוֹד, סֶלָה:

מכניסים את ספר התורה לארון הקודש ואומרים (ספר המחכים, סידור 'מלאה הארץ דעה'):

במדבר י תהלים קלב וּבְנֻחֹה יֹאמַר, שׁוּבָה יהוה רִבְבוֹת אַלְפֵי יִשְׂרָאֵל: קוּמָה יהוה
משלי ד לִמְנוּחָתֶךָ, אַתָּה וַאֲרוֹן עֻזֶּךָ: כֹּהֲנֶיךָ יִלְבְּשׁוּ־צֶדֶק, וַחֲסִידֶיךָ יְרַנֵּנוּ:
בַּעֲבוּר דָּוִד עַבְדֶּךָ אַל־תָּשֵׁב פְּנֵי מְשִׁיחֶךָ: כִּי לֶקַח טוֹב נָתַתִּי לָכֶם,
משלי ג תּוֹרָתִי אַל־תַּעֲזֹבוּ: עֵץ־חַיִּים הִיא לַמַּחֲזִיקִים בָּהּ, וְתֹמְכֶיהָ מְאֻשָּׁר:
איכה ה דְּרָכֶיהָ דַרְכֵי־נֹעַם וְכָל־נְתִיבוֹתֶיהָ שָׁלוֹם: ‹ הֲשִׁיבֵנוּ יהוה אֵלֶיךָ וְנָשׁוּבָ,
חַדֵּשׁ יָמֵינוּ כְּקֶדֶם:

סוגרים את ארון הקודש, ויושבים על הארץ לומר קינות.

קינות לתשעה באב

לאחר הכנסת ספר התורה לארון הקודש הקהל יושב על הארץ ואומר קינות.

מנהג ארץ ישראל העתיק היה לומר בתפילת שחרית של תשעה באב 'קרובות' – סדרי פיוטים המרחיבים את ברכות העמידה. לאחר הברכה השישית נהגו לומר סליחות, ולאחר ברכת 'בּוֹנֵה יְרוּשָׁלָיִם' אמרו קינות. הפייטן הבולט בתחום זה היה ר' אלעזר הקליר – החוקרים ייחסו לו חמש 'קרובות' לתשעה באב.

בימי הראשונים התקבל המנהג שלא לשנות את תפילת העמידה, פרט להוספת 'עֲנֵנוּ' ו'נַחֵם'. בצרפת נהגו לומר קינות לאחר הקדיש שבסוף התפילה (מחזור ויטרי), ובאשכנז לאחר החזרת ספר התורה לארון הקודש (ספר הרוקח, שיא).

במחזור הקינות הנהוג היום מופיעות קינות רבות – כחציין מקורן בקרובות שחיבר הקליר, והיתר נכתבו במהלך הדורות בידי פייטנים אחרים.
יש קהילות שבהן אומרים רק חלק מהן, לפי בחירת הקהל.

ו | שבת, סורו מני

הקינה הראשונה הנאמרת במנהג אשכנז 'שָׁבַת, סוּרוּ מֶנִּי' היא המשכה של הקרובה 'זְכוֹר אֵיכָה' שחיבר הקליר. כל אחת מארבע עשרה הברכות ב'זְכוֹר אֵיכָה' פותחת במילה הראשונה מהפסוק המתאים מפרק ה במגילת איכה, וממשיכה במילה הראשונה של הפסוק המתאים מפרק ד. שלוש הצלעות הבאות פותחות בשלוש מילות הפתיחה של שלושה פסוקים מפרק ג, הצלע הבאה במילה המתאימה מפרק ב, ולבסוף מפרק א. קינה זו ממשיכה את שמונת הפסוקים הנותרים מכל פרק (עשרים וארבעה הפסוקים האחרונים של פרק ג), אך הפסוקים המתחילים באות ע' נמצאים במקומם על פי סדר הא"ב, בניגוד למצוי במגילה. בקינה הצלע האחרונה בכל בית היא חציו הראשון של הפסוק המתאים מפרק א.

שָׁבַת, סוּרוּ מֶנִּי שִׁמְעוּנִי עוֹכְרַי
סִחִי וּמָאוֹס הֱשִׂימוּנִי בְּעֶדְרֵי חֲבֵרַי
סַכֹּתָה מִשְׁכָּן מִסְּכּוֹת דְּבִירַי
סִכּוֹתָה וְהֻבְלְגוּ גִּבּוֹרַי
סָפְקוּ כַף וּמָעֲדוּ אֵבָרַי.
סִלָּה כָל־אַבִּירַי:

נָפְלָה עוֹדֵינוּ בְּצוּל דְּכוּיָה
עֵינִי חִכְּתָה לַחֲזוֹן בֶּן בְּרֶכְיָה
עַד פִּלְאֵי גַלְגַּל חֲבוּיָה
עֵינִי מְעוֹלֶלֶת בִּיוָנִית נְכוּיָה
עָשָׂה וְנִחַם, וַיִּקְרָא לִבְכִיָּה.
וְנָם, עַל־אֵלֶּה אֲנִי בוֹכִיָּה:

עַל פְּנֵי פְּרָת נֻפְּצוּ חֲסִידֶיהָ
פַּלְגֵי סוּף זָכְרָה כְּעָרוּ יְסוֹדֶיהָ
פַּחַד חֵטְא שִׁילֹה, תָּכַף סוֹדֶיהָ
פָּצוּ חֲזִירֵי יַעַר, אַיֵּה חֲסִידֶיהָ
פָּצוּ מַעֲשֶׂה עֶרְוָה לְנִדֶּיהָ.
פֵּרְשָׂה צִיּוֹן בְּיָדֶיהָ:

עַל הַר צָדוּ שְׁאוֹנֵי מְדָנַי
צָפוּ עַל רָאשֵׁי זֵדוֹנַי
צָמְתוּ בְּנֹב לַעֲמֹד זֵדוֹנַי
צוֹד נָצְרַת לְעוֹרֵר מְדָנַי
צַעַק עַמִּי בִּימֵי בֶן דִּינַי.
צַדִּיק הוּא יהוה:

אַתָּה קַלִּים הִכְבַּדְתָּ, וּמֵעֶדְיֵי עֶרְמוֹנִי
קֵרַבְתָּ בּוֹא אֵלַי, וַיַּחֲרִימוּנִי
קָרָאתִי לְיוֹשְׁבֵי גִבְעוֹן, עוֹד הֵם זָרְמוּנִי
קוֹלִי לְהַשְׁמִיעַ בַּעֲרַב הַגְּרִימוֹנִי
קוּמִי עִבְרִי, בְּהָתֵל הֶעֱרִימוּנִי.
קָרָאתִי לַמְאַהֲבַי, הֵמָּה רִמּוּנִי:

לָמָּה רוּחַ אַפֵּינוּ, לַטֶּבַח שָׁמָּרוּ
רָאִיתָ, כִּי כְּתַנּוּר עוֹרֵנוּ כָּמָרוּ
רָאִיתָ, כִּי עָמָל וָכַעַס בְּאִוּוּיֶךָ גָּמָרוּ
רַבְתָּ בְּיַד יְחֶזְקֵאל לִנְקֹם, כְּמוֹ מָרוּ
רְאֵה, וְנַכְחִידֵם מִגּוֹי, אָמָרוּ.
רְאֵה יהוה כִּי־צַר־לִי, מֵעַי חֳמַרְמָרוּ:

הֲשִׁיבֵנוּ, שֶׁיִּשִׁי שְׁמַע, לְגוֹי צֹאנִי
שִׁבְתָּם, וְמוּס חֲצֵרִי, לְהַדְכִּיאֵנִי
שִׂפְתֵי מְשׁוֹרְרֵי דְבִיר דּוֹמְמוּ, לְהַדְאֵנִי
שָׁמַעְתָּ, זְמוֹרוֹת אַף הֵכִין לְטַאטְאֵנִי.
שָׁכְבוּ וְנָדוּ חָדָץ לְהַבְרִיאֵנִי.
שָׁמְעוּ כִּי נֶאֱנָחָה אָנִי:

כִּי תָּם חָקַת בְּכֵס אוֹפַנֶּיךָ
תָּשִׁיב לָהֶם גְּמוּל, כְּאָז חֲזוֹת פָּנֶיךָ
תִּרְדֹּף לְצַלְמוֹן, יוֹעֲצֵי רַע עַל צְפוּנֶיךָ
תִּתֵּן לְהַבְהַב נוֹתְצֵי פְנִינֶיךָ
תִּקְרָא לְשַׁכְּרָם כּוֹס, כָּמוּס בְּפִנֶּיךָ.
תָּבֹא כָל־רָעָתָם לְפָנֶיךָ:

הבית האחרון מרחיב את התפילה 'תָּבֹא כָל־רָעָתָם לְפָנֶיךָ'
בתיאור מעללי האויב. בבית זה הפייטן חתם את שמו 'אלעזר'
בראשי הצלעות, והוא משמש מעבר לקינה הבאה.

תָּבֹא אֶל צָר אֲשֶׁר כִּלָּנוּ
לְמְבוֹא חֲמַת, בְּחֵמָה נִהֲלָנוּ
עַד לַחֲלַח וְחָבוֹר הִגְלָנוּ
זָקֵן וּבָחוּר וּבְתוּלָה כִּבְלָנוּ
רָם הַבֶּט נָא, עַמְּךָ כֻלָּנוּ.
זְכֹר יהוה מֶה־הָיָה לָנוּ:

ז | איכה אצת באפך

קינה זו מוסיפה ומרחיבה את תיאור מעללי האויב שנטכרו בבית המעבר, ומדגישה את הניגוד ליציאת מצרים וקבלת התורה. הניגוד מודגש באמצעות המצלול: בכל שורה חמש מילים שונות פותחות באותה אות - תיאורי מוראות החורבן מצוינות באותיות א, ג, ה וכו׳, וההתרפקות על העבר באותיות ב, ד, ו. באותיות הזוגיות מופיעות שש מילים בתיאור התפילה: ׳וּבְכֵן בַּטֵּינוּ׳ וכו׳ לעומת חמש מילים באותיות האי־זוגיות, והתוצאה של הריבוי היא הדגשת הכמיהה לעבר המזהיר. באופן זה הפסוק ״זְכֹר ה׳ מֶה־הָיָה לָנוּ״ (איכה א, ה) במקום להיות קינה על ההווה האכורי, הופך לתפילה המזכירה את העבר הרחוק: זכור מה היה לנו בימי קדם – ואנא, שוב והחזירנו לפניך כאז.

סימן א״ב (כפי שפורט למעלה)

אֵיכָה אַצְתָּ בְאַפְּךָ, לְאַבֵּד בְּיַד אֲדוֹמִים אֱמוּנֶיךָ.
וְלֹא זָכַרְתָּ בְּרִית בֵּין בְּתָרִים אֲשֶׁר בֵּרַרְתָּ לִבְחוּנֶיךָ.
וּבְכֵן בַּטֵּינוּ. זְכֹר יהוה מֶה־הָיָה לָנוּ:

אֵיכָה גָּעַרְתָּ בְּגַעֲרָתְךָ, לַגְלוֹת בְּיַד גֵּאִים גְּאוּלֶיךָ.
וְלֹא זָכַרְתָּ דְּלִיגַת דִּלּוּג דֶּרֶךְ, אֲשֶׁר דִּלַּגְתָּ לִדְגָלֶיךָ.
וּבְכֵן דִּבַּרְנוּ. זְכֹר יהוה מֶה־הָיָה לָנוּ:

אֵיכָה הֵגִּתָּ בְּהֶגְיְךָ, לַהֲדֹף בְּיַד הוֹלְלִים הֲמוֹנֶיךָ.
וְלֹא זָכַרְתָּ וְעוּד וָתֵק וָסֶת, אֲשֶׁר וִעַדְתָּ לְוַעוּדֶיךָ.
וּבְכֵן וְקוֹנַנּוּ. זְכֹר יהוה מֶה־הָיָה לָנוּ:

אֵיכָה זָנַחְתָּ בְזַעַמְךָ, לְזַלְזֵל בְּיַד זָרִים זְבוּלֶיךָ.
וְלֹא זָכַרְתָּ חִתּוּן חֻקֵּי חוֹרֵב, אֲשֶׁר חָקַקְתָּ לַחֲמוּלֶיךָ.
וּבְכֵן חִוִּינוּ. זְכֹר יהוה מֶה־הָיָה לָנוּ:

אֵיכָה טָרַחְתָּ בְּטָרְחֲךָ, לִטְרֹף בְּיַד טְמֵאִים טְלָאֶיךָ.
וְלֹא זָכַרְתָּ יְקַר יְדִידוּת יֹשֶׁר, אֲשֶׁר יִחַדְתָּ לְיוֹדְעֶיךָ.
וּבְכֵן יִלַּלְנוּ. זְכֹר יהוה מֶה־הָיָה לָנוּ:

שחרית · קינות לתשעה באב · איכה אצת באפך 115

אֵיכָה כּוֹנַנְתָּ בְּכַעַסְךָ, לְכַלּוֹת בְּיַד כּוֹשְׁלִים כַּרְמֶךָ.
וְלֹא זָכַרְתָּ לֹא לִזְנֹחַ לְעוֹלָם, אֲשֶׁר לִמַּדְתָּ לְלִקּוּחֶיךָ.
וּבְכֵן לָהַגְנוּ. זְכֹר יהוה מֶה־הָיָה לָנוּ:

אֵיכָה מִלַּלְתָּ בְּמָאָסְךָ, לִמְחוֹת בְּיַד מוֹנִים מְנַשְּׂאֶיךָ.
וְלֹא זָכַרְתָּ נְשִׂיאַת נוֹצַת נֶשֶׁר, אֲשֶׁר נְשָׂאתָ לִנְשׂוּאֶיךָ.
וּבְכֵן נָהִינוּ. זְכֹר יהוה מֶה־הָיָה לָנוּ:

אֵיכָה סַחְתָּ בְּסַעַרְךָ, לִסְגֹּר בְּיַד סֵעֲפִים סַהֲדֶיךָ.
וְלֹא זָכַרְתָּ עֹז עֲדִי עֲדָיִים, אֲשֶׁר עִטַּרְתָּ לַעֲבָדֶיךָ.
וּבְכֵן עָנִינוּ. זְכֹר יהוה מֶה־הָיָה לָנוּ:

אֵיכָה פַּצְתָּ בְּפַחְדְּךָ, לְפַגֵּר בְּיַד פָּרִיצִים פְּלָאֶיךָ.
וְלֹא זָכַרְתָּ צַהֲלַת צְבִי צֶדֶק, אֲשֶׁר צָפַנְתָּ לִצְבָאֶיךָ.
וּבְכֵן צָעַקְנוּ. זְכֹר יהוה מֶה־הָיָה לָנוּ:

אֵיכָה קָרָאתָ בְקִרְיָאתְךָ, לַקְנוֹת בְּיַד קָמִים קְרוּאֶיךָ.
וְלֹא זָכַרְתָּ רֶגֶשׁ רֶכֶב רִבֹּתַיִם, אֲשֶׁר רָצִיתָ לְרֵעֶיךָ.
וּבְכֵן רָגַנְנוּ. זְכֹר יהוה מֶה־הָיָה לָנוּ:

אֵיכָה שָׁאַפְתָּ בְשָׁאפְךָ, לְשַׁלּוֹת בְּיַד שׁוֹלְלִים שְׁלֵמֶיךָ.
וְלֹא זָכַרְתָּ תֹּקֶף תַּלְתַּלֵּי תֹאַר, אֲשֶׁר תִּכַּנְתָּ לִתְמִימֶיךָ.
וּבְכֵן תָּאַנְנוּ. זְכֹר יהוה מֶה־הָיָה לָנוּ:

בית המעבר מקשר בין הבית האחרון של הקינה הקודמת לקינה הבאה – ומפנה במילים ׳זָכְרִי׳ ו׳וְעַתָּה׳ להבדל בין השתיים: הקינה ׳אֵיכָה אַצְתָּ בְאַפֶּךָ׳ מנוסחת בלשון עבר ומתארת את תגובת העם לחורבן בשעת מעשה; הקינה ׳אֶאֱדֶה עַד חוּג שָׁמַיִם׳ מנוסחת בלשון הווה.

תָּאַנְנוּ לִשְׁפֹּךְ כַּמַּיִם / עַל מַה בְּיוֹם זֶה נִשְׁבְּינוּ פַּעֲמַיִם /
זָכְרִי בִּהְיוֹתִי יוֹשֶׁבֶת בְּשַׁלְוָה בִּירוּשָׁלַיִם / רָגַנְתִּי, וְעַתָּה אֶאֱדֶה עַד חוּג שָׁמַיִם:

ח | אאדה עד חוג שמים

הקליר ניסח קינה זו בלשון יחיד, והיא מבטאת את כאבו האישי על החורבן שהיה ועל מצבו המדולדל של העם כעת. אין בה תיאורי חורבן, אך הצער בא לידי ביטוי עז יותר בַּתקווה שמסרבת לדעוך, כבשורה 'בְּכָל שָׁנָה אוֹמֶרֶת, הִיא הַשָּׁנָה הַזֹּאת' – היחידה החורגת מהמקצב הרגיל של הפיוט. שורה זו באה בבית העשירי, החורג אף הוא במקצת מהמבנה האלפביתי. כל בית מסתיים בפסוק המבטא אבלות – עד הבית העשירי, שבו יש השלמה עם הידיעה שֶׁיַּד ה' עָשְׂתָה זֹּאת; שני הפסוקים האחרונים הם פסוקי תפילה.

שלוש השורות הראשונות בכל בית מתחילות באותה אות,
והשורה החותמת באות לפי סדר תשר"ק
(לאחר אות ההטיה א, המדגישה את הביטוי האישי בקינה).

אֲאַדֶּה עַד חוּג שָׁמַיִם
אַאֲלֶה אִתִּי שָׁמַיִם
ירמיה ח אָאוֹר יוֹם מַחֲרִיבֵי פְּעָמַיִם. אֶתְאוֹנֵן, מִי־יִתֵּן רֹאשִׁי מַיִם:

אַבְחִין בִּבְכִי יְלֵל מִדְבָּר
אֶבְחֲנָה לֵיל מְלֵיל, וּמִדְבָּר מִמִּדְבָּר
ירמיה ט אֲבַכֶּה אִתִּי עוֹלַת מִדְבָּר. אֶשְׁאַג, מִי־יִתְּנֵנִי בַמִּדְבָּר:

אֶגְוַע וְאֶדָּשֵׁל כְּנֹקֶף זַיִת
אֲגָרֶה בִּי כָּל בְּנֵי בַיִת
ישעיה כז אֶגְרֹם שֶׁיֹּאמַר בַּעַל הַבַּיִת. אֲרַשֶּׁה, מִי יִתְּנֵנִי שָׁמִיר שַׁיִת:

אֶדְוֶה בְּכָל לֵב לְהַמְצֵהוּ
אֵדְעָה מִלִּין בָּם לְאַמְצֵהוּ
אֶדְאַג רוֹעֶה וְלֹא אֶמְצָאֵהוּ.
איוב כג אֲקוֹנֵן, מִי־יִתֵּן יָדַעְתִּי וְאֶמְצָאֵהוּ:

אֵהָפְכָה וְאֶתְהַפְּכָה כְּאוֹפַן בְּמִלַּי
אֶהְגֶּה פָּנִים בְּפָנִים לְתַנּוֹת עֲמָלַי
אָהֲהוּ חֶרֶס וְסַהַר, מִלְהַגִּיהַּ לְמוּלַי.
איוב יט אֶצְרַח, מִי־יִתֵּן אֵפוֹ וְיִכָּתְבוּן מִלָּי:

אֹרַח מִשְׁפְּטֵי גּוֹנְבֵי עָלַי
אוֹדִיעַ בְּבִצְעִי וּמַעֲלַי
אֶמְלְלוּ מַזָּלוֹת בְּקָרְעִי מְעִילַי. אָפוּנָה, מִי יִתֶּן־לִי שֹׁמֵעַ לִי: איוב לא

אֶזְדָּה כְּהוֹפְרָה הָאֶבְיוֹנָה
אֶזְכְּרָה בִּהְיוֹתִי מְחֻתָּנָה
אַזִּיל פְּלָגִים כִּבְרֵכָה הָעֶלְיוֹנָה.
אֶעֱנֶה, מִי־יִתֶּן־לִי אֵבֶר כַּיּוֹנָה: תהלים נה

אָח נִפְשַׁע מִקִּרְיַת עֹז אֵל צוּר
אָחוּ בְּלִי מַיִם בְּאַף לַעֲצוֹר
אָחַז קָמוֹת לִקְצֹר, וְעוֹלֵלוֹת לִבְצֹר.
אָשִׂיחָה, מִי יוֹבִלֵנִי עִיר מָצוֹר: תהלים ס

אֶטַּע אָהֳלֵי אַפַּדְנִי בְּצַלְמָוֶת
אָטוּסָה וְאֶשְׁכּוֹנָה עַד חֲצַר מָוֶת
אֶטָּפֵל אֶת הַמְחַכִּים לַמָּוֶת.
אֶנְהֶה, מִי גֶבֶר יִחְיֶה, וְלֹא יִרְאֶה־מָּוֶת: תהלים פט

אֱיָלוּתִי לְעֶזְרָתִי תַּרְתִּי לַחֲזוֹת
אֵימָתַי, בְּכָל שָׁנָה אוֹמֶרֶת, הִיא הַשָּׁנָה הַזֹּאת
אֵידַע לַכֹּל כִּי מוּדַעַת זֹאת.
אִם לֹא כִּי יַד־יהוה עָשְׂתָה זֹּאת: איוב יב

אֶכֹּף לְךָ רֹאשׁ, חֵילִי
אֶכְרַע לְךָ בֶּרֶךְ, לְחַתֵּל מַחְלִי
אַכְתִּירְךָ בְּשִׁיר מְשִׁירֵי מְחוֹלִי. אֲכַוֵּן, מִי יִתֶּנְךָ כְּאָח לִי: שיר השירים ח

אַל תִּשְׁכַּח צַעֲקַת אֲרִיאֵל
אֵלָיו לֶאֱגֹר יְהוּדָה וְיִשְׂרָאֵל
אַלְפֵי שִׁנְאָן אֲשֶׁר מָסַר אֵל.
לֵאמֹר, מִי יִתֵּן מִצִּיּוֹן יְשׁוּעוֹת יִשְׂרָאֵל: תהלים נ

בית המעבר מנוסח אף הוא בלשון יחיד, אך יש הבדל בין השורה הראשונה והשנייה בו. השורה הראשונה נראית תשובה של הקב״ה למשורר, המדגישה את עוונות ישראל כגורם לחורבן. בקינה הבאה המשורר מפנים את התשובה ומתאר את החטאים ואת הפרת הברית שבהם, כך גם הביטוי ׳רָגַנְתִּי׳ המופיע בשורה השנייה, מקבל משמעות שונה מזו שהייתה לו בבית המעבר הקודם.

יִשְׂרָאֵל מְעַט בִּדְרָכַי לֹא הָלָכוּ / עֲזָבוּנִי וַעֲזַבְתִּים, וּפָנַי מֵהֶם נֶהֱפָכוּ / רָגַנְתִּי וְהֵילַלְתִּי, וּמֵעַי וְלִבִּי נִשְׁפָּכוּ / אֵיכָה תִּפְאַרְתִּי מֵרַאֲשׁוֹתַי הִשְׁלִיכוּ.

ט | איכה תפארתי

הקינה הבאה מתארת את מוראות החורבן ומעמתת אותם עם הברית שה׳ כרת עם ישראל ומובאת בפרשת ׳בחקתי׳. אחד עשר הבתים הראשונים מנגידים בין הזוועות שהעם חווה לברכות שבברית; חציו השני של הפיוט מתאר את חטאי ישראל וקושר אותם לקללות על הפרת הברית. מתח זה ישנו גם בשני חרוזי הפזמון המתחלפים – באחד הקב״ה עצמו כביכול עונה לעם, ומפנה את תשומת לבם להפרת הברית על ידם, ובשני העם מתאונן על מצבו השפל ונאחז בהבטחות שבברית כמקור תקווה.

סימן א״ב (על פי פסוקי איכה ב)
הצלעות האחרונות הן תחילות הפסוקים בויקרא כו, ג-כד.

אֵיכָה תִּפְאַרְתִּי מֵרַאֲשׁוֹתַי הִשְׁלִיכוּ
וּכְנֶגֶד כִּסֵּא הַכָּבוֹד, צֶלֶם הִמְלִיכוּ
בְּחַלְלִי תְּנַאי אֲשֶׁר חוֹזַי נִמְלָכוּ.
וְנָם, אִם־בְּחֻקֹּתַי תֵּלֵכוּ:

לָמָּה תָרִיבוּ אֵלַי כֻּלְּכֶם: / חָזְקוּ עָלַי דִּבְרֵיכֶם: ירמיה ב מלאכי ג
מִיֶּדְכֶם הָיְתָה זֹּאת לָכֶם.

בִּלַּע שׁוֹפְטַי, בְּמוֹעֲצוֹת עִוְּתָם
וּפָנִים הִסְתִּיר מֵהֶם, כְּשֶׁר עֲוָתָם
וַיּוּמַר לְאָבָק מִטְרָם לְהַבְעִיתָם.
חֵלֶף וְנָתַתִּי גִשְׁמֵיכֶם בְּעִתָּם:

סְחִי וּמָאוֹס שָׂמַנִי / כִּלָּה בְאַפּוֹ וַיְשִׁמְמֵנִי /
נִחוּמָיו מְהֵרָה יְשַׁעַשְׁעוּנִי.

גָּדַע רוּם קַרְנָם, וַעֲלוּמָם הִקְצִיר
וּבְאִבְחַת חֶרֶב, שְׁעָרֵיהֶם הֵצִיר
מְזֵי רָעָב עֵשׂ בְּקָצִיר.
תְּמוּר וְהִשִּׂיג לָכֶם דַּיִשׁ אֶת־בָּצִיר:

לָמָּה תָרִיבוּ אֵלַי כֻּלְּכֶם / חָזְקוּ עָלַי דִּבְרֵיכֶם /
מִיֶּדְכֶם הָיְתָה זֹּאת לָכֶם.

דָּרַךְ קַשְׁתּוֹ, וְכִלָּה בְּחֶרֶץ
וְכַבַּרְזֶל עִפֵּל שְׁמֵי עֶרֶץ
פְּרָצַנִי שְׁלֹשׁ עֶשְׂרֵה פֶּרֶץ.
תַּחַת וְנָתַתִּי שָׁלוֹם בָּאָרֶץ:

סְחִי וּמָאוֹס שָׂמַנִי / כִּלָּה בְאַפּוֹ וַיִּשְׂטְמֵנִי /
נִחוּמָיו מְהֵרָה יְשַׁעַשְׁעוּנִי.

הָיָה צוּרְכֶם וּמָעֻזְּכֶם וּמִשְׂגַּבְּכֶם
הָהְפַּךְ לְאַכְזָר וְנִלְחַם בָּכֶם
הַנּוֹצַרְכֶם רִחַקְכֶם, חוֹשַׁקְכֶם תִּעַבְכֶם.
וְאַיֵּה הַבְטָחַת, וּרְדַפְתֶּם אֶת־אֹיְבֵיכֶם:

לָמָּה תָרִיבוּ אֵלַי כֻּלְּכֶם / חָזְקוּ עָלַי דִּבְרֵיכֶם /
מִיֶּדְכֶם הָיְתָה זֹּאת לָכֶם.

וַיַּחְמֹס פִּנַּת צֶדֶק מְלֵאָה
כִּי בְמַשְׂכִּיתָהּ מָצָא כָל טְמְאָה
וּמְכַבְּדֶיהָ הִזִּילוּהָ כְּדָוָה מְטֻמָּאָה.
בְּשִׁנּוּי וְרָדְפוּ מִכֶּם חֲמִשָּׁה מֵאָה:

סְחִי וּמָאוֹס שָׂמַנִי / כִּלָּה בְאַפּוֹ וַיִּשְׂטְמֵנִי /
נִחוּמָיו מְהֵרָה יְשַׁעַשְׁעוּנִי.

זָנַח עֶלְיוֹן קִרְיַת מוֹעֲדֵיכֶם
וְהֶאֱבִיל שַׁעֲרֵי חֵיל, עֲמִידַת רַגְלֵיכֶם
מִי בִקֵּשׁ זֹאת פָּץ, וְהִגְלְכֶם.
וְגָמַר אֹמֶר, וּפָנִיתִי אֲלֵיכֶם:

לָמָּה תָרִיבוּ אֵלַי כֻּלְּכֶם / חָזְקוּ עָלַי דִּבְרֵיכֶם /
מִיֶּדְכֶם הָיְתָה זֹּאת לָכֶם.

חָשַׁב שְׁנוּא אִם לְקֵט כַּשּׁוֹשָׁן
וּמֵחֵלֶב עוֹלָלֶיהָ, אוֹתָהּ דִּשַּׁן
קִיטוֹר חִפָּתָהּ הֶעֱלָה כַּכִּבְשָׁן.
וְשָׁאֲלוּ אַיֵּה דָּגָן, תְּמוּר וַאֲכַלְתֶּם יָשָׁן נוֹשָׁן:

סְחִי וּמָאוֹס שָׂמַנִי / כִּלָּה בְאַפּוֹ וַיִּשְׂטְמֵנִי /
נִחוּמָיו מְהֵרָה יְשַׁעַשְׁעוּנִי.

טָבְעוּ נִכְסוּ רָבְדֵי דוּכָנִי
בְּגֵיא חֵמֶת כְּנִקְטַל מְכַהֲנִי
הֲרֵי כַּמֶּה שָׁנִים, גִּלָּה יְסוֹד מְכוֹנִי.
וְסָע מִתּוֹכִי אֹמֶר, וְנָתַתִּי מִשְׁכָּנִי:

לָמָּה תָרִיבוּ אֵלַי כֻּלְּכֶם / חָזְקוּ עָלַי דִּבְרֵיכֶם /
מִיֶּדְכֶם הָיְתָה זֹּאת לָכֶם.

יֵשְׁבוּ מְבַכִּים מִנַּאַק מְתֵיכֶם
בְּאַרְבַּע מִיתוֹת הִפִּיל מְתֵיכֶם
חֶרֶב וְרָעָב וְחַיָּה וָדֶבֶר שִׁחֲתְכֶם.
כִּסֵּר צֵל פָּץ, וְהִתְהַלַּכְתִּי בְּתוֹכְכֶם:

סְחִי וּמָאוֹס שָׂמַנִי / כִּלָּה בְאַפּוֹ וַיִּשְׂטְמֵנִי /
נִחוּמָיו מְהֵרָה יְשַׁעַשְׁעוּנִי.

שחרית · קינות לתשעה באב · איכה תפארתי 121

כָּלוּ לְשֹׁד כְּרֶגַע אָהֳלֵיכֶם
וּבָכֶם נִשְׁבְּעוּ מְהוֹלָלֵיכֶם
לְחֵיקְכֶם שֻׁפְּכוּ נַפְשׁוֹת עוֹלָלֵיכֶם.
בְּמָאָסְכֶם שִׂיחַ, אֲנִי יהוה אֱלֹהֵיכֶם:

לָמָּה תָרִיבוּ אֵלַי כֻּלְּכֶם / חִזְקוּ עָלַי דִּבְרֵיכֶם /
מִיֶּדְכֶם הָיְתָה זֹּאת לָכֶם.

לְאִמּוֹתָם, כְּלִכּוּל אָנָּה, שִׁוְּעוּ
וְצוּר לְמַלְאָכָיו שָׁת, מֶנִּי שְׁעוּ
אֶרֶץ הַכַּרְמֶל הֲבֵאתִים וְשָׁדְדוּהָ וְשַׁעֲשָׁעוּ.
וְשָׂנְאוּ מוֹכִיחַ, וְאִם־לֹא תִשְׁמְעוּ:

סְחִי וּמָאוֹס שָׂמַנִי / כִּלָּה בְאַפּוֹ וַיִּשְׂטְמֵנִי /
נִחוּמָיו מְהֵרָה יְשַׁעַשְׁעוּנִי.

מָה אֲעִידֵךְ, יְשִׁישַׁיִךְ עִם גּוּרַיִךְ בּוֹסְסוּ
אוֹמְרִים עַל סוּס נָנוּס, עַל כֵּן נָסוּ
נִלְאֵיתִי נְשֹׂא עֲוֹנוֹתֵיכֶם כְּהֶעָמְסוּ.
וְאֲיַסַּרְכֶם כְּנַמְתִּי, אִם־בְּחֻקֹּתַי תִּמְאָסוּ:

לָמָּה תָרִיבוּ אֵלַי כֻּלְּכֶם / חִזְקוּ עָלַי דִּבְרֵיכֶם /
מִיֶּדְכֶם הָיְתָה זֹּאת לָכֶם.

נְבִיאַיִךְ טָעוּ, תַּרְמִית שָׁוְא חָזוּת
וְאֶדְרוֹשׁ לִסְלוֹחַ, וּפַצְתִּי אֵי לָזֹאת
פְּתִיתִים, וּכְנֶגְדִּי הֵשִׁיבוּ עַזּוֹת.
וְאָנַפְתִּי וְשִׁחַתִּי, אַף־אֲנִי אֶעֱשֶׂה־זֹּאת:

סְחִי וּמָאוֹס שָׂמַנִי / כִּלָּה בְאַפּוֹ וַיִּשְׂטְמֵנִי /
נִחוּמָיו מְהֵרָה יְשַׁעַשְׁעוּנִי.

סָפְקוּ חָרְקוּ שָׁרְקוּ מוֹנַי
מִבִּפְנִים וּמִבַּחוּץ לְהַצְמִית אֱמוּנַי
כִּי בְנֵי זֵדִים חִלְּלוּ סְפוּנַי.
לְרָעָה וְלֹא לְטוֹבָה נָם, וְנָתַתִּי פָּנַי:

לָמָּה תָרִיבוּ אֵלַי כֻּלְּכֶם / חָזְקוּ עָלַי דִּבְרֵיכֶם /
מִיֶּדְכֶם הָיְתָה זֹּאת לָכֶם.

פָּצוּ זֵדִים, לִפְנֵי מִי תְּהִלָּה
עַם כֶּבֶד עָוֹן, פָּקַד וַיִּלְאֶה
לֹא תְחַכּוּ עוֹד לְמוֹפֵת וָפֶלֶא.
נָסַב וְנָסַע וְנָם, וְאִם־עַד־אֵלֶּה:

סְחִי וּמָאוֹס שָׂמַנִי / כִּלָּה בְאַפּוֹ וַיִּשְׂטְמֵנִי /
נִחוּמָיו מְהֵרָה יְשַׁעַשְׁעוּנִי.

עָשָׂה וַיָּרֶם קָדְקֹד בְּנֵי שָׁאוֹן
וְדָמִי שִׁכְּרַנִי בְּגֵיא צִמָּאוֹן
וּבְכָל שָׁנָה וְשָׁנָה הוֹסִיף יָגוֹן עַל אוֹן.
מֵעֵת כָּעַס וְנָם, וְשָׁבַרְתִּי אֶת־גְּאוֹן:

לָמָּה תָרִיבוּ אֵלַי כֻּלְּכֶם / חָזְקוּ עָלַי דִּבְרֵיכֶם /
מִיֶּדְכֶם הָיְתָה זֹּאת לָכֶם.

צָעַק הוֹי הוֹי, וְאַשְׁפָּתוֹ הֵרִיק
מִפֹּה וּמִפֹּה, הֵבִיא עָלַי מַעֲרִיק
וּבְלַעֲגֵי מָעוֹג, שִׁנֵּי צָר הֶחֱרִיק.
וְכִלָּה כֹחִי בִנְאֻם, וְתַם לָרִיק:

סְחִי וּמָאוֹס שָׂמַנִי / כִּלָּה בְאַפּוֹ וַיִּשְׂטְמֵנִי /
נִחוּמָיו מְהֵרָה יְשַׁעַשְׁעוּנִי.

קוּמִי דִּפְקִי, שַׁוְּעִי, אַל דֳּמִי
וּתְנִי כְּאוֹב מֵאֶרֶץ קוֹלֵךְ, וְדָמִי
מֵי רֹאשׁ הִשְׁקַנִי וְהִדְמִי.
וְחָשַׁךְ הָלוֹכִי בִּנְאֻם, וְאִם־תֵּלְכוּ עִמִּי:
לָמָּה תָרִיבוּ אֵלַי כֻּלְּכֶם / חָזְקוּ עָלַי דִּבְרֵיכֶם /
מִיֶּדְכֶם הָיְתָה זֹּאת לָכֶם.

רְאֵה גּוֹרָל אִוִּיתָ, הוּשַׂם לְעַיִת
וְלִקְאַת מִדְבָּר, הָיִיתִי דְמוּיַת
גּוֹלָה גְנוּיַת וְסוּרָה כְּנוּיַת.
בְּשָׁמְעִי, וְהִשְׁלַחְתִּי בָכֶם אֶת־חַיַּת:
סְחִי וּמָאוֹס שָׂמַנִי / כִּלָּה בְאַפּוֹ וַיִּשְׂטְמֵנִי /
נְחוּמָיו מְהֵרָה יְשַׁעַשְׁעוּנִי.

שָׁכְבוּ בְּעִלּוּף כְּתוֹא, וְאֵין דּוֹלֶה
הַמְלֵאִים גַּעַר, וְאֵין מַרְפֵּא עוֹלֶה
הֲרֵי כַּמָּה שָׁנִים הֻמְמַנִי לְהִתְכַּלֶּה.
אֲנוּשִׁים בִּבְכוּת, וְאִם־בְּאֵלֶּה:
לָמָּה תָרִיבוּ אֵלַי כֻּלְּכֶם / חָזְקוּ עָלַי דִּבְרֵיכֶם /
מִיֶּדְכֶם הָיְתָה זֹּאת לָכֶם.

תִּקְרָא אֵיד עוֹלַלְתָּ עַל אַדְמוֹנִי
לְסַחְפוֹ וּלְשַׁסְּפוֹ שִׁבְעָתַיִם כְּאוֹנִי
תָּהֹם צָרִי בְּצֵאת קוֹל מֵאַרְמוֹנִי.
כְּנֶהֱמַמְתִּי בְּרִיב, וְהָלַכְתִּי אַף־אֲנִי:
סְחִי וּמָאוֹס שָׂמַנִי / כִּלָּה בְאַפּוֹ וַיִּשְׂטְמֵנִי /
נְחוּמָיו מְהֵרָה יְשַׁעַשְׁעוּנִי.

במחזורים עתיקים הקינה הבאה היא ׳אֵיכָה אַשְׁפָּתוֹ פָּתוּחַ כְּקֶבֶר׳ (עמ׳ 137), ובינה לבין הקינה הקודמת מובא בית מעבר המקשר בין שתי הקינות. משהחליפו הקהילות את הסדר, אמרו כאן את בית המעבר ׳אַף אֲנִי לְכָד׳, אשר אפשר שבמקורו היה בית מעבר בין ׳אֵיכָה אַשְׁפָּתוֹ׳ ל׳אֵיכָה יָשְׁבָה׳.

אַף אֲנִי לְכָד בִּיקֶשׁ שִׁכָּרוֹן
עָרְבָה שִׂמְחָה וְהִשְׁבִּית חָרוֹן
לָאָרֶץ אֵשֵׁב וְאֶהְגֶּה בְגָרוֹן
אֵיכָה יָשְׁבָה חֲבַצֶּלֶת הַשָּׁרוֹן:

י | איכה ישבה חבצלת השרון

בקינה זו הקליר מבכה את חורבן כ״ד משמרות הכהונה (תענית כז ע״א) – נושא שעליו כתב רבות. חלק משמות משמרות הכהונה ידועים לנו רק מקינה זו. בין קינה זו לבאה אחריה אין בית מעבר, למעט הפסוק הפותח את הקינה הבאה (דברי הימים ב׳ לה, כה).

סימן א״ב (על פי פסוקי איכה א)

אֵיכָה יָשְׁבָה חֲבַצֶּלֶת הַשָּׁרוֹן
וְדָמַם רֹן מִפִּי נוֹשְׂאֵי אָרוֹן
וְנָעוּ מִמִּשְׁמְרוֹתָם כֹּהֲנִים בְּנֵי אַהֲרֹן.
כְּנִמְסַר הַבַּיִת בִּמְסָרְבֵי מָרוֹן.

בָּכוֹ תִבְכֶּה מֵחֲמֵשֶׁת סְפָרִים
כְּנֶהֱרַג כֹּהֵן וְנָבִיא בְּיוֹם הַכִּפּוּרִים
וְעַל דָּמוֹ נִשְׁחֲטוּ פְּרָחִים כִּצְפִירִים.
וְנָדוּ כְּצִפֳּרִים, כֹּהֲנֵי צִפּוֹרִים.

גָּלְתָה מֵאַרְצָהּ כַּלָּה מְקֻשָּׁטָה
בַּעֲוֹן מַעַשְׂרוֹת וּשְׁמִטָּה
וּבְאַרְבַּעַת שְׁפָטִים הָשְׁפָּטָה.
וּמֵעֶדְיָהּ הָפְשָׁטָה, מִשְׁמֶרֶת מַפְשֵׁטָה.

דַּרְכֵי הֵיכָל דָּמְמוּ, כְּנִפְרַץ כָּתְלוֹ
וְהַמְּעִיל כְּנִקְרַע פְּתִילוֹ
וְהַתַּךְ וְהָשְׁפַּל מִתִּלּוֹ.
וְנָע מִשְּׁתִילוֹ, כֹּהֵן עִיתָּה לּוֹ.

הָיוּ מַלְעִיבִים בְּלוֹחֲמֵי לֶחֶם
כְּבִטְּלוּ הֲלוֹא פְּרֹס לָרָעֵב לַחְמָם
וְרָעֲבוּ וְצָמְאוּ מִמַּיִם וּמִלֶּחֶם.
כְּבִטְּלוּ שְׁתֵּי הַלֶּחֶם, מִבֵּית לֶחֶם.

וַיֵּצֵא הֲדַר אֹם בַּכֶּסֶף נֶחְפֶּת
וּתְמוּרוֹ אֵפֶר רֹאשָׁהּ חֻפַּת
וְנֵרוֹת נִכְבּוּ וּמְנוֹרָה נִכְפַּת
כְּפָשְׁעוּ בְּלֶחֶם וּפַת, נִלְכְּדָה יוֹדְפַת.

זָכְרָה זְמַן, אֲשֶׁר נַעֲשֶׂה וְנִשְׁמַע הֵשִׁיבוּ
וְעַתָּה עֲנוֹת אָמֵן לֹא אָבוּ
לַעֲנָה וָרוֹשׁ שָׂבְעוּ וְרָווּ.
וְהִקְצוּ וְהִלְעִבוּ, כֹּהֲנֵי עֵילְבוּ.

חֵטְא חָטְאָה, וְאָמְרָה לֶאֱלִיל זֶה אֵל
וְהִלְעִיגָה וְתִעְתְּעָה בְּחוֹזֵי אֵל
עֲבוּר כֵּן הִקְנְאָה בְּמַרְגִּיזֵי אֵל.
וַיֵּצֵא מִמְּעוֹן אֵל, כְּפַר עֻזִּיאֵל.

טֻמְאָתָהּ הֶחֱנִיפָה תֵבֵל
וְנַעֲלָה רַב הַחוֹבֵל
וְעָנָן אֲבַק רַגְלָיו כְּאָבֵל.
וְאֵין מִתְכַּרְבֵּל, בְּכֹהֲנֵי אַרְבֵּל.

יָדוֹ פָּרַשׂ צָר בְּבֵית זְבוּל
כִּי כָלָיָה חִיַּבְתִּי כְּדוֹר הַמַּבּוּל
כִּסְאוֹ הֵשִׁית לַחְבּוֹל וְנִבּוֹל.
וְיָצָא בְּכֶבֶל כָּבוּל, כֹּהֵן כָּבוּל.

כָּל עַמָּהּ קוֹנְנוּ קִינָה
כִּי הִכְעִיסוּ לְאֵל קַנָּא
בְּגוֹי נָבָל, אוֹתָם קִנֵּא.
וְנָדְדָה מִקִּנָּהּ, מִשְׁמֶרֶת קָנָה.

לֹא לַמָּרוֹם עַיִן צָפַת
וְכֶסֶף עַל חֶרֶשׂ חִפַּת
וּבְחִזּוּק מוּסָר הִרְפַּת.
וְנֶהֱרַס וְנִלְפַּת, כֹּהֵן צְפַת.

מִמָּרוֹם הִשְׁמִיעַ, נִלְאֵיתִי טְעוֹן
וְהִכַּנִי בְּעִוָּרוֹן וּבְשִׁגָּעוֹן
וּפָקַד עָלַי עֲוֹן נֹב וְגִבְעוֹן.
וְנָעָה מִמָּעוֹן, מִשְׁמֶרֶת בֵּית מָעוֹן.

נִשְׁקַד עֹל עָוֹן, וְנִכְאַב
כְּהוֹשַׁבְתִּי אֲנוּנָה, מִבְּלִי אָב
וְדוֹמַמְתִּי מִלְּצַפְצֵף בְּמִנִּים וְעֻגָב.
וְנָשְׂאָה עָלַי קִינָה, מִשְׁמֶרֶת יֶשֶׁבְאָב.

סִלָּה כָּל אַבִּירַי, מוֹרֵי הוֹרָיָה
וְלֹא נִזְכַּר לִי עֲקֵדַת מוֹרִיָּה
מֵרֹב מֶרֶד וּמְרִיָּה.
הָצְגָה עֵרוֹם וְעֶרְיָה, מִשְׁמֶרֶת מְעַרְיָה.

עַל גַּבִּי חָרְשׁוּ חוֹרְשִׁים, וְהֶאֱרִיכוּ מַעֲנִית
וְהֵרִיקוּ עָלַי חֶרֶב וַחֲנִית
וְהִרְבֵּיתִי צוֹמוֹת וְתַעֲנִית.
וּמְצוּרַת תַּבְנִית, יָצְאָה יְוָנִית.

פֵּרְשָׂה וְאֵין יָד שׁוֹלֵחַ
כִּי לֹא הֶאֱמִינָה בְּהַשְׁכֵּם וְשָׁלוֹחַ
וְהִשְׁבַּתָּה בְּרִית מֶלַח.
וְאֵין שֶׁמֶן מְמֻלָּח, בְּרֹאשׁ מַמְלָח.

צַדִּיק הוּא יהוה, כִּי פִיהוּ מָרַת
וְעָרוּ עָרוּ עַד הַיְסוֹד בָּהּ, הֶעָרַת
וּתְמוּר עָזִי וְזִמְרַת, קִינִים עָלֶיהָ נֶחֱרַת.
וּבְקַצְוֵי אֶרֶץ נוֹרַת, מִשְׁמֶרֶת נָצְרַת.

קָרָאתִי בַּצַּר לִי, וְלֹא קָרַב
וְקוֹנַנְתִּי בְּיַעַר בַּעְרָב
וְכָבָה נֵר הַדּוֹלֵק בְּמַעֲרָב.
וְרֵיחַ לֹא עָרַב, מֵאַכְלָה עֲרָב.

רְאֵה כִּי הֻסְעַרְתִּי כָּאֳנִיָּה
בְּתַאֲנִיָּה וַאֲנִיָּה
וַעֲדָתִי כַּצֹּאן לַטֶּבַח מְנוּיָה.
וְנָעָה מֵחֲנוּיָה, מִגְדַּל נוּנְיָה.

שָׁמְעוּ כִּי נִזְהַמְתִּי בְּצַחֲנָה
וְסָתַם מְנִי תְחִנָּה
וְלֹא נָתַן לִי רַחֲמִים וַחֲנִינָה.
וּמִקִּרְיַת חָנָה, נָעָה כְּפַר יוֹחָנָה.

שָׁמְעוּ כִּי יָצָאתִי בַּשִּׁבְיָה
וְנִשְׂרְפָה דָּת, מָרוֹם שְׁבוּיָה
וְהוּשַׁתִּי לְשַׁמָּה וְעַרְבוּבְיָה.
וּמֵהַסְתֵּר חֲבוּיָה, גָּלְתָה בֵּית חוֹבִיָּה.

תָּבֹא רָעַת שְׁמוֹנֵי הַדָּמִין
וְשָׁתוּ שַׁעֲרֵי שׁוֹמֵמִין
וְהֵשִׁיב אָחוֹר יָמִין.
וּבַעֲוֹן צַלְמִין, נָעָה גִּנְּתוֹן צַלְמִין.

תָּבֹא תַמְרִיחַ, וְחָשְׁכִּי תַּזְרִיחַ
וְכַדֶּשֶׁא, עַצְמוֹתֵינוּ תַפְרִיחַ
וְרֵיחַ נִיחוֹחֵינוּ, כְּקֶדֶם תָּרִיחַ.
וּמִשֻּׁלְחָנֵךְ תַּאֲרִיחַ, שׁוּלֵי חֵמַת אָרִיחַ.

יא | איכה אלי

לאחר שקונן על חורבן הכהונה, הקליר מתמקד בחורבן המלכות ומתאר את קינת הנביא ירמיהו על המלך יאשיהו, המלך הצדיק מכולם מימיו של משה (׳אֲבִיגְדוֹר׳ הנזכר בקינה, על פי ויקרא רבה א, ג). חכמים זיהו את קינת ירמיהו עם פרק ד באיכה (רש״י, שם פסוק א; וראה לקמן ׳וַיְקוֹנֵן עָלָיו כָּל אֵיכָה יוֹעַם זָהָב׳), והקליר מבסס את הקינה על פרק זה. תיאורו עוקב במידה רבה אחרי המדרש באיכה רבה, בעיקר הפתיחתא כב וא, נג.

סימן א״ב (על פי פסוקי איכה ד)

וַיְקוֹנֵן יִרְמְיָהוּ עַל־יֹאשִׁיָּהוּ: דברי הימים ב׳ לה

אֵיכָה אֱלִי, קוֹנְנוּ מֵאֵילָיו
בֶּן שְׁמוֹנֶה שָׁנָה הֵחֵל לִדְרוֹשׁ מֵאֵילָיו.
בְּנֵי חָם בְּעָבְרָם, חָנוּ עָלָיו
וְלֹא הֻזְכַּר לוֹ שִׁגּוּי מִפְּעָלָיו.

גַּם בְּכָל הַמְּלָכִים אֲשֶׁר קָמוּ לְגְדוֹר
לֹא קָם כָּמוֹהוּ, מִימוֹת אֲבִיגְדוֹר.
דָּבַק בּוֹ עָוֹן לֵיצָנֵי הַדּוֹר
אֲשֶׁר אַחַר הַדֶּלֶת, קָמוּ לְסְדוֹר.

הָאוֹכְלִים זֶרַע שִׁחוֹר
כִּתְמוּ הַטּוֹב, פִּחֲמוּ מִשְּׁחוֹר.
וַיְּגַדֵּל עָוֹן, וְהֵשִׁיב יָמִין אָחוֹר
וְעוֹד לֹא שָׁלַח יָדוֹ מִן הַחוֹר.

זַכּוּ אֲמָרָיו, כְּנָם דָּת לְהָקִים
בְּצַע אֶמְרָתוֹ, בְּאָרוּר אֲשֶׁר לֹא־יָקִים: דברים כז
חָשַׁךְ תָּאֳרוֹ כְּנִאֲצוּ רְחוּקִים
בְּבֶצַע מוֹאֲסֵי דָּת וְחֻקִּים.

טוֹבִים רֵעִים נִקְרְאוּ, כְּשָׁלְחוּ מַלְאָךְ
מַה לִּי וָלָךְ הַיּוֹם, לְתַלְאָךְ.
יְדֵי עַם הָאָרֶץ, דָּמִים בְּמַלְאָךְ
תֵּעָנֵשׁ, בְּבִצְעִי אֶת פְּנֵי פַלְאָךְ.

כָּלָה הֲמוֹנַי, לָלֶכֶת אֲרַם נַהֲרַיִם
לְמַעַן לֹא תַעֲבֹר חֶרֶב כָּל שֶׁהוּא בְּאֶפְרַיִם.
לֹא שָׁמַע לַחוֹזֶה, לָשׁוּב אֲחוֹרַיִם
כִּי גְזֵרָה נִגְזְרָה לְסַכְסֵךְ מִצְרַיִם בְּמִצְרָיִם:

מֵחַטֹּאת סְתִירַת מְזוּזוֹת
חֲזוֹן עֲנְתוֹתִי הֵחֵלּוּ לְבַזּוֹת.
נָעוּ עֲנָמִים לְחָמוּ לְהַבְזוֹת
וְלֹא הֵסֵב פָּנָיו, וְסָפְדוּ עַל זֹאת:

סוֹרוּ הֵעִידוּ, עַד לֹא שְׁאִיָּה
וַיְמָאֲנוּ סוּר, וּמָט יְסוֹד נְשִׁיָּה.
פְּנֵי קְרָב קָרַב, וְלֹא עָלְתָה לוֹ שְׁעִיָּה
וַיֹּרוּ הַיֹּרִים לַמֶּלֶךְ יֹאשִׁיָּה: דברי הימים ב׳ לה

עוֹדֶנּוּ עוֹצֵם עֵינָיו, בְּגֵוִיּוֹ נוֹחֲצִים
חֵץ אַחַר חֵץ, מוֹרִים וְלוֹחֲצִים.
צָדוּ וְשָׂמוּהוּ כַּמַּטָּרָה לַחִצִּים
וַיִּזְרְקוּ בוֹ שְׁלֹשׁ מֵאוֹת חִצִּים.

קַלִּים צָתְתוּ אַחֲרָיו, אֱזוֹן מוֹצָא פִיהוּ
וְעַד מִצּוּי נֶפֶשׁ, מַעֲשָׂיו הֵיפִיהוּ.
רוּחַ שְׂפָתָיו הִפְצָה מִפִּיהוּ
צַדִּיק הוּא יהוה, כִּי מָרִיתִי פִיהוּ.

שִׁישִׁי נוֹף, כִּי קִנּוּא זָעַם
לְשַׁלֵּם שְׁאוֹנָם בַּעֲוֹן בִּצְעָם.
תַּם כֶּתֶם הַטּוֹב, עִם זוּ בְּפִשְׁעָם
וַיְקוֹנֵן עָלָיו כָּל אֵיכָה יוּעַם זָהָב.

תַּם בְּמִקְרֶה אֶחָד כּוֹס מְגִדּוֹ לִשְׁתּוֹת
בְּמוֹעֵד שְׁנַת הַשְּׁמִטָּה, כְּגַע הַקָּהֵל לְאֶתוֹת.
תָּלָה עֶשְׂרִים וּשְׁתַּיִם, מֵהֲרוֹס שָׁתוֹת
כִּי סָפְדוּ לוֹ אֵיכָה, בְּעֶשְׂרִים וּשְׁתַּיִם אוֹתוֹת.

בית המעבר מהקינה על נפילת המלך לקינה על חורבן הבית

אוֹתוֹת קִינוֹת לְבַטָּה מְחוֹלִי / עֵת כִּי שָׁכַחְתִּי מְחוֹלְלִי
זַמּוֹתַי כִּי לָעַד יַאֲהִילִי / רָשַׁעְתִּי וְנָסַעְתִּי, וְנִטַּשׁ אָהֳלִי:

יב | אהלי אשר תאבת

בקינה זו לכל הבתים מבנה זהה: תיאור של בית המקדש בימי קדם – מבריאת העולם, בעקבות המדרש בנדרים לט ע״ב, בית המקדש קדם לבריאת העולם, ועד לחורבן הבית בעוונות ישראל; תיאור של מצבו כעת ביד שונאי ישראל (כפי שציין הגרי״ד סולובייצ׳יק, במובן של זמן ארוך מני נשוא, בעקבות איכה ה, כ: ״לָמָּה לָנֶצַח תִּשְׁכָּחֵנוּ״); תיאור של הקב״ה, שאף הוא גולה (״גלו – שכינה עמהם״, מגילה כט ע״א); ופרפרזה על פסוק המסתיים במילה ׳פֹּה׳.

סימן תשר״ק (לאחר ׳אָהֳלִי אֲשֶׁר, ׳לָמָּה לָנֶצַח׳ ו׳נִהְיֵיתָ׳)

אָהֳלִי אֲשֶׁר תָּאַבְתָּ עַד לֹא בְרֵאשִׁית, עִם כִּסֵּא כָבוֹד לְצָרְפוֹ.
לָמָּה לָנֶצַח שֻׁדַּד בְּיַד שׁוֹדְדִים
וְנִהְיֵיתָ כְּרוֹעָה כְּעֹטְיָה
וְרָעַשְׁתָּ וְרָגַזְתָּ, וְעַתָּה מַה־לִּי־פֹה: ישעיה נב

אָהֳלִי אֲשֶׁר קוֹמַמְתָּ לְאֵיתָנֵי קֶדֶם, בְּחֶרְדַּת מִי אֵפוֹא.
לָמָּה לָנֶצַח צֻמַּת בְּיַד צָרִים
וְנִהְיֵיתָ כְּצִפּוֹר בּוֹדֵד עַל גָּג
מַר צוֹרֵחַ, מָה לִידִידִי פֹּה.

אָהֳלִי אֲשֶׁר פַּצְתָּ לִמְעֹנוֹ לָצִיר, וְאַתָּה עֲמֹד עִמָּדִי פֹּה.
לָמָּה לָנֶצַח עֹרְעַר בְּיַד עֲרֵלִים
וְנִהְיֵיתָ כְּשׂוֹנֵא וְצָר
וְאַיֵּה אִוּוּי מוֹשָׁב פֹּה.

אָהֳלִי אֲשֶׁר נָחִיתָ בְּעַנְנֵי הוֹד, לְאֵת אֲשֶׁר יֶשְׁנוֹ פֹּה וְאֵינֶנּוּ פֹּה.
לָמָּה לָנֶצַח מֹאַס בְּיַד מוֹרְדִים
וְנִהְיֵיתָ כְּלֹא יוּכַל לְהוֹשִׁיעַ
מַה־לְּךָ פֹה וּמִי לְךָ פֹה: ישעיה כב

אָהֳלִי אֲשֶׁר כּוֹנַנְתָּ מָכוֹן לְשִׁבְתְּךָ, לְחוֹפֵף לְחֻפּוֹ.
לָמָּה לָנֶצַח יְעָה בְּיַד יְהִירִים
וְנִהְיֵיתָ כְּטָס בֶּחָלָל
וְאֵין עוֹד נָבִיא, וְנָמַתְּ, הַאֵין פֹּה.

אָהֳלִי אֲשֶׁר חָנִיתָ מֵאָז בְּתָאָיו, מִפֹּה וּמִפֹּה.
לָמָּה לָנֶצַח זְנַח בְּיַד זָרִים
וְנִהְיֵיתָ כְּוָתִיק יוֹצֵא חוּצָה
וְלֹא עָבַר פֹּה.

אָהֳלִי אֲשֶׁר הֵכַנְתָּ, לְהַשְׁלִיךְ בּוֹ לְפָנֶיךָ גּוֹרָל פֹּה.
לָמָּה לָנֶצַח דֹּחָה בְּיַד דּוֹמִים
וְנִהְיֵיתָ כְּגֵר בָּאָרֶץ
וְנָמַתְּ, כִּי לֹא־נָסֹב עַד־בֹּאוֹ פֹּה: שמואל א׳ טז

אָהֳלִי אֲשֶׁר בַּעֲוֹן בִּצְעִי, חָשְׁכוּ כּוֹכְבֵי נִשְׁפּוֹ.
לָמָּה לָנֶצַח אֻפַּל בְּיַד אֲרוּרִים
וְנִהְיֵיתָ כְּאוֹרֵחַ בְּמָלוֹן
וְעוֹד מִי־לְךָ פֹּה: בראשית יט

בית המעבר אינו חותם בתחילת הקינה הבאה אלא בפסוק (איכה ב, א), ומסתבר שהכוונה הייתה להעביר לקינה ׳אֵיכָה אֵת אֲשֶׁר כְּבָר עָשׂוּהוּ׳ (עמ׳ 134), המבוססת על פרק זה (וכן הסדר במחזור נירנברג).

אָחוֹר וָקֶדֶם מִפֹּה וּמִפֹּה
לְכָל דּוֹר וָדוֹר נוֹדַע קִצְפּוֹ וְחֻפּוֹ
עַל מֶה מִכָּל אֹם, שָׁת עָלַי כַּפּוֹ
זֹאת לְבַעֲלִיל, כִּי פִּיד חָקוּק בְּכַפּוֹ
רִפִּיתִי בְטוּחָה, כִּי רֶגַע בְּאַפּוֹ תהלים ל
וְעַד עַתָּה, אֵיכָה יָעִיב בְּאַפּוֹ: איכה ב

יג | אי כה אומר

"'איכה' – ...אמר הנביא ירמיה: אי 'כה'? איה הבטחה שאמר ה' לאברהם... 'כֹּה יִהְיֶה זַרְעֶךָ' (בראשית טו, ה)? איה 'כה' שנאמר לאבינו יעקב: 'כֹּה תֹאמַר לְבֵית יַעֲקֹב' (שמות יט, ג)" (פסיקתא זוטרתא, ריש איכה; וראה זוהר, תרומה קמג ע"ב). באחד עשר הבתים הראשונים הקליר מרחיב את דברי המדרש, בהתבססו על פסוקים נוספים שנאמרה בהם המילה 'כה' – ובניגוד לכך, בחציו השני של כל בית, תיאור החורבן מלווה בציטוט מהפסוקים הראשונים של תהלים עד. רד"ק פירש שפרק זה מדבר על הגלות שלאחר החורבן. הבית האחרון רומז בתחילתו לנביאים באופן כללי, וחותם בתהלים עד, י, שהוא נקודת מפנה במזמור – וממנו המשורר מתחיל לתאר את גבורת ה' ומייחל לישועתו.

סימן א"ב (לאחר 'אֵי כֹּה' וְ'הֵן עַתָּה')

אֵי כֹּה אֹמֶר, כָּרַת לְאָב בְּפֶצַח
בִּבְרִית בֵּין הַבְּתָרִים, כֹּה יִהְיֶה לָנֶצַח.
וְהֵן עַתָּה בָּלְעוּ עֲצָמַי בְּרֶצַח
לָמָה אֱלֹהִים זָנַחְתָּ לָנֶצַח:

אֵי כֹּה גֵּשׁ כְּשֶׂה לְעוֹלָה, לִרְצוֹתֶךָ
נֵלְכָה עַד כֹּה, פִּתּוּ בְּעֵדוֹתֶיךָ.
וְהֵן עַתָּה דָּקְרוּ כְּפֶלַח, רַעְיָתֶךָ
יֶעְשַׁן אַפְּךָ בְּצֹאן מַרְעִיתֶךָ:

אֵי כֹּה הַבְטָחַת עֲקֻדִּים נְקֻדִּים, בְּמַשָּׂאוֹת
אִם כֹּה יֹאמַר, כֹּה יוּחַשׁ אוֹת.
וְהֵן עַתָּה וְכַחְתָּ עִיר מְלֵאָה תְּשֻׁאוֹת
הָרִימָה פְעָמֶיךָ לְמַשֻּׁאוֹת:

אֵי כֹּה זָם וְהָרַג מִצְרִי, בְּגַן נָעוּל בַּקֹּדֶשׁ
וַיִּפֶן כֹּה וָכֹה, חָתַם עֵדוּת קֹדֶשׁ.
וְהֵן עַתָּה חֶלְקָם אָכַל חֹדֶשׁ
כָּל־הֵרַע אוֹיֵב בַּקֹּדֶשׁ:

אֵי כֹּה טוֹב כְּשַׁלַּח גָּאוּל עֲבָדֶיךָ
כֹּה תֹאמַר לְשַׁלַּח עַם לְעָבְדֶךָ.
וְהֵן עַתָּה יָשְׁבוּ בוֹגְדֶיךָ בְּבֵית וְעוּדֶיךָ
שָׁאֲגוּ צֹרְרֶיךָ בְּקֶרֶב מוֹעֲדֶךָ:

אֵי כֹּה כְּרִיתוּת חֲדָשׁוֹת בְּרִיתוֹת
בְּכֹה אָמַר כַּחֲצוֹת לַיְלָה, בְּמוֹפְתֵי אוֹתוֹת.
וְהֵן עַתָּה לְהֵקוּ בְּנַעֲלֵיהֶם לְאֵתוֹת
שָׂמוּ אוֹתֹתָם אֹתוֹת:

אֵי כֹּה מִשְׁמַע וּמֹשֶׁה עָלָה
כֹּה תֹאמַר לְנָוֶת בַּיִת מְעֻלָּה.
וְהֵן עַתָּה נִאֲצוּהָ בְּנֵי עַוְלָה
יִוָּדַע, כְּמֵבִיא לְמָעְלָה:

אֵי כֹּה שִׂיחַ שִׁשִּׁים אוֹתִיּוֹת הַקְּדוּמוֹת
כֹּה תְבָרְכוּ, לְשִׁשִּׁים גִּבּוֹרִים דּוֹמוֹת.
וְהֵן עַתָּה עָתְקוּ רְדוּמוֹת
בִּסְבָךְ־עֵץ קַרְדֻּמּוֹת:

אֵי כֹּה פֵּץ לָקֹב, וּבֵרַךְ עַם קְדוֹשֶׁךָ
בְּשׁוּב וְכֹה תְדַבֵּר, הוּמַר לִקְדוֹשֶׁיךָ.
וְהֵן עַתָּה צָרוּ עַל עִיר קָדְשֶׁךָ
שִׁלְחוּ בָאֵשׁ מִקְדָּשֶׁךָ:

אֵי כֹּה קִיחַת לְוִיִּים שְׁלֵמֶיךָ
כֹּה תַעֲשֶׂה לָהֶם, לְטַהֲרָם לְבֵית עוֹלָמֶיךָ.
וְהֵן עַתָּה רָעֲשׁוּ וְהִרְעִישׁוּ שָׁמֶיךָ
לָאָרֶץ חִלְּלוּ מִשְׁכַּן־שְׁמֶךָ:

אֵי כֹּה שִׁבְעַת שׁוֹפְרוֹת עֶרֶץ
כֹּה תַעֲשֶׂה שֵׁשֶׁת יָמִים, לְהַפִּיל חוֹמָה לָאָרֶץ.
וְהֵן עַתָּה שְׁעָרִים טָבְעוּ בָאָרֶץ
שָׂרְפוּ כָל־מוֹעֲדֵי־אֵל בָּאָרֶץ:

אֵי כֹּה תְּשׁוּעַת אֲסָמֵי אוֹצָר
בְּכֹה אָמַר, אֲשֶׁר לַחוֹזִים נָצָר.
וְהֵן עַתָּה תִּפְּחוּ פִרְחֵי בַחֲצַר
עַד־מָתַי אֱלֹהִים יְחָרֶף צָר:

יד | איכה את אשר כבר עשוהו

"וַיִּקְרָא יַעֲקֹב אֶל־בָּנָיו, וַיֹּאמֶר הֵאָסְפוּ וְאַגִּידָה לָכֶם אֵת אֲשֶׁר־יִקְרָא אֶתְכֶם בְּאַחֲרִית הַיָּמִים" (בראשית מט, א). "ביקש לגלות את הקץ ונסתלקה ממנו שכינה" (רש"י, על פי בראשית רבה צט, ה). פיוט זה בנוי על המדרשים שלפיהם האבות ידעו במעומעם את העתיד לקרות, ומתאר את ציפייתם לבניין המקדש; אחרי כל צמד בתים כאלה שוזר בית מעבר, המתאר את החורבן. לקראת סוף הפיוט גם בבתים הראשונים בכל שלישייה החורבן מחלחל.

מבנה הפיוט מורכב מאוד: יש בו אחת עשרה קבוצות בנות שלושה בתים. הבית הראשון והשני בכל קבוצה מתחילים במילה הראשונה של פסוק מאיכה ב, והצלע השלישית בכל בית פותחת באותה אות. הבית השלישי הוא בית מעבר, הפותח במילה האחרונה של הבית שלפניו וחותם במילה הראשונה של זה שאחריו, והשורה השנייה של בתי המעבר יוצרת את האקרוסטיכון 'אלעזר בירבי'. בבית האחרון המילה הראשונה של ארבע הצלעות יוצרת את אקרוסטיכון החתימה 'קליר' (לאחר המילה 'הַיְקָרִים' שנמשכה מהבית הקודם). הפיוט מסתיים במעבר מלשון 'אֵיכָה' ללשון 'אֵי כֹּה' – ככל הנראה משום שבמקור נאמר פיוט זה לפני הפיוט 'אֵי כֹּה אֹמֶר' (עמ' 132).

אֵיכָה אֵת אֲשֶׁר כְּבָר עָשׂוּהוּ / תָּבַע מֶנִּי לִגְבוֹת נְשִׁיֵּהוּ.
אֲשֶׁר עַד לֹא שְׁחָקִים נִמְתָּחוּ / בְּשֶׁלִי רָמַז, וְהָאָרֶץ הָיְתָה תֹהוּ: בראשית א

בִּלַּע בְּאוֹת עַרְבִית וְשַׁחֲרִית / גֵּאֶה מַגִּיד מֵרֵאשִׁית אַחֲרִית.
בָּנוּי וְחָרֵב וּבָנוּי בְּאַחֲרִית / וּמֵחוֹבֵי קַלְקָלָתוֹ הֶחֱרִית.

הֶחֱרִית אִישׁוֹן וְחֹשֶׁךְ מִיָּדָע / וְקַדְמוֹנִים חָזוּהוּ מְגֻדָּע.
אָז לְרָאשֵׁי דוֹרוֹת, נִתּוּצוֹ נוֹדַע / עַד לֹא עָשׂוּי, קַרְנוֹתָיו גָּדַע.

גָּדַע גֹּבַהּ קוֹמַת יְצִיר צָר / זֶה סֵפֶר, לְפָנָיו הִבְצַר.
גָּלְמִי רָאוּ עֵינֶיךָ הִפְצַר / כְּהֶעֱבִיר לְפָנָיו כָּל נֶעֱצַר.

דָּרַךְ דּוֹחֵף מִבֵּית הָאוֹצָר / וְהֶרְאָהוּ כִּי הַמַּצָּע קָצַר.
דָּוָה לִבּוֹ, כְּבָט בִּיאַת צַר / וַיְקוֹנֵן עָלָיו אֵיכָה, בְּאֵיכָה בְּעֵת צָר.

צַר לוֹ, הֶרְאָה בְּמַה שֶּׁהָיָה / נִתַּץ קִיר נָטוּי, גָּדֵר הַדְּחוּיָה.
לַדּוֹרוֹת לִמֵּד נְהוֹת נְהִי וְנִהְיָה / עַל שֶׁבֶר אֲשֶׁר הָיָה.

הָיָה הַנּוֹעַר מִמִּזְרָח / בֵּין הַבְּתָרִים אוֹרוֹ כְּזָרַח.
הֶרְאָהוּ אַרְבַּע מַלְכֻיּוֹת בְּרֶדֶם, וְצָרַח / כִּי טָבַע שַׁעַר הַמִּזְרָח.

וַיִּחְמֹס וַיְנַצֵּל זֵרָהּ / וַיַּרְא הַשְׁלָכַת נִזְרָהּ.
וּבְאֵימָה נוֹפֶלֶת בְּזֵרָהּ / וְצִדֵּק מִדַּת הַדִּין, כְּאָז רָאָה.

רָאָה עֵרֹם וְעֶרְיָה, וְנֶאֱנַח / וְלַעֲקוּדוֹ, סוֹד זֶה פִּעֲנַח.
עָשְׁשָׁה מִכַּעַס עֵינוֹ, וְלֹא נָח / מֵרְאוֹת גִּזְעוֹ טוֹב זָנַח.

זָנַח זֹהַר תָּם בְּמַחֲזֶה / כִּי לֹא הֶאֱמִין בִּנְאֻם זֶה.
זָן עֵינוֹ בַּמָּקוֹם הַזֶּה / וְשָׂר שִׁמּוּמוֹ, וַיְקוֹנֵן אֵין זֶה.

חָשַׁב חֲשׁוּשׁ בְּעוֹלִים וְיוֹרְדִים / וַיָּבֶן כִּי בוֹ יָהוּ רוֹדִים.
חֲנִיטָיו עַל מֶה בְּדִינוֹ חֲרֵדִים / מֵהֶם נִתְבַּע זְבוּל בַּמּוֹרְדִים.

מוֹרְדִים זְבוּל וּמַצְפּוּנָיו נִבְעוּ / וּמַסְמְרוֹת נַעֲלֵימוֹ בְּקַרְקָעִיתוֹ קָבֶעוּ.
זִיו שְׁעָרָיו מֶנִּי מָה נִתְבָּעוּ / וְהִנָּם טְמוּנִים בָּאָרֶץ כִּי טָבָעוּ:

טָבְעוּ טוֹרְדִים לֵידַע זְמָן / כִּי לְגַלּוֹת קֵץ אָב זִמֵּן.
טוֹב מִשֶּׁגִּלָּה לוֹ קֵץ מְזֻמָּן / הֵשַׁע וְהִבְלִיג, וְקֵץ כָּמַן.

יֵשְׁבוּ יִשְׁאֲלוּ לְאָב לֵידַע / קֵץ הַפְּלָאוֹת מָתַי יִוָּדַע.
יְקַו לְיוֹם יְשׁוּעָה, וְלֹא נוֹדַע / עַד כִּי בְעִתּוֹ, יוּחַשׁ וְיִתְוַדַּע.

יִתְוַדַּע רָז לָעָם, בְּךָ נִסְתַּכְּלוּ / וְנִכְסָה מֵהֶם, וְלֹא יוּכָלוּ.
רֵעֶיךָ, מִקִּנְאַת בֵּיתְךָ נֶאֱכָלוּ / וּבְיָגוֹן חַיֵּימוֹ כָּלוּ.

כָּלוּ כִּסְלֵי צִיר כְּשֻׁלַּח / וְנָם, שְׁלַח־נָא בְּיַד־תִּשְׁלָח: שמות ד
כִּי מַה בֶּצַע לִי לְהִשְׁתַּלַּח / וְאַחֲרַי גִּלְעָדִי יְשֻׁלַּח.

לְאֻמּוֹתָם לִבְבוּ עוֹלְלֵי סוּף / אֵי זֶה יוֹם הַכָּסוּף.
לִבָּם הֵכִין לְשׁוֹרֵר מִסּוּף / יהוה יִמְלֹךְ בִּזְרוֹעַ חָשׂוּף.

חָשׂוּף בְּיָד רָמָה / נִגְלָה בְּיָמִין רוֹמֵמָה.
בָּנִים כְּשָׁרוּ חֵמָה וְרוֹמָה / קָצְרָה נַפְשָׁם בְּגֵיא אֱדוֹם, דַּעַת עַל מָה.

מַה מָּצָאתָ עַוְלָתָה בִּי / כִּי בָגוֹד בָּגַדְתָּ בִּי.
מִמִּדְבָּר, הֵמַרְתָּ בִּי / וְעַד עַתָּה, לֹא הֶאֱמַנְתָּ בִּי.

נְבִיאֶיךָ, נִטְעֵי אֲבִיגְדוֹר / נִשְׁתַּבְּרוּ, פְּרָצוֹת לִגְדֹּר.
נִגְלֵיתִי יוֹם נָקָם לְסַדֵּר / וְלֹא קִדְּשׁוּ פָּרִיצֵי הַדּוֹר:

הַדּוֹר יָזְמוּ דַּעַת סוֹד, וְדָפְקוּ / הִשְׁבַּעְתִּי אֶתְכֶם שָׁמְעוּ, וּפָקְקוּ.
יַחַד כְּשָׁמְעָם זֹאת נִתְמַקְמָקוּ / וְעַל כַּפַּיִם סָפָקוּ.

סָפְקוּ, שָׂשׂוּ, בָּאֵי הָאָרֶץ / כְּנִפְלוּ בְיָדָם מַלְכֵי אָרֶץ.
סִבְּרוּ כִּי יִשְׁעָם יָרֶץ / וְעַל יָדָם יִתְכּוֹנֵן מְשׂוֹשׂ כָּל הָאָרֶץ.

פָּצוּ, חַג לַיהוה בְּשִׁלוֹ / דִּמּוּ כִּי לָעַד יִהְיֶה שָׁם מוֹשְׁלוֹ.
בראשית מט פָּעֲלוּ שֶׁקֶר וְהִשִּׁילוּ / עַד כִּי־יָבֹא שִׁילֹה:

שִׁילֹה רָצָה, כְּחָלָה מֵעֲשֵׂה / וְנִמְאַס, כַּאֲשֶׁר בּוֹ נַעֲשָׂה.
רְאוּ מָה עֲבֵרָה עוֹשָׂה / לְכֹל אֲשֶׁר חָפֵץ עָשָׂה.

עָשָׂה עַמִּי אוֹת בְּצִבְיוֹן / וּלְעִתּוֹ חָשׁ עָלַי קִשָּׁיוֹן.
עֳלַפְתִּי כְּחֹרֶב בְּצִיּוֹן / עַד אֲשֶׁר יוֹפִיעַ אֱלֹהִים מִצִּיּוֹן.

צָעַק, צִיּוֹן אֵיךְ נָתַן / לָשׂוּם עָלַי גּוֹי אֵיתָן.
צָהַל וְרָקַע עַל הַמִּפְתָּן / וּבַחֲמָתוֹ, חִתִּיתוֹ נָתַן.

נָתַן בְּעִוּוּתוֹ, עֵת הוֹבִילַנִי רוֹקְמִי / תְּרַתִּי לָעַד, בָּהּ לְקוֹמְמִי.
בּוֹשְׁתִּי וְגַם נִכְלַמְתִּי, בֵּל בַּהֲקִימִי / וּבָחֳרִי אַף, נָם לִי קוּמִי.

קוּמִי קָשַׁבְתִּי בְּהִזָּנְחָה / קוּמִי וּלְכִי, כִּי לֹא זֹאת הַמְּנוּחָה.
קַצְתִּי בְחַיַּי מֵאֲנָחָה / וְהִגַּשְׁתִּי, וְלֹא עָרְבָה מִנְחָה.

רָאָה רֹעַ נַפְשִׁי זְנוּחָה / מִשָּׁלוֹם וּמִשַּׁלְוָה וּמֵהֲנָחָה.
רְטוּשָׁה בְּהָרֵי נֶשֶׁף, אֲנוּחָה / גַּם שָׁם לֹא נָחָה.

נָחָה יָדוֹ בָּם, וּבָהּ נִכְווּ / אֱנוֹשִׁים עַל רֹאשָׁם כְּרָכָבוּ.
יָגְעוּ עַל נַהֲרוֹת בָּבֶל, כְּנִתְעַכָּבוּ / וּכְעוֹלְלוּ עוֹלָלוּ, וְחוּצָה שָׁכָבוּ.

שָׁכְבוּ, שׁוֹבִים גּוֹיִם מַדְקִירִים / מִתְעוֹלְלִים בָּמוֹ, כְּמוֹ בְּקָרִים.
איכה ד שֶׁהֵם יָזֻבוּ מְדֻקָּרִים: / וּמִי פָּרַת קָרְבֵימוֹ דוֹקְרִים.

תִּקְרָא תֹּקֶף, טֶבַח וּמֶסֶךְ מַבְקִירִים / קִיר עֵרָה, מְקַרְקְרִים.
איכה ד וְכָל עַם וְלָשׁוֹן, בָּם סוֹקְרִים / וַעֲלֵיהֶם מְקוֹנְנִים, בְּנֵי צִיּוֹן הַיְקָרִים:

הַיְקָרִים, קוֹל בְּרָמָה הִשְׁמִיעוּ לִבְכֹּה / לָמָּה זֶה וְעַל מַה זֶּה, הִקְוֵנוּ כֹּה
יַחַד, זֶה אוֹמֵר בְּכֹה, וְזֶה אוֹמֵר בְּכֹה /
רָגְנוּ לְהָמִיר לְשׁוֹן אֵיכָה בִּלְשׁוֹן אֵי כֹה.

טו | איכה אשפתו

קינה זו היא הארוכה והמורכבת ביותר מבין הקינות הנאמרות היום. היא משתמשת בכל חמשת פרקי מגילת איכה ובתוכחות שבפרשת 'בחקתי' (ויקרא כו, כה-מו), אך השימוש העיקרי הוא בפרק ג מהמגילה, והוא משרה את האווירה על שאר הקינה:
היא פותחת בסבלו של המשורר, עוברת להרגשתו שכביכול ה' עצמו חלילה שונא אותו ומתארת כיצד הוא חוזר בו מהייאוש ופונה לתקווה, עושה את חשבון נפשו – ומתוך כך חוזר לתיאור מצבו השפל מתוך תפילה אל ה' שיגאל אותו ושישלם לכל אויביו.
בצלע האחרונה של הקינה, המצטטת את פסוקי התוכחה, המשורר מוסיף 'הֲשִׁיבֵנוּ וְהוֹרֵנוּ' לפני לשון התורה, המבוססת על הפסוק: "אֵלֶּה הַחֻקִּים וְהַמִּשְׁפָּטִים וְהַתּוֹרֹת אֲשֶׁר נָתַן ה' בֵּינוֹ וּבֵין בְּנֵי יִשְׂרָאֵל בְּהַר סִינַי בְּיַד־מֹשֶׁה" (שם פסוק מו).

כאמור, מבנה הקינה מורכב ושאפתני במיוחד: יש בה עשרים ושניים בתים, המורכבים מארבע שורות רגילות בנות שלוש צלעות כל אחת. בכל בית השורה הראשונה פותחת במילה מתוך פסוקי פרק א באיכה, השנייה במילה מפסוקי פרק ב, והשלישית מפרק ד; הצלע האחרונה בכל אחת משורות אלה היא חציו הראשון של פסוק מפרק ג. השורה האחרונה בכל בית עוקבת אחרי השורות האחרונות מבחינת תוכנה, אך מאופקת יותר: היא פותחת במילה הראשונה מפסוקי פרק ה, וחותמת בתחילת פסוקי התוכחה.

אֵיכָה אַשְׁפָּתוֹ פָּתְוּחַ כְּקֶבֶר / וּלְרוֹדַי בְּאַף, הוֹסִיף אֵבֶר / אֲנִי הַגֶּבֶר:
אֵיכָה אֶשָּׂא עָווֹן הָג / וְחֻסַּם פִּי מִמֶּלֶל לַהַג / אוֹתִי נָהַג:
אֵיכָה אָץ זַעְמוֹ לִשְׁפֹּךְ / הֵכִיל נִלְאֵיתִי, וְנָם שְׁפֹךְ / אַךְ בִּי יָשֻׁב יַהֲפֹךְ:
זְכוֹר אֲפִיפָתִי בַּשֶּׁרֶב / וְנָם, כִּי־יִנָּטוּ צִלְלֵי־עָרֶב: / ירמיה ו
וְהֵבֵאתִי עֲלֵיכֶם חֶרֶב:

בָּכוֹ תִבְכֶּה, בְּעֵת כֹּל חִסְּרִי / וּכְעָזְבִי אֹרַח יִסְּרִי / בִּלָּה בְשָׂרִי וְעוֹרִי:
בִּלַּע בַּיִת, לָרוּם מְזֻקָּף / וּבְבַרְזֶל סִבְּכוֹ נִקַּף / בָּנָה עָלַי וַיַּקַּף:
בְּנֵי בִטְנִי לֶאֱכֹל הִקְשִׁיבַנִי / מִנִּי צַר, אָחוֹר הֱשִׁיבַנִי / בְּמַחֲשַׁכִּים הוֹשִׁיבַנִי:
נַחֲלָתֵנוּ בְּנֻטְּשָׁה בְּיַד לוֹחֵם / נָם לֹא אָחוּס וְלֹא אֲרַחֵם /
בְּשִׁבְרִי לָכֶם מַטֵּה־לֶחֶם:

גָּלְתָה גְהוּצָה לַעֲנֹד עֶדִי / מֵחֻפָּה לְגָלוּת בְּהִתְעַתְּדִי / גָּדַר בַּעֲדִי:
גָּדַע גְּאוֹן נָדִיב וָשׁוֹעַ / וְהֵשִׁיב יָמִין אָחוֹר מִלְּהוֹשִׁיעַ /
גַּם כִּי אֶזְעַק וַאֲשַׁוֵּעַ:
גַּם גִּבַּר עָלַי פּוֹרְכַי / וּבְנַאֲקִי, סָתַם חֲרַכַּי / גָּדַר דְּרָכַי:
יְתוֹמִים גְּרוּשִׁים מֵאֲחֻזּוֹת / וְלֹא שָׁב אַפּוֹ בְּכָל זֹאת /
וְאָמַר וְאִם־בְּזֹאת:

דַּרְכֵי דִּיץ, שָׂךְ לְהַאֲבִילִי / וְגָלוּת לְשֵׁשַׁךְ הוֹבִילִי / דֹּב אֹרֵב הוּא לִי:
דָּרַךְ דּוֹחֵק עַל בָּמוֹת, לְהִשְׁתָּרֵר / שְׁעוּ מִנִּי, בִּבְכִי אֲמָרֵר / דְּרָכַי סוֹרֵר:
דָּבַק דּוֹלְקִי וְצָדָנִי בְּרִשְׁתּוֹ / עָלַי לִלְטשׁ מַחֲרַשְׁתּוֹ / דָּרַךְ קַשְׁתּוֹ:
מֵימֵינוּ דָלַח, וְנָם אֲשִׁמְכֶם / גֵּיא גָלוּת אֲטִילְכֶם לְהַכְלִימְכֶם /
וְהָלַכְתִּי עִמָּכֶם:

הָיוּ הָהּ לְיוֹם בְּכִיּוֹתַי / וְצָרֶבֶת אֵשׁ, כְּוִיּוֹתַי / הֵבִיא בְּכִלְיוֹתָי:
הָיָה הוֹלֵךְ מִפָּנַי וּמַזְעִימִי / וְכֶעָסִים, דָּמִי הִטְעִימִי / הָיִיתִי שְׂחֹק לְכָל־עַמִּי:
הָאֹכְלִים הַקֹּדֶשׁ פֶּסַח בְּלֵיל שִׁמֻּרִים / הֶאֱכִילָם בְּכַפָּן, רָאשֵׁי חֲמוֹרִים /
הִשְׂבִּיעַנִי בַמְּרוֹרִים:
עַל צַוָּארֵנוּ הִשְׂרִיג, וְחִלֵּל שֶׁכֶם / וְנָם אֶפְקֹד עַל עֲוֹנוֹתֵיכֶם /
וַאֲכַלְתֶּם בְּשַׂר בְּנֵיכֶם:

וַיֵּצֵא וְקָדְקֹד שִׂפַּח וְרִצַּץ / וְחִזֵּק מוֹסֵרַי, כִּי אֶתְלוֹצַץ / וַיַּגְרֵס בֶּחָצָץ:
וַיַּחְמֹס וַיְנַצֵּל מֵעֶדְיִי לְהַכְפִּישִׁי / וּמִגָּבְהָהּ לִתְהוֹם הִרְפִּישִׁי /
וַתִּזְנַח מִשָּׁלוֹם נַפְשִׁי:
וַיַּגְדֵּל וְכָבַד, נַאַק רִצְחִי / וּבְקָדְקֳדִי עָלָה צִוְחִי / וָאֹמַר אָבַד נִצְחִי:
מִצְרַיִם וְכוּשׁ, שָׂח אֲשִׁיבְכֶם / וְאֶשְׁפָּטְכֶם כְּזִמַּתְכֶם /
וְהִשְׁמַדְתִּי אֶת־בָּמֹתֵיכֶם:

זָכְרָה זֹאת כִּי נִבְאַשׁ נִרְדִּי / וּלְכַלָּה פָּץ, מִכָּבוֹד רְדִי / זְכָר־עָנְיִי וּמְרוּדִי:
זָנַח זָעַם, וְלֵב הִקְשִׁיחַ / וּבְהִתְעַבְּרוֹ עִם מָשִׁיחַ / זָכוֹר תִּזְכּוֹר וְתָשׁוֹחַ:
זַכּוּ זְקֵנַי, וּפָעֳלָם אָבִיא / כִּי בְּכֵן פָּרַץ נְתִיבִי / זֹאת אָשִׁיב אֶל־לִבִּי:
אֲבוֹתֵינוּ זָעֲקוּ וְכָלוּ מִדִּבָּה / וְשָׂח עַל רָעָתֵנוּ כִּי רַבָּה /
וְנָתַתִּי אֶת־עָרֵיכֶם חָרְבָּה:

חֵטְא חָז, כִּי עָוֹן נִכְתַּמְנוּ / תְּמוּר כִּי בְצִחְיוֹן נִזְהַמְנוּ /
חַסְדֵי יהוה כִּי לֹא־תָמְנוּ:
חָשַׁב חוֹרְשֵׁי לְקַרְקַר יְקָרִים / וּמַר יִבְכָּיוּן, מַכָּתִי סוֹקְרִים / חֲדָשִׁים לַבְּקָרִים:
חָשַׁךְ חָזוֹן מַגִּישֵׁי אִשִּׁי / קִיר כְּעִוֵּר לְגַשְּׁשִׁי / חֶלְקִי יהוה, אָמְרָה נַפְשִׁי:
עֲבָדִים חֲסָמוּנוּ מִלִּגְדֹּר פֶּרֶץ / וְתוֹכָחוֹת קָשׁוֹת פָּץ בְּחֶרֶץ /
וַהֲשִׁמֹּתִי אֲנִי אֶת־הָאָרֶץ:

טְמְאָתָהּ טְפֵלָה, וְנָטָה קָו / וְלֹא נָסוֹג אָחוֹר מִקּוֹוָיו / טוֹב יהוה לְקֹוָו:
טָבְעוּ טִירוֹתַי וּפִי צַר דָּמַם / וְכָל עֹבֵר עָלַי, שָׁרַק וְשָׁמַם / טוֹב וְיָחִיל וְדוּמָם:
טוֹבִים טַפִּים נִכְלוּ בְּהוֹסִיפִי לִמְעֹל / וּכְמַעֲלָלַי, חָרָה בִּי לִפְעֹל /
טוֹב לַגֶּבֶר כִּי־יִשָּׂא עֹל:
בְּנַפְשֵׁנוּ טֶרֶף אֵפֶר נִבְרָה / כִּי כְמוֹ בָרַחַת וּבַמִּזְרֶה / נָם, וְאֶתְכֶם אֱזָרֶה:

יָדוֹ יָרָה בִּי אוֹר כִּסְדוֹם / וְעַל כָּל אֵלֶּה, הוּנַתְנִי בַּת אֱדוֹם / יֵשֵׁב בָּדָד וְיִדֹּם:
יֵשְׁבוּ יְגוֹנִים, בְּנֵי עֲלֵי חוֹפֵהוּ / כִּי כָבֵד עָלַי אַפֵּהוּ / יִתֵּן בֶּעָפָר פִּיהוּ:
יְדֵי יוֹסְרַי שָׁתוּ בִּי מְחִי / וְקָשַׁבְתִּי מִפִּי צַר, שְׁחִי / יִתֵּן לְמַכֵּהוּ לֶחִי:
עוֹרֵנוּ יוּעַם כְּחֶרֶשׂ בְּקֶרֶץ / וְגֵוֵינוּ שַׂמְנוּ כָאָרֶץ / אָז תִּרְצֶה הָאָרֶץ:

כָּל כְּבוֹד תָּאֳרֵנוּ הָכְלַם / וְצוּר, אָרְחוֹתָיו חֶסֶד כֻּלָּם / כִּי לֹא יִזְנַח לְעוֹלָם:
כָּלוּ כִמְעַט, כִּי בִי נִלְחַם / וְעַל הָרָעָה, הוּא נִחַם / כִּי אִם־הוֹגָה וְרִחַם:
כִּלָּה כַעְסוֹ, וְהִצִּית לַהֲבוֹ / וּבְתַכְלִית שִׁשָּׁה, מְאוֹרֵי כִּבּוֹ / כִּי לֹא עִנָּה מִלִּבּוֹ:
נָשִׁים כִּפְרוּעוֹת יוֹשְׁבוֹת שַׁמָּה / בְּכָל שָׁנָה וְשָׁנָה מַזְכִּירוֹת אַשְׁמָה /
כָּל־יְמֵי הָשַּׁמָּה:

לוּא אֲלֵיכֶם, לוֹחֲצֵי גִילָיו / עַל בָּנָיו הֶעֱבִיר גַּלָּיו / לְדַכֵּא תַּחַת רַגְלָיו:
לְאִמֹּתָם, לְעֵת כָּמְהוּ מִשֶּׁבֶר / יַעַן כִּי גָרוֹן פָּתְחוּ כַּקֶּבֶר /
לְהַטּוֹת מִשְׁפַּט־גָּבֶר:
לֹא לִמְחוֹת פֵּץ לְעַם קְרוֹבוֹ / וְאֵיךְ מִתַּעַר הוֹצִיא חַרְבּוֹ / לְעַוֵּת אָדָם בְּרִיבוֹ:
שָׂרִים לְכוּדִים הוֹצִיא מִשְּׁעָרִים / תֵּת כַּתְּאֵנִים הַשֹּׁעָרִים /
לְעוֹלֵל הַנִּשְׁאָרִים:

מִמָּרוֹם, מְגִלָּה כָּתַב בְּנֶהִי / קִינִים וָהֶגֶה וָהִי / מִי זֶה אָמַר וַתֶּהִי:
מָה אֲעִידֵךְ, מְאוּסָה מִלְּהֵרָצָה / נְתוּנָה בְּיַד מֵרִיב וּמִתְנַצָּה /
מִפִּי עֶלְיוֹן לֹא תֵצֵא:
מֵחַטֹּאת מַדִּיחַי אֲקוֹנֵן / מְנַחֲמִי כְּמַיִן מִתְרוֹנֵן / מַה־יִּתְאוֹנֵן:
בַּחוּרִים מוֹטְטוּ כּוֹשֵׁל בִּי לַהֲרֹב / וּשְׁכִינָה הֻעֲלָה מִקֶּרֶב /
וְכָשְׁלוּ אִישׁ־בְּאָחִיו כְּמִפְּנֵי־חֶרֶב:

נִשְׁקַד נֵטֶל עֹל פּוֹרְכֵינוּ / וַיִּתָעֵב שַׁי עוֹרְכֵינוּ / נַחְפְּשָׂה דְרָכֵינוּ:
נְבִיאַיִךְ נִאֲצוּ לִקְרֹץ עַפְעַפַּיִם / וְאִכְזְרוּ עָלֵינוּ אֶרֶךְ אַפַּיִם /
נִשָּׂא לְבָבֵנוּ אֶל־כַּפָּיִם:
נָעוּ נָדוּ רֹאשׁ בְּמַהֲמוֹרֵינוּ / רְשָׁעִים מַפִּילִים בְּמַכְמוֹרֵינוּ /
נַחְנוּ פָשַׁעְנוּ וּמָרִינוּ:
זְקֵנִים נִינִים לְרֹב שְׂגוּיִם / אֲכָלוּם וְהֵשִׁיתוּם מָשָׁל בַּגּוֹיִם /
כְּנָם וַאֲבַדְתֶּם בַּגּוֹיִם:

סִלָּה שָׁמַי קְטוֹרָה בְּאַף / וָאֶפְעַר פִּי וָאֶשְׁאַף / סַכּוֹתָה בָאַף:
סָפְקוּ שׁוֹטְנַי כַּף וָאֶשְׁתּוֹנֵן / וָאֶזְעַק חָמָס וָאֶתְאוֹנֵן / סַכֹּתָה בֶעָנָן:
סוֹרוּ טָמֵא שָׁחוּ מַאֲשִׁימֵינוּ / בְּהִנָּתֵן כַּבַּרְזֶל שָׁמֵינוּ / סְחִי וּמָאוֹס תְּשִׂימֵנוּ:
שָׁבַת מְשׂוֹשׂ שָׂמֵחַ מְשׁוֹרְרִים / וְרוֹדְפַי קַלּוּ מִנְּשָׁרִים / לְאַבֵּד הַנִּשְׁאָרִים:

עַל אֵלֶּה עֲשָׁקוּנוּ בְּחֵרוּפֵיהֶם / וְהִגְדִּילוּ שָׁאוֹן גִּדּוּפֵיהֶם / פָּצוּ עָלֵינוּ פִּיהֶם:
פָּצוּ פָּעֲרוּ פֶּה מִבְּאֵר שַׁחַת / וְאִטְּרוּ עָלַי בְּתוֹכַחַת / פַּחַד וָפָחַת:
פְּנֵי פְאֵר חָפַת מְעוֹנִי / הֶקְמִיל וְהֵקִים מְעַנִּי / פַּלְגֵי־מַיִם תֵּרַד עֵינִי:
נָפְלָה עֲטֶרֶת עֹז מִשְׁעָנָם / וְצַר בְּשִׁבְעָה דְרָכִים עִנָּם /
וְהִתְוַדּוּ אֶת־עֲוֹנָם:

פֵּרְשָׂה פוֹצְצָה, אוֹי כִּי סֻגְּרָה / תְּמוּר מָתְנֶיהָ בְּעֹז חָגְרָה / עֵינִי נִגְּרָה:
עָשָׂה עֶבְרָתוֹ וַיֶּחֱרֶה / וְעָרַף אֶת מָדוֹן מְגָרֶה / עַד־יַשְׁקִיף וְיֵרֶא:
עוֹדֵינוּ עָף כָּבוֹד, וְעָלָה / וְעֶשֶׂר מַסָּעוֹת נַעֲלָה / עֵינִי עוֹלְלָה:
עַל זֶה פָּסַק נוֹי נָעֳמָם / וְצוּר שָׁח, לֹא אֶעֶזְבֵם בְּכַף זוֹעֲמָם /
אַף־אֲנִי אֵלֵךְ עִמָּם:

צַדִּיק צַר צְעָדַי לִסְפּוֹר / וּכְעִקַּלְתִּי יָשָׁר, וָאֶכְפּוֹר / צוֹד צָדוּנִי כַּצִּפּוֹר:
צָעַק צוּרִי, וְסִכֵּךְ מֵעֲבוֹר / וּבְחַלְלֵי עָרַךְ לִשְׁבּוֹר / צָמְתוּ בַבּוֹר:
צָדוּ צְעָדַי, וְסָע דּוֹרְשִׁי / וְכַעֲלוֹתָם עָלַי כַּיָּם לְגָרְשִׁי / צָפוּ־מַיִם עַל־רֹאשִׁי:
עַל הַר צִיּוֹן צָבְאוּ לְהַכְרִיתִי / וְצוּר שָׁח, אֶחְמוֹל עַל שְׁאֵרִיתִי /
וְזָכַרְתִּי אֶת־בְּרִיתִי:

קָרָֽאתִי, קְשֹׁב חֶרְפַּת מוֹנַי / עַל הַלְּחִי, מַכִּים בָּנַי / קָרָֽאתִי שִׁמְךָ יהוה:
קוּמִי קִרְאִי, כִּי לֹא יַכְלֵם / עַל יֶֽתֶר לְמַקְנִיאַי יְשַׁלֵּם /
קוֹלִי שָׁמָֽעְתָּ אַל־תַּעְלֵם:
קַלִּים קְדָחֽוּנִי, וְעִלַּמְתָּ מַרְאֶֽךָ / הֵשַׁת בַּגּוֹיִם מוֹרָאֶֽךָ / קָרַֽבְתָּ בְּיוֹם אֶקְרָאֶֽךָּ:
אַתָּה יהוה קֵץ אַל תְּכַזֵּב / עַד מָתַי, כַּחֹֽרֶשׁ אֵעָזֵב / וְהָאָֽרֶץ תֵּעָזֵב:

רְאֵה רֹֽגֶז מַכַּת אֲנוּשִׁי / וְאֹמַר, בְּהִנָּטְשִׁי בְּנָֽשִׁי / רַֽבְתָּ אֲדֹנָי רִיבֵי נַפְשִׁי:
רְאֵה רֹב בַּעֲתָתִי / הֲשַׁמּוֹת כָּל עֲדָתִי / רָאִֽיתָה יהוה עַוָּתָתִי:
רְוַח רְפָתָה בִּי מֵאֵימָתָם / לְבַלְּעִי, הֶעֱלוּ חֲמָתָם / רָאִֽיתָה כָּל־נִקְמָתָם:
לָֽמָּה רָחוֹק תַּעֲמֹד בְּדַבְּרָם עַזּוֹת / נַֽמְתָּ, הַנְּשָׁמָה אוֹשִׁיב פְּרָזוֹת /
וְאַף גַּם־זֹאת:

שָׁמְעוּ שֶׁנּוֹקַֽשְׁתִּי בִּדְחִיפָתָם / וּכְיֶֽלֶק עָלָה עֵיפָתָם / שָׁמַֽעְתָּ חֶרְפָּתָם:
שָׁכְבוּ שׁוֹחֲחִים, בָּנַי מִיגוֹנָם / וְשׁוֹבֵיהֶם, גָּאָה מְאֹד גְּאוֹנָם /
שִׂפְתֵי קָמַי וְהֶגְיוֹנָם:
שִׁיִשִׁי שׂוֹסָתִי, כִּי בִי יָד מָטָה / מְשְׁפֶּֽלֶת עַד שְׁאוֹל מַֽטָּה /
שִׁבְתָּם וְקִימָתָם הַבִּֽיטָה:
הֲשִׁיבֵֽנוּ שָׁלֵם, שִׁלּוּם שָׁנִים / וְתֹאמַר, אֶפְדֵּם מִשְּׁאוֹנִים /
וְזָכַרְתִּי לָהֶם בְּרִית רִאשֹׁנִים:

תָּבֹא, תָּשׁוּר מְעַנַּי לָמוּל / הֵם שֶׁגָּבְרוּ חַיִל, וְאִוְּיֶֽךָ אָמוּל / תָּשִׁיב לָהֶם גְּמוּל:
תִּקְרָא, תְּגַלֶּה יוֹם כָּמוּס בְּלֵב / וּמְחַפְּשֵׂי עוֹלוֹת, לִפְעֹל מִלֵּב /
תִּתֵּן לָהֶם מְגִנַּת־לֵב:
תַּם תַּכְלִית תָּקְפָּם לְלָכְדֵם / יִפְּלוּ, בְּלִי לְהַעֲמִידֵם / תִּרְדֹּף בְּאַף וְתַשְׁמִידֵם:
כִּי תָמִיד דּוֹקְרִים וְשׁוֹחֲקִים / וּמִתּוֹרָתְךָ אָֽנוּ לֹא רוֹחֲקִים /
הֲשִׁיבֵֽנוּ וְהוֹרֵֽנוּ אֵֽלֶּה הַחֻקִּים:

טז | זכור את אשר עשה צר בפנים

פרק ה במגילת איכה מתבונן על החורבן ממרחק של זמן, הכאב אולי חד פחות, אך תחושת הייאוש והחידלון גדולה יותר. במבט לאחור לעתים הזיכרון ממוקד בכמה תמונות או אירועים בולטים, הממחישים את הכלל. בקינה זו הקליר מתבסס על שני פרטים מחורבן הבית השני, שהובאו במסכת גיטין: התיאור כיצד טיטוס נכנס לקודש הקודשים וחילל אותו לפני שנשרף הבית (נו ע״ב), והמעשה בארבע מאות הילדים שאיבדו את עצמם לדעת לפני שיימכרו לקלון (נו ע״ב). הקינה מסיימת בתפילה לגאולה, המבוססת על תהלים מד, כג-כד: ״כִּי־עָלֶיךָ הֹרַגְנוּ כָל־הַיּוֹם, נֶחְשַׁבְנוּ כְּצֹאן טִבְחָה. עוּרָה לָמָּה תִישַׁן אֲדֹנָי, הָקִיצָה אַל־תִּזְנַח לָנֶצַח״.

המילה הראשונה בכל שורה לקוחה מפסוקי פרק ה (למעט שני הבתים האחרונים, שבהם היא המילה הראשונה בכל בית); והשנייה בכל שורה – על סדר הא״ב.

זְכֹר אֶת אֲשֶׁר עָשָׂה צַר בִּפְנִים
שָׁלַף חַרְבּוֹ, וּבָא לִפְנַי וְלִפְנִים.
נַחֲלָתֵנוּ בְּעֵת, כְּטִמֵּא לֶחֶם הַפָּנִים
וְגִדֵּר פָּרֹכֶת בַּעֲלַת שְׁתֵּי פָנִים.

יְתוֹמִים גֹּעַל בְּמָגֵן מְאָדָּם
וַיְמַדֵּד קָו בְּמַרְאֶה אֲדַמְדָּם.
מֵימֵינוּ דָּלַת, וְהִשְׁכִּיר חִצָּיו מִדָּם
כְּיָצָא מִן הַבַּיִת, וְחַרְבּוֹ מְלֵאָה דָּם.

עַל הֲגוּתוֹ הַוּוֹת גָּבַר
וְנָטָה אֶל אֵל יָדוֹ, לְמוּלוֹ לְהִתְגַּבֵּר.
מִצְרַיִם וְכָל לְאֹם, אֲשֶׁר בָּם גָּבַר
וַאֲנִי בְתוֹךְ אִוּוּיוֹ, אָרוּץ אֵלָיו בְּצַוָּאר.

אֲבֹתֵינוּ זָרָה כְּהִכְנִיסוּ, בַּחוּרָיו אָכְלָה אֵשׁ
וְזֶה צוֹעֶה זוֹנָה הִכְנִיס, וְלֹא נִכְוָה בָּאֵשׁ.
עֲבָדִים חִתּוּ בְּסֻכּוֹ, לַבַּת אֵשׁ
וְעַל מֶה בְּבֵית אֵשׁ, מִמָּרוֹם שָׁלַח אֵשׁ: איכה א

בְּנַפְשֵׁנוּ טָבְעֵנוּ, כְּהוֹצִיא כְּלֵי שָׁרֵת
וְשָׂמָם בָּאֳנִי שַׁיִט בָּם לְהִשָּׁרֵת.
עוֹרֵנוּ נָמַק כְּהִשְׁכִּים מְשָׁרֵת
וְלֹא מָצָא תִּשְׁעִים וּשְׁלֹשָׁה כְּלֵי שָׁרֵת.

נָשִׁים כִּשְׁרוּ כִּי בָא עָרִיץ
בְּקַרְקַע הַבַּיִת נְעָלָיו הֶחֱרִיץ.
שָׂרִים לְפָתוּ בְּבוֹא פָּרִיץ
בְּבֵית קֹדֶשׁ הַקֳּדָשִׁים, צַחֲנָתוֹ הִשְׁרִיץ.

בַּחוּרִים מִבַּחוּץ צָגוּ מְחֻזָּקִים
וְתָרוּ, כִּי יָזַק בְּשִׁשִּׁים רִבּוֹא מַזִּיקִים.
זְקֵנִים נִבְעָתוּ כְּהִרְשִׁיעוּהוּ מְשַׂחֲקִים
עֲשׂוֹת רְצוֹנוֹ, וְהוּא אָסוּר בָּאֲזִקִּים.

שָׁבַת סוֹטֵן, וַיָּבוֹא אַדְמוֹן
וַיְסַבֵּב חוֹמָה, וַיְעַוֵּת הָמוֹן.
נָפְלָה עֶבְרָה, עַל נִינֵי פִּצֵּל לַח לוּז וְעַרְמוֹן
עַד כִּי נָטַשׁ מִדֹּק אַרְמוֹן.

עַל פֶּתַח הַר הַבַּיִת הֵחֵל לָבוֹא
בְּיַד אַרְבָּעָה רָאשֵׁי טַפְסְרָיו, לְהַחֲרִיבוֹ.
עַל צַד מַעֲרָבִי לְזֵכֶר, הִשְׁרִיד בּוֹ
וְצָג אַחַר כָּתְלֵנוּ, וְלֹא רָב רִיבוֹ.

אַתָּה קָצַפְתָּ וְהִרְשֵׁיתָ לְפַנּוֹת
יְלָדִים אֲשֶׁר אֵין בָּהֶם כָּל מאוּם, מִשָּׁם לְהִפָּנוֹת.
לָמָּה רָגְשׁוּ גוֹיִם, וְלֹא שָׁעִיתָ אֶל הַמִּנְחָה פְּנוֹת
וְשִׁלְּחוּם לְאֶרֶץ עוּץ, בְּשָׁלֹשׁ סְפִינוֹת.

הֲשִׁיבֵנוּ שִׁוְּעוּ, כְּבָאוּ בְּנִבְכֵי יָם
וְשִׁתְּפוּ עַצְמָם יַחַד, לִנְפֹּל בַּיָּם.
שִׁיר וְתִשְׁבָּחוֹת שׁוֹרְרוּ, כְּעַל יָם
כִּי עָלֶיךָ הֹרַגְנוּ בִּמְצוּלוֹת יָם.

כִּי תְהוֹמוֹת בָּאוּ עַד נַפְשָׁן
כָּל זֹאת בָּאַתְנוּ וְלֹא שְׁכַחֲנוּךָ, חִלּוּ לְמַמְשָׁן.
תִּקְוָתָם נָתְנוּ לְמֵשִׁיב מִבָּשָׁן
וּבַת קוֹל נִשְׁמְעָה: עוּרָה, לָמָּה תִישַׁן: תהלים מד

יז | אם תאכלנה

קינה זו מתמקדת בסבלם של האנשים הפשוטים בעיקר מחמת הרעב. הבית האחרון חריג – ובו הקב״ה כביכול עונה לעם, באמצעות הסבת המשך אותו הפסוק (איכה ב, כ) על הריגת הנביא זכריה (בעקבות איכה רבה ב, כ; וראה עמ׳ 182).

סימן א״ב

אִם־תֹּאכַלְנָה נָשִׁים פִּרְיָם, עֹלְלֵי טִפֻּחִים: איכה ב
אַלְלַי לִי.

אִם תְּבַשֵּׁלְנָה רַחֲמָנִיּוֹת יַלְדֵיהֶן, הַמְדוּדִים טְפָחִים טְפָחִים.
אַלְלַי לִי.

אִם תְּגֻזַּזְנָה פְּאַת רֹאשָׁם, וְתִקָּשַׁרְנָה לְסוּסִים פּוֹרְחִים.
אַלְלַי לִי.

אִם תִּדְבַּק לְשׁוֹן יוֹנֵק לְחֵךְ, בְּצִמְאוֹן צְחִיחִים.
אַלְלַי לִי.

אִם תֵּהָמֶנָה זוֹ לְעֻמַּת זוֹ, בּוֹאִי וּנְבַשֵּׁל אֶת בָּנֵינוּ צוֹרְחִים.
אַלְלַי לִי.

אִם תִּוָּעֵדְנָה זוֹ לְזוֹ, תְּנִי בְנֵךְ, וְהוּא חָבוּי מִנְּתָח נְתָחִים נְתָחִים.
אַלְלַי לִי.

אִם תְּזַמֵּנָּה בְּשַׂר אָבוֹת לַבָּנִים, בִּמְעָרוֹת וְשִׁיחִים.
אַלְלַי לִי.

אִם תְּחַיֵּבְנָה בָּנוֹת, אֶל חֵיק אִמּוֹתָם נִתְפָּחִים.
אַלְלַי לִי.

אִם תָּטֹסְנָה רוּחוֹת עוֹלְלִים בִּרְחוֹבוֹת קִרְיָה תְּפוּחִים.
אַלְלַי לִי.

אִם תִּיקַרְנָה בְּשִׁכּוּל רֶחֶם וְצִמּוּק שָׁדַיִם, וְאֵם עַל בָּנִים שָׁחִים.
אַלְלַי לִי.

אִם תִּכָּשַׁלְנָה שְׁמוֹנֶה מֵאוֹת מָגִנִּים, בַּעֲרַב אֲלוּחִים.
אַלְלַי לִי.

אִם תְּלַהֲטְנָה רוּחָם בְּמִינֵי מְלוּחִים וְנוּדוֹת נְפוּחִים.
אַלְלַי לִי.

אִם תְּמַעֲטְנָה מֵאֶלֶף מֵאָה, וּמִמֵּאָה עֲשָׂרָה, עַד אֶחָד לְמַפָּחִים.
אַלְלַי לִי.
אִם תְּנַסֶּנָה לְמָסַךְ הֵיכָל, שְׁמוֹנִים אֶלֶף כֹּהֲנִים פִּרְחִים.
אַלְלַי לִי.
אִם תִּשָּׂרַפְנָה שָׁם כָּל אוֹתָן הַנְּפָשׁוֹת, כְּקוֹצִים כְּסוּחִים.
אַלְלַי לִי.
אִם תֵּעָרַפְנָה עַל דַּם נָקִי, שְׁמוֹנִים אֶלֶף כֹּהֲנִים נִרְצָחִים.
אַלְלַי לִי.
אִם תְּפַחְנָה נְפָשׁוֹת מְדֻקָּרִים, מֵרֵיחַ תְּנוּבוֹת שִׂיחִים.
אַלְלַי לִי.
אִם תְּצֻבַּרְנָה עַל אֶבֶן אַחַת, תִּשְׁעָה קַבִּין מוֹחֵי יְלָדִים מֻנָּחִים.
אַלְלַי לִי.
אִם תִּקָּעֶנָה שְׁלֹשׁ מֵאוֹת יוֹנְקִים, עַל שׂוֹכָה אַחַת מְתוּחִים.
אַלְלַי לִי.
אִם תֵּרָאֶינָה רַכּוֹת וַעֲנֻגּוֹת, כְּבוּלוֹת עַל יַד רַב הַטַּבָּחִים.
אַלְלַי לִי.
אִם תִּשָּׁכַבְנָה בֵּין שְׁפַתַּיִם, בְּנוֹת מְלָכִים מְשֻׁבָּחִים.
אַלְלַי לִי.
אִם תִּתְעַלַּפְנָה הַבְּתוּלוֹת וְהַבַּחוּרִים, בְּצִמָּאוֹן צְחִיחִים.
אַלְלַי לִי.

וְרוּחַ הַקֹּדֶשׁ לְמוּלָם מַרְעִים
הוֹי עַל כָּל שְׁכֵנַי הָרָעִים
מַה שֶּׁהִקְרָאם מוֹדִיעִים
וְאֵת אֲשֶׁר עָשׂוּ לֹא מוֹדִיעִים
אִם־תֹּאכַלְנָה נָשִׁים פִּרְיָם, מַשְׁמִיעִים איכה ב
אִם־יֵהָרֵג בְּמִקְדַּשׁ אֲדֹנָי כֹּהֵן וְנָבִיא, לֹא מַשְׁמִיעִים.

יח | ואתה אמרת

הקליר כביכול לא שמע את התשובה 'וְרוּחַ הַקֹּדֶשׁ לְמוּלָם מַרְעִים...', והוא ממשיך בקינה המעמתת את השגשוג בעבר למצב שלאחר החורבן. הקינה פותחת בשני פסוקים, שבהם הזכירו יעקב (בראשית לב, יג) ומשה (שמות לג, טז) את הבטחות ה'. החזרה על המילים 'אַתָּה' וְ'לָמָּה' נותנת לקינה אופי של תלונה. בבית האחרון המשורר סוטה מהמבנה האלפביתי, ובאופן מפתיע מקבל בשם העם את האחריות על החורבן, על פי דניאל ט, ז: "לְךָ ה' הַצְּדָקָה, וְלָנוּ בֹּשֶׁת הַפָּנִים" – פסוק שעליו הוא מבסס את הקינה הבאה.

סימן א"ב (לאחר המילים 'אַתָּה' וְ'לָמָּה')

וְאַתָּה אָמַרְתָּ, הֵיטֵב אֵיטִיב עִמָּךְ: בראשית לב
וְנִפְלֵינוּ אֲנִי וְעַמֶּךָ: שמות לג
וְלָמָּה בְּנֵי בְלִיַּעַל חִלְּלוּ שְׁמֶךָ
וְלֹא שָׁפַכְתָּ עֲלֵיהֶם זַעְמֶךָ.

אַתָּה גִּדַּלְתָּ וְרוֹמַמְתָּ בָנִים לְהָנֵק
כַּאֲשֶׁר יִשָּׂא הָאֹמֵן אֶת־הַיֹּנֵק: במדבר יא
וְלָמָּה דּוֹדָנִים צִחוּם לְשַׁנֵּק
וְאַרְיֵה בְּדֵי גוּרוֹתָיו מְחַנֵּק.

אַתָּה הֵינַקְתָּ דְּבַשׁ מִסֶּלַע
וַתּוֹצִיא נוֹזְלִים מִסֶּלַע.
וְלָמָּה וְשׁוֹפְטֵיהֶם נִשְׁמְטוּ בִּידֵי סֶלַע
וְעוֹלְלֵיהֶם נֻפְּצוּ אֶל הַסָּלַע.

אַתָּה זָנַחְתָּ וַתִּמְאַס כָּל גּוֹי
לָקַחַת לְךָ גּוֹי מִקֶּרֶב גּוֹי.
וְלָמָּה חָשׁ וְעָלָה עַל אַרְצִי גּוֹי
וְאָמְרוּ לְכוּ וְנַכְחִידֵם מִגּוֹי: תהלים פג

אַתָּה טֵאטֵאתָ שִׁשִּׁים וּשְׁמוֹנִים
לְהָבִיא גּוֹי שֹׁמֵר אֱמֻנִים.
וְלָמָּה יָזְמוּ מוֹאָבִים וְעַמּוֹנִים
לְעַם זוּ כַּכּוֹכָבִים נִמְנִים.

אַתָּה כּוֹנַנְתָּ לְשֶֽׁבֶת הוֹדֶֽךָ
הַר זֶה קָנְתָה יְמִינְךָ וְיָדֶֽךָ.
וְלָֽמָּה לְאָחוֹר הֵשַֽׁבְתָּ יְמִין הוֹדֶֽךָ
וַתְּנַבֵּל כִּסֵּא כְבוֹדֶֽךָ.

אַתָּה מָרוֹם לְעוֹלָם רִאשׁוֹן
כּוֹנַֽנְתָּ מָרוֹם מֵרִאשׁוֹן.
וְלָֽמָּה נִאֵץ רָשָׁע בְּפֶה וְלָשׁוֹן
עַד כִּי נָגַע צַר בְּאִישׁוֹן.

אַתָּה שַֽׁתָּה לְטוֹב עָלֵימוֹ
בְּשִׂיחַ תְּבִיאֵמוֹ וְתִטָּעֵמוֹ.
וְלָֽמָּה עָרִיץ חֵרֵף וְאָמַר אֵי אֱלֹהֵימוֹ
אֲשֶׁר יֹאכַל חֵלֶב זְבָחֵימוֹ.

אַתָּה פּוֹרַֽרְתָּ בְעָזְּךָ יָם: תהלים עד
וַתָּֽסֶךְ בִּדְלָתַֽיִם יָם.
וְלָֽמָּה צָלַֽלְתִּי עַד נִבְכֵי יָם
וַיַּגְדֵּל שִׁבְרִי כַּיָּם.

אַתָּה קָדוֹשׁ, יוֹשֵׁב תְּהִלּוֹת קְדוֹשִׁים
בְּסוֹד יְשִׁישִׁים מְקֻדָּשִׁים.
וְלָֽמָּה רָֽגְשׁוּ גּוֹיִם קְדֵשִׁים
וְהֵשִׁימוּ בֵּית קֹֽדֶשׁ הַקֳּדָשִׁים.

אַתָּה שָׁמַֽעְתָּ כִּי הָיִֽינוּ חֶרְפָּה
וְסֻכָּֽתְךָ בָּאֵשׁ נִשְׂרְפָה.
וְלָֽמָּה תְּבַלַּע נַחֲלַת חֻפָּה
תַּצְמִֽיחַ תְּרוּפָה וְעָלֵֽינוּ חוֹפֵפָה.

אַתָּה צַדִּיק עַל כָּל הַבָּא
לְךָ יהוה הַצְּדָקָה וְנַצְדִּיקְךָ בְּחִבָּה.
וְלָֽמָּה נָהֵֽינוּ וְלָֽנוּ הַדִּבָּה
כִּי כָל זֹאת בָּאַֽתְנוּ בְּחוֹבָה.

יט | לך ה׳ הצדקה

קינה זו, והבאה אחריה, מבוססת על פרק ט בספר דניאל. רוב הפרק הוא תפילה ארוכה, ובה דניאל היושב בגלות מתוודה על חטאותיו וחטאות העם, ומבקש מה׳ שירחם על עמו ועל המקדש החרב. קינה זו מצטטת בכל בית את פסוק ז: ״לְךָ ה׳ הַצְּדָקָה, וְלָנוּ בֹּשֶׁת הַפָּנִים״, ובה וידוי ארוך ומפורט על חסדי ה׳ אתנו לאורך הדורות, ועל שלא נמצאנו ראויים – כבר משעת יציאת מצרים. בבתים האחרונים הקליר מזהה שצדקת ה׳ ממשיכה ללוות אותנו, בעצם יכולתנו לשרוד בגלות, ולאור זאת הוא מרשה לעצמו לבקש שה׳ יקבל אותנו בתשובה: בושת הפנים שהמשורר מדבר עליה, אינה גורמת לריחוק מתוך מחשבה שאין אנו ראויים להתקבל לפני ה׳ בתשובה, אלא מביאה אותנו להכרה שאם נפנה אליו באמת ובענוה, אפשר שנוכה להיגאל.

סימן א״ב (לאחר הציטוט מהפסוק)

לְךָ יהוה הַצְּדָקָה, בְּאוֹתוֹת אֲשֶׁר הִפְלֵאתָ, מֵאָז וְעַד עָתָּה.
וְלָנוּ בֹּשֶׁת הַפָּנִים, בִּבְחִינָה אֲשֶׁר נִצְרַפְנוּ, וְאוֹתָנוּ תִּעַבְתָּ.

לְךָ יהוה הַצְּדָקָה, בְּגוֹי מִקֶּרֶב גּוֹי לָקַחְתָּ בְּמַסּוֹת.
וְלָנוּ בֹּשֶׁת הַפָּנִים, בְּדָפִי אֲשֶׁר נִמְצָא בָנוּ, כְּמַעֲשֵׂיהֶם עֲשׂוֹת.

לְךָ יהוה הַצְּדָקָה, בְּהָלְכוּ אֱלֹהִים לִפְדּוֹת לוֹ לְעָם.
וְלָנוּ בֹּשֶׁת הַפָּנִים, בְּוַיַּמְרוּ עַל יַם סוּף, גּוֹי בֵּאלֹהָיו בְּפִשְׁעָם.

לְךָ יהוה הַצְּדָקָה, בְּזֵכֶר וְאַתֶּם עֵדַי וַאֲנִי אֱלֹהִים.
וְלָנוּ בֹּשֶׁת הַפָּנִים, בְּחָרְפֵנוּ בְּסִין, קוּם עֲשֵׂה לָנוּ אֱלֹהִים: שמות לב

לְךָ יהוה הַצְּדָקָה, בְּטַעַם שֶׁהִטְעַמְתָּנוּ כְּצַפִּיחִת בִּדְבָשׁ.
וְלָנוּ בֹּשֶׁת הַפָּנִים, בְּיוֹם הִקְרַבְנוּ לְפָנָיו, סֹלֶת וָשֶׁמֶן וּדְבָשׁ.

לְךָ יהוה הַצְּדָקָה, בְּכִלְכּוּל מָן וּבְאֵר וְעַמּוּד עָנָן.
וְלָנוּ בֹּשֶׁת הַפָּנִים, בְּלֶחֶם הַקְּלֹקֵל, אֲבוֹתֵינוּ בְּאָהֳלֵיהֶם בְּרָגְנָן.

לְךָ יהוה הַצְּדָקָה, בְּמִדְבָּר לֹא חָסַרְנוּ דָּבָר.
וְלָנוּ בֹּשֶׁת הַפָּנִים, בְּנֶאָצוֹת לָבָן וַחֲצֵרוֹת וְדִי זָהָב, כַּמִּדְבָּר.

לְךָ יהוה הַצְּדָקָה, בְּסִיחוֹן וְעוֹג וְכָל מַמְלְכוֹת כְּנָעַן.
וְלָנוּ בֹּשֶׁת הַפָּנִים, בְּעֶכֶן אֲשֶׁר מָעַל בַּחֵרֶם, בְּלִי מְצֹא מַעַן.

שחרית · קינות לתשעה באב · הטה אלהי אזנך 149

לְךָ יהוה הַצְּדָקָה, בְּפֹעַל אֲשֶׁר פָּעַלְתָּ, בְּאַרְבָּעָה עָשָׂר מוֹשִׁיעִים.
וְלָנוּ בֹּשֶׁת הַפָּנִים, בְּצֶלֶם מִיכָה בּוֹ אֲנַחְנוּ פוֹשְׁעִים.

לְךָ יהוה הַצְּדָקָה, בְּקִימַת שִׁילֹה וְנוֹב וְגִבְעוֹן וּבֵית עוֹלָמִים.
וְלָנוּ בֹּשֶׁת הַפָּנִים, בְּרֶשַׁע שֶׁנִּמְצָא בָנוּ שֶׁחָרְבוּ, וּבָם אָנוּ נִכְלָמִים.

לְךָ יהוה הַצְּדָקָה, בִּשְׁנֵי חָרְבָּנוֹת שֶׁחָרְבוּ בְּבִצְעֵנוּ, וְאָנוּ קַיָּמִים.
וְלָנוּ בֹּשֶׁת הַפָּנִים, בְּשׁוּבֵנוּ אֵלֶיךָ בְּכָל לֵב, שֶׁתָּשׁוּב אֵלֵינוּ בְּרַחֲמִים.

לְךָ יהוה הַצְּדָקָה, בְּתֵשַׁע מֵאוֹת שָׁנָה,
שֶׁהָיְתָה שִׂנְאָה כְּבוּשָׁה מִלְּהִשָּׁמַע.
וְלָנוּ בֹּשֶׁת הַפָּנִים, כְּתֶבַע אִישׁ חֲמוּדוֹת, וְשִׁוַּע,
הַטֵּה אֱלֹהַי אָזְנְךָ וּשֲׁמָע: דניאל ט

כ | הטה אלהי אזנך

קינה זו (האחרונה ברצף של חמש עשרה קינות מפרי עטו של ר׳ אלעזר הקליר) מבוססת על הפסוק שבו נחתמה הקינה הקודמת (דניאל ט, יח): ״הַטֵּה אֱלֹהַי אָזְנְךָ וּשֲׁמָע, פְּקַח עֵינֶיךָ וּרְאֵה שֹׁמְמֹתֵינוּ וְהָעִיר אֲשֶׁר־נִקְרָא שִׁמְךָ עָלֶיהָ, כִּי לֹא עַל־צִדְקֹתֵינוּ אֲנַחְנוּ מַפִּילִים תַּחֲנוּנֵינוּ לְפָנֶיךָ, כִּי עַל־רַחֲמֶיךָ הָרַבִּים״. כמשה אחרי חטא העגל וחטא המרגלים גם דניאל אינו מבקש גאולה בזכות צדקתם של ישראל, אלא בזכות היותם קרויים בשם ה׳, ובגלל חילול השם הנורא שבחורבן המקדש ובגלות. כפי שדניאל אומר בפסוק יז: ״וְעַתָּה שְׁמַע אֱלֹהֵינוּ אֶל־תְּפִלַּת עַבְדְּךָ וְאֶל־תַּחֲנוּנָיו, וְהָאֵר פָּנֶיךָ עַל־מִקְדָּשְׁךָ הַשָּׁמֵם, לְמַעַן ה׳״. הקליר חותם את הקינה בציטוט מפסוק זה.

סימן תשר״ק (לאחר הציטוט מהפסוק)

הַטֵּה אֱלֹהַי אָזְנְךָ, לִתְפִלֶּת מְנֻאֶצֶת, מִי לִי בַשָּׁמָיִם: תהלים עג
וּשְׁמַע שַׁאֲגַת צוֹרְרֶיךָ
הָאוֹמְרִים עָרוּ עָרוּ עַד הַיְסוֹד, שַׁעַר הַשָּׁמָיִם.

הַטֵּה אֱלֹהַי אָזְנְךָ, לְרִגְשַׁת הַדּוֹבֶרֶת עַל צַדִּיק עָתָק.
וּשְׁמַע קוֹל שָׁאוֹן מֵעִיר, בְּחֵמָה שְׁפוּכָה לְשַׁתֵּק.

עובדיה א הַטֵּה אֱלֹהַי אָזְנְךָ, לְצִיר שֻׁלַּח, וְנָם: קוּמוּ וְנָקוּמָה עָלֶיהָ לַמִּלְחָמָה:
וּשְׁמַע פְּלָצוּת הוֹמִים, בָּא הָעֵת, אִתּוֹ בְּבֵיתוֹ לְהִלָּחֵמָה.

הַטֵּה אֱלֹהַי אָזְנְךָ, לְעָצוּ עֵצָה וְחָשְׁבוּ מְזִמָּה, בַּל יוּכָלוּ.
וּשְׁמַע שִׂיחַת נוֹעֲצוּ לֵב יַחְדָּו, עָלֶיךָ עֲלוֹת נִסְתַּכָּלוּ.

הַטֵּה אֱלֹהַי אָזְנְךָ, לְנִאֲצוּ וְשִׁלְּחוּ בָאֵשׁ מִקְדַּשׁ הַמּוֹרָא.
וּשְׁמַע מְחָרְפֶיךָ, מַדְמִימֵי תוֹדָה וְקוֹל זִמְרָה.

הַטֵּה אֱלֹהַי אָזְנְךָ, לְלֵצִים לָצוֹן חָמְדוּ לָהֶם.
וּשְׁמַע כָּל חֶרְפָּתָם אֲשֶׁר חֵרְפוּךָ, וְהַפֵּל אֵימָתְךָ עֲלֵיהֶם.

הַטֵּה אֱלֹהַי אָזְנְךָ, לְיָהֲרוּ וְהוֹצִיאוּ הַכְּרוּבִים בִּרְחוֹבוֹת מְחַזְּרִים.
וּשְׁמַע טַרְחוּת טִנּוּפָם, כְּהֶעֱלוּ עַל מִזְבַּחֲךָ חֲזִירִים.

הַטֵּה אֱלֹהַי אָזְנְךָ, לְחִלְּלוּ וְטִנְּפוּ בֵּית קֹדֶשׁ הַקֳּדָשִׁים.
וּשְׁמַע זֵדִים מְזָרְקִים לְמוּלְךָ מִילוֹת קְדוֹשִׁים.

הַטֵּה אֱלֹהַי אָזְנְךָ, לוֹעֲזִים מְעִזִּים מֵצַח, לְכוּ וְנִלָּחֲמָה אִתּוֹ בְּבֵיתוֹ.
משלי ז וּשְׁמַע הַוּוֹת הוֹלְלִים מְהַלְלִים, כִּי אֵין הָאִישׁ בְּבֵיתוֹ:

הַטֵּה אֱלֹהַי אָזְנְךָ, לְדוֹבֶרֶת אֲנִי וְאַפְסִי עוֹד.
וּשְׁמַע גִּדּוּפֶיהָ וְחֵרוּפֶיהָ, מִשְׁתַּחֶצֶת עַד כִּסְאֲךָ עוֹד.

הַטֵּה אֱלֹהַי אָזְנְךָ, לְבוֹזָה וּמַלְעֶגֶת, מַה תּוֹחִילִי וְאֵינוֹ נִבְנֶה.
וּשְׁמַע בְּכִיַּת מַסְפִּידִים וְקוֹרְעִים, וּמְחַכִּים מָתַי יִבָּנֶה.

הַטֵּה אֱלֹהַי אָזְנְךָ, לְאוֹמְרִים עָזַב וְשָׁכַח וְנָטַשׁ, וָלָעַד שׁוֹמֵם.
וּשְׁמַע אֶנְקָתֵנוּ, וְקַנֵּא קִנְאָתֵנוּ,
דניאל ט וְהָאֵר פָּנֶיךָ עַל מִקְדָּשְׁךָ הַשָּׁמֵם:

כא | ארזי הלבנון

"הרוגי מלכות – אין כל בריה יכולה לעמוד במחיצתן" (בבא בתרא י ע"ב; ובדומה בפסחים נ ע"א). המדרשים מונים עשרה מגדולי התנאים כ'עשרת הרוגי מלכות', אשר קידשו שם שמים במיתתם. פיוטים רבים, סליחות וקינות נכתבו על בסיס מדרשים אלה. המוכר שבהם הוא הפיוט 'אֵלֶּה אֶזְכְּרָה' הנאמר בקהילות האשכנזים במוסף ליום הכיפורים, ובקהילות הספרדים בתשעה באב. הקינה 'אַרְזֵי הַלְּבָנוֹן' דומה אך קצרה יותר, ובעקבותיה אומרים עוד כמה קינות המתייחסות לאירועים היסטוריים. כפי שציין ר' יצחק מדורא, תלמיד מהר"ם (בספר המנהגים שחיבר), מזכירים עניינים אלה בתשעה באב כיוון "ששקולה מיתתן של צדיקים כשריפת בית אלהינו" (ראש השנה יח ע"ב). זו הקינה הראשונה הנאמרת בבוקר שאינה מפרי עטו של ר' אלעזר הקליר, ומחברה הוא ר' מאיר ב"ר יחיאל, חכם בן המאה השלוש עשרה באשכנז.

סימן א"ב, מאיר בן יחיאל חזק ואמץ, יחיה בן יחיאל

אַרְזֵי הַלְּבָנוֹן, אַדִּירֵי הַתּוֹרָה.
בַּעֲלֵי תְרִיסִין בְּמִשְׁנָה וּבִגְמָרָא.
גִּבּוֹרֵי כֹחַ, עֲמֵלֶיהָ בְּטָהֳרָה.
דָּמָם נִשְׁפַּךְ כַּמַּיִם, וְנָשְׁתָה גְבוּרָה.
הִנָּם קְדוֹשֵׁי הֲרוּגֵי מַלְכוּת, עֲשָׂרָה.
וְעַל אֵלֶּה אֲנִי בוֹכִיָּה, וְעֵינִי נִגְּרָה.

זֹאת בְּזָכְרִי, אֶזְעַק זְעָקָה גְּדוֹלָה וּמָרָה.
חֶמְדַּת יִשְׂרָאֵל, כְּלֵי הַקֹּדֶשׁ, נֵזֶר וַעֲטָרָה.
טְהוֹרֵי לֵב, קְדוֹשֵׁי קָדָשִׁים, שְׁחִיטָתָן בְּמִיתָה חֲמוּרָה.

יַדּוּ גוֹרָל, מִי רִאשׁוֹן לְחֶרֶב בְּרוּרָה.
כְּנִפַּל גּוֹרָל עַל רַבָּן שִׁמְעוֹן, פָּשַׁט צַוָּארוֹ וּבָכָה כְּנִגְזְרָה גְזֵרָה.
לְרַבָּן שִׁמְעוֹן חָזַר הַהֶגְמוֹן, לְהָרְגוֹ בְּנֶפֶשׁ נְצוּרָה.

מִזֶּרַע אַהֲרֹן שָׁאַל בְּבַקָּשָׁה לִבְכּוֹת עַל בֶּן הַגְּבִירָה.
נָטַל אֶת רֹאשׁוֹ, וּנְתָנוֹ עַל אַרְכְּבוֹתָיו, מְנוֹרָה הַטְּהוֹרָה.
שָׂם עֵינָיו עַל עֵינָיו, וּפִיו עַל פִּיו בְּאַהֲבָה גְּמוּרָה.
עָנָה וְאָמַר, פֶּה הַמִּתְגַּבֵּר בַּתּוֹרָה.
פִּתְאוֹם נִקְנְסָה עָלָיו מִיתָה מְשֻׁנָּה וַחֲמוּרָה.

צִוָּה לְהַפְשִׁיט אֶת רֹאשׁוֹ הַמֶּלֶךְ, בְּתַעַר הַשְּׂכִירָה.
קַיָּם בְּעוֹרוֹ, אָמְרוּ לְנַפְשְׁךָ, שְׁחִי וְנַעֲבֹרָה.
רָשָׁע הַפּוֹשֵׁט, עֵת הִגִּיעַ לִמְקוֹם תְּפִלִּין, מִצְוָה בָּרָה.
שָׁמַע צְעָקָה, וְנִזְדַּעְזַע עוֹלָם, וְאֶרֶץ הִתְפּוֹרָרָה.
תַּעֲמֹד זְכוּתוֹ לְדוֹרוֹת, קוֹל יהוה בֶּהָדָרָה.

מֵאַחֲרָיו הֵבִיאוּ אֶת רַבִּי עֲקִיבָא, עוֹקֵר הָרִים וְטוֹחֲנָן זוֹ בְּזוֹ בִּסְבָרָה.
אֶת בְּשָׂרוֹ מְסָרְקִין, בְּמַסְרֵק הַבַּרְזֶל לְהִשְׁתַּבְּרָה.
יָצְתָה נִשְׁמָתוֹ בְּאֶחָד, וּבַת קוֹל אָמָרָה.
רַבִּי עֲקִיבָא, אַשְׁרֶיךָ, גּוּפְךָ טָהוֹר בְּכָל מִינֵי טָהֳרָה.

בֶּן בָּבָא רַבִּי יְהוּדָה אַחֲרָיו הֵבִיאוּ, בְּשִׁבְרוֹן לֵב וְאַזְהָרָה.
נֶהֱרַג בֶּן שִׁבְעִים שָׁנָה, בִּידֵי רִשְׁעָה אֲרוּרָה.
יוֹשֵׁב בְּתַעֲנִית הָיָה, נָקִי וְחָסִיד בִּמְלַאכְתּוֹ לְמַהֲרָה.

חֲנַנְיָא בֶּן תְּרַדְיוֹן אַחֲרָיו, מַקְהִיל קְהִלּוֹת בְּצִיּוֹן שְׁעָרָה.
יוֹשֵׁב וְדוֹרֵשׁ, וְסֵפֶר תּוֹרָה עִמּוֹ, וְהִקִּיפוּהוּ בַּחֲבִילֵי זְמוֹרָה.
אֶת הָאוּר הִצִּיתוּ בָהֶם, וּכְרָכוּהוּ בְּסֵפֶר תּוֹרָה, וּבָעֲרוּ בוֹ הַבְעָרָה.
לְלִבּוֹ סְפוֹגִין שֶׁל צֶמֶר הֵנִיחוּ, שֶׁלֹּא יָמוּת מְהֵרָה.

חָסִיד רַבִּי יֶשֵׁבָב הַסּוֹפֵר, הֲרָגוּהוּ עַם עֲמוֹרָה.
זְרָקוּהוּ וְהִשְׁלִיכוּהוּ לַכְּלָבִים, וְלֹא הֻקְבַּר בִּקְבוּרָה.
קוֹל בַּת יָצְאָה עָלָיו, שֶׁלֹּא הִנִּיחַ כְּלוּם מִתּוֹרַת מֹשֶׁה לְשָׁמְרָה.

אֶת רַבִּי חֲנִינָא בֶּן חֲכִינַאי, וְאַחֲרָיו רַבִּי חֻצְפִּית, בְּיוֹם עֶבְרָה.
מִיַּד עוֹף הַפּוֹרֵחַ, בַּהֲבַל פִּיו נִשְׂרַף כִּבִמְדוּרָה.

צַדִּיק, רַבִּי אֶלְעָזָר בֶּן שַׁמּוּעַ, בָּאַחֲרוֹנָה נֶהֱרַג בְּמַדְקֵרָה.
יוֹם עֶרֶב שַׁבָּת הָיָה, זְמַן קִדּוּשׁ, וַיְקַדֵּשׁ וַיִּקְרָא.
חֶרֶב שָׁלְפוּ עָלָיו, וְלֹא הִנִּיחוּהוּ בַּחַיִּים, לְסַיֵּם וּלְגָמְרָה.
יָצְתָה נִשְׁמָתוֹ בִּבְרָא אֱלֹהִים, יוֹצֵר וְצָר צוּרָה.

הִנֵּה כֹּהֲנָה וְכֹהֲנָה, הוֹסִיפוּ בְּנֵי עַוְלָה לְעַנּוֹת בְּגַעֲרָה.
בִּסְקִילָה, שְׂרֵפָה, הֶרֶג וְחֶנֶק, מִי יוּכַל לְשַׁעֲרָה.
נוֹתֶרֶת מִמֶּנָּה יֹאכְלוּ אֲרָיוֹת, שֶׂה פְזוּרָה.

יֹאכְלוּהָ בְּמָקוֹם קָדוֹשׁ, כַּחַטָּאת וְכָאָשָׁם, לְאַבֵּד זִכְרָהּ.
חֲזֵה הַתְּנוּפָה וְשׁוֹק הַתְּרוּמָה, טָרְפוּ אַרְיֵה וְהַכְּפִירָה.
יִיטַב בְּעֵינֵי יהוה, וְלֹא יוֹסִיף עוֹד לְיַסְּרָה.
אַמֵּץ בִּרְכַּיִם כּוֹשְׁלוֹת, חֵלֶק יַעֲקֹב, וּמוֹשִׁיעַ בְּעֵת צָרָה.

לְצֶדֶק יִמְלָךְ מֶלֶךְ
וְשָׁלְמוּ יְמֵי אֶבְלֵךְ
לְאוֹרוֹ נִסַּע וְנֵלֵךְ.

כב | החרישו ממני ואדברה

"ובקינה 'הַחֲרִישׁוּ מִמֶּנִּי וַאֲדַבֵּרָה', שמדבר בה מעניין גודל שברם של עם קדוש, וגם עניין שפלות וירדות תורתינו הקדושה שנאבדו תופשי כלי מלחמתה והם הת"ח הגדולים, יבכה על זה בכי גדול ועצום מאוד, שאין לנו עכשיו מי שיפרש ויפענח צפונות סודותיה הגנוזים בה" ('יסוד ושורש העבודה', שער תשיעי). קינה זו מתארת את ההרוגים על קידוש השם, שהעדיפו לאבד עצמם לדעת ולא ליפול לידי אויביהם – כפי שתיאר הראב"ן ב'קונטרס גזירות תתנ"ו', המגולל את סיפור חורבן קהילות הריינוס בזמן מסע הצלב הראשון. לקינה אין מבנה מסודר או אקרוסטיכון, ובכך היא מבטאת את סערת רגשות המחבר: שורת הפתיחה מבוססת על זעקתו של איוב (יג, יג): "הַחֲרִישׁוּ מִמֶּנִּי וַאֲדַבְּרָה־אָנִי, וְיַעֲבֹר עָלַי מָה", והפזמון מבוסס על דברי דוד (תהלים נה, ג): "הַקְשִׁיבָה לִּי וַעֲנֵנִי, אָרִיד בְּשִׂיחִי וְאָהִימָה" וירמיה (לא, יד): "קוֹל בְּרָמָה נִשְׁמָע, נְהִי בְּכִי תַמְרוּרִים". בבית האחרון המשורר פונה לתורה עצמה, וקורא לה להשתתף באבל על חורבן מרכזי התורה.

הַחֲרִישׁוּ מִמֶּנִּי וַאֲדַבֵּרָה, וְיַעֲבֹר עָלַי מָה.
חָמָס אֶזְעַק וָשֹׁד, לְךָ שׁוֹכֵן שָׁמַיְמָה / הֱצִיקַתְנִי רוּחִי, וְלֹא אוּכַל אֶדֹּמָה.
כַּיּוֹלֵדָה אֶפְעֶה, אֶשְׁאַף וְאֶשֹּׁמָּה / מִסְפֵּד מַר אֶעֱשֶׂה, וְאֶקּוֹנֵן בִּנְהִימָה.
דִּבְרֵי שַׁאֲגוֹתַי יִתְּכוּ כַּיָּמָּה / סִפְדִי עַל עֲדָתִי אֲשֶׁר נִתְּנָה לְשַׁמָּה.
אָרִיד בְּשִׂיחִי וְאָהִימָה / וְקוֹל נְהִי אָרִימָה.

אֵיךְ שָׁבַת מָשׂוֹשׂ, וְעָרְבָה שִׂמְחָה / כָּל פָּנִים פָּארוּר, וְכָל רֹאשׁ קָרְחָה.
וְכָל זָקָן גְּרוּעָה, וְעַל כָּל לֵב אֲנָחָה / מֵאָז נִתְעוֹרֵר גּוֹי עַז, כּוֹרֶה שׁוּחָה.

סִלָּה אַבִּירַי, הוֹגֵי עֹז מִבְטֶחָה / בְּתוּלוֹתַי וּבַחוּרַי נֶסַח בִּנְסִיחָה.
בְּרֹאשׁ כָּל חוּצוֹת נִבְלָתָם כַּסּוּחָה / עוֹלָלַי וְטַפַּי נֶחְשְׁבוּ כְּצֹאן טִבְחָה.
אֵילִילָה עַל זֹאת, וְדִמְעָתִי עַל לֶחָה / הֵאָסְפוּ אֵלַי, דְּוּוּיֵי צֹאן נִדָּחָה.
לְהַרְבּוֹת הַבְּכִי וּלְהָרִים הַצְּוָחָה / הֵילִילוּ שָׁמַיִם וְזַעֲקִי אֲדָמָה.
אָרִיד בְּשִׂיחִי וְאָהִימָה / וְקוֹל נְהִי אָרִימָה.

אֶרְאֶלִּים צְאוּ, וְצַעֲקוּ מָרָה / סִפְדּוּ תַּמְרוּר, הֵאָגְדוּ בַּחֲבוּרָה.
קוֹל כְּחוֹלָה, צָרָה כְּמַבְכִּירָה / הִתְאוֹנְנוּ עַל עֲדַת שֶׂה פְזוּרָה.
עָלֵימוֹ כִּי נִגְזְרָה גְּזֵרָה / בַּחֲרִי אַף וְזַעַם וְעֶבְרָה.
וְנִתְוַעֲדוּ בִּפְרִישׁוּת וּבְטָהֳרָה / לְקַדֵּשׁ שֵׁם הַגָּדוֹל וְהַנּוֹרָא.
וְאִישׁ אֶת אָחִיו חִזְּקוּ בְּעֶזְרָה
לְהִדָּבֵק בְּיִרְאָה טְהוֹרָה / בְּלִי לִכְרֹעַ לַעֲבוֹדָה זָרָה.
וְלֹא חָסוּ עַל גֶּבֶר וּגְבִירָה / עַל בָּנִים צְפִירַת תִּפְאָרָה.
אֲבָל אָזְרוּ גְּבוּרָה יְתֵרָה / לַהֲלֹם רֹאשׁ, וְלִקְרֹץ שְׁזֵרָה.
וְאֵלֵימוֹ דִּבְּרוּ בַּאֲמִירָה
לֹא זָכִינוּ לְגַדֶּלְכֶם לְתוֹרָה / נַקְרִיבְכֶם כְּעוֹלָה וְהַקְטָרָה.
וְנִזְכֶּה עִמָּכֶם לְאוֹרָה / הַצְּפוּנָה מֵעֵין כֹּל, וַעֲלוּמָה.
אָרִיד בְּשִׂיחִי וְאָהִימָה / וְקוֹל נְהִי אָרִימָה.

אָז הִסְכִּימוּ גְּדוֹלִים וּקְטַנִּים / לְקַבֵּל בְּאַהֲבָה, דִּין שׁוֹכֵן מְעוֹנִים.
וּזְקֵנִים דְּשֵׁנִים וְרַעֲנַנִּים / הֵם הָיוּ תְּחִלָּה נִדּוֹנִים.
וְיָצְאוּ לִקְרָאתָם עַזֵּי פָנִים / וְנֶהֶרְגוּ הֲמוֹנִים הֲמוֹנִים
וְנִתְעָרְבוּ פְּדָרִים עִם פַּרְשְׁדוֹנִים.
וְהָאָבוֹת, אֲשֶׁר הָיוּ רַחֲמָנִים / נֶהֶפְכוּ לְאַכְזָר כַּיְעֵנִים
וְהֵפִּיסוּ עַל אָבוֹת וְעַל בָּנִים.
וּמִי שֶׁגּוֹרָל עָלָה לוֹ רִאשׁוֹנִים / הוּא נִשְׁחַט בְּחַלָּפוֹת וְסַכִּינִים.
וּבַחוּרִים, עֲלֵי תוֹלָע אֱמוּנִים / הֵם לָחֲכוּ עָפָר כְּתַנִּינִים.

וְהַכַּלּוֹת לְבוּשׁוֹת שָׁנִים / מְעֻלָּפוֹת בִּזְרוֹעוֹת חֲתָנִים
מְנֻתָּחוֹת בְּחֶרֶב וְכִידוֹנִים.
זִכְרוּ זֹאת, קְהַל עֲדַת נְבוֹנִים / וְאַל תֶּחֱשׁוּ מֵהַרְבּוֹת קִינִים.
וְהַסְפִּידוּ עַל חֲסִידִים וַהֲגוּנִים / אֲשֶׁר צָלְלוּ בַּמַּיִם הַזֵּידוֹנִים.
לְזֵכֶר זֹאת, נַפְשִׁי עֲגוּמָה.
אָרִיד בְּשִׂיחִי וְאָהִימָה / וְקוֹל נְהִי אָרִימָה.

תּוֹרָה תּוֹרָה חִגְרִי שַׂק, וְהִתְפַּלְּשִׁי בָּאֲפָרִים
אֵבֶל יָחִיד עֲשִׂי־לָךְ, מִסְפַּד תַּמְרוּרִים: ירמיה ו
עַל תּוֹפְשֵׂי מְשׁוּטַיִךְ וּפוֹרְשֵׂי מִכְמוֹרִים / מַלָּחַיִךְ וְחֹבְלַיִךְ בְּמַיִם אַדִּירִים.
עֹרְבֵי מַעֲרָבֵךְ, מְיַשְּׁרֵי הֲדוּרִים / מְפַעַנְחֵי צְפוּנַיִךְ וּמְגַלֵּי מִסְתּוֹרִים.
מִי יְקַצֶּה בִּגְבָעוֹת, וּמִי יְסַתֵּת בֶּהָרִים / מִי יְפָרֵק הֲוָיוֹת, וּמִי יְתָרֵץ שְׁבָרִים.
מִי יַפְלִיא נְזִירוֹת, וּמִי יַעֲרֹךְ נְדָרִים / מִי יְשַׁדֵּד מַעֲמַקַּיִךְ, וְחַתּוּ אִכָּרִים.
וּמִי יִלָּחֵם מִלְחַמְתֵּךְ וְיָשׁוּב לַשְּׁעָרִים / כְּלֵי מִלְחָמָה אָבְדוּ, וְנָפְלוּ גִּבּוֹרִים.
אַשְׁרֵיהֶם מַשְׂכִּילִים, כְּרָקִיעַ זוֹהֲרִים / בִּמְנוּחוֹת שָׁלוֹם נָחוּ יְשָׁרִים.
אוֹי וַאֲבוֹי, שֹׁד וָשֶׁבֶר, לַנּוֹתָרִים.
לִמְדִיבַת נֶפֶשׁ, וַחֲבָלִים וְצִירִים / לְכִלְיוֹן עֵינַיִם, צַלְמָוֶת וְלֹא סְדָרִים.
עֶרֶב אוֹמְרִים, מִי יִתֵּן צְפָרִים / וּבֹקֶר מְצַפִּים, מִי יְגַלֶּה אוֹרִים.
מִמַּרְאֵה עֵינֵימוֹ אֲשֶׁר הֵמָּה שָׁרִים / מִחוּץ שִׁכְּלָה חֶרֶב, וְאֵימָה מֵחֲדָרִים.
עַד מָתַי תַּבִּיט, רוֹאֶה כָּל סְתָרִים / קַנֵּא לְתוֹרָתְךָ, אֲשֶׁר בָּזְאוּ נְהָרִים.
קְלָאוּהָ, פְּרָעוּהָ, קְרָעוּהָ לִגְזָרִים / כְּסִירִים סְבוּכִים הִגְדִּילוּ הַמְּדוּרִים.
הַעַל אֵלֶּה תִּתְאַפַּק, אֲדוֹן כָּל יְצוּרִים.
תִּנְקֹם דָּם הַנִּשְׁפָּךְ כַּמַּיִם הַמֻּגָּרִים / מִשֹּׁד עֲנִיִּים, מֵאֶנְקַת סְעוּרִים.
עַם שָׁבֵי פֶשַׁע, לְעוּנִים וּמְרוּרִים / קוּמָה, וְהִנָּשֵׂא עַל צָרִים הַצּוֹרְרִים.
פְּעָמֶיךָ לְמַשֻּׁאוֹת הָרִימָה.
אָרִיד בְּשִׂיחִי וְאָהִימָה / וְקוֹל נְהִי אָרִימָה.

כג | ואת נווי, חטאתי השמימה

קינה זו, המופיעה בשינויים קלים גם במחזור הקינות הספרדי, חוזרת ומתארת את מאורעות חורבן בית שני – את המעשה המובא בגיטין נח ע״א ובעוד מקומות, על בנו ובתו של רבי ישמעאל כוהן גדול שנשבו ונלקחו לרומא. אפשר שסדר הקינות נקבע בעקבות שורות הפזמון: בשורה ׳וְאָהֱימָה מִיָּמִים יָמִימָה׳ יש הד לשורת הפזמון של הקינה הקודמת. גם לקינה זו אין מבנה מוגדר; במחזור וורמייזא מובא ששם מחברה היה יחיאל.

וְאֶת נָוִי, חַטָּאתִי הִשְׁמִימָה
וְדִמְעָתִי, עַל לֶחְיִי אַזְרִימָה.
וּבְיוֹם זֶה, נְהִי נִהְיָה אָרִימָה.
וְאָהֱימָה מִיָּמִים יָמִימָה.

אֲבֵל לֵב, וְנִחוּם חָדַל חָדוֹל
וּמִכָּל כְּאֵב, צִירִי נִבְדַּל בָּדוֹל.
עַל בֵּן וּבַת רַבִּי יִשְׁמָעֵאל כֹּהֵן גָּדוֹל
זִכְרָם, יְקוֹד בִּלְבָבִי אָשִׂימָה.
וְאָהֱימָה מִיָּמִים יָמִימָה.

עֵת נִשְׁבּוּ, וְנָפְלוּ לִשְׁנֵי אֲדוֹנִים
וְהֵם שְׁכֵנִים, זֶה לְעֻמַּת זֶה חוֹנִים.
וַיְסַפְּרוּ זֶה לָזֶה עִנְיָנִים
זֶה אָמַר, מִשִּׁבְיַת צִיּוֹנִים.
שָׁבִיתִי שִׁפְחָה לְבוּשַׁת שָׁנִים
כַּלְּבָנָה בְּזִיו וּקְלַסְתֵּר פָּנִים.
וּבְתֹאַר, כִּקְצִיעָה וִימִימָה.
וְאָהֱימָה מִיָּמִים יָמִימָה.

רֵעֵהוּ סִפֵּר לוֹ בִּכְפָלַיִם
הֵן אֲנִי בָא מִשְּׁבִי יְרוּשָׁלַיִם.
שָׁבִיתִי עֶבֶד יְפֵה עֵינַיִם
כַּשֶּׁמֶשׁ, בְּתָקְפּוֹ עֵת צָהֳרַיִם.
וְסַהַר, עֵת זְמַנָּהּ הַשְּׁלֵימָה.
וְאָהֱימָה מִיָּמִים יָמִימָה.

בֹּא וְנִזְדַּוֵּג, וְנַחַלְקָה בְּנָתַיִם

בְּוְלָדוֹת, כְּמוֹ כּוֹכְבֵי שָׁמַיִם.

לְשֵׁמַע זֹאת, תְּצַלְנָה אָזְנַיִם

לִזְכֹּר זֹאת, אֶת מַדֵּי אַפְרִימָה.

וְאֶהֱיְמָה מִיָּמִים יָמִימָה.

כְּהִסְכִּימוּ עַל זֹאת שְׁנֵיהֶם יַחַד

לְעֶרֶב זִוּוּגוֹם בְּחֶדֶר אֶחָד.

וְהָאֲדוֹנִים בַּחוּץ, לִבָּם כְּאֶחָד

וְהֵם בּוֹכִים בְּמַר נֶפֶשׁ, וָפַחַד.

עַד בֹּקֶר, בְּכִיָּתָם לֹא הִדְמִימָה.

וְאֶהֱיְמָה מִיָּמִים יָמִימָה.

זֶה יִסְפֹּד, בִּיקוֹד לֵבָב יִמְסֶה

נִין אַהֲרֹן, אֵיךְ לְשִׁפְחָה יְהִי נוֹשֵׂא.

וְהִיא גַּם הִיא, תְּיַלֵּל בְּתִגְרַת שׁוֹסֶה

בַּת יוֹכֶבֶד, אֵיךְ לְעֶבֶד תִּנָּשֵׂא.

אוֹי כִּי זֹאת גָּזַר אוֹמֵר וְעוֹשֶׂה

לְזֹאת יִבְכּוּ עָשׁ, כְּסִיל וְכִימָה.

וְאֶהֱיְמָה מִיָּמִים יָמִימָה.

אוֹר בֹּקֶר, זֶה אֶת זֶה כְּהִכִּירוּ.

הוֹי אָחִי, וְהוֹי אָחוֹת, הִגְבִּירוּ.

וְנִתְחַבְּקוּ יַחַד וְנִתְחַבָּרוּ

עַד יָצְאָה נִשְׁמָתָם בִּנְשִׁימָה.

וְאֶהֱיְמָה מִיָּמִים יָמִימָה.

לְזֹאת יְקוֹנֵן יִרְמְיָה בִּשְׁאִיָּה

גְּזֵרָה זוֹ, תָּמִיד אֲנִי בּוֹכִיָּה.

וּבִלְבָבִי יֵקַד יְקוֹד וּכְוִיָּה

עַל בֵּן וּבַת מִסְפֵּד רַב אֲנַהֱיְמָה.

וְאֶהֱיְמָה מִיָּמִים יָמִימָה.

כד | על אלה אני בוכייה

במחזור ויטרי ובעקבותיו במחזורי מערב אירופה (עד הדורות האחרונים), קינה זו נאמרה בערבית, מיד לאחר הקינה ׳זְכֹר ה׳ מֶה־הָיָה לָנוּ׳ (עמ׳ 31) – וכנראה משום כך נוסף לה בית הפתיחה ׳עַל חֻרְבַּן בֵּית הַמִּקְדָּשׁ׳. במחזור נירנברג ואחריו במחזורי מורח אירופה הקינה נאמרת באמצע הקינות לשחרית. אפשר שהיא הוכנסה לכאן מכיוון שהגמרא דורשת את הפסוק המובא בכותרת הקינה (איכה א, טז) על המעשה שתואר בקינה הקודמת: ״כיון שעלה עמוד השחר הכירו זה את זה ונפלו זה על זה וגעו בבכיה עד שיצאה נשמתן ועליהן קונן ירמיה: ׳על אלה אני בוכיה עיני עיני יורדה מים׳״ (גיטין נח ע״א); בפסוק זה משתמש גם מחבר הקינה הבאה.

את גוף הקינה חיבר ר׳ אלעזר הקליר והיא מתארת את ביזת המקדש וכליו בידי הבבלים, וחותמת בעיבוד של ירמיה יב, ז: ״עָזַבְתִּי אֶת־בֵּיתִי, נָטַשְׁתִּי אֶת־נַחֲלָתִי, נָתַתִּי אֶת־יְדִדוּת נַפְשִׁי בְּכַף אֹיְבֶיהָ״. עיבוד זה רומז למדרש (תנחומא ויקהל, ז ועוד): ״מקדש של מעלה מכוון כנגד בית המקדש של מטה״, ולדברי הגמרא בסנהדרין צו ע״ב, שלפיה הקב״ה עזב את המקדש עוד בטרם החורבן. בבתים האחרונים הקליר מתאר את ייסורי הגולים, ובכך הקינה הופכת לנקודת מפנה, מהעיסוק בבית ובחורבנו להתמקדות בסבלם של היהודים היושבים בגולה בקינות הבאות. בכך מקבל בית הפתיחה ׳אֶסְפֹּד בְּכָל שָׁנָה׳ משמעות נוספת, עכשווית.

עַל־אֵלֶּה אֲנִי בוֹכִיָּה, עֵינִי עֵינִי יֹרְדָה מַּיִם: איכה א

עַל חֻרְבַּן בֵּית הַמִּקְדָּשׁ
כִּי הֹרַס, וְכִי הוּדַשׁ
אֶסְפֹּד בְּכָל שָׁנָה, מִסְפֵּד חָדָשׁ
עַל הַקֹּדֶשׁ וְעַל הַמִּקְדָּשׁ.

סימן תשר״ק

תִּסְתַּר לְאַלֵּם תַּרְשִׁישִׁים מֵרֹן
כְּזְעוּעַת עוֹלָם מִפְּנֵי חָרוֹן
כְּלִהֲטָה אֵשׁ בֵּין בַּדֵּי אָרוֹן.

שְׁנֵי מִקְדָּשִׁים, אֲשֶׁר בְּמַעְלָה וּבְמַטָּה
זֶה עַל גַּבֵּי זֶה, הָאָפְלוּ בַּעֲלָטָה
וְנַמְתָּ, אַחֲרִישׁ, אֶתְאַפֵּק וְאַבִּיטָה.

רָאשֵׁי הַבַּדִּים, כְּנִגְנְזוּ מִבֵּין הַפָּרוֹכוֹת
וְאַרְבַּע גֶּחָלִים, בַּדְּבִיר מְהַלְּכוֹת
וְאַרְבָּעִים יְסוֹד, עַד תְּהוֹם מְלַחֲכוֹת.

קֹדֶשׁ הַקֳּדָשִׁים, מִכְּתֵּי קֹדֶשׁ כְּנִבְדַּד
סַחְתְּ וְהֵילַלְתְּ, אָהֳלַי שֻׁדַּד
וְנַמְתָּ, אַכֵּה כַּף אֶל כַּף, וְשָׁאַגְתְּ, הֵידָד.

צְפִירַת תִּפְאַרְתֵּךְ, כְּנִתְּנָה בְּיַד צַר
וְכָל כְּלִי חֶמְדָּה, אִוּוּי עַם הָאוֹצָר
וּלְךָ הַכֹּחַ וְהַגְּבוּרָה, וְנָמוּ עָצַר.

פְּנֵי הַכִּסֵּא, אָז אָפֵלוּ
וְגָבְהֵי שָׁמַיִם, לְקַדְרוּת הִשְׁפֵּלוּ
יָכִין וּבֹעַז לְהִשְׁתַּבֵּר, כְּנָפֵלוּ.

עֲשָׂרָה שֻׁלְחָנוֹת, אָז שׁוֹלָלוּ
וּלְעוֹרְכֵיהֶם נָמוּ, אַיֵּה אֲדוֹן אֵלּוּ
לְאוֹצְרוֹת שִׁנְעָר, לְקָדָשִׁים כְּהֻנְחָלוּ.

שְׂרָפִים עוֹמְדִים, נָעוּ מִמַּעֲמָד
כְּנֶהֶרְסוּ מְכוֹנוֹת מִתּוֹךְ מַחֲמָד
זָרִים קָרְאוּ יְמֵי הַשְּׁמָד.

נְחֹשֶׁת יָם, וַעֲשָׂרָה כִּיּוֹרוֹת
כְּנִמְסְרוּ לַבֵּל, וְהִנָּם שְׁבוּרוֹת
וּשְׁנֵי הַמְּאוֹרוֹת מֵאָז קְדוֹרוֹת.

מַעֲשֵׂה הָאוֹפַנִּים אֲשֶׁר בַּמֶּרְכָּבָה
כְּהוּרְדוּ לָאָרֶץ, זֹהַר הָרָקִיעַ כָּבָה
חוֹלֵשׁ עַל גּוֹיִם, לִפְנֵי כְּרוּבִים בָּא.

לְוִיּוֹת הַמּוֹרָד, מֵעֵת הוּרָדוּ
הַטְּלָלִים עוֹד לִבְרָכָה לֹא יָרָדוּ
כְּלָבִים רָעִים עַל בָּמֳתֵי עָב דָּדוּ.

כָּל כְּלֵי הַכֶּסֶף וּכְלֵי הַזָּהָב
קֻצְּצוּ וְשֻׁסּוּ מִבֵּית הַלַּהַב
בְּצֵאת הֶהָדָר, שָׁחֲחוּ עֹזְרֵי רָהַב.

יוֹם אֲשֶׁר נִקְרָא מְהוּמָה וּמְבוּכָה
לַהֲקַת מַלְאָכִים, כְּאִשָּׁה מְצֵרָה נְבוֹכָה
דִּבּוּר פָּתַח, וְעָנוּ אַחֲרָיו אֵיכָה.

טָס עַמּוֹנִי וּמוֹאָבִי, וְהוֹצִיאוּ הַכְּרוּבִים
וּבִכְלִיבָה, הָיוּ בָם מְסוֹבְבִים
הִנֵּה כְּכָל הַגּוֹיִם, בֵּית יְהוּדָה חֲשׁוּבִים.

חֵיל שַׂרְפֵי מַעְלָה חָלַף מִגְּדֻלָּתוֹ
וְאֵל, אַדִּיר שְׁמוֹ, לֹא אָבָה תְהִלָּתוֹ
לְגַלִּים כְּהוּשַׂם בֵּית תִּפְאַרְתּוֹ.

זְמָרֵי שַׁחַק הֶחֱשׁוּ מִנְּעַם
וְנָם, מַה לָּכֶם פֹּה, אֵין הַיּוֹם טַעַם
מַה תְּקַלְּסוּן לַמֶּלֶךְ בִּשְׁעַת הַזַּעַם.

וְהַכֹּהֲנִים וְהַלְוִיִּם, עַל מִשְׁמְרוֹתָם נִשְׁחָטִים
וְעַל מַחְלְקוֹתָם, שַׁעֲטַת אִסְטְרַדְיוֹטִים
וְנָמוּ, אַיֵּה מֶלֶךְ אָסוּר בָּרְהָטִים.

הַכֵּלִים וְהַמְשַׁמְּשִׁים, בַּשְּׁבִי הוֹלְכִים
הַשָּׂרִים וְהַסְּגָנִים, בְּכֶבֶל מְשׁוּכִים
וּתְמוּר בַּדִּים, שַׂק חָגְרוּ מַלְאָכִים.

דָּץ לָבִיא, וּפָקַח עֵינָיו
וְהִנֵּה מִיכָאֵל מְהַלֵּךְ לְפָנָיו
וְשָׂרִים הוֹלְכִים כַּעֲבָדִים, חָזוּ הֲמוֹנָיו.

גַּאֲוָה עָטָה, וְכִבָּה אֶת הַמְּנוֹרָה
וְנָטָה יָדוֹ אֶל אֵל הַמּוֹרָא
וַיַּחֲשִׁיךְ, אוֹר עוֹטֶה אוֹרָה.

בְּשַׁאֲגוֹ כַּאֲרִי, בִּדְבִיר בֵּל
בָּרַח דּוֹדִי, כְּעַל מֵת מִתְאַבֵּל
פִּקְדוֹן הָרוּחוֹת, בּוֹ בַּלַּיְלָה לֹא קִבֵּל.

אָמַר לַמַּשְׁחִיתִים, חֲמָתִי הִתַּכְתִּי
אֶת יְדִידוּת נַפְשִׁי, בְּכַף אוֹיְבֶיהָ נָתַתִּי
עָזַבְתִּי אֶת בֵּיתִי, וְנַחֲלָתִי נָטַשְׁתִּי.

כה | מי ייתן ראשי מים

קינה זו חיברהּ ר׳ קלונימוס ב״ר יהודה משפיירא, והיא מבכה את מעשי הטבח שערכו הצלבנים בקהילות שו״ם (שפיירא, וורמייזא, מגנצא) בזמן מסע הצלב הראשון בקיץ ד׳תתנ״ו (1096 למניינם). יש שהציעו שהשורות המתנות את חורבן קהילות וורמייזא ומגנצא אינן של ר׳ קלונימוס, אלא תוספות של פייטנים מבני אותן קהילות – הוספות מעין אלה נכתבו על קהילות קולוניה ופרנקפורט, אך לא נתקבלו בנוסח הנאמר היום. הקינה עוסקת בהרחבה בסבלם של הקרבנות. שני הבתים האחרונים מבוססים על איכה א, טז: ״עַל־אֵלֶּה אֲנִי בוֹכִיָּה, עֵינִי עֵינִי יֹרְדָה מַּיִם״ – הפסוק שהיה הכותרת לקינה הקודמת.

מִי יִתֵּן רֹאשִׁי מַיִם, וְעֵינִי מְקוֹר נוֹזְלַי.
וְאֶבְכֶּה כָּל יְמוֹתַי וְלֵילַי / אֶת חַלְלֵי טַפִּי וְעוֹלָלַי, וִישִׁישֵׁי קְהָלַי.
וְאַתֶּם עֱנוּ אֲבוֹי, אוֹי וְאַלְלַי / וּבְכוּ בֶּכֶה רַב, וְהֶרֶב.
עַל בֵּית יִשְׂרָאֵל וְעַל עַם יהוה, כִּי נָפְלוּ בֶּחָרֶב.

וְדָמוֹעַ תִּדְמַע עֵינִי, וְאֵלְכָה לִּי שְׂדֵה בוֹכִים
וַאֲבַכֶּה עִמִּי מָרֵי לֵבָב הַנְּבוֹכִים.
עַל בְּתוּלוֹת הַיָּפוֹת, וִילָדִים הָרַכִּים / בְּסִפְרֵיהֶם נִכְרָכִים, וְלַטֶּבַח נִמְשָׁכִים.
אֱדְמוּ עֶצֶם מִפְּנִינִים, סַפִּירִים וְנָפָכִים / כְּמוֹ טִיט חוּצוֹת, נָדָשִׁים וְנִשְׁלָכִים.
סוּרוּ טָמֵא, קָרְאוּ לָמוֹ מִלְּקָרֵב.
עַל בֵּית יִשְׂרָאֵל וְעַל עַם יהוה, כִּי נָפְלוּ בֶּחָרֶב.

וְתֵרַד עֵינִי דִמְעָה, וְאֵילִילָה וְאָנוּדָה / וְלִבְכִּי וְלַחֲגֹר שַׂק, אֶקְרָא לְהַסְפִּידָה.
מִפָּז יְקָרָה, וּמִזָּהָב חֲמוּדָה / פְּנִימָה כְּבוּדָה, כְּבוֹד כָּל כְּלֵי חֶמְדָּה.
רְאִיתִיהָ קְרוּעָה, שְׁכוּלָה וְגַלְמוּדָה / הַתּוֹרָה וְהַמִּקְרָא וְהַמִּשְׁנָה וְהָאַגָּדָה.
עֱנוּ וְקוֹנְנוּ זֹאת לְהַגִּידָה / אֵי תוֹרָה וְתַלְמוּד וְהַלּוֹמְדָהּ.
הֲלֹא הַמָּקוֹם מֵאֵין יוֹשֵׁב חָרֵב.
עַל בֵּית יִשְׂרָאֵל וְעַל עַם יהוה, כִּי נָפְלוּ בֶּחָרֶב.

וְעַפְעַפַּי יִזְּלוּ מַיִם, דֶּמַע לְהַגִּירָה / וַאֲקוֹנֵן מַר, עַל הֲרוּגֵי אַשְׁפִּירָא.
בַּשֵּׁנִי בִּשְׁמוֹנָה בוֹ, בְּיוֹם מַרְגּוֹעַ, הִקְרָה / מַרְגּוֹעַי לִרְגוּעַי, נֶחְלְפוּ לְהַבְעִירָה.
נֶהֶרְגוּ בַּחוּרֵי חֶמֶד, וִישִׁישֵׁי הֲדָרָה / נֶאֶסְפוּ יַחַד, נַפְשָׁם הִשְׁלִימוּ בְּמוֹרָא.
עַל יִחוּד שֵׁם הַמְיֻחָד, יִחֲדוּ בִּגְבוּרָה / גִּבּוֹרֵי כֹחַ, עֹשֵׂי דְבָרוֹ לְמַהֲרָה.
וְכֹהֲנֵי וַעֲלָמַי נִגְוְעוּ, כֻּלָּהֶם עֲשָׂרָה.
עַל בֵּית יִשְׂרָאֵל וְעַל עַם יהוה, כִּי נָפְלוּ בֶּחָרֶב.

וּבְמַר יְגוֹנִי וְעָצְבִּי, יְלֵל אַחְבִּירָה / קְהִלּוֹת הַקֹּדֶשׁ, הֲרִיגָתָם הַיּוֹם בְּזָכְרָה.
קְהַל וּוֹרְמַיְזָא, בְּחוּנָה וּבְחוּרָה / גְּאוֹנֵי אֶרֶץ, וּנְקִיֵּי טָהֳרָה.
פַּעֲמַיִם, קִדְּשׁוּ שֵׁם הַמְיֻחָד בְּמוֹרָא
בְּעֶשְׂרִים וּשְׁלֹשָׁה בְּחֹדֶשׁ זִיו, לְטַהֲרָה
וּבַחֹדֶשׁ הַשְּׁלִישִׁי, בִּקְרִיאַת הַלֵּל לְשׁוּרָה.
הִשְׁלִימוּ נַפְשָׁם בְּאַהֲבָה קְשׁוּרָה / אָהִימָה עֲלֵיהֶם בִּבְכִי יְלֵל לְחַשְׁרָה.
כְּלוּלֵי כֶתֶר, עַל רֹאשָׁם לַעֲטָרָה.
עַל בֵּית יִשְׂרָאֵל וְעַל עַם יהוה, כִּי נָפְלוּ בֶּחָרֶב.

וְעַל אַדִּירֵי קְהַל מַגֶּנְצָא הַהֲדוּרָה / מִנְּשָׁרִים קַלּוּ, מֵאֲרָיוֹת לְהִתְגַּבְּרָה.
הִשְׁלִימוּ נַפְשָׁם עַל יִחוּד שֵׁם הַנּוֹרָא
וַעֲלֵיהֶם זַעֲקַת שֶׁבֶר אֶזְעַק, בְּנֶפֶשׁ מָרָה.
עַל שְׁנֵי מִקְדָּשַׁי, יְסוֹדָם כְּהַיּוֹם עֹרְעָרָה
וְעַל חָרְבוֹת מְעַט מִקְדָּשַׁי, וּמִדְרְשֵׁי הַתּוֹרָה.
עַל בֵּית יִשְׂרָאֵל וְעַל עַם יהוה, כִּי נָפְלוּ בֶּחָרֶב.

בַּחֹדֶשׁ הַשְּׁלִישִׁי בַּשְּׁלִישִׁי, נוֹסַף לְדַאֲבוֹן וּמְאֵרָה
הַחֹדֶשׁ אֲשֶׁר נֶהְפַּךְ לְיָגוֹן וְצָרָה.
בְּיוֹם מַתַּן דָּת, שִׁבַּרְתִּי לְהִתְאַשְּׁרָה / וּבְיוֹם נְתִינָתָהּ, כְּמוֹ כֵן אָז חָזְרָה.
עָלְתָה לָהּ לַמָּרוֹם, לִמְקוֹם מְדוֹרָהּ / עִם תֵּיקָהּ וְנַרְתֵּקָהּ, וְהַדּוֹרְשָׁהּ וְחוֹקְרָהּ.
לוֹמְדֶיהָ וְשׁוֹנֶיהָ בְּאִישׁוֹן, כְּמוֹ אוֹרָה.
עַל בֵּית יִשְׂרָאֵל וְעַל עַם יהוה, כִּי נָפְלוּ בֶּחָרֶב.

שִׂימוּ נָא עַל לְבַבְכֶם, מִסְפֵּד מַר לְקָשְׁרָה
כִּי שְׁקוּלָה הֲרִיגָתָם, לְהִתְאַבֵּל וּלְהִתְעַפְּרָה
כִּשְׂרֵפַת בֵּית אֱלֹהֵינוּ, הָאוּלָם וְהַבִּירָה.
וְכִי אֵין לְהוֹסִיף מוֹעֵד שֶׁבֶר וְתַבְעֵרָה / וְאֵין לְהַקְדִּים, זוּלָתִי לְאַחֲרָה.
תַּחַת כֵּן, הַיּוֹם לִוְיָתִי אֲעוֹרְרָה / וְאֶסְפְּדָה וְאֵילִילָה, וְאֶבְכֶּה בְּנֶפֶשׁ מָרָה.
וְאַנְחָתִי כְּבֵדָה, מִבֹּקֶר וְעַד עָרֶב.
עַל בֵּית יִשְׂרָאֵל וְעַל עַם יהוה, כִּי נָפְלוּ בֶּחָרֶב.

עַל אֵלֶּה אֲנִי בוֹכִיָּה, וְלִבִּי נוֹהֵם נְהִימוֹת
וְאֶקְרָא לַמְקוֹנְנוֹת, וְאֶל הַחֲכָמוֹת.
אֱלִי וְאֱלִיָה, כֻּלָּם הוֹמוֹת
הֲיֵשׁ מַכְאוֹב לְמַכְאוֹבִי לְדַמּוֹת.
מִחוּץ תְּשַׁכֶּל חֶרֶב, וּמֵחֲדָרִים אֵימוֹת
חֲלָלַי, חַלְלֵי חֶרֶב, מוּטָלִים עֲרֻמִּים וַעֲרֻמּוֹת.
נִבְלָתָם כַּסּוּחָה, לְחַיַּת אֶרֶץ וְלִבְהֵמוֹת
יוֹנֵק עִם אִישׁ שֵׂיבָה, עֲלָמִים וַעֲלָמוֹת.
מִתַעְתְּעִים בָּמוֹ מוֹנַי, וּמַרְבִּים כְּלִמּוֹת
אֵי אֱלֹהֵימוֹ אָמְרוּ, צוּר חָסָיוּ בוֹ עַד מוֹת
יָבוֹא וְיוֹשִׁיעַ, וְיַחֲזִיר נְשָׁמוֹת.
חֲסִין יָהּ, מִי כָמְוֹךָ, נוֹשֵׂא בַּאֲלֻמּוֹת
תֶּחֱשֶׁה וְתִתְאַפַּק, וְלֹא תַחְגֹּר חֵמוֹת.
בֶּאֱמֹר אֵלַי מַלְעִיגַי: אִם־אֱלֹהִים הוּא, יָרֶב: שופטים ו
עַל בֵּית יִשְׂרָאֵל וְעַל עַם יהוה, כִּי נָפְלוּ בֶּחָרֶב.

עֵינִי עֵינִי יֹרְדָה מַּיִם, כִּי נֶהְפַּךְ לְאֵבֶל מְשׁוֹרֵר
וְעֻגָבִי לְקוֹל בּוֹכִים, מִלְּהַפֵּג וּלְקָרֵר.
מִי יָנוּד לִי, וְאֵין מַחֲזִיק לְהִתְעוֹרֵר
חֵמָה בִּי יָצְאָה, וְסַעַר מִתְגּוֹרֵר.
אֲכָלַנִי, הֲמָמַנִי, הַצַּר הַצּוֹרֵר
שִׁבַּר עַצְמוֹתַי, זוֹרֵה וּמְפָרֵר
סִלָּה כָל אַבִּירַי, הַטַּבּוּר וְהַשֹּׁרֶר.
מַכָּתִי אֲנוּשָׁה, בְּאֵין מַתְעִיל וּמְזוֹרֵר
רְטִיָּה וּמָזוֹר אֵין לְבָרֵר.
עַל כֵּן אָמַרְתִּי, שְׁעוּ מֶנִּי, אֲמָרֵר
בַּבֶּכִי, דִּמְעָתִי עַל לֶחְיִי לְצָרֵב.
עַל בֵּית יִשְׂרָאֵל וְעַל עַם יהוה, כִּי נָפְלוּ בֶּחָרֶב.

כו | אז בהלוך ירמיהו

קינה זו חוברה אף היא בידי ר׳ אלעזר הקליר. היא מבוססת על המדרש באיכה רבה (פתיחתא כד), ולפיו לאחר החורבן הקב״ה אמר לירמיהו הנביא ללכת למערת המכפלה ולעורר את האבות, שיתאבלו אף הם על בניהם שגולים. המדרש מתאר כיצד האבות ואחריהם משה מבקשים רחמים בעד ישראל – ולבסוף הקב״ה נעתר לבכיה של רחל, ומבטיח לה שבניה יחזרו לאדמתם, ככתוב (ירמיה לא, טו-טז): ״כֹּה אָמַר ה׳, מִנְעִי קוֹלֵךְ מִבֶּכִי וְעֵינַיִךְ מִדִּמְעָה, כִּי יֵשׁ שָׂכָר לִפְעֻלָּתֵךְ נְאֻם־ה׳, וְשָׁבוּ מֵאֶרֶץ אוֹיֵב. וְיֵשׁ־תִּקְוָה לְאַחֲרִיתֵךְ נְאֻם־ה׳, וְשָׁבוּ בָנִים לִגְבוּלָם״. הקליר מתאר זאת בדו־שיח בין מי שמזכיר את זכות האבות (כנראה ירמיה), גם אם ישראל ׳כְּאָדָם עָבְרוּ בְרִית׳ ומבקש מהם לדבר – ובין הקב״ה העונה ׳גְּזֵרָה הִיא מִלְּפָנַי׳ ומפרט את החטאים שבגללם היא נגזרה. דבריו של משה חורגים מהמסגרת, והפזמון ׳מָה אֶעֱשֶׂה לָכֶם בָּנַי׳ אינו מתאים לפני דבריו. הקליר חורג מהתיאור במדרש ומוסיף את תחינת לאה, בלהה וזלפה – להדגיש שלא זכותה של רחל דווקא, אלא דִּמעות האימהות על ייסורי בניהן הן המביאות את הקב״ה להבטיח שיגאלם, ולא זו בלבד אלא שהוא עצמו יגאלם: בעוד הנביא מבטיח ״כֹּה־אָמַר ה׳ גֹּאַלְכֶם קְדוֹשׁ יִשְׂרָאֵל, לְמַעַנְכֶם שִׁלַּחְתִּי בָבֶלָה״ (ישעיה מג, יד), הקליר נוקט לשון ׳שִׁלַּחְתִּי׳, כבמכילתא (מסכתא דפסחא, יד) ובירושלמי (תענית פ״א ה״א) – ולפיה הקב״ה עצמו הוא השליח לגאול את הגולים.

סימן א״ב

אָז בַּהֲלֹךְ יִרְמְיָהוּ אֶל קִבְרֵי אָבוֹת /
וְנָם, עֲצָמוֹת חֲבִיבוֹת, מָה אַתֶּם שׁוֹכְבוֹת.
בְּנֵיכֶם גָּלוּ, וּבָתֵּיכֶם חֲרֵבוֹת / וְאַיֵּה זְכוּת אָבוֹת, בְּאֶרֶץ תַּלְאוּבוֹת.
אִם כְּאָדָם עָבְרוּ בְרִית / אַיֵּה זְכוּת כְּרוּתֵי בְרִית.

גָּעוּ כֻלָּם בְּקִינִים / עַל חֶסְרוֹן בָּנִים
דּוֹבְבוּ בְּקוֹל תַּחֲנוּנִים / פְּנֵי שׁוֹכֵן מְעוֹנִים.
ויקרא כו וְאַיֵּה הַבְטָחַת, וְזָכַרְתִּי לָהֶם בְּרִית רִאשֹׁנִים:
מָה אֶעֱשֶׂה לָכֶם בָּנַי / גְּזֵרָה הִיא מִלְּפָנַי.

הֵם הֵמִירוּ כְבוֹדִי בְּתֹהוּ / וְלֹא פָּחֲדוּ וְלֹא רָהוּ.
וָאַעְלִים עֵינַי מֵהֶם, וְלֹא שָׁבוּ וְלֹא נָהוּ.
וְאֵיךְ אֶתְאַפַּק עַל אֲמִירַת לֹא הוּא.
אִם כְּאָדָם עָבְרוּ בְרִית / אַיֵּה זְכוּת כְּרוּתֵי בְרִית.

זָעַק אַב הֲמוֹן בַּעֲבוּרָם / וְחִנֵּן פְּנֵי אֵל רָם.
חִנָּם נִסֵּיתִי עֶשֶׂר בְּחִינוֹת עֲבוּרָם / וְהֵן חָזִיתִי שִׁבְרָם.
בראשית טו וְאַיֵּה הַבְטָחַת, אַל־תִּירָא אַבְרָם:
מָה אֶעֱשֶׂה לָכֶם בָּנַי / גְּזֵרָה הִיא מִלְּפָנַי.

טָעוּ לְהִזָּרוֹת / בַּעֲבוֹדוֹת זָרוֹת.
יָעֲצוּ לַחְצֹב בֹּארוֹת / בֹּארֹת נִשְׁבָּרוֹת.
וְאֵיךְ אֶתְאַפַּק עַל בִּטּוּל עֲשֶׂרֶת הַדִּבְּרוֹת.
אִם כְּאָדָם עָבְרוּ בְרִית / אַיֵּה זְכוּת כְּרוּתֵי בְרִית.

כֹּה צָוַח יִצְחָק / פְּנֵי שׁוֹכֵן שַׁחַק.
לַשָּׁוְא בִּי טֶבַח הוּחַק / וְהֵן זַרְעִי נִשְׁחַק וְנִמְחַק.
וְאַיֵּה הַבְטָחַת, וְאֶת־בְּרִיתִי אָקִים אֶת־יִצְחָק: בראשית יז
מָה אֶעֱשֶׂה לָכֶם בָּנַי / גְּזֵרָה הִיא מִלְּפָנַי.

מָרוּ בְּיִרְמְיָה / וְטִמְּאוּ הַר הַמּוֹרִיָּה.
נִלְאֵיתִי נְשֹׂא גְּעִיָּה / עוֹלָה לִי מִנְּשִׁיָּה.
וְאֵיךְ אֶתְאַפַּק עַל הֲרִיגַת זְכַרְיָה.
אִם כְּאָדָם עָבְרוּ בְרִית / אַיֵּה זְכוּת כְּרוּתֵי בְרִית.

סָח יֶלֶד בְּתֵלֶף / דִּמְעוֹת כְּתַנִּין זוֹלֵף.
עוֹלָלַי אֲשֶׁר טִפַּחְתִּי בְּעֶלֶף / אֵיךְ גָּזוּ מֶנִּי בְּחֵלֶף.
וְאֵיךְ הָפְרַע מֶנִּי, דָּמִים בְּדָמִים כַּמָּה אָלֶף.
מָה אֶעֱשֶׂה לָכֶם בָּנַי / גְּזֵרָה הִיא מִלְּפָנַי.

פָּץ רוֹעֶה נֶאֱמָן / כָּפוּשׁ בָּאֵפֶר, וּמְדֻמָּן
צֹאן אֲשֶׁר בְּחֵיקִי הָאֱמַן / אֵיךְ גָּזוּ בְּלֹא זְמַן
וְאַיֵּה הַבְטָחַת, כִּי לֹא־אַלְמָן: ירמיה נא
אִם כְּאָדָם עָבְרוּ בְרִית / אַיֵּה זְכוּת כְּרוּתֵי בְרִית.

קוֹל בְּכִי לֵאָה, מְתוֹפֶפֶת עַל לְבָבֶיהָ
רָחֵל אֲחוֹתָהּ, מְבַכָּה עַל בָּנֶיהָ.
זִלְפָּה מַכָּה פָּנֶיהָ / בִּלְהָה מְקוֹנֶנֶת בִּשְׁתֵּי יָדֶיהָ.

שׁוּבוּ תְמִימִים לִמְנוּחַתְכֶם / מַלֵּא אֲמַלֵּא כָּל מִשְׁאֲלוֹתֵיכֶם.
שִׁלַּחְתִּי בָבֶלָה לְמַעַנְכֶם / הִנְנִי מְשׁוֹבֵב גָּלוּת בְּנֵיכֶם.

כז | אז במלאת ספק

גם בקינה זו הקליר מתאר את ירמיה הנביא. היא מבוססת על המדרש שהובא בפסיקתא רבה, כו, המתאר את ירמיה רואה את ציון בדמות אישה שכולה ומנחם אותה. בתיאורו של הקליר הנביא אינו מנחם אותה דווקא אלא קורא לה לתשובה, ואילו היא מתנה באריכות את סבלה ואת סבל בניה. בסוף הקינה ירמיה הולך לקרוא לאבות שיבקשו אף הם רחמים. נראה שקינה זו נכתבה להיאמר לפני הקודמת 'אָז בַּהֲלֹךְ יִרְמְיָהוּ' – וכן הסדר במחזור נירנברג ובמנהגי מערב אירופה. אך במחזור וורמייזא ובמנהגי מזרח אירופה הסדר הוא כפי שמופיע אצלנו. אפשר שהסדר נקבע בעקבות הקשר בין תיאורי הזוועות בקינה 'אָז בַּהֲלֹךְ יִרְמְיָהוּ' והתיאורים המקבילים להם בפיוט 'מִי יִתֵּן רֹאשִׁי מַיִם'; או שהבית החותם של הקינה 'שָׁמֵם מִקְדָּשׁ מִבְּלִי בָּאֵי מוֹעֵד' (שאינו בכל כתבי היד) מקשר לקינה הבאה 'אֵיךְ תְּנַחֲמוּנִי הָבֶל'.

סימן א״ב (פרט לבית האחרון)

אָז בִּמְלֹאת סֵפֶק, יָפָה כְּתִרְצָה
הֵן אֶרְאֶלָּם, צָעֲקוּ חֻצָה: ישעיה לג
בֶּן־חִלְקִיָּהוּ מֵאַרְמוֹן כְּיָצָא
אִשָּׁה יְפַת תֹּאַר מְנֻוֶּלֶת, מָצָא.

גּוֹזְרַנִי עָלַיִךְ, בְּשֵׁם אֱלֹהִים וְאָדָם
אִם שֵׁד לַשֵּׁדִים אַתְּ, אוֹ לִבְנֵי אָדָם.
דְּמוּת יָפְיֵךְ כְּבָשָׂר וָדָם
פַּחְדֵּךְ וְיִרְאָתֵךְ, כְּמַלְאָכִים לְבַדָּם.

הֵן לֹא שֵׁד אֲנִי, וְלֹא גֹלֶם פַּחַת
יְדוּעָה הָיִיתִי בְּשׁוּבָה וָנַחַת.
וְהֵן, לְשָׁלֹשׁ אֲנִי, וּלְשִׁבְעִים וְאֶחָד
וְלִשְׁנֵים עָשָׂר, וְשִׁשִּׁים, וְאֶחָד.

זֶה הָאֶחָד אַבְרָהָם הָיָה
וּבֶן הַשְּׁלֹשָׁה, אָבוֹת שְׁלִישִׁיָּה.
חֹק שְׁנֵים עָשָׂר, הֵן הֵן שִׁבְטֵי יָהּ
וְשִׁשִּׁים רִבּוֹא, וְשִׁבְעִים וְאֶחָד סַנְהֶדְרֵי יָהּ.

טַעֲמִי הַקְשִׁיבִי, וַעֲשִׂי תְשׁוּבָה
יַעַן הֱיוֹתֵךְ כָּל כָּךְ חֲשׁוּבָה.
יָפֶה לִיךְ בְּעֶלֶץ, וְלִשְׂמֹחַ בְּטוֹבָה
וְלֹא לִקְרֹא עוֹד בַּת הַשּׁוֹבֵבָה.

כִּי אֵיךְ אֶשְׂמַח, וְקוֹלִי מָה אָרִים
הֵן עוֹלָלַי נִתְּנוּ בְּיַד צָרִים.
לָקוּ נְבִיאַי, וְדָמָם מֻגָּרִים
גָּלוּ מְלָכַי וְשָׂרַי, וְכֹהֲנַי בְּקוֹלָרִים.

מְלוֹן מִקְדָּשִׁי, בַּעֲוֹנִי נָדַד
דּוֹדִי מֵאָז בָּרַח וַיִּדַּד.
נְעַם אָהֳלִי, בְּעַל קָרְחִי שֻׁדַּד
רַבָּתִי עָם, אֵיכָה יָשְׁבָה בָדָד.

סָחָה הָאִשָּׁה לַנָּבִיא יִרְמְיָה
שַׁח לֵאלֹהֶיךָ, בְּעַד סוֹעֲרָה מַכַּת עֲנִיָּה.
עַד יַעֲנֶה אֵל, וְיֹאמַר דַּיָּה
וְיַצִּילֵנִי מֵחֶרֶב וְשִׁבְיָה.

פַּלֵּל תְּחִנָּה לִפְנֵי קוֹנוֹ
מָלֵא רַחֲמִים, רַחֵם כְּאָב עַל בְּנוֹ.
צָעַק, אוֹי לָאָב שֶׁהִגְלָה נִינוֹ
וְגַם אוֹי לַבֵּן, שֶׁבְּשֻׁלְחַן אָב אֵינוֹ.

קוּם לָךְ יִרְמְיָה, לָמָּה תֶחֱשֶׁה
לֵךְ קְרָא לְאָבוֹת, וְאַהֲרֹן וּמֹשֶׁה.
רוֹעִים יָבוֹאוּ, קִינָה לְהִנָּשֵׂא
כִּי זְאֵבֵי עֶרֶב טָרְפוּ אֶת הַשֶּׂה.

שׁוֹאֵג הָיָה יִרְמְיָה הַנָּבִיא
עַל מַכְפֵּלָה, נוֹהֵם כְּלָבִיא.
תְּנוּ קוֹל בִּבְכִי, אֲבוֹת הַצְּבִי
תָּעוּ בְנֵיכֶם, הֲרֵי הֵן בַּשֶּׁבִי.

שָׁמֵם מִקְדָּשׁ מִבְּלִי בָאֵי מוֹעֵד
עַל כִּי יְדִידִים נִתְּנוּ לְהִמָּעֵד.
תְּשִׁיבֵם כְּמֵאָז, סוֹמֵךְ וְסוֹעֵד
תְּרַחֵם צִיּוֹן, כִּי בָא מוֹעֵד.

כח ׀ איך תנחמוני הבל

קינה זו היא האחרונה מפרי עטו של הקליר הנאמרת היום. היא מתארת באריכות את ייסורי הגולים, ומפנה אצבע מאשימה לשאר אומות העולם ששיתפו פעולה עם הטבח. ראשוני אשכנז, אשר שילבו אותה בין הקינות שכתבו על הרוגי מסעות הצלב, ראו בעצמם ממשיכים של מקדשי השם לדורותיהם, אשר ׳כְּאַיָּל עוֹרְגִים, וְעָלֶיךָ נֶהֱרָגִים׳. תחושה זו מעניקה אולי משמעות לסבל, אך, כפי שהקליר מדגיש בסוף כל בית, אין בה נחמה. בבית האחרון הפייטן מבטיח שלבסוף ישראל עתידים לעשות תשובה, והקב״ה יקבל אותה, ׳וְאָז אֲנָחֵם׳. הקינות הבאות כוללות כולן הבטחה מעין זו (בניגוד לתפילה, כמו בקינות רבות אחרות) לקראת סופן.

סימן א״ב (פרט לבית האחרון)

איוב כא אֵיךְ תְּנַחֲמוּנִי הֶבֶל: / וְכִנּוֹרִי נֶהְפַּךְ לְאֵבֶל.
בְּנַחֲלַת חֶבֶל / כָּבֵד עָלַי עֹל סֵבֶל. וְאֵיךְ אֶנָּחֵם.

בָּזֶה יוֹם בְּכָל שָׁנָה / עִדָּן עָלַי שִׁנָּה.
וְהִנְנִי עֲגוּמָה וַעֲגוּנָה / יוֹתֵר מֵאֶלֶף שָׁנָה. וְאֵיךְ אֶנָּחֵם.

גָּבַר חָרוֹן / וְנִגְנַז אָרוֹן.
בְּמִשְׁנֶה שִׁבָּרוֹן / בִּמְסָרְבֵי מָרוֹן. וְאֵיךְ אֶנָּחֵם.

דִּירָתִי חָרְבָה / וְעֶדְרִי נִשְׁבָּה.
וְרַבַּת אָהֳלִיבָה / בָּדָד יָשְׁבָה. וְאֵיךְ אֶנָּחֵם.

הוּעַל אַרְיֵה מִסֻּבְּכוֹ / עַל אֲרִיאֵל, וְהִסְבִּיכוֹ.
וְהֶגְלָה מִסֻּכּוֹ / מִנְחָתוֹ וְנִסְכּוֹ. וְאֵיךְ אֶנָּחֵם.

וְהָרַג הֲמוֹנִים / מְשׁוּחֵי שְׁמָנִים.
פִּרְחֵי כֹהֲנִים / אֲלָפִים שְׁמוֹנִים. וְאֵיךְ אֶנָּחֵם.

זִנְּבָם כְּחִוִּי וְהִדְבִּיא / בְּעֶזְרַת הַמַּלְבִּיא.
אַרְיוֹךְ כְּמוֹ לָבִיא / עַל דַּם כֹּהֵן וְנָבִיא. וְאֵיךְ אֶנָּחֵם.

חָרַשׁ לְמַשּׁוּאוֹת / עִיר מְלֵאָה תְשׁוּאוֹת.
בָּתֵּי סוֹפְרִים וּמִשְׁנָאוֹת / יוֹתֵר מֵאַרְבַּע מֵאוֹת. וְאֵיךְ אֶנָּחֵם.

טָחָה מָדַי / לְאַבֵּד חֲמוּדַי.
וּמָשְׁלָה בְּמַחֲמַדַּי / בְּקָרְעִי מַדַּי. וְאֵיךְ אֶנָּחֵם.

יָעֲצָה לְחַנֵּק / בְּנֵי גּוּר מְזַנֵּק.
בְּפֶה אֶחָד לְשַׁנֵּק / זָקֵן וְיָשִׁישׁ וְיוֹנֵק. וְאֵיךְ אֶנָּחֵם.

כָּבְדָה שְׁלִישִׁית / עַל קֹדֶשׁ רֵאשִׁית.
בְּשֶׁצֶף חֲרִישִׁית / בָּתָּה לְהָשִׁית. וְאֵיךְ אֶנָּחֵם.

לָחֲצָה לְחַלֵּק / בְּנֵי חָלָק וְחוֹלֵק.
אֵין לָכֶם חֵלֶק / בְּשֵׁם אֵל דּוֹלֵק. וְאֵיךְ אֶנָּחֵם.

מָרְדָה אֱדוֹם / עֲדוּשַׁת אָדֹם.
וְאָצָה בְּזָדוֹן / לְאַבֵּד כֵּס וַהֲדוֹם. וְאֵיךְ אֶנָּחֵם.

נוֹעֲדוּ עִם אַדְמוֹן / מוֹאָב וְעַמּוֹן.
לְהַשְׁבִּית אָמוֹן / וּלְהַחֲרִיב אַרְמוֹן. וְאֵיךְ אֶנָּחֵם.

סִלָּה כָל אַבִּירַי: / וְעֶדְרֵי חֲבֵרַי. איכה א
וְהִבְלִגוּ גִבּוֹרַי / לְעֵין כָּל עוֹבְרַי. וְאֵיךְ אֶנָּחֵם.

עָיְפָה נַפְשִׁי לְהֹרְגִים: / לְמִסְפַּר הַהֲרוּגִים. ירמיה ד
כְּאַיָּל עוֹרְגִים / וְעָלֶיךָ נֶהֱרָגִים. וְאֵיךְ אֶנָּחֵם.

פִּלְּצוּ בְּיוֹם קְרָב / בְּמִזְרָח וּבְמַעֲרָב.
דָּמָם מְעֹרָב / קָהָל וְעַם רָב. וְאֵיךְ אֶנָּחֵם.

צָרוֹת עַל צָרוֹת / זוֹ מִזּוֹ מְצֵרוֹת.
גְּדוֹלוֹת וּבְצוּרוֹת / אֲרֻכּוֹת וְלֹא קְצָרוֹת. וְאֵיךְ אֶנָּחֵם.

קָשְׁרוּ צִנָּתָם / וְחָגְרוּ חֲנִיתָם.
וְאָסְפוּ מַחֲנוֹתָם / וְהֶאֱרִיכוּ לְמַעֲנִיתָם. וְאֵיךְ אֶנָּחֵם.

רַבּוֹת אַנְחוֹתַי / וַעֲצוּמוֹת קִינוֹתַי.
רַבּוּ נַהֲמוֹתַי / וְאַתָּ יהוה עַד־מָתָי: וְאֵיךְ אֶנָּחֵם. תהלים ו

שָׁמַעְתָּ חֶרְפָּתָם / חֵרְפוּנִי בְּשִׂפְתָם.
שִׁבְתָּם וְקִימָתָם / אֲנִי מַנְגִּינָתָם. וְאֵיךְ אֶנָּחֵם.

תִּקְוָתְכֶם אֵפוֹא / מַה לָּכֶם פֹּה.
חָרָה אַפּוֹ / וְאֵין עוֹד לִרְפֹּא. וְאֵיךְ אֶנָּחֵם.

תְּשׁוּבוֹתֵיכֶם נִשְׁאַר מַעַל / הוֹנוּנִי עוֹבְדֵי הַבָּעַל.
עַד יַשְׁקִיף וְיֵרֶא מִמַּעַל / מוֹרִיד שְׁאוֹל וַיָּעַל: וְאָז אֶנָּחֵם. שמואל א׳ ב

כט | אמרתי שעו מני

כמו הקינה 'מִי יִתֵּן רֹאשִׁי מַיִם' (עמ' 161), אף קינה זו חיברה ר' קלונימוס ב"ר יהודה משפיירא בעקבות הפרעות במסע הצלב. בעשרים ואחד הבתים הראשונים הוא מתאר באריכות ובכאב את הקרבנות. בבית המתחיל 'תְּתִי לְבִי' המשורר מתחיל להתמודד עם האבדן, ולשאול כיצד חורבן כזה התרחש – שאף ההרוגים לא ניתנו לקבורה! תשובה ראשונית הוא מוצא על פי דברי הספרי (קיב): "ר' נתן אומר: סימן טוב לאדם שנפרעים ממנו לאחר מיתתו. מת ולא נספד ולא נקבר, אכלתו חיה או שירדו עליו גשמים – הרי זה סימן טוב, שנפרעים ממנו לאחר מיתתו". אך את הנחמה האמיתית הוא מוצא בידיעה שיש דין ויש דיין, ושהקב"ה עתיד לנקום בכל המצרים לישראל.

סימן א"ב, קלונימוס הקטן

אָמַרְתִּי שְׁעוּ מִנִּי, בַּבֶּכִי אֲמָרֵר
מַר נַפְשִׁי וְרוּחִי אֲקָרֵר
עִם לִוְיָתָן הָעֲתִידִים עוֹרֵר.

בִּבְכִי יַעְזֵר עָלַי יְגוֹנֵךְ
בַּת עַמִּי, הִתְאַבְּכִי בְּגִינֵךְ
אַל־תִּתְּנִי פוּגַת לָךְ, אַל־תִּדֹּם בַּת־עֵינֵךְ: איכה ב

גְּעִי בִּבְכִיָּה, מְעֻטֶּרֶת בַּעֲלִיזוּת
הָיִית מִקֶּדֶם, וְהִנָּךְ לְבִזּוּת
אֵיכָה נִהְיְתָה הָרָעָה הַזֹּאת: שופטים כ

דָּמִי אַל תִּתְּנִי, פְּלֵטָה הַנִּשְׁאָרָה
הָרִימִי קוֹל וְזַעֲקִי מָרָה
כִּי שֶׁבֶר עַל־שֶׁבֶר נִקְרָא: ירמיה ד

הֵן לְאֻמִּים עֵת נִקְבָּצוּ
חַי, עָלֶיךָ כְּרֹת בְּרִית כְּחָפֵצוּ
עַל־עַמְּךָ יַעֲרִימוּ סוֹד, וְיִתְיָעֲצוּ: תהלים פג

וְנִכְלוּ מְזִמּוֹת נְטוֹת, אֲשׁוּרַי לִמְעֹד
אַחֲרֵי הַהֶבֶל לְהַהְבִּיל, וּמִפָּנָיו לִרְעֹד
אָמְרוּ, לְכוּ וְנַכְחִידֵם מִגּוֹי, וְלֹא־יִזָּכֵר שֵׁם־יִשְׂרָאֵל עוֹד: תהלים פג

זֹאת הִשְׁמִיעוּ בְּנֵי מִקְרָאָיו
לוּ נִיחַל אִם יִקְטְלֵנוּ, נַעֲרִיץ לְמוֹרָאָיו
הֵכִין יהוה זֶבַח, הִקְדִּישׁ קְרֻאָיו: צפניה א

חֲלָלַי אָז הֻרְבּוּ, וְהָרְגוּ טוֹבַי
יִסְּרוּנִי קָשׁוֹת, צָרַי וְאוֹיְבַי
הַמַּכּוֹת הָאֵלֶּה, הֻכֵּיתִי בֵּית מְאַהֲבָי.

טֶרֶף צַחֲנָתָם, מֵאַנְתִּי בָּם לְהִשְׁתַּתֵּף
הִשְׁמִידוּ גִּבּוֹרֵי כֻלָּם בְּחֶתֶף
כׇּל־נֵתַח טוֹב, יָרֵךְ וְכָתֵף: יחזקאל כד

יַחַד לַטֶּבַח הוּבָלוּ, כִּטְלָאִים וּגְדָיִים
בָּנוֹת מְחֻטָּבוֹת מִשְׁבְּצוֹת עֲדִי עֲדָיִים
גְּמוּלֵי מֵחָלָב, עַתִּיקֵי מִשָּׁדָיִם: ישעיה כח

כָּבַשׁ הָאָב רַחֲמָיו לִזְבֹּחַ
יְלָדִים הַשְּׁלֵמִים כְּכָרִים לִטְבֹּחַ
הֵכִין לְבָנָיו מַטְבֵּחַ.

לְאִמּוֹתָם נוֹאֲמִים, הִנֵּנוּ נִשְׁחָטִים וְנִטְבָּחִים
כְּהִקְדִּישׁוּם לַטֶּבַח וְהִתִּיקוּם לַאֲבָחִים
נָשִׁים פִּרְיָם עֹלְלֵי טִפֻּחִים: איכה ב

מִי יִשְׁמַע וְלֹא יִדְמַע
הַבֵּן נִשְׁחָט, וְהָאָב קוֹרֵא אֶת שְׁמַע
מִי רָאָה כָּזֹאת, מִי שָׁמַע.

נְוַת בַּיִת הַיָּפָה, בְּתוּלַת בַּת יְהוּדָה
צַוָּארָהּ פָּשְׁטָה, וּמַאֲכֶלֶת הִשְׁחִיזָה וְחִדְּדָה
עַיִן רָאֲתָה וַתְּעִידָה.

סָגְפָה הָאֵם, וּפָרְחָה רוּחָהּ
וְנַפְשָׁהּ הִשְׁלִימָה לַטֶּבַח, אֲרוּחָה כְּאֹרְחָה
אֵם־הַבָּנִים שְׂמֵחָה: תהלים קיג

עָלְצוּ הַבָּנוֹת, כְּנוּסוֹת וַאֲרוּשׂוֹת
לְאִבְחַת חֶרֶב לְקַדֵּם, דָּצוֹת וְשָׂשׂוֹת
דָּמָם עַל־צְחִיחַ סֶלַע, לְבִלְתִּי הִכָּסוֹת.

פּוֹנֶה הָאָב בִּבְכִי וִילָלָה
עַצְמוֹ עַל חַרְבּוֹ, לִדְקֹר וּלְהַפִּילָה
וְהוּא מִתְגֹּלֵל בַּדָּם, בְּתוֹךְ הַמְסִלָּה: שמואל ב׳ כ

צִדְקָה דִינָהּ פּוּרִיָּה, בְּהַקְרִיבָהּ עֲנָפֶיהָ
וּתְמוּר מִזְרָק, דָּם קִבְּלָה בִּכְנָפֶיהָ
תִּתְיַפֵּחַ, תְּפָרֵשׂ כַּפֶּיהָ: ירמיה ד

קוֹרוֹתַי מִי יָנוּד, שֹׁד וָשֶׁבֶר יִשְׂתָּרַג
מַחֲמַד עֵינַי כְּנִמְסַר לְחֵרֶם וּלְהֶרֶג
אִם־כְּהֶרֶג הֲרֻגָיו הֹרָג: ישעיה כז

רַעְיוֹנַי נִבְהָלוּ, וַאֲחָזַתְנִי פַּלָּצוּת וָשֶׁבֶר
בְּאַחַת נִמְצָא, הַכָּתוּב בּוֹ תִּקְוָה וָסֵבֶר
כִּי־זֶה לְבַדּוֹ, יָבֹא לְיָרָבְעָם אֶל־קָבֶר: מלכים א׳ יד

שָׁלֵם נִמְצָא בְּכָל פָּעֳלוֹ
נַפְשׁוֹ לָטֶבַח הִשְׁלִים, מִפַּחַד חֵילוֹ
וְגַם־קְבוּרָה לֹא־הָיְתָה לּוֹ: קהלת ו

תַּתִּי לִבִּי, מְצֹא תֹּכֶן עִנְיָנָיו
יָדַעְתִּי אֲנִי, צֶדֶק וְיֹשֶׁר דִּינָיו
יִהְיֶה־טּוֹב לְיִרְאֵי הָאֱלֹהִים, אֲשֶׁר יִירְאוּ מִלְּפָנָיו: קהלת ח

קְדוֹשָׁיו לֹא יַאֲמִין, הִשְׁלִים עֲוֹנוֹתָם לְשַׁעֲרָה
סִימָן טוֹב לָאָדָם, בְּלֹא נִסְפַּד וְנִקְבַּר כַּשּׁוּרָה
בְּיוֹם עֶבְרָה לֹא יִירָא.

לְזֹאת יֶחֱרַד לִבִּי, יִתַּר בְּחַלְחָלָה
גִּבּוֹרַי נִרְעֲצוּ וְנִכְנְעוּ לְהַשְׁפִּילָה
כִּנְפוֹל לִפְנֵי בְנֵי־עַוְלָה: שמואל ב׳ ג

וְעַד מָתַי תִּהְיֶה כְּגִבּוֹר לֹא יוּכַל לְהוֹשִׁיעַ
לְעֵינֵינוּ בַגּוֹיִם, נִקְמַת דַּם עֲבָדֶיךָ תּוֹדִיעַ
אֵל־נְקָמוֹת יהוה, אֵל נְקָמוֹת הוֹפִיעַ: תהלים צד

נְקֹם נִקְמָתִי מֵאֵת מְעַנַּי
עֵת נְקָמָה הִיא לָדוּן דִּינַי
אֵל קַנּוֹא וְנֹקֵם יהוה: נחום א

יהוה כַּגִּבּוֹר צֵא, יָדֵי חוֹבְךָ פְּרַע
שׁוֹבֵר כְּתָב, שְׁטַר חוֹב תִּקְרַע
שְׁבֹר זְרוֹעַ רָשָׁע וָרָע: תהלים י

מִמָּרוֹם כְּהִסִּיק אֵשׁ, בִּמְעֻזִּיבָה וְתִקְרָה
חוֹמַת אֵשׁ סָבִיב, שׁוֹמְרָה וּבֵית דִּירָה
שַׁלֵּם יְשַׁלֵּם הַמַּבְעִר אֶת־הַבְּעֵרָה: שמות כב

וּכְעַל גְּמוּלוֹת נָא שַׁלֵּם
אוֹיְבַי תַּפִּיל מְהֵרָה וּתְכַלֵּם
כִּי אֵל גְּמֻלוֹת יהוה, שַׁלֵּם יְשַׁלֵּם: ירמיה נא

שׂוֹנְאַי תַּצְמִית, סַף רַעַל תַּשְׁקֵם
הַמֵּת תַּחַת יָדוֹ, נָקֹם יִנָּקֵם
אִם בְּגוֹי אֲשֶׁר־כָּזֶה לֹא תִתְנַקֵּם: ירמיה ה

הַעַל כֵּן נִקְרֵאתָ אִישׁ מִלְחָמָה
צָרֶיךָ לְכַלּוֹת וּבָהֶם לְהִנָּקְמָה
נֹקֵם יהוה וּבַעַל חֵמָה: נחום א

קַנֵּא לְשִׁמְךָ עֲבוּרְךָ הָאֵל
וּלְדַם עֲבָדֶיךָ הַשָּׁפוּךְ, וּלְחָרְבוֹת אֲרִיאֵל
נְקֹם נִקְמַת בְּנֵי יִשְׂרָאֵל: במדבר לא

טִפֵּי דָמַי, אַחַת לְאַחַת מְנוּיוֹת
וְיֵז נִצְחָם עַל בְּגָדֶיךָ, בְּפַרְפּוּרְךָ הֱיוֹת
יָדִין בַּגּוֹיִם מָלֵא גְוִיּוֹת: תהלים קי

נִלְאֵיתִי נְשֹׂא אֵת כָּל הַתְּלָאָה
מַהֵר גְּאֻלָּתִי וְתָחִישׁ הַמַּרְאָה
כִּי יוֹם נָקָם בְּלִבִּי, וּשְׁנַת גְּאוּלַי בָּאָה: ישעיה סג

ל | מעוני שמים

גם קינה זו חיברה אחד מראשוני אשכנז, ר׳ מנחם בן יעקב מוורמייזא (אחד מפסקיו הובא בראבי״ה, תתרז). אף על פי שחי בדור שאחרי גזרות תתנ״ו, אין הוא מזכיר אותן כלל בקינה – היא עוסקת בבית המקדש – הוא מתחיל בהקדשתו ותפארתו, מתאר את חורבנו, מכיר בחטאי ישראל שטימאו את הבית ומתוודה עליהם, מתפלל שהקב״ה יחמול על עמו ועל ביתו, ומסיים בחזון שבו רואה יחזקאל את כבוד ה׳ חוזר אל הבית כראשונה (מג, ד).

סימן מנחם (כפול) בר יעקב חזק

מְעוֹנֵי שָׁמַיִם, שְׁחָקִים יְזַבְּלוּךָ.
מְלֵאִים מֵהוֹדְךָ. וְהֵם לֹא יְכַלְכְּלוּךָ, אַף כִּי־הַבַּיִת: מלכים א׳ ח

מַה טּוֹב וּמַה נָּעִים. שִׁבְתְּךָ עִם רֵעִים.
בְּכַנְפֵי צַעֲצֻעִים. יַעַן הָיָה עִם־לְבָבְךָ לִבְנוֹת בָּיִת: דברי הימים ב׳ ג

נָאוֹר, אַהֲבָתְךָ הֶרְאֵיתָ לְעַמֶּךָ.
כִּי הֵם נַחֲלָתְךָ. וְלֵידַע כִּי־שִׁמְךָ נִקְרָא עַל־הַבַּיִת: מלכים א׳ ח

נָכְרִים שָׁם בָּאוּ. וְעַמִּים הַר יִקְרָאוּ.
וְאוֹתוֹתָיו רָאוּ, לְמַעַן יִירָאוּ. וּכְבוֹד יהוה עַל־הַבָּיִת: דברי הימים ב׳ ז

חֲטָאַי כִּי עָצְמוּ, אֲכָלַתְנִי קִנְאָה.
וְעָרָה צָר הַיְסוֹד, שָׁמַנִי שׁוֹאָה. וְנָתַץ אֶת־הַבַּיִת: ויקרא יד

חֲמוּדֵי אוֹצָר הֵן הֱבִיאוּם בְּהֵיכְלֵיהֶן.
מִלְּאוּ כְּרֵסֵיהֶן. וְצִוָּה הַכֹּהֵן, וּפִנּוּ אֶת־הַבַּיִת: שם

מַדּוּעַ נִתְּכָה. חֵמָה לֹא שָׁכָכָה.
עַל מַה זֶּה עָשָׂה צוּרֵנוּ כָּכָה, לָאָרֶץ הַזֹּאת וְלַבָּיִת: דברי הימים ב׳ ז

מְקוֹם כֹּהֲנֵי נִגְּשׁוּ, וְשָׁם יִתְקַדָּשׁוּ.
וְהֵם כָּעֵת רָפְסוּ. הֲמוֹן גּוֹיִם רָגָשׁוּ. נָסַבּוּ עַל־הַבַּיִת: בראשית יט

בַּת קוֹל הִיא עוֹנָה. מַה תִּתְמְהוּ פֶּגַע.
סֵמֶל הַקִּנְאָה הֲבֵאתֶם, וּכְנֶגַע נִרְאָה לִי בַּבָּיִת: ויקרא יד

רְבִיצַת עוֹלָם מְלֹא. שׁוֹכֵן בְּהֵיכָלוֹ.
הִתְעַשּׁוּ צָרָה לוֹ. עִוֵּר וּפִסֵּחַ לֹא יָבוֹא אֶל־הַבָּיִת: שמואל ב׳ ה

יַעַן הִשְׁחַתֶּם, מְצָאוּנְכֶם רָעוֹת.
חֻלַּל הַמִּקְדָּשׁ, וְהִנֵּה מִגְרָעוֹת נָתַן לַבַּיִת: מלכים א׳ ו

קָדוֹשׁ יִתְעַשֵּׁת. אֱמֶת לָנוּ בֹשֶׁת.
יִשְׁלַח תַּחְבֹּשֶׁת. וְחַטָּאת אַל יָשֶׁת. וְחִטֵּא אֶת־הַבָּיִת: ויקרא יד

בְּמָקוֹר הַנִּפְתָּח. וּמַעֲלֶה עַל שָׂפָה.
מְבַכֵּר לְחֳדָשָׁיו, וְעָלֵהוּ לִתְרוּפָה. מִתַּחַת מִפְתַּן הַבָּיִת: יחזקאל מז

חֲמֹל עִיר הַחֲרֵבָה. תְּמוּר מוֹקֵד שְׁבִיבָהּ.
חוֹמַת אֵשׁ סוֹבְבָהּ. לְכָבוֹד תִּהְיֶה בָּהּ. אֶל־דְּבִיר הַבָּיִת: מלכים א׳ ח

זָרֵה וְהַעֲבֵר טֻמְאָה מִבֵּיתְךָ, מַלְכִּי.
אֱלִיל כָּלִיל תַּחֲלֹף, וְתִקְרָא אָנֹכִי פִּנִּיתִי הַבָּיִת: בראשית כד

קַדֵּשׁ בֵּית מְעוֹנַי. וְתָשׁוּב לִמְלוֹנַי.
וְנִקְבְּצוּ לִגְיוֹנַי. וְהִנֵּה כְבוֹד יהוה בָּא אֶל־הַבָּיִת: יחזקאל מג

לא ו אש תוקד בקרבי

קינה זו, המעמידה באופן ציורי את תפארת יציאת מצרים לעומת שפל המדרגה שאליו ירדו הגולים מארצם, נאמרת היום בכל קהילות ישראל. הרב שמואל ווזנר (בעל תשובות ׳שבט הלוי׳) חיבר קינה על השואה המבוססת עליה. יש שזיהו שמחברה הוא ר׳ יהודה הלוי, אך היום רבים מייחסים אותה לר׳ אברהם אבן עזרא. מכל מקום היא משקפת את שיא היצירה הפייטנית בספרד. בחלק מהמחזורים הספרדיים חסרות חלק מהשורות, באחרים מובאת גרסה שונה לסוף הפיוט: במקום השורה המתחילה ׳שָׂשׂוֹן וְשִׂמְחָה׳ מוסיפים שלוש שורות: ״תּוֹרָה וּתְעוּדָה... / וְחֶסְרוֹן הַתַּלְמִיד, וּבִטּוּל הַתָּמִיד, בְּצֵאתִי מִירוּשָׁלָיִם. אֵל אֱלֹהֵי צְבָאוֹת, יַרְאֵנוּ נִפְלָאוֹת, כְּצֵאתִי מִמִּצְרָיִם / וְיָשִׁיב שְׁכִינָתוֹ, אֶל צִיּוֹן וַעֲבוֹדָתוֹ, אֶל תּוֹךְ יְרוּשָׁלָיִם״.

סימן א״ב

אֵשׁ תּוּקַד בְּקִרְבִּי / בְּהַעֲלוֹתִי עַל לִבִּי. בְּצֵאתִי מִמִּצְרָיִם.
וְקִינִים אָעִירָה / לְמַעַן אַזְכִּירָה. בְּצֵאתִי מִירוּשָׁלָיִם.

אָז יָשִׁיר מֹשֶׁה: / שִׁיר לֹא יִנָּשֶׁה. בְּצֵאתִי מִמִּצְרָיִם. שמות טו
וַיְקוֹנֵן יִרְמְיָה: / וְנָהָה נְהִי נִהְיָה. בְּצֵאתִי מִירוּשָׁלָיִם. מיכה ב

בֵּיתִי הִתְכּוֹנַן / וְשָׁכַן הֶעָנָן. בְּצֵאתִי מִמִּצְרָיִם.
וַחֲמַת אֵל שָׁכְנָה / עָלַי כַּעֲנָנָה. בְּצֵאתִי מִירוּשָׁלָיִם.

גַּלֵּי יָם רָמוּ / וְכַחוֹמָה קָמוּ. בְּצֵאתִי מִמִּצְרָיִם.
זֵידוֹנִים שָׁטְפוּ / וְעַל רֹאשִׁי צָפוּ. בְּצֵאתִי מִירוּשָׁלָיִם.

דְּגַן שָׁמַיִם / וּמִצּוּר מַיִם. בְּצֵאתִי מִמִּצְרָיִם.
לַעֲנָה וּמְרוֹרִים / וּמַיִם הַמָּרִים. בְּצֵאתִי מִירוּשָׁלָיִם.

הַשְׁכֵּם וְהַעֲרֵב / סְבִיבוֹת הַר חוֹרֵב. בְּצֵאתִי מִמִּצְרָיִם.
קוֹרֵא אֶל אֵבֶל / עַל נַהֲרוֹת בָּבֶל. בְּצֵאתִי מִירוּשָׁלָיִם.

וּמַרְאֵה כְּבוֹד יהוה / כְּאֵשׁ אֹכֶלֶת לְפָנַי. בְּצֵאתִי מִמִּצְרָיִם.
וְחֶרֶב לְטוּשָׁה / וּלְטֶבַח נְטוּשָׁה. בְּצֵאתִי מִירוּשָׁלָיִם.

זֶבַח וּמִנְחָה / וְשֶׁמֶן הַמִּשְׁחָה. בְּצֵאתִי מִמִּצְרָיִם.
סְגֻלַּת אֵל לְקוּחָה / כַּצֹּאן לַטִּבְחָה. בְּצֵאתִי מִירוּשָׁלָיִם.

חַגִּים וְשַׁבָּתוֹת / וּמוֹפְתִים וְאוֹתוֹת. בְּצֵאתִי מִמִּצְרָיִם.
תַּעֲנִית וָאֵבֶל / וּרְדֹף הַהֶבֶל. בְּצֵאתִי מִירוּשָׁלָיִם.

טֹבוּ אֹהָלִים / לְאַרְבָּעָה דְּגָלִים. בְּצֵאתִי מִמִּצְרָיִם.
אָהֳלֵי יִשְׁמְעֵאלִים / וּמַחֲנוֹת עֲרֵלִים. בְּצֵאתִי מִירוּשָׁלָיִם.

יוֹבֵל וּשְׁמִטָּה / וְאֶרֶץ שׁוֹקֵטָה. בְּצֵאתִי מִמִּצְרָיִם.
מָכוּר לִצְמִיתוּת / וְכָרוּת לִכְרִיתוּת. בְּצֵאתִי מִירוּשָׁלָיִם.

כַּפֹּרֶת וְאָרוֹן / וְאַבְנֵי זִכָּרוֹן. בְּצֵאתִי מִמִּצְרָיִם.
וְאַבְנֵי הַקֶּלַע / וּכְלֵי הַבֶּלַע. בְּצֵאתִי מִירוּשָׁלָיִם.

לְוִיִּם וְאַהֲרוֹנִים / וְשִׁבְעִים זְקֵנִים. בְּצֵאתִי מִמִּצְרָיִם.
נוֹגְשִׂים וּמוֹנִים / וּמוֹכְרִים וְקוֹנִים. בְּצֵאתִי מִירוּשָׁלָיִם.

מֹשֶׁה יִרְעֶנּוּ / וְאַהֲרֹן יַנְחֶנּוּ. בְּצֵאתִי מִמִּצְרָיִם.
נְבוּכַדְנֶאצַּר / וְאַדְרִיאָנוּס קֵיסָר. בְּצֵאתִי מִירוּשָׁלָיִם.

נַעֲרֹךְ מִלְחָמָה / וַיהוה שָׁמָּה. בְּצֵאתִי מִמִּצְרָיִם.
רָחַק מִמֶּנּוּ / וְהִנֵּה אֵינֶנּוּ. בְּצֵאתִי מִירוּשָׁלָיִם.

סִתְרֵי פָרֹכֶת / וְסִדְרֵי מַעֲרֶכֶת. בְּצֵאתִי מִמִּצְרָיִם.
חֵמָה נִתֶּכֶת / עָלַי סוֹכֶכֶת בְּצֵאתִי מִירוּשָׁלָיִם.

עוֹלוֹת וּזְבָחִים / וְאִשֵּׁי נִיחוֹחִים. בְּצֵאתִי מִמִּצְרָיִם.
בְּחֶרֶב מְדֻקָּרִים / בְּנֵי צִיּוֹן הַיְקָרִים. בְּצֵאתִי מִירוּשָׁלָיִם.

פַּאֲרֵי מִגְבָּעוֹת / לְכָבוֹד נִקְבָּעוֹת. בְּצֵאתִי מִמִּצְרָיִם.
שְׁרִיקוֹת וּתְרוּעוֹת / לְקָלוֹן וּזְוָעוֹת. בְּצֵאתִי מִירוּשָׁלָיִם.

צִיץ הַזָּהָב / וְהַמְשֵׁל וָרַהַב. בְּצֵאתִי מִמִּצְרָיִם.
הָשְׁלַךְ הַנֵּזֶר / וְאָפֵס הָעֵזֶר. בְּצֵאתִי מִירוּשָׁלָיִם.

קְדֻשָּׁה וּנְבוּאָה / וּכְבוֹד יהוה נִרְאָה. בְּצֵאתִי מִמִּצְרָיִם.
נִגְאָלָה וּמוֹרָאָה / וְרוּחַ הַטֻּמְאָה. בְּצֵאתִי מִירוּשָׁלָיִם.

רִנָּה וִישׁוּעָה / וַחֲצוֹצְרוֹת הַתְּרוּעָה. בְּצֵאתִי מִמִּצְרָיִם.
זַעֲקַת עוֹלָל / וְנַאֲקַת חָלָל. בְּצֵאתִי מִירוּשָׁלָיִם.

שֻׁלְחָן וּמְנוֹרָה / וְכָלִיל וּקְטוֹרָה. בְּצֵאתִי מִמִּצְרָיִם.
אֱלִיל וְתוֹעֵבָה / וּפֶסֶל וּמַצֵּבָה. בְּצֵאתִי מִירוּשָׁלָיִם.

תּוֹרָה וּתְעוּדָה / וּכְלֵי הַחֶמְדָּה. בְּצֵאתִי מִמִּצְרָיִם.
שָׂשׂוֹן וְשִׂמְחָה / וְנָס יָגוֹן וַאֲנָחָה. בְּשׁוּבִי לִירוּשָׁלָיִם.

יש נוהגים לומר כאן קינות על השואה (עמ׳ 267–275).

לב | אצבעותיי שפלו

קינה זו עוסקת בנושא דומה לנושאה של הקינה הקודמת, אך היא אינה מעמתת את החורבן עם יציאת מצרים, אלא עם התקופה שבה המקדש עמד על מכונו והכוהנים עבדו בו כסדר. פרט ׳לְאֵשׁ תּוּקַד בְּקִרְבִּי׳, יש בה הד גם לקינה ׳זְכֹר ה׳ מָה הָיָה לָנוּ׳ הנאמרת מיד לאחר קריאת איכה בערב (עמ׳ 31), בעניות דומות בסוף כל שורה. עשרים ושניים הבתים הראשונים שבה מתארים בהרחבה את כלי המקדש ומתנים את נפילתם ביד האויב, והבתים שאחריהם (מתיבות ׳בָּנִים הַיְקָרִים׳) מתארים את גלות הכוהנים והלוויים, ומסיימים בתפילה לגאולה קרובה. מחבר הקינה הוא ר׳ ברוך ב״ר שמואל ממגנצא, מחבר ׳ספר החכמה׳ המצוטט רבות בדברי הראשונים שאחריו. במחזור וורמייזא סדר הקינות שונה, וקינה זו היא האחרונה בקינות הנאמרות היום; אחריה נאמרו קינות על גזרות תתנ״ו.

סימן א״ב ברוך חזק

אֶצְבְּעוֹתַי שָׁפְלוּ / וְאָשְׁיוֹתַי נָפְלוּ אוֹיָה.
בְּנֵי צִיּוֹן גָּלוּ / וְכָל אוֹיְבַי שָׁלוּ. אוֹי מֶה הָיָה לָנוּ.

בַּיִת וַעֲזָרוֹת / בְּיוֹם אַף נִגָּרוֹת אוֹיָה.
פְּנֵי שָׂרִים וְשָׂרוֹת / כְּמוֹ שׁוּלֵי קְדֵרוֹת. אוֹי מֶה הָיָה לָנוּ.

גֻּלַּת הַכּוֹתֶרֶת / כְּנֵבֶל נִשְׁבֶּרֶת אוֹיָה.
עֲטֶרֶת תִּפְאֶרֶת / לָאָרֶץ נִגְרֶרֶת. אוֹי מֶה הָיָה לָנוּ.

דַּרְכֵי עִיר אֲבֵלוֹת / וַיַּחְדְּלוּ הַקֹּלוֹת אוֹיָה.
אֳרָחוֹת הַסְּלוּלוֹת / חֲשֵׁכוֹת וַאֲפֵלוֹת. אוֹי מֶה הָיָה לָנוּ.

הֵיכָל וּכְתָלָיו / מֵעַי הָמוּ עָלָיו אוֹיָה.
וְעַל שֻׁלְחָן וְכֵלָיו / וּמְעִיל עַל שׁוּלָיו. אוֹי מֶה הָיָה לָנוּ.

וָוֵי הָעַמּוּדִים / בְּיַד בְּנֵי עֲבָדִים אוֹיָה.
וְהֶקֵּף רוֹבְדִים / רַבִּים וְנִכְבָּדִים. אוֹי מֶה הָיָה לָנוּ.

זְבָחִים וּמְנָחוֹת / לִמְשׁוּאוֹת מְדוּחוֹת אוֹיָה.
הֲדַר מִזְבְּחוֹת / בְּיָגוֹן וַאֲנָחוֹת. אוֹי מֶה הָיָה לָנוּ.

חֵל זֶה וְהַסּוֹרֵג / לַחֲרֹם וּלְהַהֲרֹג אוֹיָה.
בִּנְיַן הַנֶּאֱרָג / נָדַשׁ בְּמוֹרָג. אוֹי מֶה הָיָה לָנוּ.

טְלָאִים מְבֻקָּרִים / מְנֻיִּי נֶעְדָּרִים אוֹיָה.
וְטַבָּעוֹת סְדוּרִים / וְנִסּוּךְ הַהֲדוּרִים. אוֹי מֶה הָיָה לָנוּ.

יְפִי נִבְרֶכֶת / אֵיכָה נֶהְפֶּכֶת אוֹיָה.
וְגֶפֶן וּפָרֹכֶת / וּמִנְחָה מֻרְבֶּכֶת. אוֹי מֶה הָיָה לָנוּ.

כִּיּוֹר עִם כַּנּוֹ / הֶעָתִיף בּוֹ וְאֵינוֹ אוֹיָה.
הַנֵּר עִם שַׁמְנוֹ / לֻקַּח מִמְּכוֹנוֹ. אוֹי מֶה הָיָה לָנוּ.

לֶחֶם הַפָּנִים / שְׂאוּ עָלָיו קִינִים אוֹיָה.
וְטוּרֵי רִמּוֹנִים / לְמִרְמָס נְתוּנִים. אוֹי מֶה הָיָה לָנוּ.

מְנוֹרָה הַטְּהוֹרָה / אוֹרָהּ נֶעְדָּרָה אוֹיָה.
וּמַגְרֵפָה יְקָרָה / נְטוּלָה וַחֲסֵרָה. אוֹי מֶה הָיָה לָנוּ.

נוֹי יָם הַנְּחֹשֶׁת / לְעוֹבְדִים לַבֹּשֶׁת אוֹיָה.
וּמַעֲשֵׂה הָרֶשֶׁת / וְחַלּוֹת מַרְחֶשֶׁת. אוֹי מֶה הָיָה לָנוּ.

סְלָתוֹת וּנְסָכִים / מֶנּוּ נֶחֱשָׁכִים אוֹיָה.
וּבֹעַז גַּם יָכִין / לָאָרֶץ נִשְׁלָכִים. אוֹי מֶה הָיָה לָנוּ.

עַל מַחְתָּה וּמִזְרָק / אוֹיֵב שֵׁן חָרַק. אוֹיָה.
טֶנִי גַּם כּוּז זָרַק / וְאֶת חַרְבּוֹ הִבְרַק. אוֹי מֶה הָיָה לָנוּ.

פִּשְׁפָּשִׁים וּשְׁעָרִים / אַרְצָה נִגְרָרִים אוֹיָה.
הַתֻּמִּים וְהָאוּרִים / אֵיכָה נִסְתָּרִים. אוֹי מֶה הָיָה לָנוּ.

צְפִירַת מַעֲטָפוֹת / בְּאֵיבָה נֶהְדָּפוֹת אוֹיָה.
לְשָׁכוֹת הַיָּפוֹת / וּבֵית הַחֲלִיפוֹת. אוֹי מֶה הָיָה לָנוּ.

קִיר מָגֵן עֵרָה / וְקִרְקֵר הָהָרָה אוֹיָה.
וְזֵרְקוּ הַמָּרָה / וְשָׂרְפוּ הַבִּירָה. אוֹי מֶה הָיָה לָנוּ.

רָאשֵׁי מִשְׁמָרוֹת / סְבוּכִים בַּצָּרוֹת אוֹיָה.
וְשָׂרֵי הָעֲשָׂרוֹת / בְּיַד בַּעֲלֵי חֲטָרוֹת. אוֹי מֶה הָיָה לָנוּ.

שַׁעַר בַּת רַבִּים / לִזְאֵבֵי עֲרָבִים אוֹיָה.
לָקְחוּ הַכְּרוּבִים / תֻּפִּים וַאֲבוּבִים. אוֹי מֶה הָיָה לָנוּ.

תָּאִים הַנָּאִים / לַבָּנִים הַשְּׂנוּאִים אויָה.
בַּפָּז מְסֻלָּאִים / לְחֻלְדּוֹת הַסְּנָאִים. אוי מֶה הָיָה לָנוּ.

בָּנִים הַיְקָרִים / בַּחֲרָבוֹת נִדְקָרִים אויָה.
לְוִיִּם הַמְשׁוֹרְרִים / וְכֹהֲנִים מַקְטִירִים. אוי מֶה הָיָה לָנוּ.

רוֹבִים וּפְרָחִים / לְחִצִּים וּשְׁלָחִים אויָה.
בְּכוּרוֹת וּטְפוּחִים / בְּיָגוֹן נֶאֱנָחִים. אוי מֶה הָיָה לָנוּ.

וּמַפְתֵּחוֹת זָרְקוּ / בְּשׁוּרָם כִּי לָקוּ אויָה.
בֶּעָוֹן נָמַקּוּ / וְכַפַּיִם סָפְקוּ. אוי מֶה הָיָה לָנוּ.

כַּפּוֹת וּבָזִכִּים / מֶנִּי נִפְסָקִים אויָה.
וּבְנֵי נֶאֱנָקִים / בְּאֶרֶץ מֶרְחַקִּים. אוי מֶה הָיָה לָנוּ.

חֵי חוֹבוֹ גָּבָה / וְצִיץ טָהוֹר נִשְׁבָּה אויָה.
נֵר מַעֲרָב כָּבָה / וְשִׂמְחַת בֵּית הַשּׁוֹאֵבָה. אוי מֶה הָיָה לָנוּ.

זֵדִים בְּנֵי עֲדִינָה / עַל בְּנֵי מִי מָנָה אויָה.
פְּאֵר בִּגְדֵי כְהֻנָּה / בְּיָדָם נִתָּנָה. אוי מֶה הָיָה לָנוּ.

קְטֹרֶת נֶעְדֶּרֶת / וְאָרוֹן וְכַפֹּרֶת אויָה.
תְּכֵן בַּצֹּרֶת / תְּקַבֵּץ נְפוּצֶרֶת. עֹז מְהֵרָה יְהִיֶה לָנוּ.

לג | אבל אעורר

זו הקינה הרביעית והאחרונה במחזור העוסקת בגזרות תתנ״ו. היא מדגישה במיוחד את העימות הדתי ואת סירובם של ההרוגים להמיר את דתם; היא גם מתבטאת בלשון חריפה כלפי הצלבנים, ומגדירה אותם בתור ׳עוֹבְדֵי לַמֹּלֶךְ, חֵיל יָרֵב מֶלֶךְ׳ – כלומר הבאים להילחם נגד הקב״ה. מבחינה סגנונית קינה זו דומה מאוד לקינה הקודמת – שתיהן מתאפיינות בצלעות קצרות מתחרזות, ולאחר כמה צלעות עונים בביטויי צער מתחלפים. מחבר הקינה הוא ר׳ מנחם בן מכיר ממגנצא (נזכר ב׳מחזור ויטרי׳ תקג, ׳אור זרוע׳ ח״ב, קט ועוד), שעבר בעצמו את הפרעות, ולאחריהן התיישב ברגשנבורג והקים את מרכז התורה שם.

סימן א״ב, אנכי מנחם העלוב ברבי מכיר (בבתים האחרונים החתימה היא בראשי הצלעות)

אֵבֶל אֲעוֹרֵר / אֲנִינוּת אֲגָרֵר. אוֹיָה לִי.
בִּבְכִי אֲמָרֵר / בַּחֲמַת צוֹרֵר / דְּרָכַי סוֹרֵר. אַלְלַי לִי.

גָּלוּת אָרַךְ / וְלִבִּי הֵרַךְ.	אוֹיָה לִי.
דָּרַךְ וּפָרַךְ / נָחֲנִי נַח שָׁרַךְ / וְצִידוֹ חָרַךְ.	אֲלַלַי לִי.
הַמְעַט מַבְאִישַׁי / חִלְּלוּ מִקְדָּשַׁי.	אוֹיָה לִי.
וְהֵם בָּזוּ קָדָשַׁי / הֶחֱלוּ מִמִּקְדָּשַׁי . וְזִלְזְלוּ קְדוֹשַׁי.	אֲלַלַי לִי.
זְמַן שְׁנַת תתנ"ו / בִּי"א לְמַחֲזוֹר רנ"ו.	אוֹיָה לִי.
חַיָלוֹת זֵינוּ / מְקוֹמָם פִּנּוּ / כָּאַרְבֶּה נִמְנוּ.	אֲלַלַי לִי.
טָעוּת בִּקְשׁוּ / וְעָלַי הִקְשׁוּ.	אוֹיָה לִי.
יִרְאָתָם קִשְׁקְשׁוּ / וְאוֹתוֹת הִקִּישׁוּ / וְאוֹתִי עִקְּשׁוּ.	אֲלַלַי לִי.
כֹּפֶר מָאֲסוּ / נְפָשׁוֹת חָמָסוּ.	אוֹיָה לִי.
לְוִיַּי בּוֹסְסוּ / כֹּהֲנַי בּוֹשְׁשׁוּ / צְנוּעַי אָנָסוּ.	אֲלַלַי לִי.
מֵתֵי חֶרֶב מְהַדְּמִים / בְּאֶפֶס דָּמִים.	אוֹיָה לִי.
נִבְלַת תְּמִימִים / בְּלִי מוּמִים / הָיוּ שׁוֹמֵמִים.	אֲלַלַי לִי.
סָחוֹב וְהַשְׁלֵךְ / עָרוֹם לְלַכְלֵךְ.	אוֹיָה לִי.
עוֹבְדֵי לַמֶּלֶךְ / חֵיל יָרֵב מֶלֶךְ / וְרָדוּ בְּפֶלֶךְ.	אֲלַלַי לִי.
פְּרִיעָה וּפְרִימָה / עַל תּוֹרָה תְּמִימָה.	אוֹיָה לִי.
צָר בְּיָד רָמָה / הַמִּסְכָּן תְּרוּמָה / נָם לְהַחֲרִימָה.	אֲלַלַי לִי.
קוֹל בָּתֵּי כְנֵסִיּוֹת / וּבָתֵּי תוּשִׁיּוֹת.	אוֹיָה לִי.
רַחֲמָנִיּוֹת / בִּידֵיהֶן נְקִיּוֹת / זִבְחֵי רְאִיּוֹת.	אֲלַלַי לִי.
שְׁלָמִים וְעוֹלוֹת / חֲתָנִים וְכַלּוֹת.	אוֹיָה לִי.
תּוֹדוֹת וּבְלִילוֹת / בַּחוּרִים וּבְתוּלוֹת / וְטוֹבֵי קְהִלּוֹת.	אֲלַלַי לִי.
אַחִים גַּם יַחַד / נִשְׁפַּךְ דָּמָם כְּאֶחָד.	אוֹיָה לִי.
כֵּן אֲחָיוֹת בְּפַחַד / יִרְאַת שֵׁם הַמְיֻחָד / לַטֶּבַח לְהֵאָחַד.	אֲלַלַי לִי.
מְלַמְּדֵי סֵפֶר / נֶשֶׁף וָצֶפֶר.	אוֹיָה לִי.
חֵךְ אִמְרֵי שֶׁפֶר / מָלֵא חָצָץ וָאֵפֶר / וְאַיֵּה שׁוֹקֵל וְסוֹפֵר.	אֲלַלַי לִי.
הֲהָיְתָה זֹּאת מֵאָז / עָלָה גּוֹי עָז.	אוֹיָה לִי.
לְהַשְׁמִיד הוּעַז / וְאָסַף עַם נוֹעָז / בְּנֵי נָבָל וְלוֹעֵז.	אֲלַלַי לִי.
בַּקֵּשׁ עֵקֶר / רַק לַעֲקֹר וּלְעַקֵּר.	אוֹיָה לִי.

בְּקוּ אַרְמַאי מְשַׁקֵּר / יָזַם אֲרַמִּי לְעַקֵּר / וְלֹא לְגָרֵם בֹּקֶר. אַלְלַי לִי.
מְקַיֵּם הַבְּרִית / לוּלֵי הוֹתִיר שְׁאֵרִית / בְּגֵיא נָכְרִית. אוֹיָה לִי.
כְּשַׁר שַׁעֲרוּרִית / יְדִידַת עִבְרִית /
רִחֲמָם מֵהַכְרִית / וְיֵשׁ תִּקְוָה וְאַחֲרִית.

בית זה עוסק בנקמה ולא בתקווה לגאולה, ואף שונה בסגנונו משאר הפיוט. הוא חסר בחלק מכתבי יד, ויש ששיערו שהוא חלק מפיוט אחר.

לוֹבֵשׁ נְקָמָה / עוּרָה וְקוּמָה /
לְהִתְקוֹמְמָה / בְּרָמֵי קוֹמָה /
יָדִין גְּוִיּוֹת רְקָמָה /
וּשְׁכִינָה קָמָה עַל מְקוֹמָהּ:

לד | יום אכפי הכבדתי

קינה זו חיברה ר׳ יהודה הלוי בעקבות התיאור בגיטין נז ע״ב על הטבח שעשה נבוזראדן בזמן חורבן הבית. קינה זו נפוצה במנהגי כל הקהילות, אם כי היו מחכמי הספרדים שנמנעו מלאומרה, כדי שלא להזכיר את חטאי ישראל בהריגת הנביא זכריה (מלכים ב׳ כה, ח).

סימן יהודה

יוֹם אַכְפִּי הִכְבַּדְתִּי, וַיִּכָּפְלוּ עֲוֹנַי
בְּשָׁלְחִי יָד בְּדַם נָבִיא, בַּחֲצַר מִקְדַּשׁ יהוה
וְלֹא כִסַּתְהוּ אֲדָמָה, עַד בּוֹא חֶרֶב מוֹנַי
וְלֹא שָׁקַט עֲדֵי הֻקַּם, וְגַם הִפְלִיא פְלִילִיָּה
וַיֶּרֶב בְּבַת יְהוּדָה תַּאֲנִיָּה וַאֲנִיָּה: איכה ב

הָיָה הוֹלֵךְ וְסוֹעֵר, עַד בּוֹא רַב טַבָּחִים
וּבָא אֶל מִקְדַּשׁ יהוה, וּמָצָא דָמִים רוֹתְחִים
וַיִּשְׁאַל לְבַעֲבוּר זֶה, לַכֹּהֲנִים הַזּוֹבְחִים
וַיַּעֲנוּהוּ, אֵין זֶה כִּי אִם דַּם הַזְּבָחִים
גַּם הוּא זָבַח לַחְקֹר, מַה זֶּה וְעַל מֶה הָיָה.
וָאֹמַר לְנַפְשִׁי, זֶה חַטָּאתֵךְ וְזֶה פִּרְיָהּ.

וּבְכָל זֹאת לֹא שָׁקַט, וְעוֹדוֹ כַּיָּם נִגְרָשׁ
וַיְבַקֵּשׁ הַדָּבָר, וַיִּמָּצֵא מְפֹרָשׁ
כִּי דַם אִישׁ הָאֱלֹהִים, עַל לֹא חָמָס שֹׁרַשׁ
וַיֹּאמֶר נְבוּזַרְאֲדָן, וְגַם דָּמוֹ הִנֵּה נִדְרָשׁ
אִסְפוּ לִי הַכֹּהֲנִים, וְהוֹצִיאוּם מִבֵּית יָהּ
וְלֹא אֶשְׁקוֹט, עַד יִשְׁקוֹט דַּם הַנָּבִיא זְכַרְיָה.

דָּקַר יְשִׁישִׁים לְמֵאוֹת, וּבַחוּרִים לְרִבּוֹאוֹת
וַיּוֹרֶד לָטֶבַח כֹּהֲנֵי יהוה צְבָאוֹת
וְתִינוֹקוֹת שֶׁל בֵּית רַב, וְעֵינֵי אָבוֹת רוֹאוֹת
וְאֵין שֶׁקֶט לְדַם נָבִיא, וַיְהִי לְמוֹפֵת וּלְאוֹת
וְחֶרֶב צַר נוֹקֶמֶת וְהַקִּרְיָה הוֹמִיָּה
בְּכָל זֹאת לֹא שָׁב אַפּוֹ, וְעוֹד יָדוֹ נְטוּיָה.

הוֹסִיף לַהֲרֹג נָשִׁים עִם יוֹנְקֵי שָׁדָיִם
וְדָם עוֹלֶה בֵּינֵיהֶם, כְּדַם יְאוֹר מִצְרָיִם
עֲדֵי נָשָׂא נְבוּזַרְאֲדָן עֵינָיו לַשָּׁמַיִם
וַיֹּאמֶר, הַאֵין דַּי לְדָם בִּבְנוֹת יְרוּשָׁלָיִם
הֲכָלָה אַתָּה עֹשֶׂה אֶת שְׁאֵרִית הַשְּׁבִיָּה
וְאָז שָׁקַט דָּם נָקִי, וְחֶרֶב נָקָם רָוְיָה.

בחלק ממחזורי אשכנז בית זה חסר. אך במחזורים הספרדיים הוא מופיע,
ויש מהם שזיהו את המשך החתימה ׳לוי׳ בראשי השורות.

[לְךָ חָטָאנוּ אֱלֹהִים, הֶעֱוִינוּ וְהִרְשַׁעְנוּ
וְהָרַגְנוּ נְבִיאֶיךָ, וְרִשְׁעֵנוּ יָדַעְנוּ
יְהִי חַסְדְּךָ לְנַחֲמֵנוּ, כִּי מִשְּׁאוֹל שִׁוַּעְנוּ
וּמִפְּרִי מַעֲלָלֵינוּ, זֶה כַּמָּה שָׂבַעְנוּ
רַחֵם לֹא רֻחָמָה, הַסּוֹעֲרָה הָעֲנִיָּה
עֵינֶיהָ לְךָ תִשָּׂא, וְעֶזְרָתְךָ צוֹפִיָּה.]

יש נוהגים לומר כאן קינות על השואה (עמ׳ 267–275).

לה | שכורת ולא מיין

לפי המנהג המקובל, קינה זו היא האחרונה הנאמרת במלואה בבוקר. הפיוטים הנאמרים אחריה אינם קינות על החורבן (למעט 'שַׁאֲלִי, שְׂרוּפָה בָאֵשׁ' בעמ' 193) אלא שירי געגוע. קינה זו חיברה תלמיד הרמב"ן, ר' שלמה בר יצחק מגירונה, והיא נפוצה בכל קהילות ישראל. המשורר רומז שסבלם של ישראל הוא סיבה מספקת לגאול אותם אף אם הם חוטאים לעתים, כדברי הגמרא (עירובין סד ע"ב – סה ע"א): "אמר רב ששת משום רבי אלעזר בן עזריה: יכול אני לפטור את כל העולם כולו מן הדין מיום שחרב בית המקדש ועד עכשיו, שנאמר (ישעיה נא, כא): לָכֵן שִׁמְעִי־נָא זֹאת עֲנִיָּה, וּשְׁכֻרַת וְלֹא מִיָּיִן", ופירש רש"י שכמו ששיכור פטור ממצוות כיוון שהוא אנוס, כך ישראל לאחר הצרות שעברו עליהם.

לאחר בית הפתיחה, שבו המשורר קורא לכנסת ישראל לקונן ולהתפלל, יש בקינה שלושה בתים: בראשון הוא מעודד אותה לקונן על חורבן המקדש (כמו שנאמר בפזמון, 'עַל חֹרֶב סִפֵּךְ'), ובשני היא אכן מקוננת – אך לא על החורבן, אלא על ייסורי בניה בגלות ('עַל נֶפֶשׁ עוֹלָלַיִךְ'). המשורר מופתע, ורומז לעוונות שגרמו לחורבן. בבית השלישי כנסת ישראל פונה לאויביה, טוענת שלמרות הכול ה' עתיד לגאול אותה כבנבואת מיכה (ז, ח): "אַל־תִּשְׂמְחִי אֹיַבְתִּי לִי, כִּי נָפַלְתִּי קָמְתִּי, כִּי־אֵשֵׁב בַּחֹשֶׁךְ, ה' אוֹר לִי", ושהם עתידים לתת את הדין (על פי תהלים קלז, ח-ט; איכה ד, כא-כב).

שְׁכֻרַת וְלֹא מִיַּיִן, הַשְׁלִיכִי תֻפַּיִךְ
קָרְחִי נָא וָגֹזִּי, וְהַשְׁחִיתִי אַפַּיִךְ
שְׂאִי עַל שְׁפָיִם קִינָה, וְסֹבִּי כָּל אֲגַפַּיִךְ
וְצַעֲקִי לִפְנֵי יהוה, עַל חֹרֶב סִפַּיִךְ
עַל נֶפֶשׁ עוֹלָלַיִךְ, שְׂאִי אֵלָיו כַּפַּיִךְ.

אֵיכָה בָּא צַר וְאוֹיֵב, בְּצִיּוֹן עִיר מַמְלֶכֶת
אֵיכָה רֶגֶל זֵדִים, אַדְמַת צְבִי דוֹרֶכֶת
בְּבוֹאָם מָצְאוּ כֹהֲנִים, שׁוֹמְרֵי הַמַּעֲרֶכֶת
וְעַל מִשְׁמְרוֹתָם עָמְדוּ, וְלֹא עָזְבוּ הַמְּלָאכֶת
עַד אֲשֶׁר שָׁפַךְ דָּמָם, כְּמֵימֵי הַמַּהְפֶּכֶת
וּבָא כָּל עָרֵל וְטָמֵא, מִבֵּית לַפָּרֹכֶת
מְקוֹם אֲשֶׁר כֹּהֵן גָּדוֹל, יָרֵא שָׁם לָלֶכֶת
וְהֶחֱרִיבוּ שְׁחִיפַיִךְ וְחַלּוֹנֵי שְׁקוּפַיִךְ
וְצַעֲקִי לִפְנֵי יהוה, עַל חֹרֶב סִפַּיִךְ
עַל נֶפֶשׁ עוֹלָלַיִךְ, שְׂאִי אֵלָיו כַּפַּיִךְ.

קוֹל יִלְלַת בַּת צִיּוֹן, מֵרָחוֹק נִשְׁמַעַת
תִּזְעַק זַעֲקַת חֶשְׁבּוֹן, תִּבְכֶּה בְּכִי מֵיפָעַת
אֲהָהּ כִּי כוֹס שָׁתִיתִי, וּמָצִיתִי קֻבַּעַת
אֲכָלוּנִי שְׁנֵי אֲרָיוֹת חֲדוּדֵי מַלְתָּעַת
בַּת בָּבֶל הַשְּׁדוּדָה, וּבַת אֱדוֹם הַמַּרְשַׁעַת
מַה תִּתְאוֹנְנִי צִיּוֹן, וְחַטָּאתֵךְ נוֹדַעַת
עַל רֹב עֲוֹנֵךְ, גָּלָה עַמֵּךְ מִבְּלִי דָעַת
עַל עָזְבֵךְ צוֹפַיִךְ, וְשָׁמְעֵךְ קוֹל תֹּרְפַיִךְ
וְצַעֲקִי לִפְנֵי יהוה, עַל חֹרֶב סִפַּיִךְ
עַל נֶפֶשׁ עוֹלָלַיִךְ, שְׂאִי אֵלָיו כַּפַּיִךְ.

אַל תִּשְׂמְחִי אוֹיַבְתִּי, עַל כִּי שֶׁבֶר קַרְנִי
כִּי נָפַלְתִּי קַמְתִּי, וַיהוה עֲזָרָנִי
הִנֵּה יַאַסְפֵנִי, אֵלִי אֲשֶׁר פִּזְרָנִי
וְיִגְאָלֵנִי מִמֵּךְ, צוּרִי אֲשֶׁר מְכָרָנִי
גַּם עָלַיִךְ יַעֲבֹר, כּוֹס אֲשֶׁר עֲבָרָנִי
וְאָז בְּסַלְעֵי סְעִיפַיִךְ אֲנַפֵּץ אֶת טַפַּיִךְ.
וְצַעֲקִי לִפְנֵי יהוה, עַל חֹרֶב סִפַּיִךְ
עַל נֶפֶשׁ עוֹלָלַיִךְ, שְׂאִי אֵלָיו כַּפַּיִךְ.

יש נוהגים להמשיך כאן ׳שׁוֹמְרוֹן קוֹל תִּתֵּן׳ (עמ׳ 35).

לו | ציון, הלוא תשאלי

"ומרבין כל העם קינות. ובסיומם הקינות מתחיל המופלא... ואומר: 'ציון הלא תשאלי לשלום אסיריך' וגו', וכל העם מרבים ציונים" (מהרי"ל). לאחר סיום הקינות נוהגים לומר שורת 'ציונים' - שירי געגוע לארץ ישראל, הבנויים על מתכונת שירו של ר' יהודה הלוי.

שירו של ריה"ל הוא מהיצירות הידועות בתקופת הראשונים. על פי מסורת שהובאה ב'ספר יוחסין' לר' אברהם זכות (ממגורשי ספרד), ריה"ל אמר אותה בשעת מיתתו, כאשר הגיע לירושלים. הנוסחאות הקדומות המוכרות הן דווקא מהמחזורים האשכנזיים, שד"ל (איטליה, המאה השמונה עשרה) טען שנוסחה חליפית, שנשמרה במחזורים איטלקיים עדיפה, ועמדתו התקבלה על דעת החוקרים. כאן הובא השיר על פי נוסחת שד"ל; הגרסה שנתקבלה במחזורי אשכנז לאורך הדורות מובאת בעמ' 276.

צִיּוֹן, הֲלֹא תִשְׁאֲלִי לִשְׁלוֹם אֲסִירַיִךְ, דּוֹרְשֵׁי שְׁלוֹמֵךְ, וְהֵם יֶתֶר עֲדָרָיִךְ.
מִיָּם וּמִזְרָח וּמִצָּפוֹן וְתֵימָן, שְׁלוֹם רָחוֹק וְקָרוֹב, שְׂאִי מִכֹּל עֲבָרָיִךְ.
וּשְׁלוֹם אֲסִיר תַּאֲוָה, נוֹתֵן דְּמָעָיו כְּטַל חֶרְמוֹן, וְנִכְסָף לְרִדְתָּם עַל הֲרָרָיִךְ.

לִבְכּוֹת עֱנוּתֵךְ אֲנִי תַנִּים, וְעֵת אֶחֱלֹם שִׁיבַת שְׁבוּתֵךְ, אֲנִי כִנּוֹר לְשִׁירָיִךְ.
לִבִּי לְבֵית אֵל, וְלִפְנִיאֵל מְאֹד יֶהֱמֶה, וּלְמַחֲנַיִם, וְכָל פִּגְעֵי טְהוֹרָיִךְ.
שָׁם הַשְּׁכִינָה שְׁכֵנָה לָךְ, וְהַיּוֹצְרֵךְ פָּתַח לְמוּל שַׁעֲרֵי שַׁחַק, שְׁעָרָיִךְ.
וּכְבוֹד יהוה לְבַד הָיָה מְאוֹרֵךְ, וְאֵין שֶׁמֶשׁ וְסַהַר וְכוֹכָבִים מְאִירָיִךְ.
אֶבְחַר לְנַפְשִׁי לְהִשְׁתַּפֵּךְ, בְּמָקוֹם אֲשֶׁר רוּחַ אֱלֹהִים שְׁפוּכָה, עַל בְּחִירָיִךְ.
אַתְּ בֵּית מְלוּכָה, וְאַתְּ כִּסֵּא יהוה, וְאֵיךְ יֵשְׁבוּ עֲבָדִים עֲלֵי כִסְאוֹת גְּבִירָיִךְ.
מִי יִתְּנֵנִי מְשׁוֹטֵט, בַּמְּקוֹמוֹת אֲשֶׁר נִגְלוּ אֱלֹהִים לְחוֹזַיִךְ וְצִירָיִךְ.
מִי יַעֲשֶׂה לִּי כְנָפַיִם וְאַרְחִיק נְדֹד, אָנִיד לְבִתְרֵי לְבָבִי בֵּין בְּתָרָיִךְ.

אֶפּוֹל לְאַפַּי עֲלֵי אַרְצֵךְ, וְאֶרְצֶה אֲבָנַיִךְ מְאֹד, וַאֲחוֹנֵן אֶת עֲפָרָיִךְ.
אַף כִּי בְעָמְדִי עֲלֵי קִבְרוֹת אֲבוֹתַי, וְאֶשְׁתּוֹמֵם בְּחֶבְרוֹן עֲלֵי מִבְחַר קְבָרָיִךְ.
אֶעְבֹר בְּיַעְרֵךְ וְכַרְמִלֵּךְ וְאֶעְמֹד בְּגִלְעָדֵךְ וְאֶשְׁתּוֹמְמָה אֶל הַר עֲבָרָיִךְ.
הַר הָעֲבָרִים וְהֹר הָהָר, אֲשֶׁר שָׁם שְׁנֵי אוֹרִים גְּדוֹלִים, מְאִירַיִךְ וּמוֹרָיִךְ.
חַיֵּי נְשָׁמוֹת אֲוִיר אַרְצֵךְ, וּמִמָּר דְּרוֹר אַבְקַת עֲפָרֵךְ, וְנֹפֶת צוּף נְהָרָיִךְ.

יִנְעַם לְנַפְשִׁי, הֲלֹךְ עָרֹם וְיָחֵף, עֲלֵי חָרְבוֹת שְׁמָמָה, אֲשֶׁר הָיוּ דְּבִירָיִךְ.
בִּמְקוֹם אֲרוֹנֵךְ אֲשֶׁר נִגְנַז, וּבִמְקוֹם כְּרוּבַיִךְ, אֲשֶׁר שָׁכְנוּ חַדְרֵי חֲדָרָיִךְ.
אָגֹז וְאַשְׁלִיךְ פְּאֵר נִזְרִי, וְאֶקֹּב זְמַן, חִלֵּל בְּאֶרֶץ טְמֵאָה אֶת נְזִירָיִךְ.
אֵיךְ יֶעֱרַב לִי אֱכֹל וּשְׁתוֹת, בְּעֵת אֶחֱזֶה כִּי יִסְחֲבוּ הַכְּלָבִים אֶת כְּפִירָיִךְ.
אוֹ אֵיךְ מְאוֹר יוֹם יְהִי מָתוֹק לְעֵינַי, בְּעוֹד אֶרְאֶה בְּפִי עוֹרְבִים פִּגְרֵי נְשָׁרָיִךְ.

כּוֹס הַיְגוֹנִים, לְאַט. הַרְפִּי מְעַט, כִּי כְבָר מָלְאוּ כְסָלַי וְנַפְשִׁי מַמְּרוֹרָיִךְ:
עֵת אֶזְכְּרָה אָהֳלָה אֶשְׁתֶּה חֲמָתֵךְ, וְאֶזְכּוֹר אָהֳלִיבָה וְאֶמְצֶה אֶת שְׁמָרָיִךְ.

צִיּוֹן כְּלִילַת יֳפִי, אַהֲבָה וְחֵן תִּקְשְׁרִי מֵאָז, וּבָךְ נִקְשְׁרוּ נַפְשׁוֹת חֲבֵרָיִךְ.
הֵם הַשְּׂמֵחִים לְשַׁלְוָתֵךְ, וְהַכּוֹאֲבִים עַל שׁוֹמְמוּתֵךְ, וּבוֹכִים עַל שְׁבָרָיִךְ.
מִבּוֹר שְׁבִי שׁוֹאֲפִים נֶגְדֵּךְ, וּמִשְׁתַּחֲוִים אִישׁ מִמְּקוֹמוֹ אֱלֵי נֹכַח שְׁעָרָיִךְ.
עֶדְרֵי הֲמוֹנֵךְ, אֲשֶׁר גָּלוּ וְנִתְפַּזְּרוּ מֵהַר לְגִבְעָה, וְלֹא שָׁכְחוּ גְּדֵרָיִךְ.
הַמַּחֲזִיקִים בְּשׁוּלַיִךְ, וּמִתְאַמְּצִים לַעֲלוֹת וְלֶאֱחֹז בְּסַנְסִנֵּי תְמָרָיִךְ.
שִׁנְעָר וּפַתְרוֹס הֲיַעַרְכוּךְ בְּגָדְלָם, וְאִם הֶבְלָם יְדַמּוּ לְתֻמַּיִךְ וְאוּרָיִךְ.
אֶל מִי יְדַמּוּ מְשִׁיחַיִךְ, וְאֶל מִי נְבִיאַיִךְ, וְאֶל מִי לְוִיַּיִךְ וְשָׁרָיִךְ.
יִשְׁנֶה וְיַחֲלֹף כְּלִיל, כָּל־מַמְלְכוֹת הָאֱלִיל, חָסְנֵךְ לְעוֹלָם, לְדוֹר וָדוֹר נְזָרָיִךְ.

אִוָּךְ לְמוֹשָׁב אֱלֹהָיִךְ. וְאַשְׁרֵי אֱנוֹשׁ, יִבְחַר יְקָרֵב וְיִשְׁכֹּן בַּחֲצֵרָיִךְ.
אַשְׁרֵי מְחַכֶּה, וְיַגִּיעַ וְיִרְאֶה עֲלוֹת אוֹרֵךְ, וְיִבָּקְעוּ עָלָיו שְׁחָרָיִךְ.
לִרְאוֹת בְּטוֹבַת בְּחִירַיִךְ, וְלַעְלֹז בְּשִׂמְחָתֵךְ, בְּשׁוּבֵךְ אֱלֵי קַדְמַת נְעוּרָיִךְ.

לז ׀ ציון, קחי כל צרי

פיוט זה מקביל במשקלו לקודם וקרוב לו מבחינת התוכן: המשורר משבח בו את ארץ ישראל, עפרה, תבואתה והחיות אשר בה; ולאחר מכן את בני ישראל בימי קדם, את חכמתם, את שלטון הצדק שהיה בה, ובמיוחד את חכמתם הבאה לידי ביטוי בחשבון המולדות ועיבור השנים. רוו"ה קבע שמחבר הפיוט הוא ר' שלמה אבן גבירול, ואם כן פיוט זה הוא מקור התבנית שבה נכתב 'צִיּוֹן הֲלֹא תִשְׁאֲלִי'. אך הזיהוי המקובל הוא שהפיוט נכתב בידי ר' אברהם החוזה מטבריה, הנזכר בספר מסעות בנימין מטודלה, וראשוני אשכנז זיהו שנכתב בידי ר' אברהם אבן עזרא.

צִיּוֹן, קְחִי כָּל צֳרִי גִלְעָד לְצִירַיִךְ. אֵין דַּי, לְמַעַן כַּיָּם גָּדְלוּ שְׁבָרָיִךְ.
אֶרֶץ צְבִי, אַתְּ בְּתוֹךְ גּוֹיִם נְתוּנָה. וּמִן עֵדֶן מְקוֹם כָּל יְקָר, יָצְאוּ נְהָרָיִךְ.
וַיְהִי לְאוֹת, נַעֲמָן רָחַץ בְּשָׂרוֹ בְּמֵי יַרְדֵּן, אֲזַי נֶאֱסַף. אַף כִּי טְהוֹרָיִךְ.
אַף לֹא יְסֻלֶּה עֲפַר אַרְצֵךְ בְּזָהָב וּפָז, יָקָר כְּמוֹ יַהֲלוֹם מַחְצַב הֲרָרָיִךְ.
כָּל תַּעֲנוּגִים בְּבוֹא בָּסְרֵךְ, וְלֹא קָהֲתָה הַשֵּׁן. וְאוּלָם כְּצוּף מָתְקוּ מְרוֹרָיִךְ.
פִּרְיֵךְ לְמַרְפֵּא, וְכָל עָלֶה תְּעָלָה. הֲלֹא וּכְיַעֲרַת הַדְּבַשׁ הָיוּ יְעָרָיִךְ.
עִם הַפְּתָנִים בְּרִית כָּרְתוּ מְתַיִךְ. וְאֵין שָׂטָן, אֲבָל הָשְׁלְמוּ לָהֶם כְּפִירַיִךְ.
בָּךְ כָּל בְּהֵמָה וְעוֹף חָכְמוּ. עֲדֵי כַּחֲמוֹר הָיָה לְפָנִים לְבֶן יָאִיר חֲמוֹרָיִךְ.
בָּךְ אֵל לְבַדּוֹ וְאֵין בִּלְתּוֹ. וְיָצָא שְׁמֵךְ, כִּי שֵׁם אֱלֹהֵי אֱמֶת נוֹדַע בְּשִׁירָיִךְ.

מַה טּוֹב וְנָעִים, בְּבוֹא שִׁבְטֵי בְּנֵי יַעֲקֹב שָׁלֹשׁ פְּעָמִים בְּכָל שָׁנָה, שְׁעָרָיִךְ.
בָּךְ סוֹד תְּעוּדָה וְסוֹד חָכְמוֹת, וּבָאוּ בְּנֵי קֶדֶם וְחַכְמֵי שְׁבָא לִכְתֹּב סְפָרָיִךְ.
מַלְכֵּךְ בְּקִרְבֵּךְ, וּבָךְ שָׂרֵי חֲיָלִים בְּכָל נֶשֶׁק, וְעַל כָּל לְאֹם גָּבְרוּ גִּבּוֹרָיִךְ.
שׁוֹטְרִים בְּכָל הַגְּבוּל, שׁוֹפְטִים בְּכָל עִיר וָעִיר.
זִקְנֵי אֱמֶת הֵם, וְאֵין מוֹרֶה כְּמוֹרָיִךְ.

בִּימֵי בְחוּרוֹת, הֱיוֹת קֹדֶשׁ לָאֵל נִבְחָרוּ. וּבְנֵי נְבִיאִים בְּנֵי אֵל חַי, נְעָרָיִךְ.
בָּךְ הַתְּקוּפָה, עֲלֵי קַו הָאֱמֶת נִשְׁקָלָה. תֹּכֶן שְׁנוֹת דּוֹר וָדוֹר, בִּשְׁנֵי אֲדָרָיִךְ.
מוֹלַד הַלְּבָנָה כְּפִי אָרְכֵּךְ, וְהַמַּחֲזֶה שׁוֹמָה לְרָחְבֵּךְ. וּבָהּ הֶרְאֵית סְתָרָיִךְ.
נִרְאָה בְּתַמּוּז כְּסִיל, בָּךְ יַעֲלֶה. כִּי שְׁאָר כָּל הֶחֳדָשִׁים לְבַד זֶה, בַּחֲדָרָיִךְ.

אַיֵּה דְּבִירֵךְ מְקוֹם אָרוֹן, וְאַיֵּה הֲדַר הֵיכָל וְהַמִּזְבְּחוֹת, אַיֵּה חֲצֵרָיִךְ.
אַיֵּה מְשִׁיחֵךְ, בְּעַד עַמֵּךְ יְכַפֵּר. וּמֶה הָיָה לְיַלְדֵי קְהָת, אַיֵּה נְזִירָיִךְ.
אֵיפֹה נְבִיאִים בְּנֵי עֶלְיוֹן, וְכָל יוֹעֲצֵךְ. אָבְדוּ וְהָלְכוּ שְׁבִי מַלְכֵּךְ וְשָׂרָיִךְ.

הָיִית יְפֵה נוֹף לְרֹאשׁ תֵּבֵל, בְּרוֹשֵׁךְ לְנֵס. חֶטְאֵךְ בְּאַף סֵעֲפֵךְ, קָצַר קְצִירָיִךְ.
אֶרֶץ מְאָסֵךְ, וּמֵי נָכְרִים שְׁטָפוּךְ, וְכָל רוּחַ הֱפִיצֵךְ. וְאֵשׁ בָּעֲרָה בְּעָרָיִךְ.
מָרִית בְּצוּרֵךְ אֲשֶׁר מִצַּר נְצָרֵךְ. וְאָז זָרִים עֲכָרוּךְ, וְאַתְּ הָיִית בְּעוֹכְרָיִךְ.
אֵל הֶאֱמִירֵךְ עֲדֵי נִקְרֵאת אֲרִיאֵל, וְאֵיךְ עָבַר בְּנָוֵךְ אֲרִי טוֹרֵף עֲדָרָיִךְ.

שׁוּבִי לְאֵל בּוֹעֲלֵךְ, אַל תִּתְּנִי לוֹ דֳּמִי. עַד שׁוּב כְּבוֹדוֹ, וְעַד יִבְנֶה גְּדֵרָיִךְ.
נַפְשִׁי מְאֹד נִכְסְפָה, לִרְאוֹת בְּזִיו זָהֳרֵךְ. שָׁלוֹם יְהִי לָךְ, וְרֹב שָׁלוֹם לְעוֹזְרָיִךְ.

לח | ציון עטרת צבי

"כִּי אַעֲלֶה אֲרֻכָה לָךְ וּמִמַּכּוֹתַיִךְ אֶרְפָּאֵךְ נְאֻם־ה', כִּי נִדָּחָה קָרְאוּ לָךְ, צִיּוֹן הִיא דֹּרֵשׁ אֵין לָהּ" (ירמיה ל, יז). דורש אין לה - מכלל דבעיא דרישה" (סוכה מא ע"א; ובמקביל בראש השנה ל ע"א). פיוט זה מתאר את דורשי ציון, ואף המשורר עצמו (ר' אלעזר בן משה מווירצבורג, בן אחותו של ר' יהודה החסיד) קורא לה לשלום. הוא מתמקד במיוחד בכבודה של ירושלים בעבר, כמושבם של מלכי בית דוד, הכוהנים והנביאים.

צִיּוֹן עֲטֶרֶת צְבִי, שִׂמְחַת הֲמוֹנַיִךְ. שָׁלוֹם כְּנָהָר קְחִי מֵאֵת אֲדוֹנָיִךְ.
אֵלִי שְׁחָקִים אֲשֶׁר שׁוֹמְרִים לְחוֹמוֹת וָחֵל, לַיְלָה וְיוֹם יִדְרְשׁוּן שָׁלוֹם לְמַחֲנָיִךְ.
גַּם הַנְּפוּצִים בְּכָל אַרְבַּע קְצָווֹת, וְהֵם דּוֹרְשֵׁי שְׁלוֹמֵךְ, בְּנוֹתַיִךְ וּבָנָיִךְ.
שׁוֹכְנֵי קְבָרִים, מְחַכִּים וּמְצַפִּים לְיוֹם יִשְׁעֵךְ, וְאָז יִצְמְחוּ יְחִיוּ יְשֵׁנָיִךְ.
וַאֲנִי בְּשָׁאֳלִי שְׁלוֹמֵךְ, אֶקְרָא קוֹל בְּרֹאשׁ הָרִים, וְאֶדְמֶה לְעוֹף עַל רַעֲנָנָיִךְ.

שָׁלוֹם לְצִיּוֹן נְוֵה צֶדֶק, וְשָׁלוֹם עֲלֵי חֵילֵךְ וְחוֹמוֹת, יְקַר אַבְנֵי פְּנִינָיִךְ.
שָׁלוֹם לְאֶרֶץ צְבִי, שָׁלוֹם לְכָל הַגְּבוּל, גִּלְעָד וְשׁוֹמְרוֹן, וְכָל יֶתֶר שְׁכֵנָיִךְ.
צִיּוֹן, לְפָנִים הֲלֹא הָיִית יְפַת מַרְאֶה, אֵיךְ נֶהֶפְכוּ לְשָׁחוֹר תָּאֳרֵךְ וּפָנָיִךְ.
כִּבְנוֹת מְלָכִים, יְקַר עֲטִית תְּהִלָּה, וְאֵיךְ שַׂק תַּחְגְּרִי עַל חֲלָצַיִךְ וּמָתְנָיִךְ.
לַחְמִי אֲנָחָה, בְּעֵת תַּעְדִּי לְתַחַת פְּאֵר אֵפֶר, וְאֶשְׁתֶּה יְגוֹנִי עַל יְגוֹנָיִךְ.
קוּמִי וְנִשָּׂא נְהִי, נִבְכֶּה דְמָעוֹת כַּיָּם, יִזְּלוּ נְהָרוֹת לְמִן עֵינַי לְעֵינָיִךְ.
עַל אַלְמְנוּתֵךְ, אֲשֶׁר הָלַךְ יְדִידֵךְ. וְהוּא הֶחֱרִיב דְּבִירוֹ, וְכָל סִתְרֵי צְפוּנָיִךְ.
עֵת אֶרְאֶה יָפְיֵךְ, אֶקְרָא מְשׁוֹרְרִים בְּשִׁיר. עֵת אֶחֱזֶה עָנְיֵךְ, אֶקְרָא מְקוֹנְנָיִךְ.
אֶבְחַר לְקָאַת וְקִפּוֹד יִשְׁכְּנוּ בָךְ. וְאוֹי לִי, אִם אֱדוֹם וַעֲרָב קִנְּנוּ בְּקִנָּיִךְ.

עִיר הַמְּלוּכָה לְדָוִד וּשְׁלֹמֹה בְּנוֹ הָיִית בְּנוּיָה, וְהֵם קֶדֶם מְכוֹנָיִךְ.
אַתְּ הִיא לְמִקְדָּשׁ לְאֵל, אַתְּ הִיא מְנוּחָה לְצוּר.
אַתְּ הִיא, אֲשֶׁר יוֹם בְּיוֹם יָרַד לְגַנָּיִךְ.
שָׁם שֻׁלְחָן וּמְנוֹרָה וַאֲרוֹן הַבְּרִית. אֵל בֵּין שְׁדֵי אַהֲבָה, לָן בִּמְלוֹנָיִךְ.
עַל מִזְבְּחֵךְ, כֹּהֲנִים עָמְדוּ מְשָׁרְתִים, בְּמוֹ זֶבַח וְעוֹלָה, לְכַפֵּר עַל עֲוֹנָיִךְ.
רֹאשׁ הַכְּהֻנָּה, אֲשֶׁר אֵפוֹד לְבוּשֵׁי יְקָר. נִשְׁמַע בְּשׁוּלֵי מְעִיל, קוֹל פַּעֲמוֹנָיִךְ.
אַחַת בְּשָׁנָה, פְּנִים הָלַךְ לְחַדְרֵי דְבִיר. הֵבִיא קְטֹרֶת מְלֹא קֻמְצוֹ וְחָפְנָיִךְ.
קִדָּה וְקָנֶה וְכָל רָאשֵׁי בְשָׂמִים, עֲדֵי עִיר הַתְּמָרִים, בְּבוֹא רֵיחַ שְׁמָנָיִךְ.
אַף הַלְוִיִּם אֲשֶׁר שׁוֹמְרִים שְׁעָרִים, וְגַם הַמְשׁוֹרְרִים שִׁיר בְּפֶה, עִם כָּל רְנָנָיִךְ.
נֶגְדָּם בְּנֵי מַעֲמָד עוֹרְכִים תְּפִלָּה. וְלָךְ יַעֲלֶה הֲמוֹנֵךְ, בְּכָל פַּעֲמֵי זְמַנָּיִךְ.
בָּךְ הַנְּבִיאִים כְּבָר הָיוּ בְּסוֹד אֵל. וּבָךְ חַכְמֵי תְבוּנָה, וּבָךְ שִׁבְעִים זְקֵנָיִךְ.
אַרְצֵךְ מְלֵאָה בְּמוֹ עֶשֶׂר קְדֻשּׁוֹת, וְכָל מַעְשַׂר תְּרוּמָה, וְגַם מִבְחַר דְּגָנָיִךְ.
עַתָּה שְׁמָמָה בְּלִי בָנִים וּבָנוֹת. וְאָן מַלְכֵּךְ, נְבִיאֵךְ, לְוִיֵּךְ וְכֹהֲנָיִךְ.

מָתַי יְשׁוּבוּן וְיָבוֹאוּ בְּתוֹךְ אָהֳלֵךְ, הַמִּתְאַוִּים שְׁכֹן תַּחַת עֲנָנָיִךְ.
מִי יִתְּנֵנִי לְעֵת תֵּלְדִי יְלָדִים, כְּמוֹ שִׁפְרָה וּפוּעָה, מְיַלֶּדֶת בְּאָבְנָיִךְ.
מִי יִתְּנֵנִי לְעֵת אֶתְאוֹ, לְיוֹם יָבוֹא חֲתָנֵךְ. וְאַתְּ כַּלָּה, וְהִתְפָּאֲרִי בַּעֲדִי עֲדָנָיִךְ.
לִבִּי יְאַוֶּה לְחַבֵּק בִּזְרוֹעוֹת עֲפַר אַרְצֵךְ, וְאֶחְשֹׁק בְּפִי נַשֵּׁק אֲבָנָיִךְ.
לוּ אֶרְאֵךְ, בִּהְיוֹת נִבְנֵית בְּנֹפֶךְ וּפוּךְ, יִרְאוּ לְצָפוֹן וָיָם, גֹּבַהּ קְרָנָיִךְ.
אֶכְסֹף וְאֶחְמֹד לְנֶחָמָה וְתִשְׁמַעְנָה, דִּבְרֵי מְבַשֵּׂר בְּקוֹל אָזְנַי וְאָזְנָיִךְ.
הִתְעוֹרְרִי לִקְרַאת דּוֹדֵךְ, וְהִתְנַעֲרִי מִן הָאֲדָמָה, בְּשׁוּבוֹ אֶל מְעוֹנָיִךְ.

לט | ציון תקונני עלי

פיוט זה חובר בידי ר' אשר הכהן, פייטן בן המאה החמש עשרה שפרט לשמו אינו ידוע לנו. פיוט זה הוא מסוג ה'ציונים', אך בתוכנו הוא קינה על החורבן. בסוף הקינה הוא פונה לציון ומבקש ממנה שתלך היא אל מערת המכפלה ותעורר את האבות שיבקשו רחמים על בניהם, כפי שציון שלחה את ירמיה בקינתו של הקליר 'אָז בִּמְלֹאת סְפָק' (עמ' 166). וכמו בקינה 'אָז בַּהֲלֹךְ יִרְמְיָהוּ' (עמ' 164), אף כאן, הקב"ה נעתר דווקא לבכיין של האימהות – וכמו הקליר, הוא מזכיר את בלהה וזלפה עם רחל ולאה.

צִיּוֹן תְּקוֹנְנִי עָלַי בֵּיתֵךְ אֲשֶׁר נִשְׂרַף, צָרְחִי בְּמֶרֶר עָלַי שׁוֹמְמוֹת גְּפָנָיִךְ.
צִיּוֹן תְּעוֹרְרִי כְּאַלְמָנָה, אֲשֶׁר הָיְתָה לָמַס לְכָל עוֹבְרִים, מֵרֹב עֲוֹנָיִךְ.
עַל הַגְּבָעוֹת שְׂאִי קִינָה וְתַמְרוּר, וְגַם נְהִי בְּקוֹל רָם, אֲשֶׁר הֻכּוּ הֲמוֹנָיִךְ.
אֵיכָה לְמוֹאָב בְּנֵי צִיּוֹן, בְּאַף חוֹלְלוּ עַל רֹב גְּאוֹנֵךְ. וְקִרְאִי אֶל מְקוֹנְנָיִךְ.
הֵילֵל וְקִינָה שְׂאִי צִיּוֹן, בְּמַר וּנְהִי, וּבְכִי שְׁמָמוֹת עָלַי שׁוֹמְמוֹת מְעוֹנָיִךְ.
קוֹנְנִי וְאַל תִּדְּמִי, קוֹלֵךְ בְּבֶכִי שְׂאִי. דֶּבֶר וְחֶרֶב אֲשֶׁר שֻׁלַּח לְמַחֲנָיִךְ.
צָדוּ כְּצִפּוֹר, וְאֵין עוֹזֵר לְנֶגְדּוֹ. אֲשֶׁר פֵּרְשׂוּ רְשָׁתוֹת לְגַלּוֹת אֶת קְלוֹנָיִךְ.
אֵיךְ הִשְׁלִיךְ תִּפְאֶרֶת יִשְׂרָאֵל, וְלֹא זָכַר שְׁבוּעָה אֲשֶׁר כָּרַת לְאוֹמְנָיִךְ.
קוֹלֵךְ כְּקוֹל נַהֲמַת תַּנִּים, נְאוֹת יַעֲקֹב. בֶּכִי וְקִינָה שְׂאִי, עַל רֹב תְּלוּנָיִךְ.
גָּזִּי נִזְרֵךְ, וְהַשְׁלִיכִי לְרֹאשֵׁךְ עָלַי אֶרֶץ. וְשַׂק תִּקְשְׁרִי עִצְרִי בְּמָתְנָיִךְ.
קוֹנְנִי בְּפֶשַׁע, וְאַל תִּתְּנִי מְנוּחָה. וְקִינָה עַל שְׁפָיִים שְׂאִי, מֵרֹב מְעַנָּיִךְ.
אֶרֶץ צְבִי צְבָאוֹת, קִינָה וְנֶהִי תְּעוֹרְרִי אֶל שְׁפָיִים, הֲלֹא תַּחַת שְׂשׂוֹנָיִךְ.
קוֹנְנוּ מְלָכִים וְהֵילִילוּ קְצִינִים, וְכָל מִזְרָח וְכָל מַעֲרָב, עַל שִׁמְלוֹנָיִךְ.
פִּשְׁטִי מְעִילֵךְ וְהַשְׁלִיכִי לָאָרֶץ, וְחִגְרִי שַׂק, וְגַם תֶּהֱמִי תַּחַת סְדִינָיִךְ.
בָּחוּר וְזָקֵן, וְגַם עוֹלֵל וְיוֹנֵק, שְׂאוּ תַּמְרוּר לְנֶפֶשׁ, לְעֵינֵי כָּל זְקֵנָיִךְ.

צִיּוֹן, שְׂשׂוֹנֵךְ הֲלֹא עָבַר כְּקוֹצִים עֲלֵי מַיִם, וְנֶהֶפְכוּ מֵרֹב זְדוֹנָיִךְ.
חָשְׁכוּ מְאוֹרוֹת, וְגַם כָּל הַשְּׁחָקִים, וְכָל דֶּרֶךְ מְאֹד נֶחְשַׁךְ, סָתוּם לְפָנָיִךְ.
כִּי הַשְּׁחָקִים מְאֹד זָרוּ, וְאָסְפוּ לְאוֹרָם לִפְנֵי כָּל שָׁאוֹן, עַל רֹב יְגוֹנָיִךְ.

צִיּוֹן בְּשׁוֹפָר תְּקַע, עַל הַר וְגֶבַע רְאִי, צָרְחִי בְּמַר וּבְכִי, עַל מוֹת סְרָנָיִךְ.
שִׁלְחוּ שְׁלָלֵךְ בְּאֵשׁ, צִיּוֹן לְמִרְמָס. הֲלֹא טָבְעוּ שְׁעָרַיִךְ בְּתוֹךְ אֶרֶץ אֲדָנָיִךְ.
הִנֵּה לְמִרְמָס נְתוּנָה בַּת יְהוּדָה, וְאֵין מֵשִׁיב לְנַפְשָׁהּ, עָלַי שׁוֹמְמוֹת שְׁמָנָיִךְ.

צִיּוֹן, בְּמַר תִּבְכִּי מֵאֵין מְנַחֵם, אֲשֶׁר רָחַק מְאֹד מִקְּרֹב, נַחֵם בְּחוּנָיִךְ.
קוֹלֵךְ כְּקוֹל יָם, וְגַם תַּנִּין וְיַעֲנָה, וְקוֹל נְהִי וּבְכִי, אֲשֶׁר תַּחַת סְלוֹנָיִךְ.

צִיּוֹן, לְמָרוֹם שְׂאִי עֵינַיִךְ. וְגַם תִּרְאִי, סִפְדִי וְהֵילִילִי, עֲלֵי עָזְבֵךְ תּוֹאֲנַיִךְ.
צִיּוֹן, תְּקוֹנְנִי עֲלֵי אָבוֹת, וְשַׁאֲלִי מְכוֹן בֵּיתֵךְ. וְגַם עֶזְרֵךְ, חֹסֶן קְצִינַיִךְ.
אֶל הַמְּעָרָה לְכִי, צָרְחִי בְּמַר וּבְכִי. עִנּוּ בָּנַיִךְ וּבְנוֹתַיִךְ וְנִינַיִךְ.
שָׂרָה כְּשָׁמְעָהּ לְקוֹלֵךְ, גַּם מְבַכָּה עֲלֵי בָנִים, אֲשֶׁר נִשְׁבּוּ אֶל כָּל שְׁכֵנַיִךְ.
רָחֵל וְלֵאָה בָּכוּ, בִּלְהָה וְזִלְפָּה הֲלֹא קוֹנְנוּ. וְקִרְאוּ בְּקוֹל, מְחִי בְּפָנַיִךְ.
כִּי הָאֱלֹהִים הֲלֹא לָנֶצַח, וְלֹא יִזְנַח. כִּי תִקְוָה הִיא, וְרֹב שָׁלוֹם לְבָנַיִךְ.

מ | ציון, ידידות ידיד

מחברו של פיוט זה אינו ידוע פרט לשמו יעקב. הוא מתאר את ירושלים בתפארתה – בעיקר בחגים כאשר עלו ישראל לרגל, ורומז לדברי המדרש: "מעולם לא לן אדם בירושלים ובידו עוון, כיצד? תמיד של שחר היה מכפר על עבירות שנעשו בלילה, ותמיד של בין הערבים היה מכפר על עבירות שנעשו ביום... שנאמר (ישעיה א, כא): 'צֶדֶק יָלִין בָּהּ'" (פסיקתא רבתי, טז; תנחומא פינחס, יג). תיאור מעורר השראה זה אינו מניח לפייטן להשלים עם החורבן, והוא מסיים בנימת ביטחון בגאולה העתידה.

צִיּוֹן, יְדִידוּת יְדִיד צָעִיר לְשָׂרָיִךְ. שָׁכְנַת כְּתֵפָיו בְּרֹב עַנְוַת הֲדָרָיִךְ.
צִיּוֹן, הֲדַר כֹּל חֲדַר מִטּוֹת, וְכָל מִשְׁכַּב דּוֹדִים. יְדִידֵךְ בְּבוֹא חַדְרֵי חֲדָרָיִךְ.
צִיּוֹן, בְּרוּכָה בְּרָכָה עֶלְיוֹנָה עֲלֵי רֹאשֵׁךְ, לְמוּלֵךְ מְחֻטָּבִים שְׁעָרָיִךְ.
צִיּוֹן, יְרֻשַּׁת זְאֵב עֶרֶב, שְׁבִי פְּאֵרֵךְ בַּעֲדִי עֲדָנִים, עֲדֵי עָלוּ כְּתָרָיִךְ.

יָפִית בְּרֹב הוֹן, וְחֵן רָבִית בְּדֵעוֹת, וְהֵן מִזִּקְנֵי צוֹעֲנִים חָכְמוּ נְעָרָיִךְ.
הָיִית יְפִי מִכְלָל, נָאוָה בְּכָל מַהֲלָל, עָלִית וְשָׁבִית שְׁלַל מַלְכֵי מְגוּרָיִךְ.
בָּךְ בְּרוּחָה, אֱנוֹשׁ לָן מִבְּלִי חֵטְא. וּבָךְ כִּפֵּר, בְּקָרְבַּן תְּמִידִין חֵטְא מְכַפְּרָיִךְ.
יְסַדְתְּ בְּזִיו לְפְאֵר, חָרַבְתְּ בְּתוֹךְ אָב בְּאַף,
אֶשְׁאַף לְזֹאת אֶשְׁאַב מֵימֵי תַמְרוּרָיִךְ.
נִרְאוּ בְּעִירֵךְ בְּנֵי קוֹנֵה פְּנֵי מַחֲנֶה, רְצוֹן לְשֹׁכְנִי סְנֶה, בִּשְׁנֵי חֲצֵרָיִךְ.
עוֹשֵׂי מְלַאכְתֵּךְ בְּחוּט הִתְעַשְּׁרוּ בִּרְכוּשׁ, כָּל הוֹן יְקָר נִמְצָא לִקְהַל עֲשִׁירָיִךְ.
נִבְחַר מְקוֹמֵךְ לְצוּר, בָּחַר בְּאֹם בּוֹחֲרָיו, בָּחַר בְּמוֹצָאֵךְ וּבַכֹּהֲנִים בְּחִירָיִךְ.
בָּךְ דָּר בְּגִיל נֶהֱדָר, אַדְרֵךְ בְּכָל דּוֹר וָדוֹר, עֶרְכֵּךְ בְּבוֹא לַעֲדֹר עֶדְרֵי חֲבֵרָיִךְ.
עָלָה גְּבוּלֵךְ דְּבִיר, צֶלַע יְבוּס. לֹא לְעֵין עֵיטָם, לְבִלְתִּי שְׂאֵת כְּתִפּוֹת דְּבִירָיִךְ.
קָרָא יהוה שְׁמֵךְ עַל שֵׁם שְׁנֵי כֹהֲנִים. דָּוִד מְצָאֵךְ בְּחֵיל, בִּשְׂדֵי יְעָרָיִךְ.
בָּנָה מְעוֹנֵךְ בְּנוֹ, וַיְחַנְּכֵךְ שֵׁם בְּשֵׁם אָבִיו אֲשֶׁר קִדְּמוֹ, נֶחְתַּם בְּשִׁירָיִךְ.

וּבְמַחְשְׁבוֹת בּוֹרְאֵךְ עָלִית, בְּטֶרֶם בְּרֹא תֵּבֵל וְשַׁחַק וְעוֹלָם, עַל עֲפָרָיִךְ.
וּבִמֵי מְרִיבָה בְּיוֹם זַעַם, אֲזַי טְהָרָה אַרְצֵךְ, וְלֹא גֻשְׁמָה בִּכְלוֹת יְצוּרָיִךְ.
יָרַד בְּעִתּוֹ מְטַר אַרְצֵךְ, זְמַן לַיְלָה בָּא לִבְרָכָה, וְטַל לָן בִּקְצִירָיִךְ.
הָיִית לְשִׁית חוּג יְסוֹד, מִמֵּךְ תְּעוּדָה. וְסוֹד קָדוֹשׁ יַרְחֵךְ, לְפִי עֵדִים מְעַבְּרָיִךְ.
בָּנִים וּבָנוֹת תְּשׁוּקָה, בַּשּׁוּק שׁוֹקְקוּ, שָׂחֲקוּ וְהִשְׁתַּקְשְׁקוּ בַּסַּךְ עֲבָרָיִךְ.
בְּחַג פֶּסַח נִפְלְאוּ, בְּפָז סֻלְּאוּ, טַל אוֹר וְחֵן נִמְלְאוּ, זַכּוּ נְזִירָיִךְ.

אֵיךְ אֶשְׂמְחָה עוֹד בְּחַג, אֵיךְ אֶעֱלֹז עוֹד בְּפוּר,
עַד כִּי יְבוֹאוּן יְמֵי שָׂשׂוֹן לְפוּרָיִךְ.
אַרְצֵךְ חֲמוּדָה מְאֹד, לֹא נֶחְמְדָה.
בַּעֲלוֹת בָּנִים חֲמוּדִים, לְבֵית מַחְמַד מְגוּרָיִךְ.
נַעֲלָה עֲנַן הַקְּטֹרֶת מִמְּקוֹם מִקְדָּשֵׁךְ, יָצָא מְקוֹמוֹ עֲשַׁן אֵשׁ מִנְּחִירָיִךְ.
בְּקֹרֶב מְרֵעִים בְּעִיר, שִׁלְּחוּ בְּכַרְמֵךְ בְּעִיר. עָרוּ וְעוֹרְרוּ בְּעִיר וְקַדִּישׁ בְּעָרָיִךְ.
בַּרְזֶל בְּלִי נִשְׁמַע קוֹלוֹ בְּעֵת נִבְנֵית. אֵיךְ חַרְבוֹת צוּר, בָּךְ תָּקְעוּ מְצֵרָיִךְ.
עַל זֹאת בְּשַׂק עוֹבְרִים עִבְרִים, אֲבָל בּוֹטְחִים
כִּי יִשְׂמְחוּ אַחֲרֵי חִתּוּךְ בְּתָרָיִךְ.
לֵב מַדְוֶה יָחֱלֶה, לְתַאֲוָה יִכְלֶה. יִישַׁן עֲדֵי יַעֲלֶה עַמּוּד שְׁחָרָיִךְ.
בִּילֵל לְקוֹלִי אֱלִי, אֵיךְ תִּתְאַפְּקִי. הֲלֹא קָרָא לְשַׂק וּבְכִי, אַלּוּף נְעוּרָיִךְ.

אָקוּם חֲצוֹת לַיְלָה עַל מִשְׁמְרוֹת מַאֲפֵל,
לִשְׁמוֹר לְאוֹר, יֶאֱתֶה בֹּקֶר לְשׁוֹמְרָיִךְ.
אָז תִּמְצְאִי צוּף דְּבַשׁ, אָז לֹא תְקוֹנְנִי בְּרֹאשׁ, כִּי תִתְכּוֹנְנִי בְּרֹאשׁ הָרֵי הֲרָרָיִךְ.
יָבוֹא כְּבוֹד הַלְּבָנוֹן לָךְ, וְתִתְלַבְּנִי כִּבְנֵי עֲדָרִים, בְּנֵי אֶדֶר גְּדֵרָיִךְ.
עוּרִי וְהִתְנַעֲרִי, עֵרֶךְ יַעַר נוֹעֲרִים. נַעַר יְתָו אוֹת, לְעֵץ יַעַר חֲזִירָיִךְ.
קוּמִי וְאוֹרִי לְכָל חוֹשְׁקֵי מְאוֹרֵךְ, וְהֵם הוֹלְכֵי בְחֹשֶׁךְ, עֲדֵי אוֹרוּ מְאוֹרָיִךְ.

צִיּוֹן לְצִיּוּן וְאוֹת, עֹז עוֹד תְּהִי, וּלְנֵס עַמִּים. וְתִגְבַּהְנָה רַגְלֵי מְבַשְּׂרָיִךְ.
נַצְלִי עֲדִי הֶעֳנִי, וּתְנִי לְבוּשֵׁךְ שְׁנִי תוֹלָע, כְּכַלָּה עֲדֵי לִקְשׁוֹר קִשּׁוּרָיִךְ.
אַל תֹּאמְרִי לִי, אֲשֶׁר זָקַנְתְּ הֱיוֹתֵךְ לְאִישׁ. עוֹד תִּתְעַדְּנִי, חֲלֹץ הַשַּׁד לְגוּרָיִךְ.
תֵּלְדִי בְּנֵי שַׁעֲשׁוּעַיִךְ בְּעֵת עֶדְנָה, תִּתְחַדְּשִׁי בִּנְעוּרִים כְּנִשְׁרָיִךְ.
יַטֶּה לְטוֹב יִצְרֵךְ, צוּר יוֹצְרֵךְ יְצָרֵךְ. תְּהִי נְצוּרָה, כְּעִיר חֻבְּרָה לְמוֹרָיִךְ.
יִגְאַל בְּעֹז מִשְּׁבִי, לְהָשִׁיב מִיַּד חֲזִיר הַצְּבִי. וִיהִי עֲטֶרֶת צְבִי, לִשְׁאָר עֲדָרָיִךְ.

מא | שאלי, שרופה באש

"ובענין שריפת התורה, כתבנו זה לזכר על מה שאירע בימינו על רוב עוונותינו אשר גרמו לנו, ונשרפה תורת אלהינו בשנת ה' אלפים וד' שנים לבריאת עולם ביום ו' פרשת 'זֹאת חֻקַּת הַתּוֹרָה', כעשרים וארבעה קרונות מלאים ספרי תלמוד והלכות והגדות נשרפו בצרפת כאשר שמעו לשמע אוזן" ('שיבולי הלקט' רסג). בעקבות טענותיו של המומר ניקולס דונין, הורו ראשי הכנסייה לערוך ויכוח פומבי בינו לבין חכמי ישראל, ובראשם ר' יחיאל מפריז. לאחר הוויכוח אספו השלטונות בצרפת את כל כתבי היד של התלמוד שהצליחו לשים עליהם את ידם, ושרפום. בעקבות אירוע זה ר' יחיאל ותלמידיו עלו לארץ ישראל ('אוהל מועד' הל' סוכה ולולב ב, ח; ויש שטענו שלא הצליח להגיע אליה). מהר"ם מרוטנברג, ששהה אז בצרפת כתלמיד בישיבתו של ר' יחיאל, כתב על המאורע את הקינה 'שַׁאֲלִי שְׂרוּפָה בְאֵשׁ'. הקינה בנויה בסגנונה ובמשקלה על מתכונת 'צִיּוֹן הֲלֹא תִשְׁאֲלִי', ולכן נוהגים לומר אתה במסגרת ה'ציונים'.

שַׁאֲלִי, שְׂרוּפָה בְאֵשׁ, לִשְׁלוֹם אֲבֵלָיִךְ. הַמִּתְאַוִּים שְׁכֹן בַּחֲצַר זְבוּלָיִךְ.
הַשּׁוֹאֲפִים בַּעֲפַר אֶרֶץ, וְהַכּוֹאֲבִים הַמִּשְׁתּוֹמְמִים עֲלֵי מוֹקַד גְּוִילָיִךְ.
הוֹלְכִים חֲשֵׁכִים וְאֵין נֹגַהּ, וְקוִֹים לְאוֹר יוֹמָם, עֲלֵיהֶם אֲשֶׁר יִזְרַח וְעָלָיִךְ.
וּשְׁלוֹם אֱנוֹשׁ נֶאֱנָח, בּוֹכֶה בְּלֵב נִשְׁבָּר, תָּמִיד מְקוֹנֵן עֲלֵי צִירֵי חֲבָלָיִךְ.
וַיִּתְאוֹנֵן כְּתַנִּים וּבְנוֹת יַעֲנָה, וַיִּקְרָא מִסְפֵּד מַר בִּגְלָלָיִךְ.

אֵיכָה נְתוּנָה בְאֵשׁ אוֹכְלָה, תְּאֻכַּל בְּאֵשׁ בָּשָׂר, וְלֹא נִכְווּ זָרִים בְּגַחֲלָיִךְ.
עַד אָן עֲדִינָה, תְּהִי שׁוֹכְנָה בְּרֹב הַשְׁקֵט, וּפְנֵי פְרָחַי הֲלֹא כָסוּ חֲרֻלָיִךְ.
תֵּשֵׁב בְּרֹב גַּאֲוָה לִשְׁפֹּט בְּנֵי אֵל בְּכָל הַמִּשְׁפָּטִים, וְתָבִיא בִּפְלִילָיִךְ.
עוֹד תִּגְזֹר לִשְׂרֹף דָּת אֵשׁ וְחֻקִּים, וְלָכֵן אַשְׁרֵי שֶׁיְּשַׁלֶּם לָךְ גְּמוּלָיִךְ.

צוּרִי, בְּלַפִּיד וְאֵשׁ הַלְבַעֲבוּר זֶה נְתָנֵךְ, כִּי בְאַחֲרִיתֵךְ תְּלַהֵט אֵשׁ בְּשׁוּלָיִךְ.
סִינַי, הֲעַל כֵּן בְּךָ בָּחַר אֱלֹהִים, וּמָאַס בִּגְדוֹלִים וְזָרַח בִּגְבוּלָיִךְ.
לִהְיוֹת לְמוֹפֵת, לְדָת כִּי תִתְמַעֵט וְתֵרֵד מִכְּבוּדָהּ. וְהֵן אֶמְשׁוֹל מְשָׁלָיִךְ.
מָשָׁל לְמֶלֶךְ אֲשֶׁר בָּכָה לְמִשְׁתֵּה בְנוֹ, צָפָה אֲשֶׁר יִגְוַע. כֵּן אַתְּ בְּמִלָּיִךְ.
תַּחַת מְעִיל, תִּתְכַּס סִינַי לְבוּשֵׁךְ בְּשַׂק,
תַּעְטֶה לְבוּשׁ אַלְמְנוּת, תַּחֲלִיף שְׂמָלָיִךְ.

אוֹרִיד דְּמָעוֹת, עֲדֵי יִהְיוּ כְנַחַל, וְיַגִּיעוּ לְקִבְרוֹת שְׁנֵי שָׂרֵי אֲצִילָיִךְ.
מֹשֶׁה וְאַהֲרֹן בְּהֹר הָהָר. וְאֶשְׁאַל, הֲיֵשׁ תּוֹרָה חֲדָשָׁה, בְּכֵן נִשְׂרְפוּ גְלִילָיִךְ.
חֹדֶשׁ שְׁלִישִׁי, וְהַקֶּשֶׁר הָרְבִיעִי לְהַשְׁחִית חֶמְדָּתֵךְ, וְכָל יְפִי כְלִילָיִךְ.
גָּדַע לְלוּחוֹת, וְעוֹד שָׁנָה בְאִוַּלְתּוֹ, לִשְׂרֹף בָּאֵשׁ דָּת. הֲזֶה תַּשְׁלוּם כְּפָלָיִךְ.

אֶתְמַהּ לְנַפְשִׁי. וְאֵיךְ יֶעֱרַב לְחִכִּי אֲכֹל, אַחֲרֵי רְאוֹתִי אֲשֶׁר אָסְפוּ שְׁלָלַיִךְ.
אֶל תּוֹךְ רְחוֹבָהּ כְּנִדַּחַת, וְשָׂרְפוּ שְׁלַל עֶלְיוֹן, אֲשֶׁר תִּמְאַס לָבוֹא קְהָלַיִךְ.
לֹא אֵדְעָה לִמְצֹא דֶּרֶךְ סְלוּלָה, הֲכִי הָיוּ אֲבֵלוֹת נְתִיב יֹשֶׁר מְסִלַּיִךְ.
יֻמְתַּק בְּפִי מִדְּבַשׁ, לִמְסֹךְ בְּמַשְׁקֶה דְּמָעוֹת. וּלְרַגְלִי, הֱיוֹת כָּבוּל כְּבָלַיִךְ.

יֶעֱרַב לְעֵינַי, שְׁאֹב מֵימֵי דְמָעַי, עֲדֵי כָלוּ לְכָל מַחֲזִיק בִּכְנַף מְעִילַיִךְ.
אַךְ יֶחֶרְבוּ בְּרָדְתָּם עַל לְחָיַי, עֲבוּר כִּי נִכְמְרוּ רַחֲמַי לְנוֹד בְּעָלַיִךְ.
לָקַח צְרוֹר כַּסְפּוֹ, הָלַךְ בְּדֶרֶךְ לְמֵרָחוֹק, וְעִמּוֹ הֲלֹא נָסוּ צְלָלַיִךְ.
וַאֲנִי כְשָׁכוּל וְגַלְמוּד נִשְׁאַרְתִּי לְבַד מֵהֶם, כְּתֹרֶן בְּרֹאשׁ הַר מִגְדָּלַיִךְ.
לֹא אֶשְׁמַע עוֹד לְקוֹל שָׁרִים וְשָׁרוֹת, עֲלֵי כִּי נִתְּקוּ מֵיתְרֵי תֻפֵּי חֲלִילַיִךְ.
אֶלְבַּשׁ וְאֶתְכַּס בְּשַׂק, כִּי לִי מְאֹד יָקְרוּ. עָצְמוּ כְחוֹל יִרְבְּיוּן נַפְשׁוֹת חֲלָלַיִךְ.
אֶתְמַהּ מְאֹד עַל מְאוֹר הַיּוֹם, אֲשֶׁר יִזְרַח אֶל כֹּל, אֲבָל יֶחְשַׁךְ אֵלַי וְאֵלַיִךְ.

זַעֲקִי בְּקוֹל מַר לְצוּר, עַל שִׁבְרוֹנֵךְ וְעַל חָלְיֵךְ. וְלוּ יִזְכֹּר אַהֲבַת כְּלוּלָיִךְ.
חִגְרִי לְבוּשׁ שַׂק, עֲלֵי הַהַבְעָרָה אֲשֶׁר יָצְאָה לְחַלֵּק, וְסָפְתָה אֶת תְּלוּלָיִךְ.
כִּימוֹת עֱנוּתֵךְ יְנַחֲמֵךְ צוּר, וְיָשִׁיב שְׁבוּת שִׁבְטֵי יְשֻׁרוּן, וְיָרִים אֶת שְׁפָלָיִךְ.
עוֹד תַּעֲדִי בַּעֲדִי שָׁנִי. וְתֹף תִּקְחִי, תֵּלְכִי בְמָחוֹל וְצַהֲלִי בִּמְחוֹלָיִךְ.
יָרוּם לְבָבִי, בְּעֵת צוּרִי לְאוֹר לָךְ, וְיַגִּיהַּ לְחָשְׁכֵךְ וְיָאִירוּ אֲפֵלָיִךְ.

מב | ציון צפירת פאר

בשני הפיוטים הבאים נוסף לצורת ה'ציון' גם אקרוסטיכון. כאן הפייטן (ר' מאיר בן אלעזר הדרשן מלומברדיה, חי בסביבות שנת 1200 לסה"נ) משתמש באקרוסטיכון כפול – בתחילת כל שורה ובסיומה. הוא פונה לציון חמש פעמים – בפתיחת הפיוט, שוב לאחר השורה העשרים ושלוש (לאחר שסיים את אותיות הא"ב), ובשלוש השורות האחרונות. בחלק הראשון הוא מתאר את ציון כאישה גלמודה, עזובה מאישהּ ומילדיה (בעקבות פרק א במגילת איכה); בחלק השני הוא מתאר אותה כאישה היושבת על המשבר ומתקשה ללדת – משל לגאולה המיוחלת, כדברי הנביא (ישעיה סו, ח): "כִּי־חָלָה גַּם־יָלְדָה צִיּוֹן אֶת־בָּנֶיהָ". בשורות החתימה הוא מתאר את יופייה של ציון לאחר שתיגאל.

סימן: א"ב מאיר חזק (כפול)

צִיּוֹן צְפִירַת פְּאֵר, חֶדְוַת אֲגוּדָיִךְ.
זַעֲקִי בְּרָמָה בְּקוֹלֵךְ עַל אֲבוּדָיִךְ.

אֶל הַבְּנוּיָה, לְבַקֵּשׁ וּלְחַנֵּן לָאֵל. שָׁלוֹם שְׂפַת לָךְ, וְגַם לִבְנֵי בְחִירָיִךְ.
בַּעַל בְּחִירֵךְ, אֲשֶׁר לָךְ אַהֲבָתוֹ, לְזָר נֶהְפַּךְ לְנֶגְדֵּךְ, וְגַם נֶגֶד גְּדוּדָיִךְ.

שחרית • קינות לתשעה באב • ציון צפירת פאר 195

גְּלַף וּפִתַּח בְּלוּחַ לֵב, אֲזַי נִשְׁקַטְתְּ בֶּטַח בְּשַׁלְוָה, שְׁדוּכָה עַל דּוֹדָיִךְ.
דַּבְּרִי נְכוֹחוֹת לְרֵעֵךְ לְהָלִיץ עֲבוּרֵךְ, אַף תְּצַפְצְפִי לְהָרִים קוֹל הֲדָרָיִךְ.
הָשֵׁב יְדִידֵךְ לְמִטָּתֵךְ, וְלָלוּן בְּצִלֵּךְ, וּלְטַיֵּל בִּסְגַּת גַּן וְרָדָיִךְ.
וְעַד בְּמֹהַר וְקִדּוּשִׁין וְגַם בִּכְתֻבָּה לָךְ לְעָזְרֵךְ, וְהֵם בֵּרוּר זְבָדָיִךְ.
זֶרַע וּבָנִים מְחֻשָּׁבִים, לְאִישֵׁךְ הֲלֹא יָלַדְתְּ. וְאֵיךְ נִשְׁכַּלְתְּ מִכָּל חֲסִידָיִךְ.
חָמַק וְעָבַר וְגָז מִמֵּךְ, וְלֹא נִשְׁלַחַתְּ, לֹא בָא בְּיָדֵךְ שְׁטַר סֵפֶר טְרוּדָיִךְ.
טוֹעֵן בְּטַעֲנַת מְמָאֶנֶת בְּמֶרֶד, עֲלֵי כֵן נִתְקַלַּסְתְּ, וְהָשְׁפַּל עַם יְדִידָיִךְ.
יוֹשַׁבְתְּ בְּדוּדָה דְּמוּיָה, כִּי חֲשׂוּפָה קְלוֹן שׁוּלַיִךְ, וְנִגְלֵית וְנִדַּלְלוּ כְּבוּדָיִךְ.
כָּל מַחֲזִיקִים בְּנִזְרֵךְ, הֵם יְצָאוּךְ דְּחוּפִים וּבְהוּלִים, וְהֵם הָיוּ לְבוּדָיִךְ.
לִבִּי הֲלֹא נֶחֱלָל מֵאֵין הֲפוּגוֹת, אֲשֶׁר הוּמַר וְנֶחְלַף לְמַר, מֶתֶק מְגָדָיִךְ.
מָלֵא דְּמָעוֹת כַּמַּיִם נִשְׁטְפוּ, נִמְלְאוּ דְּמָעוֹת לְחָיַי, וְכָל עֵינֵי נְגִידָיִךְ.
נַפְשִׁי עֲטוּפָה, בְּעֵת זָכְרִי לְאִישֵׁךְ. הֲלֹא נִכְבָּה, וְלֹא יָכְלוּ לֶאֱפוֹת סְמִידָיִךְ.
סֶמֶךְ אֲשִׁישֵׁי עֲנָב מָהוּל בְּמַיִם, וּפָס מִן הָרְפָתִים בְּקַר זִבְחֵי עוֹבְדָיִךְ.
עֲדַר וְנֶחְרַשׁ יְסוֹדֵךְ לִשְׂדֵה בּוּר וְנִיר, לְחֵרָה וְאָכְלָה סְבִיבֵךְ אֵשׁ פְּלָדָיִךְ.
פֶּלֶץ וְשָׁבָץ לְבָשׁוּנִי, בְּעֵת אֶחֱזֶה מוֹנֵי שְׁקֵטִים, וְהֵם צָדוּ צְעָדָיִךְ.
צוֹעֵק אֲנִי לַמְקוֹנְנוֹת לִבְכּוֹת, וּבְמַר לִזְעֹק נְהִי נִהְיָה הוֹי, עַל קְפָדָיִךְ.
קַלּוּ יְמֵי עָנְיִי, עֵת אֶחֱזֶה עָנְיֵךְ. שׁוֹמְרִים מְצָאוּךְ, וְהֵם נָשְׂאוּ רְדִידָיִךְ.
רָחֲפוּ עֲצָמַי עֲלֵי בָנִים יְקָרִים, אֲשֶׁר כַּסִּיד שְׂרוּפִים, בְּאוּר אוּדֵי שְׂרִידָיִךְ.
שָׁקְדוּ וְיָקְדוּ גִּוְילֵי דָת, מְשַׂנְאַי. וְאוֹי, אֵיךְ נִמְשַׁלְתְּ לְפַטִּישׁ, תְּעוּדָיִךְ.
תּוֹהֶה לְבָבִי, אֲשֶׁר נִרְצָה בְּאֶרֶץ טְמֵאָה לִנְדָבָה, לְנִסּוּךְ יֵין תְּמִידָיִךְ.

צִיּוֹן, עֲדֵי אָן מְשִׂימָה אַתְּ לְפֶה אֶת יָדֵךְ
אֵיכָה בְּיַד אוֹיְבֵךְ נָפְלוּ נְגִידָיִךְ.

מִמֵּךְ אֲבוּדִים יְלָדַיִךְ, חֲמוּדִים כְּפָז. עַל זֹאת בְּמֶרֶר בְּכִי, יְלֵלַת מְרוּדָיִךְ.
אֵיכָה מְעֻכָּב זְמַן לִדְתֵּךְ, וְעַד אָן תְּהִי אַתְּ נִקְשֶׁרֶת בְּחִיל צִירֵי אֲחוּדָיִךְ.
יוֹלְדוֹת לְתִשְׁעָה יְרָחִים, עֵת נְשֵׁי כֹּל. וְאֵיךְ רַבּוּ שְׁנוֹתֵךְ, אֲשֶׁר הָרִית יְלָדָיִךְ.
רָנִּי לְשׁוֹמֵר לְאַיָּלָה חֲבָלִים, וְהוּא יַתִּיר לְצִירֵךְ עֲלֵי רֶבֶד רְפִידָיִךְ.
חוֹשֵׁב זְמַן יַעֲלֵי סֶלַע לְהַתִּיר. וְלֹא חָשַׁב זְמַנֵּךְ, לְהָסִיר כָּל חֲרָדָיִךְ.
זְמַן בְּיָדוֹ פִּתּוּחַ אַרְבַּע נְעוּלִים, וְגַם כֵּן יְפַתַּח גִּנְזֵי אוֹצַר זְבוּלָיִךְ.
קוֹל יַשְׁמִיעַ לְקַבֵּץ הָאֱמוּנִים. וְאָז דְּלָתָיו פָּתוּחַ, יַפְקִידֵם עַל קְלִידָיִךְ.

צִיּוֹן, מְעֻשִּׂים בְּצַעֲרֵךְ, וּבְיָפְיֵךְ מְעֻשָּׁתִים, אֲשֶׁר יִזְרַח חֶרֶס חֲדוּדָיִךְ.
צִיּוֹן בְּמִנְחָה יְכַפְּרוּן אֶת פְּנֵי זַעְמֵךְ. אָז יִשְׁתַּחֲווּ לְכַף רַגְלֵךְ חֲרֵדָיִךְ.
צִיּוֹן, עֲדִי עֶדְיֵךְ רִקְמַת בְּגָדַיִךְ, עֹז וּזְרוֹעַ וּפְאֵר, בִּגְדֵי חֲמוּדָיִךְ.

מג ׀ ציון במשפט לכי לך

שני הפיוטים הבאים נכנסו למחזור הקינות האשכנזי בערך במאה השש עשרה, ומחבריהם אינם ידועים. בשש השורות האחרונות של קינה זו נרמז ששם הפייטן שכתב אותה הוא יוסף בן חיים הכהן. הפייטן מדגיש את עוונות ירושלים ומייחס אותם לישראל ששמעו לקול 'מְעוֹנְנָיִךְ' והעדיפו את דבריהם על תוכחות נביאי ה'. 'מְעוֹנְנָיִךְ' אלו נביאי השקר, אשר הרגיעו אותם בהבטחות שווא ולא עודדו אותם לחזור בתשובה (בעקבות יחזקאל פרק יג). מהשורה המתחילה 'נֹכַח פְּנֵי עֶלְיוֹן' הוא מעודד את ציון להתפלל אל ה' בבכי ובקינה (בעקבות איכה ב, יח). בשש השורות האחרונות הפייטן מדבר על תקופת הגאולה, קורא לירושלים לחדול מבכיה, כבישעיה נב, א: "עוּרִי עוּרִי לִבְשִׁי עֻזֵּךְ צִיּוֹן, לִבְשִׁי בִּגְדֵי תִפְאַרְתֵּךְ יְרוּשָׁלַםִ עִיר הַקֹּדֶשׁ".

סימן: א"ב יוסף

צִיּוֹן בְּמִשְׁפָּט לְכִי לָךְ עִם מְעוֹנְנָיִךְ.
הִתְעוּךְ בְּכָזָב, וְלֹא גִלּוּ עֲוֹנָיִךְ.

אָכֵן בְּנֵי עַוְלָה עִנּוּךְ וִירָשׁוּךְ. נְוֵה צֶדֶק הָיִית אֶל כָּל שְׁכֵנָיִךְ.
בָּזִית מַמְלִיכֵךְ, וְלֹא הִקְשַׁבְתְּ לְמוֹרֵךְ לְטוֹב,
בִּשְׁכֹּן בְּאַרְצֵךְ קְדוֹשֵׁךְ בִּמְלוֹנָיִךְ.
גִּלִּית קְלוֹנֵךְ וְטֻמְאָתֵךְ בְּשׁוּלַיִךְ, וְגַם שָׁפַכְתְּ נְחָשְׁתֵּךְ. מְאֹד הִרְבֵּית זְנוּנָיִךְ.
דֶּרֶךְ אֲחוֹתֵךְ הֲלֹא הָלַכְתְּ, וְזָנִית בְּתַזְנוּתָהּ, וְהִזְנֵית בְּנוֹתַיִךְ וּבָנָיִךְ.
הֻכֵּית וְנִגַּפְתְּ לְאֵין מַרְפֵּא, וְהָשְׁלַכְתְּ כְּטִיט חוּצוֹת, וְהִנָּךְ שְׂחוֹק לִבְנֵי מְעַנָּיִךְ.
וַתְּהִי נְגִינָה בְּפִי זֵדִים אֲרוּרִים, אֲשֶׁר אָמְרוּ לְנַפְשֵׁךְ שְׁחִי, הָרוֹס לְשִׁנָּיִךְ.
זִכְרִי עֲנִיָּה בְּלֵב נִשְׁבָּר, וְזַעֲקִי עֲלֵי מַכֵּךְ וְנוֹגְשֵׂךְ, אֲשֶׁר גָּדַע קְרָנָיִךְ.
חַכִּי בֶּאֱמֶת לְאֵל צוּרֵךְ וּבוֹרְאֵךְ, וְהוֹחִילִי לְמַלְכֵּךְ לְבַד, כִּי הוּא אֲדוֹנָיִךְ.
טַהֲרִי לְבָבֵךְ וְכַפַּיִךְ, וְשׁוּבִי עֲדֵי אִישֵׁךְ קְדוֹשֵׁךְ, וְלוֹ הַרְבִּי רְנָנָיִךְ.
יוֹמָם וָלַיְלָה תְּנִי קוֹל בִּבְכִי מַר, עֲלֵי קִרְיַת מְלוּכָה, וְעַל תֵּל אַרְמוֹנָיִךְ.
כָּבוֹד וְהָדָר וְרֹב יְפִי בְּתוֹכֵךְ, הֲלֹא נִמְצָא פְּנֵי קְדוֹשֵׁךְ, וְהֵן נִתַּן לְעוֹיְנָיִךְ.
לָמָּה לְגַלִּים מְעוֹן תַּנִּים, וּמוֹרַשׁ קָאַת וְקִפּוֹד, וְגַם אַגְמֵי מַיִם מַעְיָנָיִךְ.
מֵאַנְתְּ שְׁמֹעַ לְקוֹל מוּסַר מְיַסְּרֵךְ, בְּכֵן שָׁתִית וּמָצִית שְׁמָנַיִךְ שְׁמָרָיִךְ.

שחרית · קינות לתשעה באב · ציון גברת לממלכות מציריך 197

נֹכַח פְּנֵי עֶלְיוֹן, שִׁפְכִי לְבָבֵךְ כְּמֵי נָהָר. וְאַל תִּתְּנִי פוּגַת לְעֵינָיִךְ.
סֹבִּי וְהֹמִי בְּעִיר, קִרְאִי מְקוֹנְנוֹת וְכָל נָשִׁים מְבַכּוֹת, בְּכִי גָדוֹל מְקוֹנְנָיִךְ.
עֲלֵי צְנִיף מַלְכֵּךְ, עַד אָן לְמִרְמָס יְהִי. עַד מָה בְּיַד צַר, בְּנֵי שָׂרִים, סְגָנָיִךְ.
פְּתַח לְבָנוֹן שְׁעָרַיִךְ, אֲשֶׁר טָבְעוּ בְּאֶרֶץ נְשִׁיָּה, וְאֵין מָלוֹן לְכֹהֲנָיִךְ.
צִיּוֹן עֲלֵיהֶם נְהִי נִהְיָה, וְלֹא תֶחֱשִׁי, אִסְפִי וְקַבְּצִי זְקֵנוֹת וּזְקֵנָיִךְ.
קָרְחִי וָגֹזִּי כְּנֶשֶׁר עַל בְּנֵי תַעֲנוּגַיִךְ, וְעַל כָּל נְשִׂיאַיִךְ וְרוֹזְנָיִךְ.
רָמוּ וְגָדְלוּ כְּמוֹ גַלִּים בְּלֶב יָם מְזוֹרַיִךְ, בְּלֵיל שֻׁדְּדוּ טוּרֵי אֲבָנָיִךְ.
שֻׁדַּד מְלוֹנֵךְ וְכָל מַחְמַד יְקָרֵךְ, בְּאֵין אוּרִים וְתֻמִּים אֲשֶׁר גִּלּוּ צְפוּנָיִךְ.
תָּבוֹר וְכַרְמֶל כְּהָרֵי גִלְבֹּעַ, בְּלִי טַלֵּךְ וּמְטָרֵךְ, וְלֹא אוֹר עֲנָנָיִךְ.

צִיּוֹן יְגוֹנֵךְ נְשִׁי, טַהֲרִי וְהִתְקַדְּשִׁי, עֲדִי יְקָר לִבְשִׁי, תַּמְרוּק שְׁמָנָיִךְ.
צִיּוֹן, וְשָׁלְמוּ יְמֵי אֶבְלֵךְ בְּשָׂשׂוֹן וְגִיל, כִּי תַם עֲוֹנֵךְ וּמִשְׁנֶה שִׁבְרוֹנָיִךְ.
צִיּוֹן, סְגֻלַּת מְלָכִים וּמְדִינוֹת תְּהִי, עוֹד יִזְּלוּ מֵי מְנוּחוֹת מַעְיָנָיִךְ.
צִיּוֹן, פְּדוּתֵךְ צְפִי. עוֹד יִקְרָאוּךְ צְפִירַת תִּפְאֶרֶת, בְּפִי יְשָׁרִים וְנוֹגְנָיִךְ.
צִיּוֹן, בְּרָכָה וְחַיִּים בָּךְ אֲבִיר יַעֲקֹב צִוָּה לְעוֹלָם, וְעוֹד יֹאמְרוּ בְּאָזְנָיִךְ.
צִיּוֹן, הֲמוֹן כֹּהֲנִים הֵמָּה יְשָׁרְתוּנֵךְ, וְגַם יוֹסִיף יהוה קְנוֹת שֵׁנִית קְצִינָיִךְ.

מד | ציון, גברת לממלכות מציריך

"ודברי המשורר 'ציון גברת לממלכות מצריך, רב שלומות שאי מאת אסיריך', יאמר כי גם בחרבנה יש לה להרים ראש ולדעת, כי עומדת היא במעלה הכי נשגבה מכל מעניה ומציקיה מכל הארצות... כי עמי הארצות האלה קשורים הם לארצם רק בחבל הכסף והטוב החמרי אשר ימצאו למכביר בארצותיהם הפוריות, ואולם לו חרבו הארצות האלה, כי אז כבר נשכחו כמת מלבותם ולא זכרון עוד. ואלם את ציון – שאי עיניך וראי, כי גם בצר לך, בעת אדמתך תשאה שממה ושועלים הלכו בך, גם אז בניך קשורים אליך בקשר רוחני, קשר פנימי אשר לא ינתק לנצח" (הרב י"י ריינס, 'אור חדש על ציון תאיר', י, א).

צִיּוֹן, גְּבֶרֶת לְמַמְלָכוֹת מְצִירַיִךְ, רְבֵּי שְׁלוֹמִים שְׂאִי מֵאֵת אֲסִירָיִךְ.
יְחַמֵּץ לְבָבִי, לְקוֹל נָתְנוּ רְאֵמִים, בְּנֵי שֵׂעִיר וּמוֹאָב, בְּתוֹךְ הֵיכַל דְּבִירָיִךְ.
לְבַסֵּס מְשִׁיחַי בְּדַם קָדְקֹד סְגָנִים, טְרֹף שׁוֹעַ וְקוֹעַ, רְמֹס עַמִּי בְּחִירָיִךְ.
עָרִים בְּצוּרוֹת תְּפֹשׂ, דָּיֵק וְסוֹלְלָה שְׁפֹךְ, אֲרָזֵי לְבָנוֹן כְּרֹת מֵעֲצֵי יְעָרָיִךְ.
חָזוּ נְבִיאִים בְּשָׁוְא, דַּבֵּר בְּשֵׁם עִיר קְדוֹשׁ יַעֲקֹב, לְשָׁלוֹם. וְלֹא חָבְשׁוּ מְזוֹרָיִךְ.

יִתַּר לְבָבִי עֲלֵי אָרוֹן וּמִשְׁכָּן, וְצִיץ זָהָב וְאֵפוֹד, וְשֵׁם קֹדֶשׁ סְתָרָיִךְ.
אִיִּים יְחַוּוּ לְרָז אוֹת צַח וּמוֹפֵת, עֲלֵי שִׁבְרֵךְ יְרַפְּאוּ, אֱלֵי מִשְׁנֶה שְׁבָרָיִךְ.
שֶׁמֶשׁ וְכָל כּוֹכְבֵי שַׁחַק, בְּעֵמֶק דְּמוּ. קוֹלֵךְ בְּרָמָה שְׂאִי, קוֹל תַּמְרוּרָיִךְ.
סַהַר וְכִימָה וְעָשׁ וּכְסִיל לְזֹאת יִבְכּוּ, נָגְהָם אֲשֶׁר אָסְפוּ, כּוֹכְבֵי שְׁחָרָיִךְ.
מַטֵּה רְשָׁעִים כְּקָם, שָׂרִים בְּיָדָם תְּלוּת, שָׁבַת מְשׂוֹשֵׂךְ, גִּיל וּכְלֵי זְמָרָיִךְ.
אָבַל לְבָנוֹן, וְגִיל כַּרְמֶל בְּלִי נִשְׁמַע. חָפְרוּ סְגָנִים, בְּבוֹא צַר בִּשְׁעָרָיִךְ.
חָכְמַת נְבוֹנִים בְּיוֹם אָבְדָה, וְאָסְרוּ קְצִינַיִךְ, וְשָׁחוּ בְּנֵי צִיּוֹן יְקָרָיִךְ.
מִכְלוּל מְלָכִים, לְבוּשׁ בְּנוֹת עֲרֵלוֹת. פְּאֵר רָאמוֹת וְגָבִישׁ, וְאַף סַפִּיר גְּזִירָיִךְ.
בָּזְאוּ נְהָרִים בְּתוֹךְ קִרְיָה עֲלִיזָה, לְאֵין קֵץ לַתְּכוּנָה וְסוּף, פָּרְצוּ גְדֵרָיִךְ.
גִּבְעָה וְעֵץ רַעֲנָן, אֵלָה עֲבֻתָּה, מְקוֹם פִּגּוּל. מְלֵאִים מְחַלַּל פְּגָרָיִךְ.
יֶהֱמוּ קְרָבַי כַּיָּם, יִזְּלוּ דְמָעַי כְּמֵי נִמְרִים, לְבָאִים בְּיוֹם טָרְפוּ כְּפִירָיִךְ.
יִסְעַר לְבָבִי כְּמוֹ סוּפָה וָסַעַר, כְּמֹץ גֹּרֶן יְסֹעַר, עֲלֵי אַשְׁמוֹת כְּמָרָיִךְ.
סָמַר בְּשָׂרִי, לְיוֹם נֵאַר קְדוֹשׁ יַעֲקֹב, מִקְדָּשׁ וּמִזְבְּחוֹ, בְּלִי בוֹא בַחֲצֵרָיִךְ.
שׂוֹרֵק נֶטַע נַעֲמָן הָיִית, וּבֹקֶר כְּצִץ פֶּרַח וְנִצָּה, תְּשַׂגְשְׂגִי זְמוֹרָיִךְ.

שׁוּבִי צְבִיָּה, לְאֵל יוֹצְרֵךְ יְכוֹנְנֵךְ. לְדוֹר וָדוֹר בְּתוֹכֵךְ שְׁכֹן בַּעַל נְעוּרָיִךְ.
אַרְיֵה בְּנָוֵךְ, לְבַל יַעֲלֶה מְסִלּוֹת. וְצִי אַדִּיר וְשַׁיִט, לְבַל יַעֲבֹר יְאוֹרָיִךְ.
נַפְשִׁי שְׁלוֹמֵךְ דְּרֹשׁ, אוֹתָהּ כְּחֹם צַח עֲלֵי אוֹרוֹת.
כְּעָב טַל בְּחֹם יוֹם, נֵד קְצִירָיִךְ.
אֶשְׂמַח וְאָשִׂישׂ, בְּיוֹם אֶשְׁמַע מְבַשֵּׂר בְּקוֹל.
שָׁלוֹם מְנוּחָה דְּרֹשׁ, וּשְׁלוֹם אֲסִירָיִךְ.

יש נוהגים לומר כאן קינות על השואה (עמ' 267–275).

מה | אלי ציון ועריה

נוהגים לקום ולומר קינה זו בעמידה, ויש שאינם קמים עד ׳עַד אָנָה בְּכִיָּה בְּצִיּוֹן׳ בעמוד הבא. יש החוזרים על הבית הראשון לאחר כל בית, כפזמון.

״׳בָּכוֹ תִבְכֶּה בַּלַּיְלָה׳ (איכה א, ב) – שתי בכיות הללו למה? אמר רבה אמר רבי יוחנן: אחד על מקדש ראשון ואחד על מקדש שני... ׳וְדִמְעָתָהּ עַל לֶחֱיָהּ׳ (שם) - אמר רבא אמר ר׳ יוחנן: כאשה שבוכה על בעל נעוריה, שנאמר (יואל א, ח): ׳אֱלִי כִּבְתוּלָה חֲגֻרַת־שַׂק עַל־בַּעַל נְעוּרֶיהָ׳״ (סנהדרין קד ע״ב). הפייטן מפרש שהבכי הכפול הנזכר בפסוק מבטא כאב פיזי מחד, ואבלות רוחנית מאידך. אך יש בהשוואה הראשונה גם מן הנחמה, שכן האישה היולדת יודעת שהכאב הוא זמני והיא מתנחמת בתקווה לעתיד (השווה ׳לְצִיּוֹן צְפִירַת פְּאֵר׳ בעמ׳ 194). מחבר קינה זו אינו ידוע; יש שזיהו שמחברה הוא ריה״ל מההקבלה בין השורה ׳וְעַל יָפְיָם אֲשֶׁר חָשַׁךְ׳ לדברי ריה״ל ב׳ספר הכוזרי׳ ח״ב, סב: ״זה מחקי כחות השכינה, כי היתה בישראל במעלת הרוח בגוף האדם... ובעת שמתרחקת מהם, מסתכלת עצתם ויתכערו גופיהם וישתנה יפים״. הקינה אינה מסתיימת בנחמה פרט לתפילה שהקב״ה ישמע את קינתה; הגרי״ד סולובייצ׳יק (׳הררי קדם׳ קנב, א) כתב שקינה זו, שאין בה נחמה, נאמרת בסוף הקינות כדי להדגיש שגם לאחר תשעה באב יש להמשיך ולהתאבל על החורבן, עד שתבוא הגאולה.

סימן: א״ב (לאחר המילים ׳עֲלֵי׳ ו׳וְעַל׳)

אֱלִי צִיּוֹן וְעָרֶיהָ / כְּמוֹ אִשָּׁה בְּצִירֶיהָ.
וְכִבְתוּלָה חֲגוּרַת שַׂק / עַל בַּעַל נְעוּרֶיהָ:

עֲלֵי אַרְמוֹן אֲשֶׁר נֻטַּשׁ / בְּאַשְׁמַת צֹאן עֲדָרֶיהָ.
וְעַל בִּיאַת מְחָרְפֵי אֵל / בְּתוֹךְ מִקְדַּשׁ חֲדָרֶיהָ.

עֲלֵי גָלוּת מְשָׁרְתֵי אֵל / מְנַעִימֵי שִׁיר זְמָרֶיהָ.
וְעַל דָּמָם אֲשֶׁר שֻׁפַּךְ / כְּמוֹ מֵימֵי יְאוֹרֶיהָ.

עֲלֵי הֶגְיוֹן מְחוֹלֶיהָ / אֲשֶׁר דָּמַם בְּעָרֶיהָ.
וְעַל וַעַד אֲשֶׁר שָׁמֵם / וּבִטּוּל סַנְהֶדְרֶיהָ.

עֲלֵי זִבְחֵי תְמִידֶיהָ / וּפִדְיוֹנֵי בְכוֹרֶיהָ.
וְעַל חִלּוּל כְּלֵי הֵיכָל / וּמִזְבַּח קְטוֹרֶיהָ.

עֲלֵי טַפֵּי מְלָכֶיהָ / בְּנֵי דָוִד גְּבִירֶיהָ.
וְעַל יָפְיָם אֲשֶׁר חָשַׁךְ / בְּעֵת סָרוּ כְתָרֶיהָ.

עֲלֵי כָבוֹד אֲשֶׁר גָּלָה / בְּעֵת חָרְבַּן דְּבִירֶיהָ.
וְעַל לוֹחֵץ אֲשֶׁר לָחַץ / וְשָׂם שַׂקִּים חֲגוֹרֶיהָ.

עֲלֵי מַחַץ וְרֹב מַכּוֹת / אֲשֶׁר הֻכּוּ נְזִירֶיהָ.
וְעַל נִפּוּץ אֱלֵי סֶלַע / עוֹלָלֶיהָ נְעָרֶיהָ.

עֲלֵי שִׂמְחַת אוֹיְבֶיהָ / בְּשָׂחֲקָם עַל שְׁבָרֶיהָ.
וְעַל עִנּוּי בְּנֵי חוֹרִין / נְדִיבֶיהָ טְהוֹרֶיהָ.

עֲלֵי פֶּשַׁע אֲשֶׁר עָוְתָה / סְלֹל דֶּרֶךְ אֲשׁוּרֶיהָ.
וְעַל צִבְאוֹת קְהָלֶיהָ / שְׁזוּפֶיהָ שְׁחוֹרֶיהָ.

עֲלֵי קוֹלוֹת מְחָרְפֶיהָ / בְּעֵת רַבּוּ פְגָרֶיהָ.
וְעַל רִגְשַׁת מְגַדְּפֶיהָ / בְּתוֹךְ מִשְׁכַּן חֲצֵרֶיהָ.

עֲלֵי שִׁמְךָ אֲשֶׁר חֻלַּל / בְּפִי קָמֵי מְצֵרֶיהָ.
וְעַל תַּחַן יְצַוְּחוּ לָךְ / קְשׁב וּשְׁמַע אֲמָרֶיהָ.

אֱלִי צִיּוֹן וְעָרֶיהָ / כְּמוֹ אִשָּׁה בְּצִירֶיהָ.
וְכִבְתוּלָה חֲגוּרַת שַׂק / עַל בַּעַל נְעוּרֶיהָ.

יש נוהגים לומר כאן את הקינה ׳שׁוֹמְרוֹן קוֹל תִּתֵּן׳ בעמ׳ 35.

בסיום הקינות הקהל אומר:

עַד אָנָה בְּכִיָּה בְּצִיּוֹן, וּמִסְפֵּד בִּירוּשָׁלָיִם.
תְּרַחֵם צִיּוֹן וְתִבְנֶה חוֹמוֹת יְרוּשָׁלָיִם.

תְּרַחֵם צִיּוֹן כַּאֲשֶׁר אָמַרְתָּ / וּתְכוֹנְנֶהָ כַּאֲשֶׁר דִּבַּרְתָּ /
תְּמַהֵר יְשׁוּעָה וְתָחִישׁ גְּאֻלָּה / וְתָשׁוּב לִירוּשָׁלַיִם בְּרַחֲמִים רַבִּים.

זכריה א כַּכָּתוּב עַל יַד נְבִיאֶךָ: לָכֵן כֹּה־אָמַר יהוה, שַׁבְתִּי לִירוּשָׁלַםִ בְּרַחֲמִים,
שם בֵּיתִי יִבָּנֶה בָּהּ, נְאֻם יהוה צְבָאוֹת, וְקָו יִנָּטֶה עַל־יְרוּשָׁלָםִ: וְנֶאֱמַר: עוֹד
קְרָא לֵאמֹר, כֹּה אָמַר יהוה צְבָאוֹת, עוֹד תְּפוּצֶנָה עָרַי מִטּוֹב, וְנִחַם יהוה
ישעיה נא עוֹד אֶת־צִיּוֹן, וּבָחַר עוֹד בִּירוּשָׁלָםִ: וְנֶאֱמַר: כִּי־נִחַם יהוה צִיּוֹן, נִחַם
כָּל־חָרְבֹתֶיהָ, וַיָּשֶׂם מִדְבָּרָהּ כְּעֵדֶן, וְעַרְבָתָהּ כְּגַן־יהוה, שָׂשׂוֹן וְשִׂמְחָה
יִמָּצֵא בָהּ, תּוֹדָה וְקוֹל זִמְרָה:

שליח הציבור ממשיך ׳אַשְׁרֵי׳ עד סוף התפילה.

סיום התפילה

אַשְׁרֵי יוֹשְׁבֵי בֵיתֶךָ, עוֹד יְהַלְלְוּךָ סֶּלָה: תהלים פד

אַשְׁרֵי הָעָם שֶׁכָּכָה לּוֹ, אַשְׁרֵי הָעָם שֶׁיהוה אֱלֹהָיו: תהלים קמד

תְּהִלָּה לְדָוִד תהלים קמה

אֲרוֹמִמְךָ אֱלוֹהַי הַמֶּלֶךְ, וַאֲבָרְכָה שִׁמְךָ לְעוֹלָם וָעֶד:
בְּכָל־יוֹם אֲבָרְכֶךָּ, וַאֲהַלְלָה שִׁמְךָ לְעוֹלָם וָעֶד:
גָּדוֹל יהוה וּמְהֻלָּל מְאֹד, וְלִגְדֻלָּתוֹ אֵין חֵקֶר:
דּוֹר לְדוֹר יְשַׁבַּח מַעֲשֶׂיךָ, וּגְבוּרֹתֶיךָ יַגִּידוּ:
הֲדַר כְּבוֹד הוֹדֶךָ, וְדִבְרֵי נִפְלְאֹתֶיךָ אָשִׂיחָה:
וֶעֱזוּז נוֹרְאֹתֶיךָ יֹאמֵרוּ, וּגְדוּלָּתְךָ אֲסַפְּרֶנָּה:
זֵכֶר רַב־טוּבְךָ יַבִּיעוּ, וְצִדְקָתְךָ יְרַנֵּנוּ:
חַנּוּן וְרַחוּם יהוה, אֶרֶךְ אַפַּיִם וּגְדָל־חָסֶד:
טוֹב־יהוה לַכֹּל, וְרַחֲמָיו עַל־כָּל־מַעֲשָׂיו:
יוֹדוּךָ יהוה כָּל־מַעֲשֶׂיךָ, וַחֲסִידֶיךָ יְבָרְכוּכָה:
כְּבוֹד מַלְכוּתְךָ יֹאמֵרוּ, וּגְבוּרָתְךָ יְדַבֵּרוּ:
לְהוֹדִיעַ לִבְנֵי הָאָדָם גְּבוּרֹתָיו, וּכְבוֹד הֲדַר מַלְכוּתוֹ:
מַלְכוּתְךָ מַלְכוּת כָּל־עֹלָמִים, וּמֶמְשַׁלְתְּךָ בְּכָל־דּוֹר וָדֹר:
סוֹמֵךְ יהוה לְכָל־הַנֹּפְלִים, וְזוֹקֵף לְכָל־הַכְּפוּפִים:
עֵינֵי־כֹל אֵלֶיךָ יְשַׂבֵּרוּ, וְאַתָּה נוֹתֵן־לָהֶם אֶת־אָכְלָם בְּעִתּוֹ:
°פּוֹתֵחַ אֶת־יָדֶךָ, °°וּמַשְׂבִּיעַ לְכָל־חַי רָצוֹן:
צַדִּיק יהוה בְּכָל־דְּרָכָיו, וְחָסִיד בְּכָל־מַעֲשָׂיו:
קָרוֹב יהוה לְכָל־קֹרְאָיו, לְכֹל אֲשֶׁר יִקְרָאֻהוּ בֶאֱמֶת:
רְצוֹן־יְרֵאָיו יַעֲשֶׂה, וְאֶת־שַׁוְעָתָם יִשְׁמַע, וְיוֹשִׁיעֵם:
שׁוֹמֵר יהוה אֶת־כָּל־אֹהֲבָיו, וְאֵת כָּל־הָרְשָׁעִים יַשְׁמִיד:
◂ תְּהִלַּת יהוה יְדַבֶּר פִּי, וִיבָרֵךְ כָּל־בָּשָׂר שֵׁם קָדְשׁוֹ לְעוֹלָם וָעֶד:

וַאֲנַחְנוּ נְבָרֵךְ יָהּ מֵעַתָּה וְעַד־עוֹלָם, הַלְלוּיָהּ: תהלים קטו

מדלגים על הפסוק ׳וַאֲנִי זֹאת בְּרִיתִי׳, כיון שפסוק זה נאמר על התורה, ותשעה באב אסור בתלמוד תורה (ראבי״ה, תתצ).

ישעיה נט וּבָא לְצִיּוֹן גּוֹאֵל, וּלְשָׁבֵי פֶשַׁע בְּיַעֲקֹב, נְאֻם יהוה:

תהלים כב ישעיה ו ◄ וְאַתָּה קָדוֹשׁ יוֹשֵׁב תְּהִלּוֹת יִשְׂרָאֵל: וְקָרָא זֶה אֶל־זֶה וְאָמַר ◄
קָדוֹשׁ, קָדוֹשׁ, קָדוֹשׁ, יהוה צְבָאוֹת, מְלֹא כָל־הָאָרֶץ כְּבוֹדוֹ:

תרגום יונתן ישעיה ו וּמְקַבְּלִין דֵּין מִן דֵּין וְאָמְרִין, קַדִּישׁ בִּשְׁמֵי מְרוֹמָא עִלָּאָה בֵּית שְׁכִינְתֵּהּ, קַדִּישׁ עַל אַרְעָא עוֹבַד גְּבוּרְתֵּהּ, קַדִּישׁ לְעָלַם וּלְעָלְמֵי עָלְמַיָּא, יהוה צְבָאוֹת, מַלְיָא כָל אַרְעָא זִיו יְקָרֵהּ.

יחזקאל ג ◄ וַתִּשָּׂאֵנִי רוּחַ, וָאֶשְׁמַע אַחֲרַי קוֹל רַעַשׁ גָּדוֹל ◄
בָּרוּךְ כְּבוֹד־יהוה מִמְּקוֹמוֹ:

תרגום יונתן יחזקאל ג וּנְטָלַתְנִי רוּחָא, וּשְׁמָעִית בַּתְרַי קָל זִיעַ סַגִּיא, דִּמְשַׁבְּחִין וְאָמְרִין, בְּרִיךְ יְקָרָא דַיהוה מֵאֲתַר בֵּית שְׁכִינְתֵּהּ.

שמות טו יהוה יִמְלֹךְ לְעֹלָם וָעֶד:
תרגום אונקלוס שמות טו יהוה מַלְכוּתֵהּ קָאֵם לְעָלַם וּלְעָלְמֵי עָלְמַיָּא.

דברי הימים א׳ כט יהוה אֱלֹהֵי אַבְרָהָם יִצְחָק וְיִשְׂרָאֵל אֲבֹתֵינוּ, שָׁמְרָה־זֹּאת לְעוֹלָם
תהלים עח לְיֵצֶר מַחְשְׁבוֹת לְבַב עַמֶּךָ, וְהָכֵן לְבָבָם אֵלֶיךָ: וְהוּא רַחוּם יְכַפֵּר עָוֹן
תהלים פו וְלֹא־יַשְׁחִית, וְהִרְבָּה לְהָשִׁיב אַפּוֹ, וְלֹא־יָעִיר כָּל־חֲמָתוֹ: כִּי־אַתָּה אֲדֹנָי
תהלים קיט טוֹב וְסַלָּח, וְרַב־חֶסֶד לְכָל־קֹרְאֶיךָ: צִדְקָתְךָ צֶדֶק לְעוֹלָם וְתוֹרָתְךָ
מיכה ז אֱמֶת: תִּתֵּן אֱמֶת לְיַעֲקֹב, חֶסֶד לְאַבְרָהָם, אֲשֶׁר־נִשְׁבַּעְתָּ לַאֲבֹתֵינוּ
תהלים סח תהלים מו מִימֵי קֶדֶם: בָּרוּךְ אֲדֹנָי יוֹם יוֹם יַעֲמָס־לָנוּ, הָאֵל יְשׁוּעָתֵנוּ סֶלָה: יהוה
תהלים פד צְבָאוֹת עִמָּנוּ, מִשְׂגָּב לָנוּ אֱלֹהֵי יַעֲקֹב סֶלָה: יהוה צְבָאוֹת, אַשְׁרֵי
תהלים כ אָדָם בֹּטֵחַ בָּךְ: יהוה הוֹשִׁיעָה, הַמֶּלֶךְ יַעֲנֵנוּ בְיוֹם־קָרְאֵנוּ:

בָּרוּךְ הוּא אֱלֹהֵינוּ שֶׁבְּרָאָנוּ לִכְבוֹדוֹ, וְהִבְדִּילָנוּ מִן הַתּוֹעִים, וְנָתַן לָנוּ תּוֹרַת אֱמֶת, וְחַיֵּי עוֹלָם נָטַע בְּתוֹכֵנוּ. הוּא יִפְתַּח לִבֵּנוּ בְּתוֹרָתוֹ, וְיָשֵׂם בְּלִבֵּנוּ אַהֲבָתוֹ וְיִרְאָתוֹ וְלַעֲשׂוֹת רְצוֹנוֹ וּלְעָבְדוֹ בְּלֵבָב שָׁלֵם, לְמַעַן לֹא נִיגַע לָרִיק וְלֹא נֵלֵד לַבֶּהָלָה.

שחרית לתשעה באב · קדיש שלם

יְהִי רָצוֹן מִלְּפָנֶיךָ יהוה אֱלֹהֵינוּ וֵאלֹהֵי אֲבוֹתֵינוּ, שֶׁנִּשְׁמֹר חֻקֶּיךָ בָּעוֹלָם הַזֶּה, וְנִזְכֶּה וְנִחְיֶה וְנִרְאֶה וְנִירַשׁ טוֹבָה וּבְרָכָה, לִשְׁנֵי יְמוֹת הַמָּשִׁיחַ וּלְחַיֵּי הָעוֹלָם הַבָּא. לְמַעַן יְזַמֶּרְךָ כָבוֹד וְלֹא יִדֹּם, יהוה אֱלֹהַי, לְעוֹלָם אוֹדֶךָּ: בָּרוּךְ הַגֶּבֶר אֲשֶׁר יִבְטַח בַּיהוה, וְהָיָה יהוה מִבְטַחוֹ: בִּטְחוּ בַיהוה עֲדֵי־עַד, כִּי בְּיָהּ יהוה צוּר עוֹלָמִים: וְיִבְטְחוּ בְךָ יוֹדְעֵי שְׁמֶךָ, כִּי לֹא־עָזַבְתָּ דֹרְשֶׁיךָ, יהוה: יהוה חָפֵץ לְמַעַן צִדְקוֹ, יַגְדִּיל תּוֹרָה וְיַאְדִּיר:

תהלים ל
ירמיה יז
ישעיה כו
תהלים ט
ישעיה מב

אומרים קדיש שלם, אך אין אומרים בו תִּתְקַבֵּל צְלוֹתְהוֹן (רמ"א תקנט, ד בשם ראבי"ה).

קדיש שלם

ש"ץ: יִתְגַּדַּל וְיִתְקַדַּשׁ שְׁמֵהּ רַבָּא (קהל: אָמֵן)
בְּעָלְמָא דִּי בְרָא כִרְעוּתֵהּ
וְיַמְלִיךְ מַלְכוּתֵהּ
בְּחַיֵּיכוֹן וּבְיוֹמֵיכוֹן וּבְחַיֵּי דְכָל בֵּית יִשְׂרָאֵל
בַּעֲגָלָא וּבִזְמַן קָרִיב, וְאִמְרוּ אָמֵן. (קהל: אָמֵן)

קהל
 וש"ץ: יְהֵא שְׁמֵהּ רַבָּא מְבָרַךְ לְעָלַם וּלְעָלְמֵי עָלְמַיָּא.

ש"ץ: יִתְבָּרַךְ וְיִשְׁתַּבַּח וְיִתְפָּאַר וְיִתְרוֹמַם וְיִתְנַשֵּׂא
וְיִתְהַדָּר וְיִתְעַלֶּה וְיִתְהַלָּל
שְׁמֵהּ דְּקֻדְשָׁא בְּרִיךְ הוּא (קהל: בְּרִיךְ הוּא)
לְעֵלָּא מִן כָּל בִּרְכָתָא וְשִׁירָתָא, תֻּשְׁבְּחָתָא וְנֶחֱמָתָא
דַּאֲמִירָן בְּעָלְמָא, וְאִמְרוּ אָמֵן. (קהל: אָמֵן)

יְהֵא שְׁלָמָא רַבָּא מִן שְׁמַיָּא
וְחַיִּים, עָלֵינוּ וְעַל כָּל יִשְׂרָאֵל, וְאִמְרוּ אָמֵן. (קהל: אָמֵן)

כורע ופוסע שלוש פסיעות לאחור. קד לשמאל, לימין ולפנים באמירת:

עֹשֶׂה שָׁלוֹם בִּמְרוֹמָיו
הוּא יַעֲשֶׂה שָׁלוֹם
עָלֵינוּ וְעַל כָּל יִשְׂרָאֵל, וְאִמְרוּ אָמֵן. (קהל: אָמֵן)

עומדים באמירת ׳עָלֵינוּ׳ (טור, קלג) ומשתחווים במקום המסומן ב°.

עָלֵינוּ לְשַׁבֵּחַ לַאֲדוֹן הַכֹּל, לָתֵת גְּדֻלָּה לְיוֹצֵר בְּרֵאשִׁית
שֶׁלֹּא עָשָׂנוּ כְּגוֹיֵי הָאֲרָצוֹת, וְלֹא שָׂמָנוּ כְּמִשְׁפְּחוֹת הָאֲדָמָה
שֶׁלֹּא שָׂם חֶלְקֵנוּ כָּהֶם וְגוֹרָלֵנוּ כְּכָל הֲמוֹנָם.
שֶׁהֵם מִשְׁתַּחֲוִים לְהֶבֶל וָרִיק וּמִתְפַּלְּלִים אֶל אֵל לֹא יוֹשִׁיעַ.
°וַאֲנַחְנוּ כּוֹרְעִים וּמִשְׁתַּחֲוִים וּמוֹדִים
לִפְנֵי מֶלֶךְ מַלְכֵי הַמְּלָכִים, הַקָּדוֹשׁ בָּרוּךְ הוּא
שֶׁהוּא נוֹטֶה שָׁמַיִם וְיוֹסֵד אָרֶץ, וּמוֹשַׁב יְקָרוֹ בַּשָּׁמַיִם מִמַּעַל
וּשְׁכִינַת עֻזּוֹ בְּגָבְהֵי מְרוֹמִים.
הוּא אֱלֹהֵינוּ, אֵין עוֹד.
אֱמֶת מַלְכֵּנוּ, אֶפֶס זוּלָתוֹ
כַּכָּתוּב בְּתוֹרָתוֹ
דברים ד וְיָדַעְתָּ הַיּוֹם וַהֲשֵׁבֹתָ אֶל־לְבָבֶךָ
כִּי יהוה הוּא הָאֱלֹהִים בַּשָּׁמַיִם מִמַּעַל וְעַל־הָאָרֶץ מִתָּחַת, אֵין עוֹד:

עַל כֵּן נְקַוֶּה לְּךָ יהוה אֱלֹהֵינוּ, לִרְאוֹת מְהֵרָה בְּתִפְאֶרֶת עֻזֶּךָ
לְהַעֲבִיר גִּלּוּלִים מִן הָאָרֶץ, וְהָאֱלִילִים כָּרוֹת יִכָּרֵתוּן
לְתַקֵּן עוֹלָם בְּמַלְכוּת שַׁדַּי.
וְכָל בְּנֵי בָשָׂר יִקְרְאוּ בִשְׁמֶךָ לְהַפְנוֹת אֵלֶיךָ כָּל רִשְׁעֵי אָרֶץ.
יַכִּירוּ וְיֵדְעוּ כָּל יוֹשְׁבֵי תֵבֵל
כִּי לְךָ תִּכְרַע כָּל בֶּרֶךְ, תִּשָּׁבַע כָּל לָשׁוֹן.
לְפָנֶיךָ יהוה אֱלֹהֵינוּ יִכְרְעוּ וְיִפֹּלוּ, וְלִכְבוֹד שִׁמְךָ יְקָר יִתֵּנוּ
וִיקַבְּלוּ כֻלָּם אֶת עֹל מַלְכוּתֶךָ, וְתִמְלֹךְ עֲלֵיהֶם מְהֵרָה לְעוֹלָם וָעֶד.
כִּי הַמַּלְכוּת שֶׁלְּךָ הִיא וּלְעוֹלְמֵי עַד תִּמְלֹךְ בְּכָבוֹד
שמות טו כַּכָּתוּב בְּתוֹרָתֶךָ, יהוה יִמְלֹךְ לְעֹלָם וָעֶד:
זכריה יד ◄ וְנֶאֱמַר, וְהָיָה יהוה לְמֶלֶךְ עַל־כָּל־הָאָרֶץ
בַּיּוֹם הַהוּא יִהְיֶה יהוה אֶחָד וּשְׁמוֹ אֶחָד:

שחרית לתשעה באב • סיום התפילה

יש מוסיפים:

אַל־תִּירָא מִפַּחַד פִּתְאֹם וּמִשֹּׁאַת רְשָׁעִים כִּי תָבֹא: — משלי ג
עֻצוּ עֵצָה וְתֻפָר, דַּבְּרוּ דָבָר וְלֹא יָקוּם, כִּי עִמָּנוּ אֵל: — ישעיה ח
וְעַד־זִקְנָה אֲנִי הוּא, וְעַד־שֵׂיבָה אֲנִי אֶסְבֹּל אֲנִי עָשִׂיתִי וַאֲנִי אֶשָּׂא וַאֲנִי אֶסְבֹּל וַאֲמַלֵּט: — ישעיה מו

קדיש יתום

אבל: יִתְגַּדַּל וְיִתְקַדַּשׁ שְׁמֵהּ רַבָּא (קהל: אָמֵן)
בְּעָלְמָא דִּי בְרָא כִרְעוּתֵהּ
וְיַמְלִיךְ מַלְכוּתֵהּ
בְּחַיֵּיכוֹן וּבְיוֹמֵיכוֹן וּבְחַיֵּי דְכָל בֵּית יִשְׂרָאֵל
בַּעֲגָלָא וּבִזְמַן קָרִיב, וְאִמְרוּ אָמֵן. (קהל: אָמֵן)

קהל ואבל: יְהֵא שְׁמֵהּ רַבָּא מְבָרַךְ לְעָלַם וּלְעָלְמֵי עָלְמַיָּא.

אבל: יִתְבָּרַךְ וְיִשְׁתַּבַּח וְיִתְפָּאַר וְיִתְרוֹמַם וְיִתְנַשֵּׂא
וְיִתְהַדָּר וְיִתְעַלֶּה וְיִתְהַלָּל
שְׁמֵהּ דְּקֻדְשָׁא בְּרִיךְ הוּא (קהל: בְּרִיךְ הוּא)
לְעֵלָּא מִן כָּל בִּרְכָתָא וְשִׁירָתָא, תֻּשְׁבְּחָתָא וְנֶחֱמָתָא
דַּאֲמִירָן בְּעָלְמָא, וְאִמְרוּ אָמֵן. (קהל: אָמֵן)

יְהֵא שְׁלָמָא רַבָּא מִן שְׁמַיָּא
וְחַיִּים, עָלֵינוּ וְעַל כָּל יִשְׂרָאֵל, וְאִמְרוּ אָמֵן. (קהל: אָמֵן)

כורע ופוסע שלוש פסיעות לאחור. קד לשמאל, לימין ולפנים באמירת:

עֹשֶׂה שָׁלוֹם בִּמְרוֹמָיו
הוּא יַעֲשֶׂה שָׁלוֹם עָלֵינוּ וְעַל כָּל יִשְׂרָאֵל, וְאִמְרוּ אָמֵן. (קהל: אָמֵן)

אין אומרים שיר של יום ולא 'אֵין כֵּאלֹהֵינוּ' בשחרית,
אלא במנחה (לבוש תקנט, ו).

אם עדיין לא הגיע חצות היום, יש נוהגים לקרוא
מגילת איכה (עמ' 19) שוב (משנ״ב תקנט, ב בשם השל״ה);
וקוראים בלי ברכה אפילו אם קוראים אותה מקלף (לוח א״י).

מנחה לתשעה באב

מנחה לתשעה באב

מתפללים מנחה בטלית ובתפילין (טור, תקנה).

עטיפת טלית

לפני עטיפה בטלית גדול יש נוהגים לומר גם בתשעה באב
את הפסוקים המלווים את ההתעטפות בטלית והנחת תפילין:

בָּרְכִי נַפְשִׁי אֶת־יהוה, יהוה אֱלֹהַי גָּדַלְתָּ מְּאֹד, הוֹד וְהָדָר לָבָשְׁתָּ: עֹטֶה־ אוֹר כַּשַּׂלְמָה, נוֹטֶה שָׁמַיִם כַּיְרִיעָה: תהלים קד

יש אומרים:

לְשֵׁם יִחוּד קֻדְשָׁא בְּרִיךְ הוּא וּשְׁכִינְתֵּהּ בִּדְחִילוּ וּרְחִימוּ, לְיַחֵד שֵׁם י״ה בו״ה בְּיִחוּדָא שְׁלִים בְּשֵׁם כָּל יִשְׂרָאֵל.

הֲרֵינִי מִתְעַטֵּף בַּצִּיצִית. כֵּן תִּתְעַטֵּף נִשְׁמָתִי וּרְמַ״ח אֵבָרַי וּשְׁסַ״ה גִידַי בְּאוֹר הַצִּיצִית הָעוֹלָה תַּרְיַ״ג. וּכְשֵׁם שֶׁאֲנִי מִתְכַּסֶּה בְּטַלִּית בָּעוֹלָם הַזֶּה, כָּךְ אֶזְכֶּה לַחֲלוּקָא דְרַבָּנָן וּלְטַלִּית נָאָה לָעוֹלָם הַבָּא בְּגַן עֵדֶן. וְעַל יְדֵי מִצְוַת צִיצִית תִּנָּצֵל נַפְשִׁי רוּחִי וְנִשְׁמָתִי וּתְפִלָּתִי מִן הַחִיצוֹנִים. וְהַטַּלִּית תִּפְרֹשׂ כְּנָפֶיהָ עֲלֵיהֶם וְתַצִּילֵם, כְּנֶשֶׁר יָעִיר קִנּוֹ עַל־גּוֹזָלָיו יְרַחֵף: דברים לב וּתְהֵא חֲשׁוּבָה מִצְוַת צִיצִית לִפְנֵי הַקָּדוֹשׁ בָּרוּךְ הוּא, כְּאִלּוּ קִיַּמְתִּיהָ בְּכָל פְּרָטֶיהָ וְדִקְדּוּקֶיהָ וְכַוָּנוֹתֶיהָ וְתַרְיַ״ג מִצְוֹת הַתְּלוּיוֹת בָּהּ, אָמֵן סֶלָה.

עומד ומברך:

בָּרוּךְ אַתָּה יהוה אֱלֹהֵינוּ מֶלֶךְ הָעוֹלָם אֲשֶׁר קִדְּשָׁנוּ בְּמִצְוֹתָיו וְצִוָּנוּ לְהִתְעַטֵּף בַּצִּיצִית.

נוהגים להתעטף בטלית אחר הברכה.

מתעטף ואומר (סידור השל״ה):

מַה־יָּקָר חַסְדְּךָ אֱלֹהִים, וּבְנֵי אָדָם בְּצֵל כְּנָפֶיךָ יֶחֱסָיוּן: תהלים לו
יִרְוְיֻן מִדֶּשֶׁן בֵּיתֶךָ, וְנַחַל עֲדָנֶיךָ תַשְׁקֵם:
כִּי־עִמְּךָ מְקוֹר חַיִּים, בְּאוֹרְךָ נִרְאֶה־אוֹר:
מְשֹׁךְ חַסְדְּךָ לְיֹדְעֶיךָ, וְצִדְקָתְךָ לְיִשְׁרֵי־לֵב:

הנחת תפילין

לפני הנחת תפילין יש אומרים:

לְשֵׁם יִחוּד קֻדְשָׁא בְּרִיךְ הוּא וּשְׁכִינְתֵּהּ בִּדְחִילוּ וּרְחִימוּ, לְיַחֵד שֵׁם י״ה בו״ה בְּיִחוּדָא שְׁלִים בְּשֵׁם כָּל יִשְׂרָאֵל.

הִנְנִי מְכַוֵּן בַּהֲנָחַת תְּפִלִּין לְקַיֵּם מִצְוַת בּוֹרְאִי, שֶׁצִּוָּנוּ לְהָנִיחַ תְּפִלִּין, כַּכָּתוּב בְּתוֹרָתוֹ: וּקְשַׁרְתָּם לְאוֹת עַל־יָדֶךָ, וְהָיוּ לְטֹטָפֹת בֵּין עֵינֶיךָ: וְהֵן אַרְבַּע פָּרָשִׁיּוֹת אֵלּוּ, שְׁמַע, וְהָיָה אִם שָׁמֹעַ, קַדֶּשׁ לִי, וְהָיָה כִּי יְבִאֲךָ, שֶׁיֵּשׁ בָּהֶם יִחוּדוֹ וְאַחְדוּתוֹ יִתְבָּרַךְ שְׁמוֹ בָּעוֹלָם, וְשֶׁנִּזְכֹּר נִסִּים וְנִפְלָאוֹת שֶׁעָשָׂה עִמָּנוּ בְּהוֹצִיאוֹ אוֹתָנוּ מִמִּצְרַיִם, וַאֲשֶׁר לוֹ הַכֹּחַ וְהַמֶּמְשָׁלָה בָּעֶלְיוֹנִים וּבַתַּחְתּוֹנִים לַעֲשׂוֹת בָּהֶם כִּרְצוֹנוֹ. וְצִוָּנוּ לְהָנִיחַ עַל הַיָּד לְזִכְרוֹן זְרוֹעַ הַנְּטוּיָה, וְשֶׁהִיא נֶגֶד הַלֵּב, לְשַׁעְבֵּד בָּזֶה תַּאֲווֹת וּמַחְשְׁבוֹת לִבֵּנוּ לַעֲבוֹדָתוֹ יִתְבָּרַךְ שְׁמוֹ. וְעַל הָרֹאשׁ נֶגֶד הַמֹּחַ, שֶׁהַנְּשָׁמָה שֶׁבְּמֹחִי עִם שְׁאָר חוּשַׁי וְכֹחוֹתַי כֻּלָּם יִהְיוּ מְשֻׁעְבָּדִים לַעֲבוֹדָתוֹ יִתְבָּרַךְ שְׁמוֹ. וּמִשֶּׁפַע מִצְוַת תְּפִלִּין יִתְמַשֵּׁךְ עָלַי לִהְיוֹת לִי חַיִּים אֲרוּכִים וְשֶׁפַע קֹדֶשׁ וּמַחֲשָׁבוֹת קְדוֹשׁוֹת בְּלִי הִרְהוּר חֵטְא וְעָוֹן כְּלָל, וְשֶׁלֹּא יְפַתֵּנוּ וְלֹא יִתְגָּרֶה בָּנוּ יֵצֶר הָרָע, וְיַנִּיחֵנוּ לַעֲבֹד אֶת יהוה כַּאֲשֶׁר עִם לְבָבֵנוּ. דברים ו

וִיהִי רָצוֹן מִלְּפָנֶיךָ, יהוה אֱלֹהֵינוּ וֵאלֹהֵי אֲבוֹתֵינוּ, שֶׁתְּהֵא חֲשׁוּבָה מִצְוַת הֲנָחַת תְּפִלִּין לִפְנֵי הַקָּדוֹשׁ בָּרוּךְ הוּא, כְּאִלּוּ קִיַּמְתִּיהָ בְּכָל פְּרָטֶיהָ וְדִקְדּוּקֶיהָ וְכַוָּנוֹתֶיהָ וְתַרְיַ״ג מִצְוֹת הַתְּלוּיוֹת בָּהּ, אָמֵן סֶלָה.

עומד, מניח תפילין של יד על השריר העליון של הזרוע השמאלית (איטר מניחן על זרועו הימנית - מנחות לו ע״א) ומברך:

בָּרוּךְ אַתָּה יהוה אֱלֹהֵינוּ מֶלֶךְ הָעוֹלָם
אֲשֶׁר קִדְּשָׁנוּ בְּמִצְוֹתָיו וְצִוָּנוּ לְהָנִיחַ תְּפִלִּין.

מהדק את הרצועה, כורך אותה שבע פעמים סביב זרועו, ומיד מניח תפילין של ראש.

מקום תפילין של ראש הוא מעל עיקרי השערות שבמרכז המצח.

מניח ומברך:

בָּרוּךְ אַתָּה יהוה אֱלֹהֵינוּ מֶלֶךְ הָעוֹלָם
אֲשֶׁר קִדְּשָׁנוּ בְּמִצְוֹתָיו וְצִוָּנוּ עַל מִצְוַת תְּפִלִּין.

מהדק את הרצועה ואומר:

בָּרוּךְ שֵׁם כְּבוֹד מַלְכוּתוֹ לְעוֹלָם וָעֶד.

יש אומרים:

וּמֵחָכְמָתְךָ אֵל עֶלְיוֹן תַּאֲצִיל עָלַי, וּמִבִּינָתְךָ תְּבִינֵנִי
וּבְחַסְדְּךָ תַּגְדִּיל עָלַי, וּבִגְבוּרָתְךָ תַּצְמִית אוֹיְבַי וְקָמַי.
וְשֶׁמֶן הַטּוֹב תָּרִיק עַל שִׁבְעָה קְנֵי הַמְּנוֹרָה
לְהַשְׁפִּיעַ טוּבְךָ לִבְרִיּוֹתֶיךָ.
פּוֹתֵחַ אֶת־יָדֶךָ וּמַשְׂבִּיעַ לְכָל־חַי רָצוֹן: תהלים קמה

כורך ברצועה של יד שלוש כריכות סביב האצבע האמצעית.
יש נוהגים לומר:

וְאֵרַשְׂתִּיךְ לִי לְעוֹלָם הושע ב
וְאֵרַשְׂתִּיךְ לִי בְּצֶדֶק וּבְמִשְׁפָּט וּבְחֶסֶד וּבְרַחֲמִים:
וְאֵרַשְׂתִּיךְ לִי בֶּאֱמוּנָה, וְיָדַעַתְּ אֶת־יהוה:

יש נוהגים לומר שתי פרשות אלה, שנזכרת בהן מצוות הנחת תפילין (ויש שאינם אומרים בתשעה באב, כיוון שאינן מסדר היום – ראה בה״ט ומשנ״ב תקנה, ה):

וַיְדַבֵּר יהוה אֶל־מֹשֶׁה לֵּאמֹר: קַדֶּשׁ־לִי כָל־בְּכוֹר, פֶּטֶר כָּל־רֶחֶם שמות יג
בִּבְנֵי יִשְׂרָאֵל, בָּאָדָם וּבַבְּהֵמָה, לִי הוּא: וַיֹּאמֶר מֹשֶׁה אֶל־הָעָם, זָכוֹר
אֶת־הַיּוֹם הַזֶּה, אֲשֶׁר יְצָאתֶם מִמִּצְרַיִם מִבֵּית עֲבָדִים, כִּי בְּחֹזֶק יָד
הוֹצִיא יהוה אֶתְכֶם מִזֶּה, וְלֹא יֵאָכֵל חָמֵץ: הַיּוֹם אַתֶּם יֹצְאִים, בְּחֹדֶשׁ
הָאָבִיב: וְהָיָה כִי־יְבִיאֲךָ יהוה אֶל־אֶרֶץ הַכְּנַעֲנִי וְהַחִתִּי וְהָאֱמֹרִי
וְהַחִוִּי וְהַיְבוּסִי, אֲשֶׁר נִשְׁבַּע לַאֲבֹתֶיךָ לָתֶת לָךְ, אֶרֶץ זָבַת חָלָב
וּדְבָשׁ, וְעָבַדְתָּ אֶת־הָעֲבֹדָה הַזֹּאת בַּחֹדֶשׁ הַזֶּה: שִׁבְעַת יָמִים תֹּאכַל
מַצֹּת, וּבַיּוֹם הַשְּׁבִיעִי חַג לַיהוה: מַצּוֹת יֵאָכֵל אֵת שִׁבְעַת הַיָּמִים,
וְלֹא־יֵרָאֶה לְךָ חָמֵץ וְלֹא־יֵרָאֶה לְךָ שְׂאֹר, בְּכָל־גְּבֻלֶךָ: וְהִגַּדְתָּ לְבִנְךָ
בַּיּוֹם הַהוּא לֵאמֹר, בַּעֲבוּר זֶה עָשָׂה יהוה לִי בְּצֵאתִי מִמִּצְרָיִם: וְהָיָה
לְךָ לְאוֹת עַל־יָדְךָ וּלְזִכָּרוֹן בֵּין עֵינֶיךָ, לְמַעַן תִּהְיֶה תּוֹרַת יהוה בְּפִיךָ,
כִּי בְּיָד חֲזָקָה הוֹצִאֲךָ יהוה מִמִּצְרָיִם: וְשָׁמַרְתָּ אֶת־הַחֻקָּה הַזֹּאת
לְמוֹעֲדָהּ, מִיָּמִים יָמִימָה:

וְהָיָה כִּי־יְבִאֲךָ יהוה אֶל־אֶרֶץ הַכְּנַעֲנִי כַּאֲשֶׁר נִשְׁבַּע לְךָ וְלַאֲבֹתֶיךָ, וּנְתָנָהּ לָךְ: וְהַעֲבַרְתָּ כָל־פֶּֽטֶר־רֶֽחֶם לַיהוה, וְכָל־פֶּֽטֶר שֶׁגֶר בְּהֵמָה אֲשֶׁר יִהְיֶה לְךָ הַזְּכָרִים, לַיהוה. וְכָל־פֶּֽטֶר חֲמֹר תִּפְדֶּה בְשֶׂה, וְאִם־לֹא תִפְדֶּה וַעֲרַפְתּוֹ, וְכֹל בְּכוֹר אָדָם בְּבָנֶיךָ תִּפְדֶּה: וְהָיָה כִּי־יִשְׁאָלְךָ בִנְךָ מָחָר, לֵאמֹר מַה־זֹּאת, וְאָמַרְתָּ אֵלָיו, בְּחֹֽזֶק יָד הוֹצִיאָֽנוּ יהוה מִמִּצְרַֽיִם מִבֵּית עֲבָדִים: וַיְהִי כִּי־הִקְשָׁה פַרְעֹה לְשַׁלְּחֵנוּ, וַיַּהֲרֹג יהוה כָּל־בְּכוֹר בְּאֶֽרֶץ מִצְרַֽיִם, מִבְּכֹר אָדָם וְעַד־בְּכוֹר בְּהֵמָה, עַל־כֵּן אֲנִי זֹבֵֽחַ לַיהוה כָּל־פֶּֽטֶר רֶֽחֶם הַזְּכָרִים, וְכָל־בְּכוֹר בָּנַי אֶפְדֶּה: וְהָיָה לְאוֹת עַל־יָדְכָה וּלְטוֹטָפֹת בֵּין עֵינֶיךָ, כִּי בְּחֹֽזֶק יָד הוֹצִיאָֽנוּ יהוה מִמִּצְרָֽיִם:

יש נוהגים לקרוא קריאת שמע שוב כדי לאומרה בטלית ותפילין, ויש שאינם אומרים (ראה 'אשי ישראל' מד, מח, ובהערה קמה).

במקום המסומן ב° ימשש בתפילין של יד, ובמקום המסומן ב°° ימשש בתפילין של ראש (דרך החיים).

לפני שיקרא, אומר 'אֵל מֶלֶךְ נֶאֱמָן' כדי להשלים לרמ"ח תיבות (רמ"א סא, ג, על פי ספר חסידים):

אֵל מֶֽלֶךְ נֶאֱמָן

מכסה את עיניו בידו ואומר בכוונה ובקול רם:

דברים: **שְׁמַ֖ע יִשְׂרָאֵ֑ל, יהוה אֱלֹהֵ֖ינוּ, יהוה ׀ אֶחָֽד׃**

בלחש: בָּרוּךְ שֵׁם כְּבוֹד מַלְכוּתוֹ לְעוֹלָם וָעֶד.

דברים: וְאָהַבְתָּ֕ אֵ֥ת יהוה אֱלֹהֶ֑יךָ, בְּכָל־לְבָבְךָ֖ וּבְכָל־נַפְשְׁךָ֖ וּבְכָל־מְאֹדֶֽךָ׃ וְהָי֞וּ הַדְּבָרִ֣ים הָאֵ֗לֶּה, אֲשֶׁ֨ר אָנֹכִ֧י מְצַוְּךָ֛ הַיּ֖וֹם, עַל־לְבָבֶֽךָ׃ וְשִׁנַּנְתָּ֣ם לְבָנֶ֔יךָ וְדִבַּרְתָּ֖ בָּ֑ם, בְּשִׁבְתְּךָ֤ בְּבֵיתֶ֨ךָ֙ וּבְלֶכְתְּךָ֣ בַדֶּ֔רֶךְ, וּֽבְשָׁכְבְּךָ֖ וּבְקוּמֶֽךָ׃ °וּקְשַׁרְתָּ֥ם לְא֖וֹת עַל־יָדֶ֑ךָ °°וְהָי֥וּ לְטֹטָפֹ֖ת בֵּ֥ין עֵינֶֽיךָ׃ וּכְתַבְתָּ֛ם עַל־מְזֻז֥וֹת בֵּיתֶ֖ךָ וּבִשְׁעָרֶֽיךָ׃

213 מנחה לתשעה באב · שמע ישראל

דברים יא וְהָיָה אִם־שָׁמֹעַ תִּשְׁמְעוּ אֶל־מִצְוֺתַי אֲשֶׁר אָנֹכִי מְצַוֶּה אֶתְכֶם
הַיּוֹם, לְאַהֲבָה אֶת־יהוה אֱלֹהֵיכֶם וּלְעָבְדוֹ, בְּכָל־לְבַבְכֶם וּבְכָל־
נַפְשְׁכֶם: וְנָתַתִּי מְטַר־אַרְצְכֶם בְּעִתּוֹ, יוֹרֶה וּמַלְקוֹשׁ, וְאָסַפְתָּ
דְגָנֶךָ וְתִירֹשְׁךָ וְיִצְהָרֶךָ: וְנָתַתִּי עֵשֶׂב בְּשָׂדְךָ לִבְהֶמְתֶּךָ, וְאָכַלְתָּ
וְשָׂבָעְתָּ: הִשָּׁמְרוּ לָכֶם פֶּן־יִפְתֶּה לְבַבְכֶם, וְסַרְתֶּם וַעֲבַדְתֶּם
אֱלֹהִים אֲחֵרִים וְהִשְׁתַּחֲוִיתֶם לָהֶם: וְחָרָה אַף־יהוה בָּכֶם, וְעָצַר
אֶת־הַשָּׁמַיִם וְלֹא־יִהְיֶה מָטָר, וְהָאֲדָמָה לֹא תִתֵּן אֶת־יְבוּלָהּ,
וַאֲבַדְתֶּם מְהֵרָה מֵעַל הָאָרֶץ הַטֹּבָה אֲשֶׁר יהוה נֹתֵן לָכֶם:
וְשַׂמְתֶּם אֶת־דְּבָרַי אֵלֶּה עַל־לְבַבְכֶם וְעַל־נַפְשְׁכֶם, °וּקְשַׁרְתֶּם
אֹתָם לְאוֹת עַל־יֶדְכֶם, °°וְהָיוּ לְטוֹטָפֹת בֵּין עֵינֵיכֶם: וְלִמַּדְתֶּם
אֹתָם אֶת־בְּנֵיכֶם לְדַבֵּר בָּם, בְּשִׁבְתְּךָ בְּבֵיתֶךָ וּבְלֶכְתְּךָ בַדֶּרֶךְ,
וּבְשָׁכְבְּךָ וּבְקוּמֶךָ: וּכְתַבְתָּם עַל־מְזוּזוֹת בֵּיתֶךָ וּבִשְׁעָרֶיךָ: לְמַעַן
יִרְבּוּ יְמֵיכֶם וִימֵי בְנֵיכֶם עַל הָאֲדָמָה אֲשֶׁר נִשְׁבַּע יהוה לַאֲבֹתֵיכֶם
לָתֵת לָהֶם, כִּימֵי הַשָּׁמַיִם עַל־הָאָרֶץ:

במדבר טו וַיֹּאמֶר יהוה אֶל־מֹשֶׁה לֵּאמֹר: דַּבֵּר אֶל־בְּנֵי יִשְׂרָאֵל וְאָמַרְתָּ
אֲלֵהֶם, וְעָשׂוּ לָהֶם צִיצִת עַל־כַּנְפֵי בִגְדֵיהֶם לְדֹרֹתָם, וְנָתְנוּ
°עַל־צִיצִת הַכָּנָף פְּתִיל תְּכֵלֶת: וְהָיָה לָכֶם לְצִיצִת, וּרְאִיתֶם
אֹתוֹ וּזְכַרְתֶּם אֶת־כָּל־מִצְוֺת יהוה וַעֲשִׂיתֶם אֹתָם, וְלֹא תָתֻרוּ
אַחֲרֵי לְבַבְכֶם וְאַחֲרֵי עֵינֵיכֶם, אֲשֶׁר־אַתֶּם זֹנִים אַחֲרֵיהֶם: לְמַעַן
תִּזְכְּרוּ וַעֲשִׂיתֶם אֶת־כָּל־מִצְוֺתָי, וִהְיִיתֶם קְדֹשִׁים לֵאלֹהֵיכֶם: אֲנִי
יהוה אֱלֹהֵיכֶם, אֲשֶׁר הוֹצֵאתִי אֶתְכֶם מֵאֶרֶץ מִצְרַיִם, לִהְיוֹת
לָכֶם לֵאלֹהִים, אֲנִי יהוה אֱלֹהֵיכֶם:

אֱמֶת

לפני תפילת מנחה נוהגים לומר שיר של יום ו״אֵין כֵּאלֹהֵינוּ״,
השלמה לשחרית, ויש האומרים אותם בסוף התפילה.

שיר של יום

ליום א׳ הַיּוֹם יוֹם רִאשׁוֹן בְּשַׁבָּת, שֶׁבּוֹ הָיוּ הַלְוִיִּם אוֹמְרִים בְּבֵית הַמִּקְדָּשׁ:

תהלים כד לְדָוִד מִזְמוֹר, לַיהוה הָאָרֶץ וּמְלוֹאָהּ, תֵּבֵל וְיֹשְׁבֵי בָהּ: כִּי־הוּא עַל־יַמִּים יְסָדָהּ, וְעַל־נְהָרוֹת יְכוֹנְנֶהָ: מִי־יַעֲלֶה בְהַר־יהוה, וּמִי־יָקוּם בִּמְקוֹם קָדְשׁוֹ: נְקִי כַפַּיִם וּבַר־לֵבָב, אֲשֶׁר לֹא־נָשָׂא לַשָּׁוְא נַפְשִׁי, וְלֹא נִשְׁבַּע לְמִרְמָה: יִשָּׂא בְרָכָה מֵאֵת יהוה, וּצְדָקָה מֵאֱלֹהֵי יִשְׁעוֹ: זֶה דּוֹר דֹּרְשָׁו, מְבַקְשֵׁי פָנֶיךָ יַעֲקֹב סֶלָה: שְׂאוּ שְׁעָרִים רָאשֵׁיכֶם, וְהִנָּשְׂאוּ פִּתְחֵי עוֹלָם, וְיָבוֹא מֶלֶךְ הַכָּבוֹד: מִי זֶה מֶלֶךְ הַכָּבוֹד, יהוה עִזּוּז וְגִבּוֹר, יהוה גִּבּוֹר מִלְחָמָה: שְׂאוּ שְׁעָרִים רָאשֵׁיכֶם, וּשְׂאוּ פִּתְחֵי עוֹלָם, וְיָבֹא מֶלֶךְ הַכָּבוֹד: ◂ מִי הוּא זֶה מֶלֶךְ הַכָּבוֹד, יהוה צְבָאוֹת הוּא מֶלֶךְ הַכָּבוֹד סֶלָה:

קדיש יתום (בעמוד הבא)

ליום ג׳ הַיּוֹם יוֹם שְׁלִישִׁי בְּשַׁבָּת, שֶׁבּוֹ הָיוּ הַלְוִיִּם אוֹמְרִים בְּבֵית הַמִּקְדָּשׁ:

תהלים פב מִזְמוֹר לְאָסָף, אֱלֹהִים נִצָּב בַּעֲדַת־אֵל, בְּקֶרֶב אֱלֹהִים יִשְׁפֹּט: עַד־מָתַי תִּשְׁפְּטוּ־עָוֶל, וּפְנֵי רְשָׁעִים תִּשְׂאוּ־סֶלָה: שִׁפְטוּ־דַל וְיָתוֹם, עָנִי וָרָשׁ הַצְדִּיקוּ: פַּלְּטוּ־דַל וְאֶבְיוֹן, מִיַּד רְשָׁעִים הַצִּילוּ: לֹא יָדְעוּ וְלֹא יָבִינוּ, בַּחֲשֵׁכָה יִתְהַלָּכוּ, יִמּוֹטוּ כָּל־מוֹסְדֵי אָרֶץ: אֲנִי־אָמַרְתִּי אֱלֹהִים אַתֶּם, וּבְנֵי עֶלְיוֹן כֻּלְּכֶם: אָכֵן כְּאָדָם תְּמוּתוּן, וּכְאַחַד הַשָּׂרִים תִּפֹּלוּ: ◂ קוּמָה אֱלֹהִים שָׁפְטָה הָאָרֶץ, כִּי־אַתָּה תִנְחַל בְּכָל־הַגּוֹיִם:

קדיש יתום (בעמוד הבא)

ליום ה׳ הַיּוֹם יוֹם חֲמִישִׁי בְּשַׁבָּת, שֶׁבּוֹ הָיוּ הַלְוִיִּם אוֹמְרִים בְּבֵית הַמִּקְדָּשׁ:

תהלים פא לַמְנַצֵּחַ עַל־הַגִּתִּית לְאָסָף: הַרְנִינוּ לֵאלֹהִים עוּזֵּנוּ, הָרִיעוּ לֵאלֹהֵי יַעֲקֹב: שְׂאוּ־זִמְרָה וּתְנוּ־תֹף, כִּנּוֹר נָעִים עִם־נָבֶל: תִּקְעוּ בַחֹדֶשׁ שׁוֹפָר, בַּכֶּסֶה לְיוֹם חַגֵּנוּ: כִּי חֹק לְיִשְׂרָאֵל הוּא, מִשְׁפָּט לֵאלֹהֵי יַעֲקֹב: עֵדוּת בִּיהוֹסֵף שָׂמוֹ, בְּצֵאתוֹ עַל־אֶרֶץ מִצְרָיִם, שְׂפַת לֹא־יָדַעְתִּי אֶשְׁמָע:

הֲסִירוֹתִי מִסֵּבֶל שִׁכְמוֹ, כַּפָּיו מִדּוּד תַּעֲבֹרְנָה: בַּצָּרָה קָרָאתָ וָאֲחַלְּצֶךָּ,
אֶעֶנְךָ בְּסֵתֶר רַעַם, אֶבְחָנְךָ עַל־מֵי מְרִיבָה סֶלָה: שְׁמַע עַמִּי וְאָעִידָה
בָּךְ, יִשְׂרָאֵל אִם־תִּשְׁמַע־לִי: לֹא־יִהְיֶה בְךָ אֵל זָר, וְלֹא תִשְׁתַּחֲוֶה לְאֵל
נֵכָר: אָנֹכִי יהוה אֱלֹהֶיךָ, הַמַּעַלְךָ מֵאֶרֶץ מִצְרָיִם, הַרְחֶב־פִּיךָ וַאֲמַלְאֵהוּ:
וְלֹא־שָׁמַע עַמִּי לְקוֹלִי, וְיִשְׂרָאֵל לֹא־אָבָה לִי: וָאֲשַׁלְּחֵהוּ בִּשְׁרִירוּת לִבָּם,
יֵלְכוּ בְּמוֹעֲצוֹתֵיהֶם: לוּ עַמִּי שֹׁמֵעַ לִי, יִשְׂרָאֵל בִּדְרָכַי יְהַלֵּכוּ: כִּמְעַט
אוֹיְבֵיהֶם אַכְנִיעַ, וְעַל־צָרֵיהֶם אָשִׁיב יָדִי: מְשַׂנְאֵי יהוה יְכַחֲשׁוּ־לוֹ, וִיהִי
עִתָּם לְעוֹלָם: › וַיַּאֲכִילֵהוּ מֵחֵלֶב חִטָּה, וּמִצּוּר, דְּבַשׁ אַשְׂבִּיעֶךָ:

קדיש יתום

אבל: יִתְגַּדַּל וְיִתְקַדַּשׁ שְׁמֵהּ רַבָּא (קהל: אָמֵן)
בְּעָלְמָא דִּי בְרָא כִרְעוּתֵהּ
וְיַמְלִיךְ מַלְכוּתֵהּ
בְּחַיֵּיכוֹן וּבְיוֹמֵיכוֹן וּבְחַיֵּי דְכָל בֵּית יִשְׂרָאֵל
בַּעֲגָלָא וּבִזְמַן קָרִיב, וְאִמְרוּ אָמֵן. (קהל: אָמֵן)

קהל ואבל: יְהֵא שְׁמֵהּ רַבָּא מְבָרַךְ לְעָלַם וּלְעָלְמֵי עָלְמַיָּא.

אבל: יִתְבָּרַךְ וְיִשְׁתַּבַּח וְיִתְפָּאַר וְיִתְרוֹמַם וְיִתְנַשֵּׂא
וְיִתְהַדָּר וְיִתְעַלֶּה וְיִתְהַלָּל
שְׁמֵהּ דְּקֻדְשָׁא בְּרִיךְ הוּא (קהל: בְּרִיךְ הוּא)
לְעֵלָּא מִן כָּל בִּרְכָתָא וְשִׁירָתָא, תֻּשְׁבְּחָתָא וְנֶחֱמָתָא
דַּאֲמִירָן בְּעָלְמָא, וְאִמְרוּ אָמֵן. (קהל: אָמֵן)

יְהֵא שְׁלָמָא רַבָּא מִן שְׁמַיָּא
וְחַיִּים, עָלֵינוּ וְעַל כָּל יִשְׂרָאֵל, וְאִמְרוּ אָמֵן. (קהל: אָמֵן)

כורע ופוסע שלוש פסיעות לאחור. קד לשמאל, לימין ולפנים באמירת:
עֹשֶׂה שָׁלוֹם בִּמְרוֹמָיו
הוּא יַעֲשֶׂה שָׁלוֹם עָלֵינוּ וְעַל כָּל יִשְׂרָאֵל, וְאִמְרוּ אָמֵן. (קהל: אָמֵן)

216 אין כאלהינו · מנחה לתשעה באב

יש האומרים פסוקים אלה כבנוסח ספרד.

תהלים כז קַוֵּה אֶל־יהוה, חֲזַק וְיַאֲמֵץ לִבֶּךָ, וְקַוֵּה אֶל־יהוה:

שמואל א׳ ב אֵין־קָדוֹשׁ כַּיהוה, כִּי־אֵין בִּלְתֶּךָ, וְאֵין צוּר כֵּאלֹהֵינוּ:

תהלים יח כִּי מִי אֱלְוֹהַּ מִבַּלְעֲדֵי יהוה, וּמִי צוּר זוּלָתִי אֱלֹהֵינוּ:

בסדר רב עמרם גאון מובא פיוט זה כפתיחה לסדר ׳פִּטּוּם הַקְּטֹרֶת׳. בחו״ל נהגו שלא לומר אותו ואת סדר הקטורת (רמ״א קלב, ב), אבל בארץ ישראל החזירו עטרה ליושנה.

אֵין כֵּאלֹהֵינוּ, אֵין כַּאדוֹנֵינוּ, אֵין כְּמַלְכֵּנוּ, אֵין כְּמוֹשִׁיעֵנוּ.
מִי כֵאלֹהֵינוּ, מִי כַאדוֹנֵינוּ, מִי כְמַלְכֵּנוּ, מִי כְמוֹשִׁיעֵנוּ.
נוֹדֶה לֵאלֹהֵינוּ, נוֹדֶה לַאדוֹנֵינוּ, נוֹדֶה לְמַלְכֵּנוּ, נוֹדֶה לְמוֹשִׁיעֵנוּ.
בָּרוּךְ אֱלֹהֵינוּ, בָּרוּךְ אֲדוֹנֵינוּ, בָּרוּךְ מַלְכֵּנוּ, בָּרוּךְ מוֹשִׁיעֵנוּ.
אַתָּה הוּא אֱלֹהֵינוּ, אַתָּה הוּא אֲדוֹנֵינוּ
אַתָּה הוּא מַלְכֵּנוּ, אַתָּה הוּא מוֹשִׁיעֵנוּ.
אַתָּה הוּא שֶׁהִקְטִירוּ אֲבוֹתֵינוּ לְפָנֶיךָ אֶת קְטֹרֶת הַסַּמִּים.

כריתות ו. פִּטּוּם הַקְּטֹרֶת: הַצֳּרִי, וְהַצִּפֹּרֶן, וְהַחֶלְבְּנָה, וְהַלְּבוֹנָה מִשְׁקַל שִׁבְעִים שִׁבְעִים מָנֶה, מֹר, וּקְצִיעָה, שִׁבֹּלֶת נֵרְדְּ, וְכַרְכֹּם מִשְׁקַל שִׁשָּׁה עָשָׂר שִׁשָּׁה עָשָׂר מָנֶה, הַקֹּשְׁטְ שְׁנֵים עָשָׂר, קִלּוּפָה שְׁלֹשָׁה וְקִנָּמוֹן תִּשְׁעָה, בֹּרִית כַּרְשִׁינָה תִּשְׁעָה קַבִּין, יֵין קַפְרִיסִין סְאִין תְּלָת וְקַבִּין תְּלָתָא, וְאִם אֵין לוֹ יֵין קַפְרִיסִין, מֵבִיא חֲמַר חִוַּרְיָן עַתִּיק. מֶלַח סְדוֹמִית רֹבַע, מַעֲלֶה עָשָׁן כָּל שֶׁהוּא. רַבִּי נָתָן הַבַּבְלִי אוֹמֵר: אַף כִּפַּת הַיַּרְדֵּן כָּל שֶׁהוּא, וְאִם נָתַן בָּהּ דְּבַשׁ פְּסָלָהּ, וְאִם חִסַּר אֶחָד מִכָּל סַמָּנֶיהָ, חַיָּב מִיתָה.

רַבָּן שִׁמְעוֹן בֶּן גַּמְלִיאֵל אוֹמֵר: הַצֳּרִי אֵינוֹ אֶלָּא שְׂרָף הַנּוֹטֵף מֵעֲצֵי הַקְּטָף. בֹּרִית כַּרְשִׁינָה שֶׁשָּׁפִין בָּהּ אֶת הַצִּפֹּרֶן כְּדֵי שֶׁתְּהֵא נָאָה, יֵין קַפְרִיסִין שֶׁשּׁוֹרִין בּוֹ אֶת הַצִּפֹּרֶן כְּדֵי שֶׁתְּהֵא עַזָּה, וַהֲלֹא מֵי רַגְלַיִם יָפִין לָהּ, אֶלָּא שֶׁאֵין מַכְנִיסִין מֵי רַגְלַיִם בַּמִּקְדָּשׁ מִפְּנֵי הַכָּבוֹד.

מגילה כח: תָּנָא דְבֵי אֵלִיָּהוּ: כָּל הַשּׁוֹנֶה הֲלָכוֹת בְּכָל יוֹם, מֻבְטָח לוֹ שֶׁהוּא בֶּן עוֹלָם
חבקוק ג הַבָּא, שֶׁנֶּאֱמַר הֲלִיכוֹת עוֹלָם לוֹ: אַל תִּקְרֵי הֲלִיכוֹת אֶלָּא הֲלָכוֹת.

אָמַר רַבִּי אֶלְעָזָר, אָמַר רַבִּי חֲנִינָא: תַּלְמִידֵי חֲכָמִים מַרְבִּים שָׁלוֹם בָּעוֹלָם, ברכות סד.
שֶׁנֶּאֱמַר וְכָל־בָּנַיִךְ לִמּוּדֵי יהוה, וְרַב שְׁלוֹם בָּנָיִךְ: אַל תִּקְרֵי בָּנָיִךְ, אֶלָּא ישעיה נד
בּוֹנָיִךְ. שָׁלוֹם רָב לְאֹהֲבֵי תוֹרָתֶךָ, וְאֵין־לָמוֹ מִכְשׁוֹל: יְהִי־שָׁלוֹם בְּחֵילֵךְ, תהלים קיט תהלים קכב
שַׁלְוָה בְּאַרְמְנוֹתָיִךְ: לְמַעַן אַחַי וְרֵעָי אֲדַבְּרָה־נָּא שָׁלוֹם בָּךְ: לְמַעַן בֵּית־יהוה
אֱלֹהֵינוּ אֲבַקְשָׁה טוֹב לָךְ: ◂ יהוה עֹז לְעַמּוֹ יִתֵּן, יהוה יְבָרֵךְ אֶת־עַמּוֹ בַשָּׁלוֹם: תהלים כט

קדיש דרבנן

אבל: יִתְגַּדַּל וְיִתְקַדַּשׁ שְׁמֵהּ רַבָּא (קהל: אָמֵן)
בְּעָלְמָא דִּי בְרָא כִרְעוּתֵהּ
וְיַמְלִיךְ מַלְכוּתֵהּ
בְּחַיֵּיכוֹן וּבְיוֹמֵיכוֹן וּבְחַיֵּי דְכָל בֵּית יִשְׂרָאֵל
בַּעֲגָלָא וּבִזְמַן קָרִיב, וְאִמְרוּ אָמֵן. (קהל: אָמֵן)

קהל ואבל: יְהֵא שְׁמֵהּ רַבָּא מְבָרַךְ לְעָלַם וּלְעָלְמֵי עָלְמַיָּא.

אבל: יִתְבָּרַךְ וְיִשְׁתַּבַּח וְיִתְפָּאַר וְיִתְרוֹמַם וְיִתְנַשֵּׂא
וְיִתְהַדָּר וְיִתְעַלֶּה וְיִתְהַלָּל
שְׁמֵהּ דְּקֻדְשָׁא בְּרִיךְ הוּא (קהל: בְּרִיךְ הוּא)
לְעֵלָּא מִן כָּל בִּרְכָתָא וְשִׁירָתָא, תֻּשְׁבְּחָתָא וְנֶחֱמָתָא
דַּאֲמִירָן בְּעָלְמָא, וְאִמְרוּ אָמֵן. (קהל: אָמֵן)

עַל יִשְׂרָאֵל וְעַל רַבָּנָן
וְעַל תַּלְמִידֵיהוֹן וְעַל כָּל תַּלְמִידֵי תַלְמִידֵיהוֹן
וְעַל כָּל מָאן דְּעָסְקִין בְּאוֹרַיְתָא
דִּי בְּאַתְרָא קַדִּישָׁא הָדֵין וְדִי בְכָל אֲתַר וַאֲתַר
יְהֵא לְהוֹן וּלְכוֹן שְׁלָמָא רַבָּא
חִנָּא וְחִסְדָּא, וְרַחֲמֵי, וְחַיֵּי אֲרִיכֵי, וּמְזוֹנֵי רְוִיחֵי
וּפֻרְקָנָא מִן קֳדָם אֲבוּהוֹן דִּי בִשְׁמַיָּא, וְאִמְרוּ אָמֵן. (קהל: אָמֵן)

יְהֵא שְׁלָמָא רַבָּא מִן שְׁמַיָּא
וְחַיִּים (טוֹבִים) עָלֵינוּ וְעַל כָּל יִשְׂרָאֵל
וְאִמְרוּ אָמֵן. (קהל: אָמֵן)

כורע ופוסע שלוש פסיעות לאחור. קד לשמאל, לימין ולפנים באמירת:

עֹשֶׂה שָׁלוֹם בִּמְרוֹמָיו
הוּא יַעֲשֶׂה בְרַחֲמָיו שָׁלוֹם, עָלֵינוּ וְעַל כָּל יִשְׂרָאֵל
וְאִמְרוּ אָמֵן. (קהל: אָמֵן)

ראוי לומר גם לפני תפילת מנחה את פרשת קרבן התמיד (איגרת התשובה לר׳ יונה, ע).
ויש נוהגים לומר את סדר הקרבנות שלפני תפילת שחרית (עמ׳ 59)
פרט לפרשת תרומת הדשן ולסדר המערכה.

״אמר רבי אלעזר אמר רבי אבינא: כל האומר ׳תְּהִלָּה לְדָוִד׳ בכל יום
שלש פעמים – מובטח לו שהוא בן העולם הבא״ (ברכות ד ע״ב).

אַשְׁרֵי יוֹשְׁבֵי בֵיתֶךָ, עוֹד יְהַלְלוּךָ סֶּלָה: תהלים פד
אַשְׁרֵי הָעָם שֶׁכָּכָה לּוֹ, אַשְׁרֵי הָעָם שֶׁיהוה אֱלֹהָיו: תהלים קמד
תְּהִלָּה לְדָוִד תהלים קמה
אֲרוֹמִמְךָ אֱלוֹהַי הַמֶּלֶךְ, וַאֲבָרְכָה שִׁמְךָ לְעוֹלָם וָעֶד:
בְּכָל־יוֹם אֲבָרְכֶךָּ, וַאֲהַלְלָה שִׁמְךָ לְעוֹלָם וָעֶד:
גָּדוֹל יהוה וּמְהֻלָּל מְאֹד, וְלִגְדֻלָּתוֹ אֵין חֵקֶר:
דּוֹר לְדוֹר יְשַׁבַּח מַעֲשֶׂיךָ, וּגְבוּרֹתֶיךָ יַגִּידוּ:
הֲדַר כְּבוֹד הוֹדֶךָ, וְדִבְרֵי נִפְלְאֹתֶיךָ אָשִׂיחָה:
וֶעֱזוּז נוֹרְאֹתֶיךָ יֹאמֵרוּ, וּגְדוּלָּתְךָ אֲסַפְּרֶנָּה:
זֵכֶר רַב־טוּבְךָ יַבִּיעוּ, וְצִדְקָתְךָ יְרַנֵּנוּ:
חַנּוּן וְרַחוּם יהוה, אֶרֶךְ אַפַּיִם וּגְדָל־חָסֶד:
טוֹב־יהוה לַכֹּל, וְרַחֲמָיו עַל־כָּל־מַעֲשָׂיו:
יוֹדוּךָ יהוה כָּל־מַעֲשֶׂיךָ, וַחֲסִידֶיךָ יְבָרְכוּכָה:
כְּבוֹד מַלְכוּתְךָ יֹאמֵרוּ, וּגְבוּרָתְךָ יְדַבֵּרוּ:

לְהוֹדִיעַ לִבְנֵי הָאָדָם גְּבוּרֹתָיו, וּכְבוֹד הֲדַר מַלְכוּתוֹ:
מַלְכוּתְךָ מַלְכוּת כָּל־עֹלָמִים, וּמֶמְשַׁלְתְּךָ בְּכָל־דּוֹר וָדֹר:
סוֹמֵךְ יהוה לְכָל־הַנֹּפְלִים, וְזוֹקֵף לְכָל־הַכְּפוּפִים:
עֵינֵי־כֹל אֵלֶיךָ יְשַׂבֵּרוּ, וְאַתָּה נוֹתֵן־לָהֶם אֶת־אָכְלָם בְּעִתּוֹ:
פּוֹתֵחַ אֶת־יָדֶךָ, וּמַשְׂבִּיעַ לְכָל־חַי רָצוֹן:
צַדִּיק יהוה בְּכָל־דְּרָכָיו, וְחָסִיד בְּכָל־מַעֲשָׂיו:
קָרוֹב יהוה לְכָל־קֹרְאָיו, לְכֹל אֲשֶׁר יִקְרָאֻהוּ בֶאֱמֶת:
רְצוֹן־יְרֵאָיו יַעֲשֶׂה, וְאֶת־שַׁוְעָתָם יִשְׁמַע, וְיוֹשִׁיעֵם:
שׁוֹמֵר יהוה אֶת־כָּל־אֹהֲבָיו, וְאֵת כָּל־הָרְשָׁעִים יַשְׁמִיד:
› תְּהִלַּת יהוה יְדַבֶּר פִּי, וִיבָרֵךְ כָּל־בָּשָׂר שֵׁם קָדְשׁוֹ לְעוֹלָם וָעֶד:
וַאֲנַחְנוּ נְבָרֵךְ יָהּ מֵעַתָּה וְעַד־עוֹלָם, הַלְלוּיָהּ: תהלים קטו

חצי קדיש

ש״ץ: יִתְגַּדַּל וְיִתְקַדַּשׁ שְׁמֵהּ רַבָּא (קהל: אָמֵן)
בְּעָלְמָא דִּי בְרָא כִרְעוּתֵהּ
וְיַמְלִיךְ מַלְכוּתֵהּ
בְּחַיֵּיכוֹן וּבְיוֹמֵיכוֹן וּבְחַיֵּי דְכָל בֵּית יִשְׂרָאֵל
בַּעֲגָלָא וּבִזְמַן קָרִיב, וְאִמְרוּ אָמֵן. (קהל: אָמֵן)

קהל וש״ץ: יְהֵא שְׁמֵהּ רַבָּא מְבָרַךְ לְעָלַם וּלְעָלְמֵי עָלְמַיָּא.

ש״ץ: יִתְבָּרַךְ וְיִשְׁתַּבַּח וְיִתְפָּאַר וְיִתְרוֹמַם וְיִתְנַשֵּׂא
וְיִתְהַדָּר וְיִתְעַלֶּה וְיִתְהַלָּל
שְׁמֵהּ דְּקֻדְשָׁא בְּרִיךְ הוּא (קהל: בְּרִיךְ הוּא)
לְעֵלָּא מִן כָּל בִּרְכָתָא וְשִׁירָתָא, תֻּשְׁבְּחָתָא וְנֶחֱמָתָא
דַּאֲמִירָן בְּעָלְמָא, וְאִמְרוּ אָמֵן. (קהל: אָמֵן)

הוצאת ספר תורה

פותחים את ארון הקודש. הקהל עומד על רגליו.

במדבר י
וַיְהִי בִּנְסֹעַ הָאָרֹן וַיֹּאמֶר מֹשֶׁה
קוּמָה יהוה וְיָפֻצוּ אֹיְבֶיךָ וְיָנֻסוּ מְשַׂנְאֶיךָ מִפָּנֶיךָ:

ישעיה ב
כִּי מִצִּיּוֹן תֵּצֵא תוֹרָה וּדְבַר־יהוה מִירוּשָׁלָםִ:
בָּרוּךְ שֶׁנָּתַן תּוֹרָה לְעַמּוֹ יִשְׂרָאֵל בִּקְדֻשָּׁתוֹ.

כתוב בספר הזוהר שבזמן הוצאת ספר התורה לקריאה בציבור נפתחים שערי השמים וראוי לומר תחינה זו.

זוהר ויקהל
בְּרִיךְ שְׁמֵהּ דְּמָרֵא עָלְמָא, בְּרִיךְ כִּתְרָךְ וְאַתְרָךְ. יְהֵא רְעוּתָךְ עִם עַמָּךְ יִשְׂרָאֵל לְעָלַם, וּפֻרְקַן יְמִינָךְ אַחֲזֵי לְעַמָּךְ בְּבֵית מַקְדְּשָׁךְ, וּלְאַמְטוּיֵי לַנָא מִטּוּב נְהוֹרָךְ, וּלְקַבֵּל צְלוֹתָנָא בְּרַחֲמִין. יְהֵא רַעֲוָא קֳדָמָךְ דְּתוֹרִיךְ לַן חַיִּין בְּטִיבוּ, וְלֶהֱוֵי אֲנָא פְקִידָא בְּגוֹ צַדִּיקַיָּא, לְמִרְחַם עָלַי וּלְמִנְטַר יָתִי וְיַת כָּל דִּי לִי וְדִי לְעַמָּךְ יִשְׂרָאֵל. אַנְתְּ הוּא זָן לְכֹלָּא וּמְפַרְנֵס לְכֹלָּא, אַנְתְּ הוּא שַׁלִּיט עַל כֹּלָּא, אַנְתְּ הוּא דְשַׁלִּיט עַל מַלְכַיָּא, וּמַלְכוּתָא דִּילָךְ הִיא. אֲנָא עַבְדָּא דְקֻדְשָׁא בְּרִיךְ הוּא, דְּסָגֵדְנָא קַמֵּהּ וּמִקַּמֵּי דִּיקַר אוֹרַיְתֵהּ בְּכָל עִדָּן וְעִדָּן. לָא עַל אֱנָשׁ רָחֵיצְנָא וְלָא עַל בַּר אֱלָהִין סָמִיכְנָא, אֶלָּא בֶּאֱלָהָא דִשְׁמַיָּא, דְּהוּא אֱלָהָא קְשׁוֹט, וְאוֹרַיְתֵהּ קְשׁוֹט, וּנְבִיאוֹהִי קְשׁוֹט, וּמַסְגֵּא לְמֶעְבַּד טַבְוָן וּקְשׁוֹט. ◂ בֵּהּ אֲנָא רָחֵיץ, וְלִשְׁמֵהּ קַדִּישָׁא יַקִּירָא אֲנָא אֵמַר תֻּשְׁבְּחָן. יְהֵא רַעֲוָא קֳדָמָךְ דְּתִפְתַּח לִבַּאי בְּאוֹרַיְתָא, וְתַשְׁלִים מִשְׁאֲלִין דְּלִבַּאי וְלִבָּא דְכָל עַמָּךְ יִשְׂרָאֵל לְטָב וּלְחַיִּין וְלִשְׁלָם.

שליח הציבור מקבל את ספר התורה בימינו (רמ״א קלד, ב בשם מהרי״ל), ואומר:

תהלים לד
גַּדְּלוּ לַיהוה אִתִּי וּנְרוֹמְמָה שְׁמוֹ יַחְדָּו:

סוגרים את ארון הקודש. כאשר שליח הציבור הולך אל הבימה, הקהל אומר (סדר הפסוקים לקוח מסדר רב עמרם גאון, ו׳אַב הָרַחֲמִים׳ ממחזור ויטרי):

דברי הימים א׳ כט
לְךָ יהוה הַגְּדֻלָּה וְהַגְּבוּרָה וְהַתִּפְאֶרֶת וְהַנֵּצַח וְהַהוֹד, כִּי־כֹל בַּשָּׁמַיִם וּבָאָרֶץ, לְךָ יהוה הַמַּמְלָכָה וְהַמִּתְנַשֵּׂא לְכֹל לְרֹאשׁ:

רוֹמְמוּ יהוה אֱלֹהֵינוּ וְהִשְׁתַּחֲווּ לַהֲדֹם רַגְלָיו, קָדוֹשׁ הוּא: רוֹמְמוּ יהוה אֱלֹהֵינוּ וְהִשְׁתַּחֲווּ לְהַר קָדְשׁוֹ, כִּי־קָדוֹשׁ יהוה אֱלֹהֵינוּ: תהלים צט

אַב הָרַחֲמִים הוּא יְרַחֵם עַם עֲמוּסִים, וְיִזְכֹּר בְּרִית אֵיתָנִים, וְיַצִּיל נַפְשׁוֹתֵינוּ מִן הַשָּׁעוֹת הָרָעוֹת, וְיִגְעַר בְּיֵצֶר הָרָע מִן הַנְּשׂוּאִים, וְיָחֹן אוֹתָנוּ לִפְלֵיטַת עוֹלָמִים, וִימַלֵּא מִשְׁאֲלוֹתֵינוּ בְּמִדָּה טוֹבָה יְשׁוּעָה וְרַחֲמִים.

מניח את ספר התורה על הבימה, והגבאי מכריז (מחזור ויטרי):

וְתִגָּלֶה וְתֵרָאֶה מַלְכוּתוֹ עָלֵינוּ בִּזְמַן קָרוֹב, וְיָחֹן פְּלֵיטָתֵנוּ וּפְלֵיטַת עַמּוֹ בֵּית יִשְׂרָאֵל לְחֵן וּלְחֶסֶד וּלְרַחֲמִים וּלְרָצוֹן וְנֹאמַר אָמֵן. הַכֹּל הָבוּ גֹדֶל לֵאלֹהֵינוּ וּתְנוּ כָבוֹד לַתּוֹרָה. *כֹּהֵן קְרָב, יַעֲמֹד (פלוני בֶּן פלוני) הַכֹּהֵן.

*אם אין כוהן, הגבאי קורא ללוי או לישראל ואומר:

/אֵין כָּאן כֹּהֵן, יַעֲמֹד (פלוני בֶּן פלוני) בִּמְקוֹם כֹּהֵן./

בָּרוּךְ שֶׁנָּתַן תּוֹרָה לְעַמּוֹ יִשְׂרָאֵל בִּקְדֻשָּׁתוֹ.

הקהל ואחריו הגבאי (סידור השל״ה, סידור יעב״ץ):

וְאַתֶּם הַדְּבֵקִים בַּיהוה אֱלֹהֵיכֶם חַיִּים כֻּלְּכֶם הַיּוֹם: דברים ד

קודם הברכה על העולה לראות היכן קוראים (מגילה לב ע״א) ולנשק את ספר התורה (׳ערוך השולחן׳ קלט, טו). בשעת הברכה אוחז בעמודי הספר (שו״ע קלט, יא על פי הראבי״ה והמנהיג).

עולה: בָּרְכוּ אֶת יהוה הַמְבֹרָךְ.

קהל: בָּרוּךְ יהוה הַמְבֹרָךְ לְעוֹלָם וָעֶד.

עולה: בָּרוּךְ יהוה הַמְבֹרָךְ לְעוֹלָם וָעֶד.
בָּרוּךְ אַתָּה יהוה, אֱלֹהֵינוּ מֶלֶךְ הָעוֹלָם
אֲשֶׁר בָּחַר בָּנוּ מִכָּל הָעַמִּים וְנָתַן לָנוּ אֶת תּוֹרָתוֹ.
בָּרוּךְ אַתָּה יהוה, נוֹתֵן הַתּוֹרָה.

לאחר הקריאה העולה מנשק את ספר התורה (מג״א קלט, יא בשם ספר חסידים) ומברך:

עולה: בָּרוּךְ אַתָּה יהוה אֱלֹהֵינוּ מֶלֶךְ הָעוֹלָם
אֲשֶׁר נָתַן לָנוּ תּוֹרַת אֱמֶת וְחַיֵּי עוֹלָם נָטַע בְּתוֹכֵנוּ.
בָּרוּךְ אַתָּה יהוה, נוֹתֵן הַתּוֹרָה.

קריאת התורה

קריאת התורה וההפטרה במנחה הן כבכל תענית ציבור (טור, תקנ״ט):

בעליית הכוהן נוהגים שהגבאי אומר בקול את חצי הפסוק ״שׁוּב מֵחֲרוֹן אַפֶּךָ, וְהִנָּחֵם עַל־הָרָעָה לְעַמֶּךָ״, ובעליית השלישי, את י״ג מידות הרחמים עד ״יְנַקֶּה״ ואת סוף שמות ל״ד, ט: ״וְסָלַחְתָּ לַעֲוֹנֵנוּ וּלְחַטָּאתֵנוּ וּנְחַלְתָּנוּ״. אחרי שהציבור קורא, שליח הציבור חוזר וקורא אחריו (משנ״ב תקס, ג).

קריאת התורה

שמות ל״ב, י״א-י״ד

וַיְחַל מֹשֶׁה אֶת־פְּנֵי יְהֹוָה אֱלֹהָיו וַיֹּאמֶר לָמָה יְהֹוָה יֶחֱרֶה אַפְּךָ בְּעַמֶּךָ אֲשֶׁר הוֹצֵאתָ מֵאֶרֶץ מִצְרַיִם בְּכֹחַ גָּדוֹל וּבְיָד חֲזָקָה: לָמָּה יֹאמְרוּ מִצְרַיִם לֵאמֹר בְּרָעָה הוֹצִיאָם לַהֲרֹג אֹתָם בֶּהָרִים וּלְכַלֹּתָם מֵעַל פְּנֵי הָאֲדָמָה שׁוּב מֵחֲרוֹן אַפֶּךָ וְהִנָּחֵם עַל־הָרָעָה לְעַמֶּךָ: זְכֹר לְאַבְרָהָם לְיִצְחָק וּלְיִשְׂרָאֵל עֲבָדֶיךָ אֲשֶׁר נִשְׁבַּעְתָּ לָהֶם בָּךְ וַתְּדַבֵּר אֲלֵהֶם אַרְבֶּה אֶת־זַרְעֲכֶם כְּכוֹכְבֵי הַשָּׁמָיִם וְכָל־הָאָרֶץ הַזֹּאת אֲשֶׁר אָמַרְתִּי אֶתֵּן לְזַרְעֲכֶם וְנָחֲלוּ לְעֹלָם: וַיִּנָּחֶם יְהֹוָה עַל־הָרָעָה אֲשֶׁר דִּבֶּר לַעֲשׂוֹת לְעַמּוֹ:

שמות ל״ד, א-י

וַיֹּאמֶר יְהֹוָה אֶל־מֹשֶׁה פְּסָל־לְךָ שְׁנֵי־לֻחֹת אֲבָנִים כָּרִאשֹׁנִים וְכָתַבְתִּי עַל־הַלֻּחֹת אֶת־הַדְּבָרִים אֲשֶׁר הָיוּ עַל־הַלֻּחֹת הָרִאשֹׁנִים אֲשֶׁר שִׁבַּרְתָּ: וֶהְיֵה נָכוֹן לַבֹּקֶר וְעָלִיתָ בַבֹּקֶר אֶל־הַר סִינַי וְנִצַּבְתָּ לִי שָׁם עַל־רֹאשׁ הָהָר: וְאִישׁ לֹא־יַעֲלֶה עִמָּךְ וְגַם־אִישׁ אַל־יֵרָא בְּכָל־הָהָר גַּם־הַצֹּאן וְהַבָּקָר אַל־יִרְעוּ אֶל־מוּל הָהָר הַהוּא:

ישראל (מפטיר)

וַיִּפְסֹל שְׁנֵי־לֻחֹת אֲבָנִים כָּרִאשֹׁנִים וַיַּשְׁכֵּם מֹשֶׁה בַבֹּקֶר וַיַּעַל אֶל־הַר סִינַי כַּאֲשֶׁר צִוָּה יְהֹוָה אֹתוֹ וַיִּקַּח בְּיָדוֹ שְׁנֵי לֻחֹת אֲבָנִים: וַיֵּרֶד יְהֹוָה בֶּעָנָן וַיִּתְיַצֵּב עִמּוֹ שָׁם וַיִּקְרָא בְשֵׁם יְהֹוָה: וַיַּעֲבֹר יְהֹוָה עַל־פָּנָיו וַיִּקְרָא יְהֹוָה ׀ יְהֹוָה אֵל רַחוּם וְחַנּוּן אֶרֶךְ אַפַּיִם וְרַב־חֶסֶד וֶאֱמֶת: נֹצֵר חֶסֶד לָאֲלָפִים נֹשֵׂא עָוֹן וָפֶשַׁע וְחַטָּאָה וְנַקֵּה לֹא יְנַקֶּה פֹּקֵד ׀ עֲוֹן אָבוֹת עַל־בָּנִים וְעַל־בְּנֵי בָנִים עַל־שִׁלֵּשִׁים וְעַל־רִבֵּעִים: וַיְמַהֵר מֹשֶׁה וַיִּקֹּד אַרְצָה וַיִּשְׁתָּחוּ:

וַיֹּאמֶר אִם־נָא מָצָאתִי חֵן בְּעֵינֶיךָ אֲדֹנָי יֵלֶךְ־נָא אֲדֹנָי בְּקִרְבֵּנוּ
כִּי עַם־קְשֵׁה־עֹרֶף הוּא וְסָלַחְתָּ לַעֲוֹנֵנוּ וּלְחַטָּאתֵנוּ וּנְחַלְתָּנוּ׃
וַיֹּאמֶר הִנֵּה אָנֹכִי כֹּרֵת בְּרִית נֶגֶד כָּל־עַמְּךָ אֶעֱשֶׂה נִפְלָאֹת אֲשֶׁר
לֹא־נִבְרְאוּ בְכָל־הָאָרֶץ וּבְכָל־הַגּוֹיִם וְרָאָה כָל־הָעָם אֲשֶׁר־אַתָּה
בְקִרְבּוֹ אֶת־מַעֲשֵׂה יהוה כִּי־נוֹרָא הוּא אֲשֶׁר אֲנִי עֹשֶׂה עִמָּךְ׃

הגבהה וגלילה

כאשר מגביהים את ספר התורה (רמב״ן, דברים כז, כו), הקהל אומר:

וְזֹאת הַתּוֹרָה אֲשֶׁר־שָׂם מֹשֶׁה לִפְנֵי בְּנֵי יִשְׂרָאֵל׃ דברים ד
עַל־פִּי יהוה בְּיַד־מֹשֶׁה׃ במדבר ט

ויש מוסיפים (סידור השל״ה):

עֵץ־חַיִּים הִיא לַמַּחֲזִיקִים בָּהּ וְתֹמְכֶיהָ מְאֻשָּׁר׃ משלי ג
דְּרָכֶיהָ דַרְכֵי־נֹעַם וְכָל־נְתִיבוֹתֶיהָ שָׁלוֹם׃
אֹרֶךְ יָמִים בִּימִינָהּ, בִּשְׂמֹאולָהּ עֹשֶׁר וְכָבוֹד׃
יהוה חָפֵץ לְמַעַן צִדְקוֹ יַגְדִּיל תּוֹרָה וְיַאְדִּיר׃ ישעיה מב

ברכות ההפטרה

לפני קריאת ההפטרה בנביא המפטיר מברך:

בָּרוּךְ אַתָּה יהוה אֱלֹהֵינוּ מֶלֶךְ הָעוֹלָם אֲשֶׁר בָּחַר בִּנְבִיאִים טוֹבִים,
וְרָצָה בְדִבְרֵיהֶם הַנֶּאֱמָרִים בֶּאֱמֶת. בָּרוּךְ אַתָּה יהוה, הַבּוֹחֵר
בַּתּוֹרָה וּבְמֹשֶׁה עַבְדּוֹ וּבְיִשְׂרָאֵל עַמּוֹ וּבִנְבִיאֵי הָאֱמֶת וָצֶדֶק.

הפטרה

דִּרְשׁוּ יהוה בְּהִמָּצְאוֹ קְרָאֻהוּ בִּהְיוֹתוֹ קָרוֹב׃ יַעֲזֹב רָשָׁע דַּרְכּוֹ ישעיה נה,ו–נו,ח
וְאִישׁ אָוֶן מַחְשְׁבֹתָיו וְיָשֹׁב אֶל־יהוה וִירַחֲמֵהוּ וְאֶל־אֱלֹהֵינוּ
כִּי־יַרְבֶּה לִסְלוֹחַ׃ כִּי לֹא מַחְשְׁבוֹתַי מַחְשְׁבוֹתֵיכֶם וְלֹא דַרְכֵיכֶם
דְּרָכָי נְאֻם יהוה׃ כִּי־גָבְהוּ שָׁמַיִם מֵאָרֶץ כֵּן גָּבְהוּ דְרָכַי מִדַּרְכֵיכֶם

224 הפטרה · מנחה לתשעה באב

וּמַחְשְׁבֹתַי מִמַּחְשְׁבֹתֵיכֶם׃ כִּי כַּאֲשֶׁר יֵרֵד הַגֶּשֶׁם וְהַשֶּׁלֶג מִן־
הַשָּׁמַיִם וְשָׁמָּה לֹא יָשׁוּב כִּי אִם־הִרְוָה אֶת־הָאָרֶץ וְהוֹלִידָהּ
וְהִצְמִיחָהּ וְנָתַן זֶרַע לַזֹּרֵעַ וְלֶחֶם לָאֹכֵל׃ כֵּן יִהְיֶה דְבָרִי אֲשֶׁר יֵצֵא
מִפִּי לֹא־יָשׁוּב אֵלַי רֵיקָם כִּי אִם־עָשָׂה אֶת־אֲשֶׁר חָפַצְתִּי וְהִצְלִיחַ
אֲשֶׁר שְׁלַחְתִּיו׃ כִּי־בְשִׂמְחָה תֵצֵאוּ וּבְשָׁלוֹם תּוּבָלוּן הֶהָרִים
וְהַגְּבָעוֹת יִפְצְחוּ לִפְנֵיכֶם רִנָּה וְכָל־עֲצֵי הַשָּׂדֶה יִמְחֲאוּ־כָף׃ תַּחַת
הַנַּעֲצוּץ יַעֲלֶה בְרוֹשׁ תַּחַת הַסִּרְפַּד יַעֲלֶה הֲדַס וְהָיָה לַיהוה וְתַחַת
לְשֵׁם לְאוֹת עוֹלָם לֹא יִכָּרֵת׃ כֹּה אָמַר יהוה שִׁמְרוּ
מִשְׁפָּט וַעֲשׂוּ צְדָקָה כִּי־קְרוֹבָה יְשׁוּעָתִי לָבוֹא וְצִדְקָתִי לְהִגָּלוֹת׃
אַשְׁרֵי אֱנוֹשׁ יַעֲשֶׂה־זֹּאת וּבֶן־אָדָם יַחֲזִיק בָּהּ שֹׁמֵר שַׁבָּת מֵחַלְּלוֹ
וְשֹׁמֵר יָדוֹ מֵעֲשׂוֹת כָּל־רָע׃ וְאַל־יֹאמַר בֶּן־הַנֵּכָר הַנִּלְוָה אֶל־
יהוה לֵאמֹר הַבְדֵּל יַבְדִּילַנִי יהוה מֵעַל עַמּוֹ וְאַל־יֹאמַר הַסָּרִיס
הֵן אֲנִי עֵץ יָבֵשׁ׃ כִּי־כֹה ׀ אָמַר יהוה לַסָּרִיסִים אֲשֶׁר
יִשְׁמְרוּ אֶת־שַׁבְּתוֹתַי וּבָחֲרוּ בַּאֲשֶׁר חָפָצְתִּי וּמַחֲזִיקִים בִּבְרִיתִי׃
וְנָתַתִּי לָהֶם בְּבֵיתִי וּבְחוֹמֹתַי יָד וָשֵׁם טוֹב מִבָּנִים וּמִבָּנוֹת שֵׁם
עוֹלָם אֶתֶּן־לוֹ אֲשֶׁר לֹא יִכָּרֵת׃ וּבְנֵי הַנֵּכָר הַנִּלְוִים
עַל־יהוה לְשָׁרְתוֹ וּלְאַהֲבָה אֶת־שֵׁם יהוה לִהְיוֹת לוֹ לַעֲבָדִים
כָּל־שֹׁמֵר שַׁבָּת מֵחַלְּלוֹ וּמַחֲזִיקִים בִּבְרִיתִי׃ וַהֲבִיאוֹתִים אֶל־
הַר קָדְשִׁי וְשִׂמַּחְתִּים בְּבֵית תְּפִלָּתִי עוֹלֹתֵיהֶם וְזִבְחֵיהֶם לְרָצוֹן
עַל־מִזְבְּחִי כִּי בֵיתִי בֵּית־תְּפִלָּה יִקָּרֵא לְכָל־הָעַמִּים׃ נְאֻם אֲדֹנָי
יֱהוִה מְקַבֵּץ נִדְחֵי יִשְׂרָאֵל עוֹד אֲקַבֵּץ עָלָיו לְנִקְבָּצָיו׃

אחר קריאת ההפטרה המפטיר מברך:

בָּרוּךְ אַתָּה יהוה אֱלֹהֵינוּ מֶלֶךְ הָעוֹלָם, צוּר כָּל הָעוֹלָמִים, צַדִּיק בְּכָל
הַדּוֹרוֹת, הָאֵל הַנֶּאֱמָן, הָאוֹמֵר וְעוֹשֶׂה, הַמְדַבֵּר וּמְקַיֵּם, שֶׁכָּל דְּבָרָיו

אֱמֶת וָצֶדֶק. נֶאֱמָן אַתָּה הוּא יהוה אֱלֹהֵינוּ וְנֶאֱמָנִים דְּבָרֶיךָ, וְדָבָר אֶחָד מִדְּבָרֶיךָ אָחוֹר לֹא יָשׁוּב רֵיקָם, כִּי אֵל מֶלֶךְ נֶאֱמָן (וְרַחֲמָן) אָתָּה. בָּרוּךְ אַתָּה יהוה, הָאֵל הַנֶּאֱמָן בְּכָל דְּבָרָיו.

רַחֵם עַל צִיּוֹן כִּי הִיא בֵּית חַיֵּינוּ, וְלַעֲלוּבַת נֶפֶשׁ תּוֹשִׁיעַ בִּמְהֵרָה בְיָמֵינוּ. בָּרוּךְ אַתָּה יהוה, מְשַׂמֵּחַ צִיּוֹן בְּבָנֶיהָ.

שַׂמְּחֵנוּ יהוה אֱלֹהֵינוּ בְּאֵלִיָּהוּ הַנָּבִיא עַבְדֶּךָ, וּבְמַלְכוּת בֵּית דָּוִד מְשִׁיחֶךָ, בִּמְהֵרָה יָבוֹא וְיָגֵל לִבֵּנוּ. עַל כִּסְאוֹ לֹא יֵשֵׁב זָר, וְלֹא יִנְחֲלוּ עוֹד אֲחֵרִים אֶת כְּבוֹדוֹ, כִּי בְשֵׁם קָדְשְׁךָ נִשְׁבַּעְתָּ לּוֹ שֶׁלֹּא יִכְבֶּה נֵרוֹ לְעוֹלָם וָעֶד. בָּרוּךְ אַתָּה יהוה, מָגֵן דָּוִד.

הכנסת ספר תורה

פותחים את ארון הקודש. שליח הציבור לוקח את ספר התורה בימינו ואומר (סידור הרוקח):

יְהַלְלוּ אֶת־שֵׁם יהוה, כִּי־נִשְׂגָּב שְׁמוֹ, לְבַדּוֹ תהלים קמח

הקהל עונה:

הוֹדוֹ עַל־אֶרֶץ וְשָׁמָיִם:
וַיָּרֶם קֶרֶן לְעַמּוֹ
תְּהִלָּה לְכָל־חֲסִידָיו
לִבְנֵי יִשְׂרָאֵל עַם קְרֹבוֹ, הַלְלוּיָהּ:

מלווים את ספר התורה לארון הקודש באמירת (סידור השל״ה):

לְדָוִד מִזְמוֹר, לַיהוה הָאָרֶץ וּמְלוֹאָהּ, תֵּבֵל וְיֹשְׁבֵי בָהּ: כִּי־הוּא עַל־ תהלים כד
יַמִּים יְסָדָהּ, וְעַל־נְהָרוֹת יְכוֹנְנֶהָ: מִי־יַעֲלֶה בְהַר־יהוה, וּמִי־יָקוּם בִּמְקוֹם קָדְשׁוֹ: נְקִי כַפַּיִם וּבַר־לֵבָב, אֲשֶׁר לֹא־נָשָׂא לַשָּׁוְא נַפְשִׁי וְלֹא נִשְׁבַּע לְמִרְמָה: יִשָּׂא בְרָכָה מֵאֵת יהוה, וּצְדָקָה מֵאֱלֹהֵי יִשְׁעוֹ: זֶה דּוֹר דֹּרְשָׁו, מְבַקְשֵׁי פָנֶיךָ, יַעֲקֹב, סֶלָה: שְׂאוּ שְׁעָרִים רָאשֵׁיכֶם,

וְהִנָּשְׂאוּ פִּתְחֵי עוֹלָם, וְיָבוֹא מֶלֶךְ הַכָּבוֹד: מִי זֶה מֶלֶךְ הַכָּבוֹד,
יהוה עִזּוּז וְגִבּוֹר, יהוה גִּבּוֹר מִלְחָמָה: שְׂאוּ שְׁעָרִים רָאשֵׁיכֶם,
וּשְׂאוּ פִּתְחֵי עוֹלָם, וְיָבֹא מֶלֶךְ הַכָּבוֹד: מִי הוּא זֶה מֶלֶךְ הַכָּבוֹד,
יהוה צְבָאוֹת הוּא מֶלֶךְ הַכָּבוֹד, סֶלָה:

מכניסים את ספר התורה לארון הקודש ואומרים
(ספר המחכים, סידור ׳מלאה הארץ דעה׳):

במדבר י וּבְנֻחֹה יֹאמַר, שׁוּבָה יהוה רִבְבוֹת אַלְפֵי יִשְׂרָאֵל: קוּמָה יהוה
תהלים קלב לִמְנוּחָתֶךָ, אַתָּה וַאֲרוֹן עֻזֶּךָ: כֹּהֲנֶיךָ יִלְבְּשׁוּ־צֶדֶק, וַחֲסִידֶיךָ יְרַנֵּנוּ:
בַּעֲבוּר דָּוִד עַבְדֶּךָ אַל־תָּשֵׁב פְּנֵי מְשִׁיחֶךָ: כִּי לֶקַח טוֹב נָתַתִּי
משלי ד לָכֶם, תּוֹרָתִי אַל־תַּעֲזֹבוּ: עֵץ־חַיִּים הִיא לַמַּחֲזִיקִים בָּהּ, וְתֹמְכֶיהָ
משלי ג מְאֻשָּׁר: דְּרָכֶיהָ דַרְכֵי־נֹעַם וְכָל־נְתִיבוֹתֶיהָ שָׁלוֹם: ‹ הֲשִׁיבֵנוּ יהוה
איכה ה אֵלֶיךָ וְנָשׁוּבָה, חַדֵּשׁ יָמֵינוּ כְּקֶדֶם:

סוגרים את ארון הקודש.

חצי קדיש

ש״ץ: יִתְגַּדַּל וְיִתְקַדַּשׁ שְׁמֵהּ רַבָּא (קהל: אָמֵן)
בְּעָלְמָא דִּי בְרָא כִרְעוּתֵהּ
וְיַמְלִיךְ מַלְכוּתֵהּ
בְּחַיֵּיכוֹן וּבְיוֹמֵיכוֹן וּבְחַיֵּי דְכָל בֵּית יִשְׂרָאֵל
בַּעֲגָלָא וּבִזְמַן קָרִיב, וְאִמְרוּ אָמֵן. (קהל: אָמֵן)

קהל וש״ץ: יְהֵא שְׁמֵהּ רַבָּא מְבָרַךְ לְעָלַם וּלְעָלְמֵי עָלְמַיָּא.

ש״ץ: יִתְבָּרַךְ וְיִשְׁתַּבַּח וְיִתְפָּאַר וְיִתְרוֹמַם וְיִתְנַשֵּׂא
וְיִתְהַדָּר וְיִתְעַלֶּה וְיִתְהַלָּל
שְׁמֵהּ דְּקֻדְשָׁא בְּרִיךְ הוּא (קהל: בְּרִיךְ הוּא)
לְעֵלָּא מִן כָּל בִּרְכָתָא וְשִׁירָתָא, תֻּשְׁבְּחָתָא וְנֶחֱמָתָא
דַּאֲמִירָן בְּעָלְמָא, וְאִמְרוּ אָמֵן. (קהל: אָמֵן)

עמידה

"המתפלל צריך שיכוין בלבו פירוש המלות שמוציא בשפתיו; ויחשוב כאלו שכינה כנגדו ויסיר כל המחשבות הטורדות אותו עד שתשאר מחשבתו וכוונתו זכה בתפלתו" (שו"ע צח, א).

פוסע שלוש פסיעות לפנים כמי שנכנס לפני המלך.

עומד ומתפלל בלחש מכאן ועד 'וּכְשָׁנִים קַדְמֹנִיּוֹת' בעמ' 237.

כורע במקומות המסומנים ב', קד לפנים במילה הבאה וזוקף בשם.

כִּי שֵׁם יהוה אֶקְרָא, הָבוּ גֹדֶל לֵאלֹהֵינוּ: דברים לב

אֲדֹנָי, שְׂפָתַי תִּפְתָּח, וּפִי יַגִּיד תְּהִלָּתֶךָ: תהלים נא

אבות

'בָּרוּךְ אַתָּה יהוה, אֱלֹהֵינוּ וֵאלֹהֵי אֲבוֹתֵינוּ
אֱלֹהֵי אַבְרָהָם, אֱלֹהֵי יִצְחָק, וֵאלֹהֵי יַעֲקֹב
הָאֵל הַגָּדוֹל הַגִּבּוֹר וְהַנּוֹרָא, אֵל עֶלְיוֹן
גּוֹמֵל חֲסָדִים טוֹבִים, וְקוֹנֵה הַכֹּל
וְזוֹכֵר חַסְדֵי אָבוֹת
וּמֵבִיא גוֹאֵל לִבְנֵי בְנֵיהֶם לְמַעַן שְׁמוֹ בְּאַהֲבָה.
מֶלֶךְ עוֹזֵר וּמוֹשִׁיעַ וּמָגֵן.
'בָּרוּךְ אַתָּה יהוה, מָגֵן אַבְרָהָם.

גבורות

אַתָּה גִּבּוֹר לְעוֹלָם, אֲדֹנָי
מְחַיֵּה מֵתִים אַתָּה, רַב לְהוֹשִׁיעַ
בארץ ישראל: מוֹרִיד הַטָּל
מְכַלְכֵּל חַיִּים בְּחֶסֶד, מְחַיֵּה מֵתִים בְּרַחֲמִים רַבִּים
סוֹמֵךְ נוֹפְלִים, וְרוֹפֵא חוֹלִים, וּמַתִּיר אֲסוּרִים
וּמְקַיֵּם אֱמוּנָתוֹ לִישֵׁנֵי עָפָר.
מִי כָמוֹךָ, בַּעַל גְּבוּרוֹת
וּמִי דּוֹמֶה לָּךְ
מֶלֶךְ, מֵמִית וּמְחַיֶּה וּמַצְמִיחַ יְשׁוּעָה.

וְנֶאֱמָן אַתָּה לְהַחֲיוֹת מֵתִים.
בָּרוּךְ אַתָּה יהוה, מְחַיֵּה הַמֵּתִים.

בתפילת לחש ממשיך ׳אַתָּה קָדוֹשׁ׳ למטה.

קדושה

בחזרת הש״ץ הקהל עומד ואומר קדושה.
במקומות המסומנים ב°, המתפלל מתרומם על קצות אצבעותיו.

קהל ואחריו שליח הציבור:

נְקַדֵּשׁ אֶת שִׁמְךָ בָּעוֹלָם, כְּשֵׁם שֶׁמַּקְדִּישִׁים אוֹתוֹ בִּשְׁמֵי מָרוֹם
ישעיה ו כַּכָּתוּב עַל יַד נְבִיאֶךָ, וְקָרָא זֶה אֶל־זֶה וְאָמַר

קהל ואחריו שליח הציבור:

°קָדוֹשׁ, °קָדוֹשׁ, °קָדוֹשׁ, יהוה צְבָאוֹת, מְלֹא כָל־הָאָרֶץ כְּבוֹדוֹ:
לְעֻמָּתָם בָּרוּךְ יֹאמֵרוּ

קהל ואחריו שליח הציבור:

יחזקאל ג °בָּרוּךְ כְּבוֹד־יהוה מִמְּקוֹמוֹ:
וּבְדִבְרֵי קָדְשְׁךָ כָּתוּב לֵאמֹר

קהל ואחריו שליח הציבור:

תהלים קמו °יִמְלֹךְ יהוה לְעוֹלָם, אֱלֹהַיִךְ צִיּוֹן לְדֹר וָדֹר, הַלְלוּיָהּ:

שליח הציבור:

לְדוֹר וָדוֹר נַגִּיד גָּדְלֶךָ, וּלְנֵצַח נְצָחִים קְדֻשָּׁתְךָ נַקְדִּישׁ
וְשִׁבְחֲךָ אֱלֹהֵינוּ מִפִּינוּ לֹא יָמוּשׁ לְעוֹלָם וָעֶד
כִּי אֵל מֶלֶךְ גָּדוֹל וְקָדוֹשׁ אָתָּה.
בָּרוּךְ אַתָּה יהוה, הָאֵל הַקָּדוֹשׁ.

שליח הציבור ממשיך ׳אַתָּה חוֹנֵן׳ בעמוד הבא.

קדושת השם

אַתָּה קָדוֹשׁ וְשִׁמְךָ קָדוֹשׁ
וּקְדוֹשִׁים בְּכָל יוֹם יְהַלְלוּךָ סֶּלָה.
בָּרוּךְ אַתָּה יהוה, הָאֵל הַקָּדוֹשׁ.

דעת

אַתָּה חוֹנֵן לְאָדָם דַּעַת
וּמְלַמֵּד לֶאֱנוֹשׁ בִּינָה.
חָנֵּנוּ מֵאִתְּךָ דֵּעָה בִּינָה וְהַשְׂכֵּל.
בָּרוּךְ אַתָּה יהוה, חוֹנֵן הַדָּעַת.

תשובה

הֲשִׁיבֵנוּ אָבִינוּ לְתוֹרָתֶךָ
וְקָרְבֵנוּ מַלְכֵּנוּ לַעֲבוֹדָתֶךָ
וְהַחֲזִירֵנוּ בִּתְשׁוּבָה שְׁלֵמָה לְפָנֶיךָ.
בָּרוּךְ אַתָּה יהוה, הָרוֹצֶה בִּתְשׁוּבָה.

סליחה

נוהגים להכות כנגד הלב במקומות המסומנים ב°.

סְלַח לָנוּ אָבִינוּ כִּי °חָטָאנוּ
מְחַל לָנוּ מַלְכֵּנוּ כִּי °פָשָׁעְנוּ
כִּי מוֹחֵל וְסוֹלֵחַ אָתָּה.
בָּרוּךְ אַתָּה יהוה, חַנּוּן הַמַּרְבֶּה לִסְלֹחַ.

גאולה

רְאֵה בְעָנְיֵנוּ
וְרִיבָה רִיבֵנוּ
וּגְאָלֵנוּ מְהֵרָה לְמַעַן שְׁמֶךָ
כִּי גוֹאֵל חָזָק אָתָּה.
בָּרוּךְ אַתָּה יהוה, גּוֹאֵל יִשְׂרָאֵל.

בחזרת הש״ץ שליח הציבור מוסיף:

עֲנֵנוּ יהוה עֲנֵנוּ בְּיוֹם צוֹם תַּעֲנִיתֵנוּ, כִּי בְצָרָה גְדוֹלָה אֲנָחְנוּ. אַל תֵּפֶן אֶל רִשְׁעֵנוּ, וְאַל תַּסְתֵּר פָּנֶיךָ מִמֶּנּוּ, וְאַל תִּתְעַלַּם מִתְּחִנָּתֵנוּ. הֱיֵה נָא קָרוֹב לְשַׁוְעָתֵנוּ, יְהִי נָא חַסְדְּךָ לְנַחֲמֵנוּ, טֶרֶם נִקְרָא אֵלֶיךָ עֲנֵנוּ, כַּדָּבָר שֶׁנֶּאֱמַר: וְהָיָה טֶרֶם יִקְרָאוּ וַאֲנִי אֶעֱנֶה, עוֹד הֵם מְדַבְּרִים וַאֲנִי אֶשְׁמָע: כִּי אַתָּה יהוה הָעוֹנֶה בְּעֵת צָרָה, פּוֹדֶה וּמַצִּיל בְּכָל עֵת צָרָה וְצוּקָה. בָּרוּךְ אַתָּה יהוה, הָעוֹנֶה בְּעֵת צָרָה.

ישעיה סה

רפואה

רְפָאֵנוּ יהוה וְנֵרָפֵא, הוֹשִׁיעֵנוּ וְנִוָּשֵׁעָה, כִּי תְהִלָּתֵנוּ אָתָּה וְהַעֲלֵה רְפוּאָה שְׁלֵמָה לְכָל מַכּוֹתֵינוּ

המתפלל על חולה מוסיף:

יְהִי רָצוֹן מִלְּפָנֶיךָ יהוה אֱלֹהַי וֵאלֹהֵי אֲבוֹתַי, שֶׁתִּשְׁלַח מְהֵרָה רְפוּאָה שְׁלֵמָה מִן הַשָּׁמַיִם, רְפוּאַת הַנֶּפֶשׁ וּרְפוּאַת הַגּוּף, לַחוֹלֶה פלוני בֶּן פלונית/לַחוֹלָה פלונית בַּת פלונית בְּתוֹךְ שְׁאָר חוֹלֵי יִשְׂרָאֵל

כִּי אֵל מֶלֶךְ רוֹפֵא נֶאֱמָן וְרַחֲמָן אָתָּה.
בָּרוּךְ אַתָּה יהוה, רוֹפֵא חוֹלֵי עַמּוֹ יִשְׂרָאֵל.

ברכת השנים

בָּרֵךְ עָלֵינוּ יהוה אֱלֹהֵינוּ אֶת הַשָּׁנָה הַזֹּאת
וְאֶת כָּל מִינֵי תְבוּאָתָהּ, לְטוֹבָה
וְתֵן בְּרָכָה עַל פְּנֵי הָאֲדָמָה, וְשַׂבְּעֵנוּ מִטּוּבָהּ
וּבָרֵךְ שְׁנָתֵנוּ כַּשָּׁנִים הַטּוֹבוֹת.
בָּרוּךְ אַתָּה יהוה, מְבָרֵךְ הַשָּׁנִים.

קיבוץ גלויות
תְּקַע בְּשׁוֹפָר גָּדוֹל לְחֵרוּתֵנוּ
וְשָׂא נֵס לְקַבֵּץ גָּלֻיּוֹתֵינוּ
וְקַבְּצֵנוּ יַחַד מֵאַרְבַּע כַּנְפוֹת הָאָרֶץ.
בָּרוּךְ אַתָּה יהוה, מְקַבֵּץ נִדְחֵי עַמּוֹ יִשְׂרָאֵל.

השבת המשפט
הָשִׁיבָה שׁוֹפְטֵינוּ כְּבָרִאשׁוֹנָה, וְיוֹעֲצֵינוּ כְּבַתְּחִלָּה
וְהָסֵר מִמֶּנּוּ יָגוֹן וַאֲנָחָה
וּמְלֹךְ עָלֵינוּ אַתָּה יהוה לְבַדְּךָ בְּחֶסֶד וּבְרַחֲמִים
וְצַדְּקֵנוּ בַּמִּשְׁפָּט.
בָּרוּךְ אַתָּה יהוה, מֶלֶךְ אוֹהֵב צְדָקָה וּמִשְׁפָּט.

ברכת המינים
וְלַמַּלְשִׁינִים אַל תְּהִי תִקְוָה
וְכָל הָרִשְׁעָה כְּרֶגַע תֹּאבֵד
וְכָל אוֹיְבֵי עַמְּךָ מְהֵרָה יִכָּרֵתוּ
וְהַזֵּדִים מְהֵרָה תְעַקֵּר וּתְשַׁבֵּר וּתְמַגֵּר וְתַכְנִיעַ בִּמְהֵרָה בְיָמֵינוּ.
בָּרוּךְ אַתָּה יהוה, שׁוֹבֵר אוֹיְבִים וּמַכְנִיעַ זֵדִים.

על הצדיקים
עַל הַצַּדִּיקִים וְעַל הַחֲסִידִים
וְעַל זִקְנֵי עַמְּךָ בֵּית יִשְׂרָאֵל, וְעַל פְּלֵיטַת סוֹפְרֵיהֶם
וְעַל גֵּרֵי הַצֶּדֶק, וְעָלֵינוּ
יֶהֱמוּ רַחֲמֶיךָ יהוה אֱלֹהֵינוּ

וְתֵן שָׂכָר טוֹב לְכָל הַבּוֹטְחִים בְּשִׁמְךָ בֶּאֱמֶת
וְשִׂים חֶלְקֵנוּ עִמָּהֶם
וּלְעוֹלָם לֹא נֵבוֹשׁ כִּי בְךָ בָּטָחְנוּ.
בָּרוּךְ אַתָּה יהוה, מִשְׁעָן וּמִבְטָח לַצַּדִּיקִים.

בניין ירושלים

וְלִירוּשָׁלַיִם עִירְךָ בְּרַחֲמִים תָּשׁוּב
וְתִשְׁכֹּן בְּתוֹכָהּ כַּאֲשֶׁר דִּבַּרְתָּ
וּבְנֵה אוֹתָהּ בְּקָרוֹב בְּיָמֵינוּ בִּנְיַן עוֹלָם
וְכִסֵּא דָוִד מְהֵרָה לְתוֹכָהּ תָּכִין.

מנהג אשכנז "שאין אומרים 'נַחֵם', רק בתפילת מנחה של תשעה באב, לפי שאז הציתו במקדש אש, ולכן מתפללים אז על הנחמה" (רמ"א תקנז, א בשם הרוקח ואבודרהם). גם מי שאינו מתענה, אומר 'נַחֵם' ('אשי ישראל' פמ"ד, נב).

נַחֵם יהוה אֱלֹהֵינוּ אֶת אֲבֵלֵי צִיּוֹן וְאֶת אֲבֵלֵי יְרוּשָׁלָיִם
*וְאֶת הָעִיר הָאֲבֵלָה וְהֶחֳרֵבָה וְהַבְּזוּיָה וְהַשּׁוֹמֵמָה.
הָאֲבֵלָה מִבְּלִי בָנֶיהָ, וְהֶחֳרֵבָה מִמְּעוֹנוֹתֶיהָ
וְהַבְּזוּיָה מִכְּבוֹדָהּ, וְהַשּׁוֹמֵמָה מֵאֵין יוֹשֵׁב.
וְהִיא יוֹשֶׁבֶת וְרֹאשָׁהּ חָפוּי, כְּאִשָּׁה עֲקָרָה שֶׁלֹּא יָלָדָה.

יש שכתבו שהיום, בחסדי ה', המוני בית ישראל מתגוררים בירושלים, ויש לשנות את נוסח הברכה כדי לשקף מציאות זו. הרב חיים דוד הלוי כתב ('עשה לך רב' ח"א, יד) שהוא נהג לומר נוסח זה:

*וְאֶת הָעִיר שֶׁהָיְתָה אֲבֵלָה, חֲרֵבָה בְּזוּיָה וְשׁוֹמֵמָה מִבְּלִי בָנֶיהָ
וְהִיא יָשְׁבָה וְרֹאשָׁהּ חָפוּי, כְּאִשָּׁה עֲקָרָה שֶׁלֹּא יָלָדָה.

וממשיך 'וַיְבַלְּעוּהָ לִגְיוֹנוֹת' בעמוד הבא.

אך רוב הפוסקים כתבו שיש להמשיך לומר את הנוסח הרגיל, משום שכל עוד המקדש חרב אף ירושלים נחשבת חרבה (יחו"ד ח"א, מג; הריי"ד סולובייצ'יק, 'מסורה' ז, תשנב).

וַיְבַלְּעוּהָ לִגְיוֹנוֹת, וַיִּירָשׁוּהָ עוֹבְדֵי פְסִילִים
וַיָּטִילוּ אֶת עַמְּךָ יִשְׂרָאֵל לֶחָרֶב
וַיַּהַרְגוּ בְזָדוֹן חֲסִידֵי עֶלְיוֹן.
עַל כֵּן צִיּוֹן בְּמַר תִּבְכֶּה, וִירוּשָׁלַיִם תִּתֵּן קוֹלָהּ.
לִבִּי לִבִּי עַל חַלְלֵיהֶם, מֵעַי מֵעַי עַל חַלְלֵיהֶם
כִּי אַתָּה יהוה בָּאֵשׁ הִצַּתָּהּ
וּבָאֵשׁ אַתָּה עָתִיד לִבְנוֹתָהּ.
כָּאָמוּר:
וַאֲנִי אֶהְיֶה־לָּהּ, נְאֻם־יהוה, חוֹמַת אֵשׁ סָבִיב זכריה ב
וּלְכָבוֹד אֶהְיֶה בְתוֹכָהּ:

בָּרוּךְ אַתָּה יהוה, מְנַחֵם צִיּוֹן וּבוֹנֵה יְרוּשָׁלָיִם.

משיח בן דוד

אֶת צֶמַח דָּוִד עַבְדְּךָ מְהֵרָה תַצְמִיחַ
וְקַרְנוֹ תָּרוּם בִּישׁוּעָתֶךָ
כִּי לִישׁוּעָתְךָ קִוִּינוּ כָּל הַיּוֹם.
בָּרוּךְ אַתָּה יהוה, מַצְמִיחַ קֶרֶן יְשׁוּעָה.

שומע תפילה

שְׁמַע קוֹלֵנוּ יהוה אֱלֹהֵינוּ
חוּס וְרַחֵם עָלֵינוּ
וְקַבֵּל בְּרַחֲמִים וּבְרָצוֹן אֶת תְּפִלָּתֵנוּ
כִּי אֵל שׁוֹמֵעַ תְּפִלּוֹת וְתַחֲנוּנִים אָתָּה
וּמִלְּפָנֶיךָ מַלְכֵּנוּ רֵיקָם אַל תְּשִׁיבֵנוּ

בתפילת לחש היחיד אומר ׳עֲנֵנוּ׳ (שו״ע תקסה, א על פי תענית יג ע״ב),
אך מי שלא התענה אינו אומר (בה״ל תקסה, א).

עֲנֵנוּ יהוה עֲנֵנוּ בְּיוֹם צוֹם תַּעֲנִיתֵנוּ
כִּי בְצָרָה גְדוֹלָה אֲנָחְנוּ.
אַל תֵּפֶן אֶל רִשְׁעֵנוּ, וְאַל תַּסְתֵּר פָּנֶיךָ מִמֶּנּוּ
וְאַל תִּתְעַלַּם מִתְּחִנָּתֵנוּ.
הֱיֵה נָא קָרוֹב לְשַׁוְעָתֵנוּ, יְהִי נָא חַסְדְּךָ לְנַחֲמֵנוּ
טֶרֶם נִקְרָא אֵלֶיךָ עֲנֵנוּ, כַּדָּבָר
שֶׁנֶּאֱמַר: וְהָיָה טֶרֶם יִקְרָאוּ וַאֲנִי אֶעֱנֶה ישעיה סה
עוֹד הֵם מְדַבְּרִים וַאֲנִי אֶשְׁמָע:
כִּי אַתָּה יהוה הָעוֹנֶה בְּעֵת צָרָה
פּוֹדֶה וּמַצִּיל בְּכָל עֵת צָרָה וְצוּקָה.

כִּי אַתָּה שׁוֹמֵעַ תְּפִלַּת עַמְּךָ יִשְׂרָאֵל בְּרַחֲמִים.
בָּרוּךְ אַתָּה יהוה, שׁוֹמֵעַ תְּפִלָּה.

עבודה

רְצֵה יהוה אֱלֹהֵינוּ בְּעַמְּךָ יִשְׂרָאֵל וּבִתְפִלָּתָם
וְהָשֵׁב אֶת הָעֲבוֹדָה לִדְבִיר בֵּיתֶךָ
וְאִשֵּׁי יִשְׂרָאֵל וּתְפִלָּתָם בְּאַהֲבָה תְקַבֵּל בְּרָצוֹן
וּתְהִי לְרָצוֹן תָּמִיד עֲבוֹדַת יִשְׂרָאֵל עַמֶּךָ.
וְתֶחֱזֶינָה עֵינֵינוּ בְּשׁוּבְךָ לְצִיּוֹן בְּרַחֲמִים.
בָּרוּךְ אַתָּה יהוה, הַמַּחֲזִיר שְׁכִינָתוֹ לְצִיּוֹן.

הודאה

כורע ב׳מוֹדים׳ ואינו זוקף עד אמירת השם (סידור השל״ה).

׳מוֹדִים אֲנַחְנוּ לָךְ
שָׁאַתָּה הוּא יהוה אֱלֹהֵינוּ
וֵאלֹהֵי אֲבוֹתֵינוּ לְעוֹלָם וָעֶד.
צוּר חַיֵּינוּ, מָגֵן יִשְׁעֵנוּ
אַתָּה הוּא לְדוֹר וָדוֹר.
נוֹדֶה לְּךָ וּנְסַפֵּר תְּהִלָּתֶךָ
עַל חַיֵּינוּ הַמְּסוּרִים בְּיָדֶךָ
וְעַל נִשְׁמוֹתֵינוּ הַפְּקוּדוֹת לָךְ.
וְעַל נִסֶּיךָ שֶׁבְּכָל יוֹם עִמָּנוּ
וְעַל נִפְלְאוֹתֶיךָ וְטוֹבוֹתֶיךָ
שֶׁבְּכָל עֵת
עֶרֶב וָבֹקֶר וְצָהֳרָיִם.
הַטּוֹב, כִּי לֹא כָלוּ רַחֲמֶיךָ
וְהַמְרַחֵם, כִּי לֹא תַמּוּ חֲסָדֶיךָ
מֵעוֹלָם קִוִּינוּ לָךְ.

כששליח הציבור אומר ׳מוֹדים׳, הקהל אומר בלחש (סוטה מ ע״א):

׳מוֹדִים אֲנַחְנוּ לָךְ
שָׁאַתָּה הוּא יהוה אֱלֹהֵינוּ
וֵאלֹהֵי אֲבוֹתֵינוּ
אֱלֹהֵי כָל בָּשָׂר
יוֹצְרֵנוּ, יוֹצֵר בְּרֵאשִׁית.
בְּרָכוֹת וְהוֹדָאוֹת
לְשִׁמְךָ הַגָּדוֹל וְהַקָּדוֹשׁ
עַל שֶׁהֶחֱיִיתָנוּ וְקִיַּמְתָּנוּ.
כֵּן תְּחַיֵּנוּ וּתְקַיְּמֵנוּ
וְתֶאֱסֹף גָּלֻיּוֹתֵינוּ
לְחַצְרוֹת קָדְשֶׁךָ
לִשְׁמֹר חֻקֶּיךָ
וְלַעֲשׂוֹת רְצוֹנֶךָ וּלְעָבְדְּךָ
בְּלֵבָב שָׁלֵם
עַל שֶׁאֲנַחְנוּ מוֹדִים לָךְ.
בָּרוּךְ אֵל הַהוֹדָאוֹת.

וְעַל כֻּלָּם יִתְבָּרַךְ וְיִתְרוֹמַם שִׁמְךָ מַלְכֵּנוּ תָּמִיד לְעוֹלָם וָעֶד.
וְכֹל הַחַיִּים יוֹדוּךָ סֶּלָה, וִיהַלְלוּ אֶת שִׁמְךָ בֶּאֱמֶת
הָאֵל יְשׁוּעָתֵנוּ וְעֶזְרָתֵנוּ סֶלָה.
׳בָּרוּךְ אַתָּה יהוה, הַטּוֹב שִׁמְךָ וּלְךָ נָאֶה לְהוֹדוֹת.

אם מתפללים לאחר פלג המנחה, אומרים ברכת כוהנים.

אם יותר מכוהן אחד עולה לדוכן, הגבאי קורא:

כֹּהֲנִים

הכוהנים מברכים:

בָּרוּךְ אַתָּה יהוה אֱלֹהֵינוּ מֶלֶךְ הָעוֹלָם, אֲשֶׁר קִדְּשָׁנוּ בִּקְדֻשָּׁתוֹ שֶׁל אַהֲרֹן, וְצִוָּנוּ לְבָרֵךְ אֶת עַמּוֹ יִשְׂרָאֵל בְּאַהֲבָה.

במדבר ו — הש״ץ מקריא מילה במילה, והכוהנים אחריו:

יְבָרֶכְךָ יהוה וְיִשְׁמְרֶךָ: קהל: אָמֵן

יָאֵר יהוה פָּנָיו אֵלֶיךָ וִיחֻנֶּךָּ: קהל: אָמֵן

יִשָּׂא יהוה פָּנָיו אֵלֶיךָ וְיָשֵׂם לְךָ שָׁלוֹם: קהל: אָמֵן

שליח הציבור ממשיך ׳שִׂים שָׁלוֹם׳.

הכוהנים אומרים:

רִבּוֹנוֹ שֶׁל עוֹלָם, עָשִׂינוּ מַה שֶּׁגָּזַרְתָּ עָלֵינוּ, אַף אַתָּה עֲשֵׂה עִמָּנוּ כְּמוֹ שֶׁהִבְטַחְתָּנוּ. (דברים כו) הַשְׁקִיפָה מִמְּעוֹן קָדְשְׁךָ מִן־הַשָּׁמַיִם, וּבָרֵךְ אֶת־עַמְּךָ אֶת־יִשְׂרָאֵל, וְאֵת הָאֲדָמָה אֲשֶׁר נָתַתָּה לָנוּ, כַּאֲשֶׁר נִשְׁבַּעְתָּ לַאֲבֹתֵינוּ, אֶרֶץ זָבַת חָלָב וּדְבָשׁ:

הקהל אומר:

אַדִּיר בַּמָּרוֹם שׁוֹכֵן בִּגְבוּרָה, אַתָּה שָׁלוֹם וְשִׁמְךָ שָׁלוֹם. יְהִי רָצוֹן שֶׁתָּשִׂים עָלֵינוּ וְעַל כָּל עַמְּךָ בֵּית יִשְׂרָאֵל חַיִּים וּבְרָכָה לְמִשְׁמֶרֶת שָׁלוֹם.

אם הכוהנים אינם עולים לדוכן, כי אין כוהנים המתענים
או מפני שמתפללים לפני פלג המנחה, שליח הציבור אומר:

אֱלֹהֵינוּ וֵאלֹהֵי אֲבוֹתֵינוּ, בָּרְכֵנוּ בַּבְּרָכָה הַמְשֻׁלֶּשֶׁת בַּתּוֹרָה, הַכְּתוּבָה עַל יְדֵי מֹשֶׁה עַבְדֶּךָ, הָאֲמוּרָה מִפִּי אַהֲרֹן וּבָנָיו כֹּהֲנִים עַם קְדוֹשֶׁיךָ, כָּאָמוּר

במדבר ו

יְבָרֶכְךָ יהוה וְיִשְׁמְרֶךָ: קהל: כֵּן יְהִי רָצוֹן

יָאֵר יהוה פָּנָיו אֵלֶיךָ וִיחֻנֶּךָּ: קהל: כֵּן יְהִי רָצוֹן

יִשָּׂא יהוה פָּנָיו אֵלֶיךָ וְיָשֵׂם לְךָ שָׁלוֹם: קהל: כֵּן יְהִי רָצוֹן

שלום

שִׂים שָׁלוֹם טוֹבָה וּבְרָכָה
חֵן וָחֶסֶד וְרַחֲמִים, עָלֵינוּ וְעַל כָּל יִשְׂרָאֵל עַמֶּךָ.
בָּרְכֵנוּ אָבִינוּ כֻּלָּנוּ כְּאֶחָד בְּאוֹר פָּנֶיךָ
כִּי בְאוֹר פָּנֶיךָ נָתַתָּ לָּנוּ יהוה אֱלֹהֵינוּ
תּוֹרַת חַיִּים וְאַהֲבַת חֶסֶד
וּצְדָקָה וּבְרָכָה וְרַחֲמִים וְחַיִּים וְשָׁלוֹם.

וְטוֹב בְּעֵינֶיךָ לְבָרֵךְ אֶת עַמְּךָ יִשְׂרָאֵל
בְּכָל עֵת וּבְכָל שָׁעָה בִּשְׁלוֹמֶךָ.
בָּרוּךְ אַתָּה יהוה, הַמְבָרֵךְ אֶת עַמּוֹ יִשְׂרָאֵל בַּשָּׁלוֹם.

שליח הציבור מסיים באמירת הפסוק הבא בלחש,
ויש הנוהגים לאומרו גם בסוף תפילת לחש של יחיד.

תהלים יט

יִהְיוּ לְרָצוֹן אִמְרֵי־פִי וְהֶגְיוֹן לִבִּי לְפָנֶיךָ, יהוה צוּרִי וְגֹאֲלִי:

ברכות יז.

אֱלֹהַי
נְצֹר לְשׁוֹנִי מֵרָע וּשְׂפָתַי מִדַּבֵּר מִרְמָה
וְלִמְקַלְלַי נַפְשִׁי תִדֹּם, וְנַפְשִׁי כֶּעָפָר לַכֹּל תִּהְיֶה.
פְּתַח לִבִּי בְּתוֹרָתֶךָ, וּבְמִצְוֹתֶיךָ תִּרְדֹּף נַפְשִׁי.
וְכָל הַחוֹשְׁבִים עָלַי רָעָה
מְהֵרָה הָפֵר עֲצָתָם וְקַלְקֵל מַחֲשַׁבְתָּם.
עֲשֵׂה לְמַעַן שְׁמֶךָ, עֲשֵׂה לְמַעַן יְמִינֶךָ
עֲשֵׂה לְמַעַן קְדֻשָּׁתֶךָ, עֲשֵׂה לְמַעַן תּוֹרָתֶךָ.

תהלים ס
תהלים יט

לְמַעַן יֵחָלְצוּן יְדִידֶיךָ, הוֹשִׁיעָה יְמִינְךָ וַעֲנֵנִי:
יִהְיוּ לְרָצוֹן אִמְרֵי־פִי וְהֶגְיוֹן לִבִּי לְפָנֶיךָ, יהוה צוּרִי וְגֹאֲלִי:

כורע ופוסע שלוש פסיעות לאחור. קד לשמאל, לימין ולפנים באמירת:

עֹשֶׂה שָׁלוֹם בִּמְרוֹמָיו
הוּא יַעֲשֶׂה שָׁלוֹם עָלֵינוּ וְעַל כָּל יִשְׂרָאֵל
וְאִמְרוּ אָמֵן.

יְהִי רָצוֹן מִלְּפָנֶיךָ יהוה אֱלֹהֵינוּ וֵאלֹהֵי אֲבוֹתֵינוּ
שֶׁיִּבָּנֶה בֵּית הַמִּקְדָּשׁ בִּמְהֵרָה בְיָמֵינוּ
וְתֵן חֶלְקֵנוּ בְּתוֹרָתֶךָ
וְשָׁם נַעֲבָדְךָ בְּיִרְאָה כִּימֵי עוֹלָם וּכְשָׁנִים קַדְמֹנִיּוֹת.

מלאכי ג

וְעָרְבָה לַיהוה מִנְחַת יְהוּדָה וִירוּשָׁלָםִ כִּימֵי עוֹלָם וּכְשָׁנִים קַדְמֹנִיּוֹת:

שליח הציבור חוזר על התפילה בקול רם.

קדיש שלם

ש״ץ: יִתְגַּדַּל וְיִתְקַדַּשׁ שְׁמֵהּ רַבָּא (קהל: אָמֵן)
בְּעָלְמָא דִּי בְרָא כִרְעוּתֵהּ
וְיַמְלִיךְ מַלְכוּתֵהּ
בְּחַיֵּיכוֹן וּבְיוֹמֵיכוֹן וּבְחַיֵּי דְכָל בֵּית יִשְׂרָאֵל
בַּעֲגָלָא וּבִזְמַן קָרִיב
וְאִמְרוּ אָמֵן. (קהל: אָמֵן)

קהל וש״ץ: יְהֵא שְׁמֵהּ רַבָּא מְבָרַךְ לְעָלַם וּלְעָלְמֵי עָלְמַיָּא.

ש״ץ: יִתְבָּרַךְ וְיִשְׁתַּבַּח וְיִתְפָּאַר וְיִתְרוֹמַם וְיִתְנַשֵּׂא
וְיִתְהַדָּר וְיִתְעַלֶּה וְיִתְהַלָּל
שְׁמֵהּ דְּקֻדְשָׁא בְּרִיךְ הוּא (קהל: בְּרִיךְ הוּא)
לְעֵלָּא מִן כָּל בִּרְכָתָא וְשִׁירָתָא, תֻּשְׁבְּחָתָא וְנֶחֱמָתָא
דַּאֲמִירָן בְּעָלְמָא
וְאִמְרוּ אָמֵן. (קהל: אָמֵן)

תִּתְקַבַּל צְלוֹתְהוֹן וּבָעוּתְהוֹן דְּכָל יִשְׂרָאֵל
קֳדָם אֲבוּהוֹן דִּי בִשְׁמַיָּא
וְאִמְרוּ אָמֵן. (קהל: אָמֵן)

יְהֵא שְׁלָמָא רַבָּא מִן שְׁמַיָּא
וְחַיִּים, עָלֵינוּ וְעַל כָּל יִשְׂרָאֵל
וְאִמְרוּ אָמֵן. (קהל: אָמֵן)

כורע ופוסע שלוש פסיעות לאחור. קד לשמאל, לימין ולפנים באמירת:
עֹשֶׂה שָׁלוֹם בִּמְרוֹמָיו
הוּא יַעֲשֶׂה שָׁלוֹם עָלֵינוּ וְעַל כָּל יִשְׂרָאֵל
וְאִמְרוּ אָמֵן. (קהל: אָמֵן)

239 מנחה לתשעה באב · סיום התפילה

אומרים ׳עָלֵינוּ׳ בעמידה ומשתחווים במקום המסומן ב°.

עָלֵינוּ לְשַׁבֵּחַ לַאֲדוֹן הַכֹּל, לָתֵת גְּדֻלָּה לְיוֹצֵר בְּרֵאשִׁית
שֶׁלֹּא עָשָׂנוּ כְּגוֹיֵי הָאֲרָצוֹת, וְלֹא שָׂמָנוּ כְּמִשְׁפְּחוֹת הָאֲדָמָה
שֶׁלֹּא שָׂם חֶלְקֵנוּ כָּהֶם וְגוֹרָלֵנוּ כְּכָל הֲמוֹנָם.
שֶׁהֵם מִשְׁתַּחֲוִים לְהֶבֶל וָרִיק וּמִתְפַּלְלִים אֶל אֵל לֹא יוֹשִׁיעַ.
°וַאֲנַחְנוּ כּוֹרְעִים וּמִשְׁתַּחֲוִים וּמוֹדִים
לִפְנֵי מֶלֶךְ מַלְכֵי הַמְּלָכִים, הַקָּדוֹשׁ בָּרוּךְ הוּא
שֶׁהוּא נוֹטֶה שָׁמַיִם וְיוֹסֵד אָרֶץ, וּמוֹשַׁב יְקָרוֹ בַּשָּׁמַיִם מִמַּעַל
וּשְׁכִינַת עֻזּוֹ בְּגָבְהֵי מְרוֹמִים.
הוּא אֱלֹהֵינוּ, אֵין עוֹד.
אֱמֶת מַלְכֵּנוּ, אֶפֶס זוּלָתוֹ
כַּכָּתוּב בְּתוֹרָתוֹ, וְיָדַעְתָּ הַיּוֹם וַהֲשֵׁבֹתָ אֶל־לְבָבֶךָ דברים ד
כִּי יהוה הוּא הָאֱלֹהִים בַּשָּׁמַיִם מִמַּעַל וְעַל־הָאָרֶץ מִתָּחַת
אֵין עוֹד:

עַל כֵּן נְקַוֶּה לְּךָ יהוה אֱלֹהֵינוּ, לִרְאוֹת מְהֵרָה בְּתִפְאֶרֶת עֻזֶּךָ
לְהַעֲבִיר גִּלּוּלִים מִן הָאָרֶץ, וְהָאֱלִילִים כָּרוֹת יִכָּרֵתוּן
לְתַקֵּן עוֹלָם בְּמַלְכוּת שַׁדַּי.
וְכָל בְּנֵי בָשָׂר יִקְרְאוּ בִשְׁמֶךָ לְהַפְנוֹת אֵלֶיךָ כָּל רִשְׁעֵי אָרֶץ.
יַכִּירוּ וְיֵדְעוּ כָּל יוֹשְׁבֵי תֵבֵל
כִּי לְךָ תִּכְרַע כָּל בֶּרֶךְ, תִּשָּׁבַע כָּל לָשׁוֹן.
לְפָנֶיךָ יהוה אֱלֹהֵינוּ יִכְרְעוּ וְיִפֹּלוּ, וְלִכְבוֹד שִׁמְךָ יְקָר יִתֵּנוּ
וִיקַבְּלוּ כֻלָּם אֶת עֹל מַלְכוּתֶךָ
וְתִמְלֹךְ עֲלֵיהֶם מְהֵרָה לְעוֹלָם וָעֶד.
כִּי הַמַּלְכוּת שֶׁלְּךָ הִיא וּלְעוֹלְמֵי עַד תִּמְלֹךְ בְּכָבוֹד
כַּכָּתוּב בְּתוֹרָתֶךָ, יהוה יִמְלֹךְ לְעֹלָם וָעֶד: שמות טו

זכריה יד ◂ וְנֶאֱמַר, וְהָיָה יהוה לְמֶלֶךְ עַל־כָּל־הָאָרֶץ
בַּיּוֹם הַהוּא יִהְיֶה יהוה אֶחָד וּשְׁמוֹ אֶחָד:

יש מוסיפים:

משלי ג אַל־תִּירָא מִפַּחַד פִּתְאֹם וּמִשֹּׁאַת רְשָׁעִים כִּי תָבֹא:

ישעיה ח עֻצוּ עֵצָה וְתֻפָר, דַּבְּרוּ דָבָר וְלֹא יָקוּם, כִּי עִמָּנוּ אֵל:

ישעיה מו וְעַד־זִקְנָה אֲנִי הוּא, וְעַד־שֵׂיבָה אֲנִי אֶסְבֹּל
אֲנִי עָשִׂיתִי וַאֲנִי אֶשָּׂא וַאֲנִי אֶסְבֹּל וַאֲמַלֵּט:

קדיש יתום

אבל: יִתְגַּדַּל וְיִתְקַדַּשׁ שְׁמֵהּ רַבָּא (קהל: אָמֵן)
בְּעָלְמָא דִּי בְרָא כִרְעוּתֵהּ, וְיַמְלִיךְ מַלְכוּתֵהּ
בְּחַיֵּיכוֹן וּבְיוֹמֵיכוֹן וּבְחַיֵּי דְכָל בֵּית יִשְׂרָאֵל
בַּעֲגָלָא וּבִזְמַן קָרִיב, וְאִמְרוּ אָמֵן. (קהל: אָמֵן)

קהל ואבל: יְהֵא שְׁמֵהּ רַבָּא מְבָרַךְ לְעָלַם וּלְעָלְמֵי עָלְמַיָּא.

אבל: יִתְבָּרַךְ וְיִשְׁתַּבַּח וְיִתְפָּאַר וְיִתְרוֹמַם וְיִתְנַשֵּׂא
וְיִתְהַדָּר וְיִתְעַלֶּה וְיִתְהַלָּל
שְׁמֵהּ דְּקֻדְשָׁא בְּרִיךְ הוּא (קהל: בְּרִיךְ הוּא)
לְעֵלָּא מִן כָּל בִּרְכָתָא וְשִׁירָתָא, תֻּשְׁבְּחָתָא וְנֶחֱמָתָא
דַּאֲמִירָן בְּעָלְמָא, וְאִמְרוּ אָמֵן. (קהל: אָמֵן)

יְהֵא שְׁלָמָא רַבָּא מִן שְׁמַיָּא
וְחַיִּים, עָלֵינוּ וְעַל כָּל יִשְׂרָאֵל, וְאִמְרוּ אָמֵן. (קהל: אָמֵן)

כורע ופוסע שלוש פסיעות לאחור. קד לשמאל, לימין ולפנים באמירת:

עֹשֶׂה שָׁלוֹם בִּמְרוֹמָיו
הוּא יַעֲשֶׂה שָׁלוֹם
עָלֵינוּ וְעַל כָּל יִשְׂרָאֵל, וְאִמְרוּ אָמֵן. (קהל: אָמֵן)

ערבית למוצאי תשעה באב

ערבית לחול

"זָכַרְתִּי בַלַּיְלָה שִׁמְךָ ה׳ וָאֶשְׁמְרָה תּוֹרָתֶךָ" (תהלים קיט, נה).

קודם התפילה שליח הציבור אומר 'וְהוּא רַחוּם' (סדר רב עמרם גאון), מכיוון שבערבית אין קרבנות ציבור שיכפרו עלינו כבשחרית ובמנחה (מחזור ויטרי).

וְהוּא רַחוּם, יְכַפֵּר עָוֹן וְלֹא־יַשְׁחִית תהלים עח
וְהִרְבָּה לְהָשִׁיב אַפּוֹ, וְלֹא־יָעִיר כָּל־חֲמָתוֹ:
יהוה הוֹשִׁיעָה, הַמֶּלֶךְ יַעֲנֵנוּ בְיוֹם־קָרְאֵנוּ: תהלים כ

קריאת שמע וברכותיה

שליח הציבור כורע בתיבת 'בָּרְכוּ' וזוקף בשם. הקהל כורע בתיבת 'בָּרוּךְ' וזוקף בשם, ושליח הציבור כורע שוב כאשר הוא חוזר אחריהם.

ש״ץ: בָּרְכוּ
אֶת יהוה הַמְבֹרָךְ.

קהל: בָּרוּךְ יהוה הַמְבֹרָךְ לְעוֹלָם וָעֶד.

ש״ץ: בָּרוּךְ יהוה הַמְבֹרָךְ לְעוֹלָם וָעֶד.

מזכירים את היום בלילה ואת הלילה ביום (ברכות יא ע״ב). האבחנה בין היום ללילה היא עדות על נאמנות הקב״ה בדבריו ועל קיום בריתו עם ישראל (סידור הרוקח על פי ירמיה לא, לד).

בָּרוּךְ אַתָּה יהוה אֱלֹהֵינוּ מֶלֶךְ הָעוֹלָם
אֲשֶׁר בִּדְבָרוֹ מַעֲרִיב עֲרָבִים
בְּחָכְמָה פּוֹתֵחַ שְׁעָרִים
וּבִתְבוּנָה מְשַׁנֶּה עִתִּים וּמַחֲלִיף אֶת הַזְּמַנִּים
וּמְסַדֵּר אֶת הַכּוֹכָבִים בְּמִשְׁמְרוֹתֵיהֶם בָּרָקִיעַ כִּרְצוֹנוֹ.

בּוֹרֵא יוֹם וָלָיְלָה, גּוֹלֵל אוֹר מִפְּנֵי חֹשֶׁךְ וְחֹשֶׁךְ מִפְּנֵי אוֹר
▸ וּמַעֲבִיר יוֹם וּמֵבִיא לָיְלָה, וּמַבְדִּיל בֵּין יוֹם וּבֵין לָיְלָה
יהוה צְבָאוֹת שְׁמוֹ.
אֵל חַי וְקַיָּם תָּמִיד, יִמְלֹךְ עָלֵינוּ לְעוֹלָם וָעֶד.
בָּרוּךְ אַתָּה יהוה, הַמַּעֲרִיב עֲרָבִים.

מנהג אשכנז לומר 'אַהֲבָה רַבָּה' בשחרית ו'אַהֲבַת עוֹלָם' בערבית – כיוון שבבוקר האדם מודה על החסדים שה' גמל עמו, ובערב מתפלל על חסדים לעתיד (צל"ח שם בברכות).

אַהֲבַת עוֹלָם בֵּית יִשְׂרָאֵל עַמְּךָ אָהָבְתָּ
תּוֹרָה וּמִצְוֹת, חֻקִּים וּמִשְׁפָּטִים, אוֹתָנוּ לִמַּדְתָּ
עַל כֵּן יהוה אֱלֹהֵינוּ בְּשָׁכְבֵנוּ וּבְקוּמֵנוּ נָשִׂיחַ בְּחֻקֶּיךָ
וְנִשְׂמַח בְּדִבְרֵי תוֹרָתֶךָ וּבְמִצְוֹתֶיךָ לְעוֹלָם וָעֶד
▸ כִּי הֵם חַיֵּינוּ וְאֹרֶךְ יָמֵינוּ, וּבָהֶם נֶהְגֶּה יוֹמָם וָלָיְלָה.
וְאַהֲבָתְךָ אַל תָּסִיר מִמֶּנּוּ לְעוֹלָמִים.
בָּרוּךְ אַתָּה יהוה, אוֹהֵב עַמּוֹ יִשְׂרָאֵל.

"יקרא קריאת שמע בכוונה – באימה, ביראה, ברתת וזיע" (שו"ע סא, א).

המתפלל ביחידות אומר:

אֵל מֶלֶךְ נֶאֱמָן

מכסה את עיניו בידו ואומר בכוונה ובקול רם:

דברים ו שְׁמַע יִשְׂרָאֵל, יהוה אֱלֹהֵינוּ, יהוה | אֶחָד:

בלחש: בָּרוּךְ שֵׁם כְּבוֹד מַלְכוּתוֹ לְעוֹלָם וָעֶד.

דברים ו וְאָהַבְתָּ אֵת יהוה אֱלֹהֶיךָ, בְּכָל־לְבָבְךָ וּבְכָל־נַפְשְׁךָ וּבְכָל־מְאֹדֶךָ:
וְהָיוּ הַדְּבָרִים הָאֵלֶּה, אֲשֶׁר אָנֹכִי מְצַוְּךָ הַיּוֹם, עַל־לְבָבֶךָ: וְשִׁנַּנְתָּם
לְבָנֶיךָ וְדִבַּרְתָּ בָּם, בְּשִׁבְתְּךָ בְּבֵיתֶךָ וּבְלֶכְתְּךָ בַדֶּרֶךְ, וּבְשָׁכְבְּךָ
וּבְקוּמֶךָ: וּקְשַׁרְתָּם לְאוֹת עַל־יָדֶךָ וְהָיוּ לְטֹטָפֹת בֵּין עֵינֶיךָ:
וּכְתַבְתָּם עַל־מְזֻזוֹת בֵּיתֶךָ וּבִשְׁעָרֶיךָ:

וְהָיָה אִם־שָׁמֹעַ תִּשְׁמְעוּ אֶל־מִצְוֺתַי אֲשֶׁר אָנֹכִי מְצַוֶּה אֶתְכֶם הַיּוֹם, לְאַהֲבָה אֶת־יהוה אֱלֹהֵיכֶם וּלְעָבְדוֹ, בְּכָל־לְבַבְכֶם וּבְכָל־נַפְשְׁכֶם: וְנָתַתִּי מְטַר־אַרְצְכֶם בְּעִתּוֹ, יוֹרֶה וּמַלְקוֹשׁ, וְאָסַפְתָּ דְגָנֶךָ וְתִירֹשְׁךָ וְיִצְהָרֶךָ: וְנָתַתִּי עֵשֶׂב בְּשָׂדְךָ לִבְהֶמְתֶּךָ, וְאָכַלְתָּ וְשָׂבָעְתָּ: הִשָּׁמְרוּ לָכֶם פֶּן־יִפְתֶּה לְבַבְכֶם, וְסַרְתֶּם וַעֲבַדְתֶּם אֱלֹהִים אֲחֵרִים וְהִשְׁתַּחֲוִיתֶם לָהֶם: וְחָרָה אַף־יהוה בָּכֶם, וְעָצַר אֶת־הַשָּׁמַיִם וְלֹא־יִהְיֶה מָטָר, וְהָאֲדָמָה לֹא תִתֵּן אֶת־יְבוּלָהּ, וַאֲבַדְתֶּם מְהֵרָה מֵעַל הָאָרֶץ הַטֹּבָה אֲשֶׁר יהוה נֹתֵן לָכֶם: וְשַׂמְתֶּם אֶת־דְּבָרַי אֵלֶּה עַל־לְבַבְכֶם וְעַל־נַפְשְׁכֶם, וּקְשַׁרְתֶּם אֹתָם לְאוֹת עַל־יֶדְכֶם, וְהָיוּ לְטוֹטָפֹת בֵּין עֵינֵיכֶם: וְלִמַּדְתֶּם אֹתָם אֶת־בְּנֵיכֶם לְדַבֵּר בָּם, בְּשִׁבְתְּךָ בְּבֵיתֶךָ וּבְלֶכְתְּךָ בַדֶּרֶךְ, וּבְשָׁכְבְּךָ וּבְקוּמֶךָ: וּכְתַבְתָּם עַל־מְזוּזוֹת בֵּיתֶךָ וּבִשְׁעָרֶיךָ: לְמַעַן יִרְבּוּ יְמֵיכֶם וִימֵי בְנֵיכֶם עַל הָאֲדָמָה אֲשֶׁר נִשְׁבַּע יהוה לַאֲבֹתֵיכֶם לָתֵת לָהֶם, כִּימֵי הַשָּׁמַיִם עַל־הָאָרֶץ: דברים יא

וַיֹּאמֶר יהוה אֶל־מֹשֶׁה לֵּאמֹר: דַּבֵּר אֶל־בְּנֵי יִשְׂרָאֵל וְאָמַרְתָּ אֲלֵהֶם, וְעָשׂוּ לָהֶם צִיצִת עַל־כַּנְפֵי בִגְדֵיהֶם לְדֹרֹתָם, וְנָתְנוּ עַל־צִיצִת הַכָּנָף פְּתִיל תְּכֵלֶת: וְהָיָה לָכֶם לְצִיצִת, וּרְאִיתֶם אֹתוֹ וּזְכַרְתֶּם אֶת־כָּל־מִצְוֺת יהוה וַעֲשִׂיתֶם אֹתָם, וְלֹא תָתֻרוּ אַחֲרֵי לְבַבְכֶם וְאַחֲרֵי עֵינֵיכֶם, אֲשֶׁר־אַתֶּם זֹנִים אַחֲרֵיהֶם: לְמַעַן תִּזְכְּרוּ וַעֲשִׂיתֶם אֶת־כָּל־מִצְוֺתָי, וִהְיִיתֶם קְדֹשִׁים לֵאלֹהֵיכֶם: אֲנִי יהוה אֱלֹהֵיכֶם, אֲשֶׁר הוֹצֵאתִי אֶתְכֶם מֵאֶרֶץ מִצְרַיִם, לִהְיוֹת לָכֶם לֵאלֹהִים, אֲנִי יהוה אֱלֹהֵיכֶם: במדבר טו

אֱמֶת

שליח הציבור חוזר ואומר:

◂ **יהוה אֱלֹהֵיכֶם אֱמֶת**

בבוקר האדם מתפנה לענייניו החברתיים, והוא מתפלל על היציבות לבל ייסחף הרחק מעבודת ה׳. ובערב, כשהוא נח בצל קורת ביתו, הוא מבקש אמונה כדי שיהיה לו כוח לקדש את חייו הפרטיים (עולת ראי״ה).

וֶאֱמוּנָה כָּל זֹאת וְקַיָּם עָלֵינוּ
כִּי הוּא יהוה אֱלֹהֵינוּ וְאֵין זוּלָתוֹ וַאֲנַחְנוּ יִשְׂרָאֵל עַמּוֹ.
הַפּוֹדֵנוּ מִיַּד מְלָכִים
מַלְכֵּנוּ הַגּוֹאֲלֵנוּ מִכַּף כָּל הֶעָרִיצִים.
הָאֵל הַנִּפְרָע לָנוּ מִצָּרֵינוּ
וְהַמְשַׁלֵּם גְּמוּל לְכָל אוֹיְבֵי נַפְשֵׁנוּ.
הָעוֹשֶׂה גְדוֹלוֹת עַד אֵין חֵקֶר, וְנִפְלָאוֹת עַד אֵין מִסְפָּר
הַשָּׂם נַפְשֵׁנוּ בַּחַיִּים, וְלֹא־נָתַן לַמּוֹט רַגְלֵנוּ: תהלים סו
הַמַּדְרִיכֵנוּ עַל בָּמוֹת אוֹיְבֵינוּ
וַיָּרֶם קַרְנֵנוּ עַל כָּל שׂוֹנְאֵינוּ.
הָעוֹשֶׂה לָּנוּ נִסִּים וּנְקָמָה בְּפַרְעֹה
אוֹתוֹת וּמוֹפְתִים בְּאַדְמַת בְּנֵי חָם.
הַמַּכֶּה בְעֶבְרָתוֹ כָּל בְּכוֹרֵי מִצְרָיִם
וַיּוֹצֵא אֶת עַמּוֹ יִשְׂרָאֵל מִתּוֹכָם לְחֵרוּת עוֹלָם.
הַמַּעֲבִיר בָּנָיו בֵּין גִּזְרֵי יַם סוּף
אֶת רוֹדְפֵיהֶם וְאֶת שׂוֹנְאֵיהֶם בִּתְהוֹמוֹת טִבַּע
וְרָאוּ בָנָיו גְּבוּרָתוֹ, שִׁבְּחוּ וְהוֹדוּ לִשְׁמוֹ
◂ וּמַלְכוּתוֹ בְּרָצוֹן קִבְּלוּ עֲלֵיהֶם.
מֹשֶׁה וּבְנֵי יִשְׂרָאֵל, לְךָ עָנוּ שִׁירָה בְּשִׂמְחָה רַבָּה
וְאָמְרוּ כֻלָּם
מִי־כָמֹכָה בָּאֵלִם יהוה שמות טו
מִי כָּמֹכָה נֶאְדָּר בַּקֹּדֶשׁ
נוֹרָא תְהִלֹּת עֹשֵׂה פֶלֶא:

◂ מַלְכוּתְךָ רָאוּ בָנֶיךָ, בּוֹקֵעַ יָם לִפְנֵי מֹשֶׁה
זֶה אֵלִי עָנוּ, וְאָמְרוּ
יהוה יִמְלֹךְ לְעֹלָם וָעֶד: שמות טו
◂ וְנֶאֱמַר
כִּי־פָדָה יהוה אֶת־יַעֲקֹב, וּגְאָלוֹ מִיַּד חָזָק מִמֶּנּוּ: ירמיה לא
בָּרוּךְ אַתָּה יהוה, גָּאַל יִשְׂרָאֵל.

"כיון דתקינו רבנן השכיבנו, כגאולתא אריכתא דמיא" (ברכות ד ע"ב). ופירש ר' יצחק בן מרואן הלוי שהביטחון בשמירתו של הקב"ה הוא יסוד האמונה בגאולה, כפי שבליל יציאת מצרים בני ישראל הקריבו פסח ואכלו מצות, מוכנים לרגע שבו ייגאלו (שיבולי הלקט).

הַשְׁכִּיבֵנוּ יהוה אֱלֹהֵינוּ לְשָׁלוֹם, וְהַעֲמִידֵנוּ מַלְכֵּנוּ לְחַיִּים
וּפְרֹשׂ עָלֵינוּ סֻכַּת שְׁלוֹמֶךָ, וְתַקְּנֵנוּ בְּעֵצָה טוֹבָה מִלְּפָנֶיךָ
וְהוֹשִׁיעֵנוּ לְמַעַן שְׁמֶךָ.
וְהָגֵן בַּעֲדֵנוּ, וְהָסֵר מֵעָלֵינוּ אוֹיֵב, דֶּבֶר וְחֶרֶב וְרָעָב וְיָגוֹן
וְהָסֵר שָׂטָן מִלְּפָנֵינוּ וּמֵאַחֲרֵינוּ, וּבְצֵל כְּנָפֶיךָ תַּסְתִּירֵנוּ
כִּי אֵל שׁוֹמְרֵנוּ וּמַצִּילֵנוּ אָתָּה, כִּי אֵל מֶלֶךְ חַנּוּן וְרַחוּם אָתָּה.
◂ וּשְׁמֹר צֵאתֵנוּ וּבוֹאֵנוּ לְחַיִּים וּלְשָׁלוֹם מֵעַתָּה וְעַד עוֹלָם.
בָּרוּךְ אַתָּה יהוה, שׁוֹמֵר עַמּוֹ יִשְׂרָאֵל לָעַד.

בארץ ישראל ממשיכים את התפילה בחצי קדיש בעמוד הבא. בחו"ל יש אומרים:

בָּרוּךְ יהוה לְעוֹלָם, אָמֵן וְאָמֵן: בָּרוּךְ יהוה מִצִּיּוֹן, שֹׁכֵן יְרוּשָׁלָםִ, הַלְלוּיָהּ: תהלים פט תהלים קלה
בָּרוּךְ יהוה אֱלֹהִים אֱלֹהֵי יִשְׂרָאֵל, עֹשֵׂה נִפְלָאוֹת לְבַדּוֹ: וּבָרוּךְ שֵׁם תהלים עב
כְּבוֹדוֹ לְעוֹלָם, וְיִמָּלֵא כְבוֹדוֹ אֶת־כָּל־הָאָרֶץ, אָמֵן וְאָמֵן: יְהִי כְבוֹד תהלים קד
יהוה לְעוֹלָם, יִשְׂמַח יהוה בְּמַעֲשָׂיו: יְהִי שֵׁם יהוה מְבֹרָךְ מֵעַתָּה וְעַד־ תהלים קיג
עוֹלָם: כִּי לֹא־יִטֹּשׁ יהוה אֶת־עַמּוֹ בַּעֲבוּר שְׁמוֹ הַגָּדוֹל, כִּי הוֹאִיל יהוה שמואל א׳ יב
לַעֲשׂוֹת אֶתְכֶם לוֹ לְעָם: וַיַּרְא כָּל־הָעָם וַיִּפְּלוּ עַל־פְּנֵיהֶם, וַיֹּאמְרוּ, יהוה מלכים א׳ יח
הוּא הָאֱלֹהִים, יהוה הוּא הָאֱלֹהִים: וְהָיָה יהוה לְמֶלֶךְ עַל־כָּל־הָאָרֶץ, זכריה יד
בַּיּוֹם הַהוּא יִהְיֶה יהוה אֶחָד וּשְׁמוֹ אֶחָד: יְהִי־חַסְדְּךָ יהוה עָלֵינוּ, תהלים לג
כַּאֲשֶׁר יִחַלְנוּ לָךְ:

248 קריאת שמע וברכותיה · ערבית לחול

תהלים קו הוֹשִׁיעֵנוּ יהוה אֱלֹהֵינוּ, וְקַבְּצֵנוּ מִן־הַגּוֹיִם, לְהוֹדוֹת לְשֵׁם קָדְשֶׁךָ,
תהלים פו לְהִשְׁתַּבֵּחַ בִּתְהִלָּתֶךָ: כָּל־גּוֹיִם אֲשֶׁר עָשִׂיתָ, יָבוֹאוּ וְיִשְׁתַּחֲווּ לְפָנֶיךָ, אֲדֹנָי
וִיכַבְּדוּ לִשְׁמֶךָ: כִּי־גָדוֹל אַתָּה וְעֹשֵׂה נִפְלָאוֹת, אַתָּה אֱלֹהִים לְבַדֶּךָ:
תהלים עט וַאֲנַחְנוּ עַמְּךָ וְצֹאן מַרְעִיתֶךָ, נוֹדֶה לְּךָ לְעוֹלָם, לְדוֹר וָדֹר נְסַפֵּר תְּהִלָּתֶךָ:

בָּרוּךְ יהוה בַּיּוֹם, בָּרוּךְ יהוה בַּלָּיְלָה. בָּרוּךְ יהוה בְּשָׁכְבֵנוּ, בָּרוּךְ יהוה
איוב יב בְּקוּמֵנוּ. כִּי בְיָדְךָ נַפְשׁוֹת הַחַיִּים וְהַמֵּתִים. אֲשֶׁר בְּיָדוֹ נֶפֶשׁ כָּל־חָי, וְרוּחַ
תהלים לא כָּל־בְּשַׂר־אִישׁ: בְּיָדְךָ אַפְקִיד רוּחִי, פָּדִיתָה אוֹתִי יהוה אֵל אֱמֶת: אֱלֹהֵינוּ
שֶׁבַּשָּׁמַיִם, יַחֵד שִׁמְךָ וְקַיֵּם מַלְכוּתְךָ תָּמִיד, וּמְלֹךְ עָלֵינוּ לְעוֹלָם וָעֶד.

יִרְאוּ עֵינֵינוּ וְיִשְׂמַח לִבֵּנוּ, וְתָגֵל נַפְשֵׁנוּ בִּישׁוּעָתְךָ בֶּאֱמֶת, בֶּאֱמֹר לְצִיּוֹן מָלַךְ אֱלֹהָיִךְ. יהוה מֶלֶךְ, יהוה מָלָךְ, יהוה יִמְלֹךְ לְעֹלָם וָעֶד. • כִּי הַמַּלְכוּת שֶׁלְּךָ הִיא, וּלְעוֹלְמֵי עַד תִּמְלֹךְ בְּכָבוֹד, כִּי אֵין לָנוּ מֶלֶךְ אֶלָּא אָתָּה. בָּרוּךְ אַתָּה יהוה, הַמֶּלֶךְ בִּכְבוֹדוֹ תָּמִיד, יִמְלֹךְ עָלֵינוּ לְעוֹלָם וָעֶד, וְעַל כָּל מַעֲשָׂיו.

חצי קדיש

ש״ץ: יִתְגַּדַּל וְיִתְקַדַּשׁ שְׁמֵהּ רַבָּא (קהל: אָמֵן)
בְּעָלְמָא דִּי בְרָא כִרְעוּתֵהּ
וְיַמְלִיךְ מַלְכוּתֵהּ
בְּחַיֵּיכוֹן וּבְיוֹמֵיכוֹן וּבְחַיֵּי דְכָל בֵּית יִשְׂרָאֵל
בַּעֲגָלָא וּבִזְמַן קָרִיב, וְאִמְרוּ אָמֵן. (קהל: אָמֵן)

קהל וש״ץ: יְהֵא שְׁמֵהּ רַבָּא מְבָרַךְ לְעָלַם וּלְעָלְמֵי עָלְמַיָּא.

ש״ץ: יִתְבָּרַךְ וְיִשְׁתַּבַּח וְיִתְפָּאַר וְיִתְרוֹמַם וְיִתְנַשֵּׂא
וְיִתְהַדָּר וְיִתְעַלֶּה וְיִתְהַלָּל
שְׁמֵהּ דְּקֻדְשָׁא בְּרִיךְ הוּא (קהל: בְּרִיךְ הוּא)
לְעֵלָּא מִן כָּל בִּרְכָתָא וְשִׁירָתָא, תֻּשְׁבְּחָתָא וְנֶחֱמָתָא
דַּאֲמִירָן בְּעָלְמָא, וְאִמְרוּ אָמֵן. (קהל: אָמֵן)

עמידה

״המתפלל צריך שיכוין בלבו פירוש המלות שמוציא בשפתיו; ויחשוב כאלו שכינה כנגדו ויסיר כל המחשבות הטורדות אותו עד שתשאר מחשבתו וכוונתו זכה בתפלתו״ (שו״ע צח, א).

פוסע שלוש פסיעות לפנים, כמי שנכנס לפני המלך. עומד ומתפלל בלחש מכאן ועד ׳וּכְשָׁנִים קַדְמֹנִיּוֹת׳ בעמ׳ 255.

כורע במקומות המסומנים ב׳, קד לפנים במילה הבאה וזוקף בשם.

אֲדֹנָי, שְׂפָתַי תִּפְתָּח, וּפִי יַגִּיד תְּהִלָּתֶךָ׃ תהלים נא

אבות

׳בָּרוּךְ אַתָּה יהוה, אֱלֹהֵינוּ וֵאלֹהֵי אֲבוֹתֵינוּ
אֱלֹהֵי אַבְרָהָם, אֱלֹהֵי יִצְחָק, וֵאלֹהֵי יַעֲקֹב
הָאֵל הַגָּדוֹל הַגִּבּוֹר וְהַנּוֹרָא, אֵל עֶלְיוֹן
גּוֹמֵל חֲסָדִים טוֹבִים, וְקוֹנֵה הַכֹּל, וְזוֹכֵר חַסְדֵי אָבוֹת
וּמֵבִיא גוֹאֵל לִבְנֵי בְנֵיהֶם לְמַעַן שְׁמוֹ בְּאַהֲבָה.
מֶלֶךְ עוֹזֵר וּמוֹשִׁיעַ וּמָגֵן.
׳בָּרוּךְ אַתָּה יהוה, מָגֵן אַבְרָהָם.

גבורות

אַתָּה גִּבּוֹר לְעוֹלָם, אֲדֹנָי
מְחַיֵּה מֵתִים אַתָּה, רַב לְהוֹשִׁיעַ
בארץ ישראל: מוֹרִיד הַטָּל
מְכַלְכֵּל חַיִּים בְּחֶסֶד, מְחַיֵּה מֵתִים בְּרַחֲמִים רַבִּים
סוֹמֵךְ נוֹפְלִים, וְרוֹפֵא חוֹלִים, וּמַתִּיר אֲסוּרִים
וּמְקַיֵּם אֱמוּנָתוֹ לִישֵׁנֵי עָפָר.
מִי כָמוֹךָ, בַּעַל גְּבוּרוֹת, וּמִי דּוֹמֶה לָּךְ
מֶלֶךְ, מֵמִית וּמְחַיֶּה וּמַצְמִיחַ יְשׁוּעָה.
וְנֶאֱמָן אַתָּה לְהַחֲיוֹת מֵתִים.
בָּרוּךְ אַתָּה יהוה, מְחַיֵּה הַמֵּתִים.

קדושת השם

אַתָּה קָדוֹשׁ וְשִׁמְךָ קָדוֹשׁ
וּקְדוֹשִׁים בְּכָל יוֹם יְהַלְלוּךָ סֶּלָה.
בָּרוּךְ אַתָּה יהוה, הָאֵל הַקָּדוֹשׁ.

דעת

אַתָּה חוֹנֵן לְאָדָם דַּעַת, וּמְלַמֵּד לֶאֱנוֹשׁ בִּינָה.
חָנֵּנוּ מֵאִתְּךָ דֵּעָה בִּינָה וְהַשְׂכֵּל.
בָּרוּךְ אַתָּה יהוה, חוֹנֵן הַדָּעַת.

תשובה

הֲשִׁיבֵנוּ אָבִינוּ לְתוֹרָתֶךָ, וְקָרְבֵנוּ מַלְכֵּנוּ לַעֲבוֹדָתֶךָ
וְהַחֲזִירֵנוּ בִּתְשׁוּבָה שְׁלֵמָה לְפָנֶיךָ.
בָּרוּךְ אַתָּה יהוה, הָרוֹצֶה בִּתְשׁוּבָה.

סליחה

נוהגים להכות כנגד הלב במקומות המסומנים ב°.

סְלַח לָנוּ אָבִינוּ כִּי °חָטָאנוּ
מְחַל לָנוּ מַלְכֵּנוּ כִּי °פָשָׁעְנוּ
כִּי מוֹחֵל וְסוֹלֵחַ אָתָּה.
בָּרוּךְ אַתָּה יהוה, חַנּוּן הַמַּרְבֶּה לִסְלֹחַ.

גאולה

רְאֵה בְעָנְיֵנוּ, וְרִיבָה רִיבֵנוּ
וּגְאָלֵנוּ מְהֵרָה לְמַעַן שְׁמֶךָ
כִּי גּוֹאֵל חָזָק אָתָּה.
בָּרוּךְ אַתָּה יהוה, גּוֹאֵל יִשְׂרָאֵל.

רפואה

רְפָאֵנוּ יהוה וְנֵרָפֵא
הוֹשִׁיעֵנוּ וְנִוָּשֵׁעָה
כִּי תְהִלָּתֵנוּ אָתָּה
וְהַעֲלֵה רְפוּאָה שְׁלֵמָה לְכָל מַכּוֹתֵינוּ

המתפלל על חולה מוסיף:

יְהִי רָצוֹן מִלְּפָנֶיךָ יהוה אֱלֹהַי וֵאלֹהֵי אֲבוֹתַי, שֶׁתִּשְׁלַח מְהֵרָה רְפוּאָה שְׁלֵמָה מִן הַשָּׁמַיִם, רְפוּאַת הַנֶּפֶשׁ וּרְפוּאַת הַגּוּף, לַחוֹלֶה פלוני בֶּן פלונית/ לַחוֹלָה פלונית בַּת פלונית בְּתוֹךְ שְׁאָר חוֹלֵי יִשְׂרָאֵל

כִּי אֵל מֶלֶךְ רוֹפֵא נֶאֱמָן וְרַחֲמָן אָתָּה.
בָּרוּךְ אַתָּה יהוה, רוֹפֵא חוֹלֵי עַמּוֹ יִשְׂרָאֵל.

ברכת השנים

בָּרֵךְ עָלֵינוּ יהוה אֱלֹהֵינוּ אֶת הַשָּׁנָה הַזֹּאת
וְאֶת כָּל מִינֵי תְבוּאָתָהּ, לְטוֹבָה
וְתֵן בְּרָכָה עַל פְּנֵי הָאֲדָמָה, וְשַׂבְּעֵנוּ מִטּוּבָהּ
וּבָרֵךְ שְׁנָתֵנוּ כַּשָּׁנִים הַטּוֹבוֹת.
בָּרוּךְ אַתָּה יהוה, מְבָרֵךְ הַשָּׁנִים.

קיבוץ גלויות

תְּקַע בְּשׁוֹפָר גָּדוֹל לְחֵרוּתֵנוּ
וְשָׂא נֵס לְקַבֵּץ גָּלֻיּוֹתֵינוּ
וְקַבְּצֵנוּ יַחַד מֵאַרְבַּע כַּנְפוֹת הָאָרֶץ.
בָּרוּךְ אַתָּה יהוה
מְקַבֵּץ נִדְחֵי עַמּוֹ יִשְׂרָאֵל.

השבת המשפט

הָשִׁיבָה שׁוֹפְטֵינוּ כְּבָרִאשׁוֹנָה
וְיוֹעֲצֵינוּ כְּבַתְּחִלָּה
וְהָסֵר מִמֶּנּוּ יָגוֹן וַאֲנָחָה
וּמְלֹךְ עָלֵינוּ אַתָּה יהוה לְבַדְּךָ בְּחֶסֶד וּבְרַחֲמִים
וְצַדְּקֵנוּ בַּמִּשְׁפָּט.
בָּרוּךְ אַתָּה יהוה
מֶלֶךְ אוֹהֵב צְדָקָה וּמִשְׁפָּט.

ברכת המינים

וְלַמַּלְשִׁינִים אַל תְּהִי תִקְוָה
וְכָל הָרִשְׁעָה כְּרֶגַע תֹּאבֵד
וְכָל אוֹיְבֵי עַמְּךָ מְהֵרָה יִכָּרֵתוּ
וְהַזֵּדִים מְהֵרָה
תְעַקֵּר וּתְשַׁבֵּר וּתְמַגֵּר וְתַכְנִיעַ
בִּמְהֵרָה בְיָמֵינוּ.
בָּרוּךְ אַתָּה יהוה
שׁוֹבֵר אוֹיְבִים וּמַכְנִיעַ זֵדִים.

על הצדיקים

עַל הַצַּדִּיקִים וְעַל הַחֲסִידִים
וְעַל זִקְנֵי עַמְּךָ בֵּית יִשְׂרָאֵל
וְעַל פְּלֵיטַת סוֹפְרֵיהֶם
וְעַל גֵּרֵי הַצֶּדֶק, וְעָלֵינוּ
יֶהֱמוּ רַחֲמֶיךָ יהוה אֱלֹהֵינוּ

וְתֵן שָׂכָר טוֹב לְכָל הַבּוֹטְחִים בְּשִׁמְךָ בֶּאֱמֶת
וְשִׂים חֶלְקֵנוּ עִמָּהֶם
וּלְעוֹלָם לֹא נֵבוֹשׁ כִּי בְךָ בָּטָחְנוּ.
בָּרוּךְ אַתָּה יהוה, מִשְׁעָן וּמִבְטָח לַצַּדִּיקִים.

בניין ירושלים
וְלִירוּשָׁלַיִם עִירְךָ בְּרַחֲמִים תָּשׁוּב
וְתִשְׁכֹּן בְּתוֹכָהּ כַּאֲשֶׁר דִּבַּרְתָּ
וּבְנֵה אוֹתָהּ בְּקָרוֹב בְּיָמֵינוּ בִּנְיַן עוֹלָם
וְכִסֵּא דָוִד מְהֵרָה לְתוֹכָהּ תָּכִין.
בָּרוּךְ אַתָּה יהוה, בּוֹנֵה יְרוּשָׁלָיִם.

משיח בן דוד
אֶת צֶמַח דָּוִד עַבְדְּךָ מְהֵרָה תַצְמִיחַ
וְקַרְנוֹ תָּרוּם בִּישׁוּעָתֶךָ
כִּי לִישׁוּעָתְךָ קִוִּינוּ כָּל הַיּוֹם.
בָּרוּךְ אַתָּה יהוה, מַצְמִיחַ קֶרֶן יְשׁוּעָה.

שומע תפילה
שְׁמַע קוֹלֵנוּ יהוה אֱלֹהֵינוּ
חוּס וְרַחֵם עָלֵינוּ
וְקַבֵּל בְּרַחֲמִים וּבְרָצוֹן אֶת תְּפִלָּתֵנוּ
כִּי אֵל שׁוֹמֵעַ תְּפִלּוֹת וְתַחֲנוּנִים אָתָּה
וּמִלְּפָנֶיךָ מַלְכֵּנוּ רֵיקָם אַל תְּשִׁיבֵנוּ
כִּי אַתָּה שׁוֹמֵעַ תְּפִלַּת עַמְּךָ יִשְׂרָאֵל בְּרַחֲמִים.
בָּרוּךְ אַתָּה יהוה, שׁוֹמֵעַ תְּפִלָּה.

עבודה

רְצֵה יהוה אֱלֹהֵינוּ בְּעַמְּךָ יִשְׂרָאֵל וּבִתְפִלָּתָם
וְהָשֵׁב אֶת הָעֲבוֹדָה לִדְבִיר בֵּיתֶךָ
וְאִשֵּׁי יִשְׂרָאֵל וּתְפִלָּתָם בְּאַהֲבָה תְקַבֵּל בְּרָצוֹן
וּתְהִי לְרָצוֹן תָּמִיד עֲבוֹדַת יִשְׂרָאֵל עַמֶּךָ.
וְתֶחֱזֶינָה עֵינֵינוּ בְּשׁוּבְךָ לְצִיּוֹן בְּרַחֲמִים.
בָּרוּךְ אַתָּה יהוה, הַמַּחֲזִיר שְׁכִינָתוֹ לְצִיּוֹן.

הודאה

כורע ב׳מודים׳ ואינו זוקף עד אמירת השם.

ימוֹדִים אֲנַחְנוּ לָךְ
שָׁאַתָּה הוּא יהוה אֱלֹהֵינוּ וֵאלֹהֵי אֲבוֹתֵינוּ לְעוֹלָם וָעֶד.
צוּר חַיֵּינוּ, מָגֵן יִשְׁעֵנוּ, אַתָּה הוּא לְדוֹר וָדוֹר.
נוֹדֶה לְּךָ וּנְסַפֵּר תְּהִלָּתֶךָ
עַל חַיֵּינוּ הַמְּסוּרִים בְּיָדֶךָ
וְעַל נִשְׁמוֹתֵינוּ הַפְּקוּדוֹת לָךְ
וְעַל נִסֶּיךָ שֶׁבְּכָל יוֹם עִמָּנוּ
וְעַל נִפְלְאוֹתֶיךָ וְטוֹבוֹתֶיךָ שֶׁבְּכָל עֵת, עֶרֶב וָבֹקֶר וְצָהֳרָיִם.
הַטּוֹב, כִּי לֹא כָלוּ רַחֲמֶיךָ
וְהַמְרַחֵם, כִּי לֹא תַמּוּ חֲסָדֶיךָ
מֵעוֹלָם קִוִּינוּ לָךְ.
וְעַל כֻּלָּם יִתְבָּרַךְ וְיִתְרוֹמַם שִׁמְךָ מַלְכֵּנוּ תָּמִיד לְעוֹלָם וָעֶד.
וְכֹל הַחַיִּים יוֹדוּךָ סֶּלָה, וִיהַלְלוּ אֶת שִׁמְךָ בֶּאֱמֶת
הָאֵל יְשׁוּעָתֵנוּ וְעֶזְרָתֵנוּ סֶלָה.
יבָּרוּךְ אַתָּה יהוה, הַטּוֹב שִׁמְךָ וּלְךָ נָאֶה לְהוֹדוֹת.

שלום

שָׁלוֹם רָב עַל יִשְׂרָאֵל עַמְּךָ תָּשִׂים לְעוֹלָם
כִּי אַתָּה הוּא מֶלֶךְ אָדוֹן לְכָל הַשָּׁלוֹם.
וְטוֹב בְּעֵינֶיךָ לְבָרֵךְ אֶת עַמְּךָ יִשְׂרָאֵל
בְּכָל עֵת וּבְכָל שָׁעָה בִּשְׁלוֹמֶךָ.
בָּרוּךְ אַתָּה יהוה, הַמְבָרֵךְ אֶת עַמּוֹ יִשְׂרָאֵל בַּשָּׁלוֹם.

יש מוסיפים:

יִהְיוּ לְרָצוֹן אִמְרֵי־פִי וְהֶגְיוֹן לִבִּי לְפָנֶיךָ, יהוה צוּרִי וְגֹאֲלִי: תהלים יט

אֱלֹהַי ברכות יז.

נְצֹר לְשׁוֹנִי מֵרָע וּשְׂפָתַי מִדַּבֵּר מִרְמָה
וְלִמְקַלְלַי נַפְשִׁי תִדֹּם, וְנַפְשִׁי כֶּעָפָר לַכֹּל תִּהְיֶה.
פְּתַח לִבִּי בְּתוֹרָתֶךָ, וּבְמִצְוֹתֶיךָ תִּרְדֹּף נַפְשִׁי.
וְכָל הַחוֹשְׁבִים עָלַי רָעָה
מְהֵרָה הָפֵר עֲצָתָם וְקַלְקֵל מַחֲשַׁבְתָּם.
עֲשֵׂה לְמַעַן שְׁמֶךָ, עֲשֵׂה לְמַעַן יְמִינֶךָ
עֲשֵׂה לְמַעַן קְדֻשָּׁתֶךָ, עֲשֵׂה לְמַעַן תּוֹרָתֶךָ.
לְמַעַן יֵחָלְצוּן יְדִידֶיךָ, הוֹשִׁיעָה יְמִינְךָ וַעֲנֵנִי: תהלים ס
יִהְיוּ לְרָצוֹן אִמְרֵי־פִי וְהֶגְיוֹן לִבִּי לְפָנֶיךָ, יהוה צוּרִי וְגֹאֲלִי: תהלים יט

כורע ופוסע שלוש פסיעות לאחור. קד לשמאל, לימין ולפנים באמירת:

עֹשֶׂה שָׁלוֹם בִּמְרוֹמָיו
הוּא יַעֲשֶׂה שָׁלוֹם עָלֵינוּ וְעַל כָּל יִשְׂרָאֵל, וְאִמְרוּ אָמֵן.

יְהִי רָצוֹן מִלְּפָנֶיךָ יהוה אֱלֹהֵינוּ וֵאלֹהֵי אֲבוֹתֵינוּ
שֶׁיִּבָּנֶה בֵּית הַמִּקְדָּשׁ בִּמְהֵרָה בְיָמֵינוּ, וְתֵן חֶלְקֵנוּ בְּתוֹרָתֶךָ
וְשָׁם נַעֲבָדְךָ בְּיִרְאָה כִּימֵי עוֹלָם וּכְשָׁנִים קַדְמֹנִיּוֹת.
וְעָרְבָה לַיהוה מִנְחַת יְהוּדָה וִירוּשָׁלָםִ כִּימֵי עוֹלָם וּכְשָׁנִים קַדְמֹנִיּוֹת: מלאכי ג

סיום התפילה • ערבית לחול

בבתי כנסת המתפללים בנוסח ספרד, אומרים אחרי הקדיש השלם
את מזמור קכא (עמ' 261) קדיש יתום, 'בָּרְכוּ', 'עָלֵינוּ' וקדיש יתום.

קדיש שלם

ש״ץ: יִתְגַּדַּל וְיִתְקַדַּשׁ שְׁמֵהּ רַבָּא (קהל: אָמֵן)
בְּעָלְמָא דִּי בְרָא כִרְעוּתֵהּ
וְיַמְלִיךְ מַלְכוּתֵהּ
בְּחַיֵּיכוֹן וּבְיוֹמֵיכוֹן וּבְחַיֵּי דְכָל בֵּית יִשְׂרָאֵל
בַּעֲגָלָא וּבִזְמַן קָרִיב, וְאִמְרוּ אָמֵן. (קהל: אָמֵן)

קהל וש״ץ: יְהֵא שְׁמֵהּ רַבָּא מְבָרַךְ לְעָלַם וּלְעָלְמֵי עָלְמַיָּא.

ש״ץ: יִתְבָּרַךְ וְיִשְׁתַּבַּח וְיִתְפָּאַר וְיִתְרוֹמַם וְיִתְנַשֵּׂא
וְיִתְהַדָּר וְיִתְעַלֶּה וְיִתְהַלָּל
שְׁמֵהּ דְּקֻדְשָׁא בְּרִיךְ הוּא (קהל: בְּרִיךְ הוּא)
לְעֵלָּא מִן כָּל בִּרְכָתָא וְשִׁירָתָא, תֻּשְׁבְּחָתָא וְנֶחֱמָתָא
דַּאֲמִירָן בְּעָלְמָא, וְאִמְרוּ אָמֵן. (קהל: אָמֵן)

תִּתְקַבַּל צְלוֹתְהוֹן וּבָעוּתְהוֹן דְּכָל יִשְׂרָאֵל
קֳדָם אֲבוּהוֹן דִּי בִשְׁמַיָּא, וְאִמְרוּ אָמֵן. (קהל: אָמֵן)

יְהֵא שְׁלָמָא רַבָּא מִן שְׁמַיָּא
וְחַיִּים, עָלֵינוּ וְעַל כָּל יִשְׂרָאֵל, וְאִמְרוּ אָמֵן. (קהל: אָמֵן)

כורע ופוסע שלוש פסיעות לאחור. קד לשמאל, לימין ולפנים באמירת:

עֹשֶׂה שָׁלוֹם בִּמְרוֹמָיו
הוּא יַעֲשֶׂה שָׁלוֹם עָלֵינוּ וְעַל כָּל יִשְׂרָאֵל, וְאִמְרוּ אָמֵן. (קהל: אָמֵן)

אומרים 'עָלֵינוּ' בעמידה ומשתחווים במקום המסומן ב׳.

עָלֵינוּ לְשַׁבֵּחַ לַאֲדוֹן הַכֹּל, לָתֵת גְּדֻלָּה לְיוֹצֵר בְּרֵאשִׁית
שֶׁלֹּא עָשָׂנוּ כְּגוֹיֵי הָאֲרָצוֹת, וְלֹא שָׂמָנוּ כְּמִשְׁפְּחוֹת הָאֲדָמָה
שֶׁלֹּא שָׂם חֶלְקֵנוּ כָּהֶם וְגוֹרָלֵנוּ כְּכָל הֲמוֹנָם.

שֶׁהֵם מִשְׁתַּחֲוִים לְהֶבֶל וָרִיק וּמִתְפַּלְלִים אֶל אֵל לֹא יוֹשִׁיעַ.
וַאֲנַחְנוּ כּוֹרְעִים וּמִשְׁתַּחֲוִים וּמוֹדִים
לִפְנֵי מֶלֶךְ מַלְכֵי הַמְּלָכִים, הַקָּדוֹשׁ בָּרוּךְ הוּא
שֶׁהוּא נוֹטֶה שָׁמַיִם וְיוֹסֵד אָרֶץ
וּמוֹשַׁב יְקָרוֹ בַּשָּׁמַיִם מִמַּעַל, וּשְׁכִינַת עֻזּוֹ בְּגָבְהֵי מְרוֹמִים.
הוּא אֱלֹהֵינוּ, אֵין עוֹד.
אֱמֶת מַלְכֵּנוּ, אֶפֶס זוּלָתוֹ
כַּכָּתוּב בְּתוֹרָתוֹ
וְיָדַעְתָּ הַיּוֹם וַהֲשֵׁבֹתָ אֶל־לְבָבֶךָ דברים ד
כִּי יהוה הוּא הָאֱלֹהִים בַּשָּׁמַיִם מִמַּעַל וְעַל־הָאָרֶץ מִתָּחַת, אֵין עוֹד:

עַל כֵּן נְקַוֶּה לְּךָ יהוה אֱלֹהֵינוּ, לִרְאוֹת מְהֵרָה בְּתִפְאֶרֶת עֻזֶּךָ
לְהַעֲבִיר גִּלּוּלִים מִן הָאָרֶץ, וְהָאֱלִילִים כָּרוֹת יִכָּרֵתוּן
לְתַקֵּן עוֹלָם בְּמַלְכוּת שַׁדַּי.
וְכָל בְּנֵי בָשָׂר יִקְרְאוּ בִשְׁמֶךָ לְהַפְנוֹת אֵלֶיךָ כָּל רִשְׁעֵי אָרֶץ.
יַכִּירוּ וְיֵדְעוּ כָּל יוֹשְׁבֵי תֵבֵל
כִּי לְךָ תִּכְרַע כָּל בֶּרֶךְ, תִּשָּׁבַע כָּל לָשׁוֹן.
לְפָנֶיךָ יהוה אֱלֹהֵינוּ יִכְרְעוּ וְיִפֹּלוּ, וְלִכְבוֹד שִׁמְךָ יְקָר יִתֵּנוּ
וִיקַבְּלוּ כֻלָּם אֶת עֹל מַלְכוּתֶךָ
וְתִמְלֹךְ עֲלֵיהֶם מְהֵרָה לְעוֹלָם וָעֶד.
כִּי הַמַּלְכוּת שֶׁלְּךָ הִיא וּלְעוֹלְמֵי עַד תִּמְלֹךְ בְּכָבוֹד
כַּכָּתוּב בְּתוֹרָתֶךָ, יהוה יִמְלֹךְ לְעֹלָם וָעֶד: שמות טו
◄ וְנֶאֱמַר, וְהָיָה יהוה לְמֶלֶךְ עַל־כָּל־הָאָרֶץ זכריה יד
בַּיּוֹם הַהוּא יִהְיֶה יהוה אֶחָד וּשְׁמוֹ אֶחָד:

יש מוסיפים:

אַל־תִּירָא מִפַּחַד פִּתְאֹם וּמִשֹּׁאַת רְשָׁעִים כִּי תָבֹא: משלי ג
עֻצוּ עֵצָה וְתֻפָר, דַּבְּרוּ דָבָר וְלֹא יָקוּם, כִּי עִמָּנוּ אֵל: ישעיה ח
וְעַד־זִקְנָה אֲנִי הוּא, וְעַד־שֵׂיבָה אֲנִי אֶסְבֹּל אֲנִי עָשִׂיתִי וַאֲנִי אֶשָּׂא וַאֲנִי אֶסְבֹּל וַאֲמַלֵּט: ישעיה מו

קדיש יתום

אבל: יִתְגַּדַּל וְיִתְקַדַּשׁ שְׁמֵהּ רַבָּא (קהל: אָמֵן)
בְּעָלְמָא דִּי בְרָא כִרְעוּתֵהּ
וְיַמְלִיךְ מַלְכוּתֵהּ
בְּחַיֵּיכוֹן וּבְיוֹמֵיכוֹן וּבְחַיֵּי דְכָל בֵּית יִשְׂרָאֵל
בַּעֲגָלָא וּבִזְמַן קָרִיב, וְאִמְרוּ אָמֵן. (קהל: אָמֵן)

קהל
ואבל: יְהֵא שְׁמֵהּ רַבָּא מְבָרַךְ לְעָלַם וּלְעָלְמֵי עָלְמַיָּא.

אבל: יִתְבָּרַךְ וְיִשְׁתַּבַּח וְיִתְפָּאַר וְיִתְרוֹמַם וְיִתְנַשֵּׂא
וְיִתְהַדָּר וְיִתְעַלֶּה וְיִתְהַלָּל
שְׁמֵהּ דְּקֻדְשָׁא בְּרִיךְ הוּא (קהל: בְּרִיךְ הוּא)
לְעֵלָּא מִן כָּל בִּרְכָתָא וְשִׁירָתָא, תֻּשְׁבְּחָתָא וְנֶחֱמָתָא
דַּאֲמִירָן בְּעָלְמָא, וְאִמְרוּ אָמֵן. (קהל: אָמֵן)

יְהֵא שְׁלָמָא רַבָּא מִן שְׁמַיָּא
וְחַיִּים, עָלֵינוּ וְעַל כָּל יִשְׂרָאֵל, וְאִמְרוּ אָמֵן. (קהל: אָמֵן)

כורע ופוסע שלוש פסיעות לאחור. קד לשמאל, לימין ולפנים באמירת:

עֹשֶׂה שָׁלוֹם בִּמְרוֹמָיו
הוּא יַעֲשֶׂה שָׁלוֹם
עָלֵינוּ וְעַל כָּל יִשְׂרָאֵל, וְאִמְרוּ אָמֵן. (קהל: אָמֵן)

אם יש אדם בקהל שלא שמע בָּרְכוּ לפני התפילה,
האומר קדיש מוסיף (ריב"ש):

בָּרְכוּ אֶת יהוה הַמְבֹרָךְ.

והקהל עונה:

בָּרוּךְ יהוה הַמְבֹרָךְ לְעוֹלָם וָעֶד.

סדר הבדלה

אם תשעה באב חל ביום ראשון, מבדילים על הכוס –
אך לא על הבשמים או על הנר (טור, תקנו בשם בה"ג).

המבדיל לאחרים, מוסיף:

סַבְרִי מָרָנָן

בָּרוּךְ אַתָּה יהוה אֱלֹהֵינוּ מֶלֶךְ הָעוֹלָם, בּוֹרֵא פְּרִי הַגָּפֶן.

בָּרוּךְ אַתָּה יהוה אֱלֹהֵינוּ מֶלֶךְ הָעוֹלָם
הַמַּבְדִּיל בֵּין קֹדֶשׁ לְחֹל, בֵּין אוֹר לְחֹשֶׁךְ
בֵּין יִשְׂרָאֵל לָעַמִּים, בֵּין יוֹם הַשְּׁבִיעִי לְשֵׁשֶׁת יְמֵי הַמַּעֲשֶׂה.
בָּרוּךְ אַתָּה יהוה, הַמַּבְדִּיל בֵּין קֹדֶשׁ לְחֹל.

קידוש לבנה

נוהגים לקדש את הלבנה במוצאי תשעה באב (דה"ח רח, א).
אומרים קידוש לבנה תחת כיפת השמים בזמן שהלבנה נראית.

תהלים קמח

הַלְלוּיָהּ, הַלְלוּ אֶת־יהוה מִן־הַשָּׁמַיִם, הַלְלוּהוּ בַּמְּרוֹמִים:
הַלְלוּהוּ כָל־מַלְאָכָיו, הַלְלוּהוּ כָּל־צְבָאָו: הַלְלוּהוּ שֶׁמֶשׁ וְיָרֵחַ,
הַלְלוּהוּ כָּל־כּוֹכְבֵי אוֹר: הַלְלוּהוּ שְׁמֵי הַשָּׁמָיִם, וְהַמַּיִם אֲשֶׁר
מֵעַל הַשָּׁמָיִם: יְהַלְלוּ אֶת־שֵׁם יהוה, כִּי הוּא צִוָּה וְנִבְרָאוּ:
וַיַּעֲמִידֵם לָעַד לְעוֹלָם, חָק־נָתַן וְלֹא יַעֲבוֹר:

יש הנוהגים להוסיף פסוקים אלה בעקבות מנהג הספרדים.

תהלים ח

כִּי־אֶרְאֶה שָׁמֶיךָ מַעֲשֵׂה אֶצְבְּעֹתֶיךָ
יָרֵחַ וְכוֹכָבִים אֲשֶׁר כּוֹנָנְתָּה:
מָה־אֱנוֹשׁ כִּי־תִזְכְּרֶנּוּ
וּבֶן־אָדָם כִּי תִפְקְדֶנּוּ:

260 קידוש לבנה · ערבית לחול

מסתכל בלבנה ומברך:

בָּרוּךְ אַתָּה יהוה אֱלֹהֵינוּ מֶלֶךְ הָעוֹלָם, אֲשֶׁר בְּמַאֲמָרוֹ בָּרָא שְׁחָקִים, וּבְרוּחַ פִּיו כָּל צְבָאָם, חֹק וּזְמַן נָתַן לָהֶם שֶׁלֹּא יְשַׁנּוּ אֶת תַּפְקִידָם. שָׂשִׂים וּשְׂמֵחִים לַעֲשׂוֹת רְצוֹן קוֹנָם, פּוֹעֵל אֱמֶת שֶׁפְּעֻלָּתוֹ אֱמֶת. וְלַלְּבָנָה אָמַר שֶׁתִּתְחַדֵּשׁ, עֲטֶרֶת תִּפְאֶרֶת לַעֲמוּסֵי בָטֶן, שֶׁהֵם עֲתִידִים לְהִתְחַדֵּשׁ כְּמוֹתָהּ וּלְפָאֵר לְיוֹצְרָם עַל שֵׁם כְּבוֹד מַלְכוּתוֹ. בָּרוּךְ אַתָּה יהוה, מְחַדֵּשׁ חֳדָשִׁים.

אומר שלוש פעמים כל פסוק מן הפסוקים הבאים (מסכת סופרים):

בָּרוּךְ יוֹצְרֵךְ, בָּרוּךְ עוֹשֵׂךְ, בָּרוּךְ קוֹנֵךְ, בָּרוּךְ בּוֹרְאֵךְ.

מרקד כנגד הלבנה שלוש פעמים, ובכל פעם אומר:

כְּשֵׁם שֶׁאֲנִי רוֹקֵד כְּנֶגְדֵּךְ וְאֵינִי יָכוֹל לִנְגֹּעַ בָּךְ
כָּךְ לֹא יוּכְלוּ כָּל אוֹיְבַי לִנְגֹּעַ בִּי לְרָעָה.

תִּפֹּל עֲלֵיהֶם אֵימָתָה וָפַחַד, בִּגְדֹל זְרוֹעֲךָ יִדְּמוּ כָּאָבֶן: שמות טו

אומר את הפסוק הקודם גם בסדר הפוך (סידור הרוקח):

כָּאָבֶן יִדְּמוּ זְרוֹעֲךָ בִּגְדֹל, וָפַחַד אֵימָתָה עֲלֵיהֶם תִּפֹּל.

ומזכיר את מלכות דוד, שנמשלה ללבנה
(רמ"א תקכו, א, על פי רבינו בחיי לבראשית לח, ל):

דָּוִד מֶלֶךְ יִשְׂרָאֵל חַי וְקַיָּם.

מברך שלוש פעמים את חברו או שלושה אנשים שונים (מסכת סופרים):

שָׁלוֹם עֲלֵיכֶם.

ועונים לו:

עֲלֵיכֶם שָׁלוֹם.

ואומר שלוש פעמים:

סִימָן טוֹב וּמַזָּל טוֹב יְהֵא לָנוּ וּלְכָל יִשְׂרָאֵל, אָמֵן.

נהגו להוסיף פסוקים אלה, על פי מנהג ר׳ יהודה החסיד (מובא במג״א, תכו, י).

קוֹל דּוֹדִי הִנֵּה־זֶה בָּא, מְדַלֵּג עַל־הֶהָרִים, מְקַפֵּץ עַל־הַגְּבָעוֹת: דּוֹמֶה דוֹדִי לִצְבִי אוֹ לְעֹפֶר הָאַיָּלִים, הִנֵּה־זֶה עוֹמֵד אַחַר כָּתְלֵנוּ, מַשְׁגִּיחַ מִן־הַחַלֹּנוֹת, מֵצִיץ מִן־הַחֲרַכִּים: שיר השירים ב

נהגו להוסיף שני מזמורים אלה (מג״א שם בשם השל״ה).

שִׁיר לַמַּעֲלוֹת, אֶשָּׂא עֵינַי אֶל־הֶהָרִים, מֵאַיִן יָבֹא עֶזְרִי: עֶזְרִי מֵעִם יהוה, עֹשֵׂה שָׁמַיִם וָאָרֶץ: אַל־יִתֵּן לַמּוֹט רַגְלֶךָ, אַל־יָנוּם שֹׁמְרֶךָ: הִנֵּה לֹא־יָנוּם וְלֹא יִישָׁן, שׁוֹמֵר יִשְׂרָאֵל: יהוה שֹׁמְרֶךָ, יהוה צִלְּךָ עַל־יַד יְמִינֶךָ: יוֹמָם הַשֶּׁמֶשׁ לֹא־יַכֶּכָּה, וְיָרֵחַ בַּלָּיְלָה: יהוה יִשְׁמָרְךָ מִכָּל־רָע, יִשְׁמֹר אֶת־נַפְשֶׁךָ: יהוה יִשְׁמָר־צֵאתְךָ וּבוֹאֶךָ, מֵעַתָּה וְעַד־עוֹלָם: תהלים קכא

הַלְלוּיָהּ, הַלְלוּ־אֵל בְּקָדְשׁוֹ, הַלְלוּהוּ בִּרְקִיעַ עֻזּוֹ: הַלְלוּהוּ בִגְבוּרֹתָיו, הַלְלוּהוּ כְּרֹב גֻּדְלוֹ: הַלְלוּהוּ בְּתֵקַע שׁוֹפָר, הַלְלוּהוּ בְּנֵבֶל וְכִנּוֹר: הַלְלוּהוּ בְּתֹף וּמָחוֹל, הַלְלוּהוּ בְּמִנִּים וְעֻגָב: הַלְלוּהוּ בְצִלְצְלֵי־שָׁמַע, הַלְלוּהוּ בְּצִלְצְלֵי תְרוּעָה: כֹּל הַנְּשָׁמָה תְּהַלֵּל יָהּ, הַלְלוּיָהּ: תהלים קנ

תָּנָא דְבֵי רַבִּי יִשְׁמָעֵאל: אִלְמָלֵי לֹא זָכוּ יִשְׂרָאֵל אֶלָּא לְהַקְבִּיל פְּנֵי אֲבִיהֶם שֶׁבַּשָּׁמַיִם פַּעַם אַחַת בַּחֹדֶשׁ, דַּיָּם. אָמַר אַבַּיֵּי: הִלְכָּךְ צָרִיךְ לְמֵימְרָא מְעֻמָּד. מִי זֹאת עֹלָה מִן־הַמִּדְבָּר, מִתְרַפֶּקֶת עַל־דּוֹדָהּ: סנהדרין מב. שיר השירים ח

וִיהִי רָצוֹן מִלְּפָנֶיךָ יהוה אֱלֹהַי וֵאלֹהֵי אֲבוֹתַי, לְמַלֹּאת פְּגִימַת הַלְּבָנָה וְלֹא יִהְיֶה בָּהּ שׁוּם מִעוּט. וִיהִי אוֹר הַלְּבָנָה כְּאוֹר הַחַמָּה וּכְאוֹר שִׁבְעַת יְמֵי בְרֵאשִׁית, כְּמוֹ שֶׁהָיְתָה קֹדֶם מִעוּטָהּ, שֶׁנֶּאֱמַר: אֶת־שְׁנֵי הַמְּאֹרֹת הַגְּדֹלִים: וְיִתְקַיֵּם בָּנוּ מִקְרָא שֶׁכָּתוּב: וּבִקְשׁוּ אֶת־יהוה אֱלֹהֵיהֶם וְאֵת דָּוִיד מַלְכָּם: אָמֵן. בראשית א הושע ג

תהלים סז
לַמְנַצֵּחַ בִּנְגִינֹת, מִזְמוֹר שִׁיר: אֱלֹהִים יְחָנֵּנוּ וִיבָרְכֵנוּ, יָאֵר פָּנָיו אִתָּנוּ סֶלָה: לָדַעַת בָּאָרֶץ דַּרְכֶּךָ, בְּכָל־גּוֹיִם יְשׁוּעָתֶךָ: יוֹדוּךָ עַמִּים אֱלֹהִים, יוֹדוּךָ עַמִּים כֻּלָּם: יִשְׂמְחוּ וִירַנְּנוּ לְאֻמִּים, כִּי־תִשְׁפֹּט עַמִּים מִישֹׁר, וּלְאֻמִּים בָּאָרֶץ תַּנְחֵם סֶלָה: יוֹדוּךָ עַמִּים אֱלֹהִים, יוֹדוּךָ עַמִּים כֻּלָּם: אֶרֶץ נָתְנָה יְבוּלָהּ, יְבָרְכֵנוּ אֱלֹהִים אֱלֹהֵינוּ: יְבָרְכֵנוּ אֱלֹהִים, וְיִירְאוּ אוֹתוֹ כָּל־אַפְסֵי־אָרֶץ:

אומרים 'עָלֵינוּ' בעמידה ומשתחווים במקום המסומן ב־*.

עָלֵינוּ לְשַׁבֵּחַ לַאֲדוֹן הַכֹּל, לָתֵת גְּדֻלָּה לְיוֹצֵר בְּרֵאשִׁית, שֶׁלֹּא עָשָׂנוּ כְּגוֹיֵי הָאֲרָצוֹת, וְלֹא שָׂמָנוּ כְּמִשְׁפְּחוֹת הָאֲדָמָה, שֶׁלֹּא שָׂם חֶלְקֵנוּ כָּהֶם וְגוֹרָלֵנוּ כְּכָל הֲמוֹנָם. שֶׁהֵם מִשְׁתַּחֲוִים לְהֶבֶל וָרִיק וּמִתְפַּלְלִים אֶל אֵל לֹא יוֹשִׁיעַ. *וַאֲנַחְנוּ כּוֹרְעִים וּמִשְׁתַּחֲוִים וּמוֹדִים, לִפְנֵי מֶלֶךְ מַלְכֵי הַמְּלָכִים, הַקָּדוֹשׁ בָּרוּךְ הוּא, שֶׁהוּא נוֹטֶה שָׁמַיִם וְיוֹסֵד אָרֶץ, וּמוֹשַׁב יְקָרוֹ בַּשָּׁמַיִם מִמַּעַל, וּשְׁכִינַת עֻזּוֹ בְּגָבְהֵי מְרוֹמִים. הוּא אֱלֹהֵינוּ, אֵין עוֹד. אֱמֶת מַלְכֵּנוּ, אֶפֶס
דברים ד
זוּלָתוֹ, כַּכָּתוּב בְּתוֹרָתוֹ, וְיָדַעְתָּ הַיּוֹם וַהֲשֵׁבֹתָ אֶל־לְבָבֶךָ, כִּי יהוה הוּא הָאֱלֹהִים בַּשָּׁמַיִם מִמַּעַל וְעַל־הָאָרֶץ מִתָּחַת, אֵין עוֹד:

עַל כֵּן נְקַוֶּה לְּךָ יהוה אֱלֹהֵינוּ, לִרְאוֹת מְהֵרָה בְּתִפְאֶרֶת עֻזֶּךָ, לְהַעֲבִיר גִּלּוּלִים מִן הָאָרֶץ, וְהָאֱלִילִים כָּרוֹת יִכָּרֵתוּן, לְתַקֵּן עוֹלָם בְּמַלְכוּת שַׁדַּי. וְכָל בְּנֵי בָשָׂר יִקְרְאוּ בִשְׁמֶךָ לְהַפְנוֹת אֵלֶיךָ כָּל רִשְׁעֵי אָרֶץ. יַכִּירוּ וְיֵדְעוּ כָּל יוֹשְׁבֵי תֵבֵל, כִּי לְךָ תִּכְרַע כָּל בֶּרֶךְ, תִּשָּׁבַע כָּל לָשׁוֹן. לְפָנֶיךָ יהוה אֱלֹהֵינוּ יִכְרְעוּ וְיִפֹּלוּ, וְלִכְבוֹד שִׁמְךָ יְקָר יִתֵּנוּ, וִיקַבְּלוּ כֻלָּם אֶת עֹל מַלְכוּתֶךָ וְתִמְלֹךְ עֲלֵיהֶם מְהֵרָה לְעוֹלָם וָעֶד. כִּי הַמַּלְכוּת שֶׁלְּךָ הִיא וּלְעוֹלְמֵי עַד
שמות טו
תִּמְלֹךְ בְּכָבוֹד, כַּכָּתוּב בְּתוֹרָתֶךָ, יהוה יִמְלֹךְ לְעֹלָם וָעֶד: ◄ וְנֶאֱמַר, וְהָיָה
זכריה יד
יהוה לְמֶלֶךְ עַל־כָּל־הָאָרֶץ, בַּיּוֹם הַהוּא יִהְיֶה יהוה אֶחָד וּשְׁמוֹ אֶחָד:

יש מוסיפים:

משלי ג
אַל־תִּירָא מִפַּחַד פִּתְאֹם וּמִשֹּׁאַת רְשָׁעִים כִּי תָבֹא: עֻצוּ עֵצָה וְתֻפָר, דַּבְּרוּ דָבָר וְלֹא
ישעיה ח
יָקוּם, כִּי עִמָּנוּ אֵל: וְעַד־זִקְנָה אֲנִי הוּא, וְעַד־שֵׂיבָה אֲנִי אֶסְבֹּל, אֲנִי עָשִׂיתִי וַאֲנִי אֶשָּׂא
ישעיה מו
וַאֲנִי אֶסְבֹּל וַאֲמַלֵּט:

קדיש יתום

אם יש מניין, האבלים אומרים קדיש.

אבל: יִתְגַּדַּל וְיִתְקַדַּשׁ שְׁמֵהּ רַבָּא (קהל: אָמֵן)
בְּעָלְמָא דִּי בְרָא כִרְעוּתֵהּ
וְיַמְלִיךְ מַלְכוּתֵהּ
בְּחַיֵּיכוֹן וּבְיוֹמֵיכוֹן וּבְחַיֵּי דְכָל בֵּית יִשְׂרָאֵל
בַּעֲגָלָא וּבִזְמַן קָרִיב, וְאִמְרוּ אָמֵן. (קהל: אָמֵן)

קהל ואבל: יְהֵא שְׁמֵהּ רַבָּא מְבָרַךְ לְעָלַם וּלְעָלְמֵי עָלְמַיָּא.

אבל: יִתְבָּרַךְ וְיִשְׁתַּבַּח וְיִתְפָּאַר
וְיִתְרוֹמַם וְיִתְנַשֵּׂא וְיִתְהַדָּר וְיִתְעַלֶּה וְיִתְהַלָּל
שְׁמֵהּ דְּקֻדְשָׁא בְּרִיךְ הוּא (קהל: בְּרִיךְ הוּא)
לְעֵלָּא מִן כָּל בִּרְכָתָא וְשִׁירָתָא, תֻּשְׁבְּחָתָא וְנֶחֱמָתָא
דַּאֲמִירָן בְּעָלְמָא, וְאִמְרוּ אָמֵן. (קהל: אָמֵן)

יְהֵא שְׁלָמָא רַבָּא מִן שְׁמַיָּא
וְחַיִּים, עָלֵינוּ וְעַל כָּל יִשְׂרָאֵל, וְאִמְרוּ אָמֵן. (קהל: אָמֵן)

כורע ופוסע שלוש פסיעות לאחור. קד לשמאל, לימין ולפנים באמירת:

עֹשֶׂה שָׁלוֹם בִּמְרוֹמָיו
הוּא יַעֲשֶׂה שָׁלוֹם עָלֵינוּ וְעַל כָּל יִשְׂרָאֵל, וְאִמְרוּ אָמֵן. (קהל: אָמֵן)

נוהגים לשיר:

טוֹבִים מְאוֹרוֹת שֶׁבָּרָא אֱלֹהֵינוּ, יְצָרָם בְּדַעַת בְּבִינָה וּבְהַשְׂכֵּל
כֹּחַ וּגְבוּרָה נָתַן בָּהֶם, לִהְיוֹת מוֹשְׁלִים בְּקֶרֶב תֵּבֵל.

מְלֵאִים זִיו וּמְפִיקִים נֹגַהּ, נָאֶה זִיוָם בְּכָל הָעוֹלָם
שְׂמֵחִים בְּצֵאתָם וְשָׂשִׂים בְּבוֹאָם, עוֹשִׂים בְּאֵימָה רְצוֹן קוֹנָם.

פְּאֵר וְכָבוֹד נוֹתְנִים לִשְׁמוֹ, צָהֳלָה וְרִנָּה לְזֵכֶר מַלְכוּתוֹ
קָרָא לַשֶּׁמֶשׁ וַיִּזְרַח אוֹר, רָאָה וְהִתְקִין צוּרַת הַלְּבָנָה.

קינות על קדושי השואה

קינות על קדושי השואה

מו | הזוכר מזכיריו

קינה על החורבן האחרון מאת הרב שמעון שוואב, אב״ד דקהל ׳עדת ישורון׳, ניו יורק, אשר נמלט מגרמניה לפני מלחמת העולם. זו הקינה הנפוצה בארה״ב מבין הקינות על השואה, וגם בארץ יש האומרים אותה. בקהילתו של הרב שוואב הקינה נאמרה בליל תשעה באב, אך היום נוהגים לאומרה בבוקר.

הַזּוֹכֵר מַזְכִּירָיו, דּוֹר דּוֹר וּקְדוֹשָׁיו, מֵעֵת אֲשֶׁר אָז בְּחָרְתָּנוּ
יִזְכּוֹר דֵּרָאוֹן, שֶׁל דּוֹר אַחֲרוֹן, אוֹיָה מֶה הָיָה לָנוּ
שְׁטוּפֵי מַבּוּל דָּם, שֶׁמָּסְרוּ נַפְשׁוֹתָם, כָּל שְׁקוּעֵי עִמְקֵי הַבָּכָא
יִפְקְדֵם אֱלֹהִים, בְּאַרְצוֹת הַחַיִּים, וַעֲדֵי עַד זִכְרָם לִבְרָכָה.

שְׂאוּ אֵלָיו כַּפַּיִם, אֲהָהּ אֵי שָׁמַיִם, הוֹי עַל מֵיטַב שִׁבְטֵי יִשְׂרָאֵל
עֵדוֹת וּקְהִלּוֹת, עָרִים וּגְלִילוֹת, חֲבוּרוֹת, מוֹסָדוֹת, כָּל מוֹעֲדֵי אֵל
מִי יִתֵּן פַּלְגֵי מַיִם, תֵּרַדְנָה עֵינַיִם, אֶל אַשְׁדּוֹת נַחֲלֵי הַדְּמָעוֹת
עֲלֵי אַלְפֵי אֲלָפִים, גּוּפִים נִשְׂרָפִים, בְּמוֹ אֵשׁ הַחָרְבָּן וּזְוָעוֹת.

וְעַל שָׂרֵי הַתּוֹרָה, וּמַחֲזִיקֵי מְסוֹרָה, וְעַל פִּרְחֵי הַכְּהֻנָּה הַצְּעִירִים
וְעַל חוֹבְשֵׁי מִדְרָשׁוֹת, מוֹרִים וּמוֹרוֹת, תִּינוֹקוֹת בֵּית רַבָּן יַקִּירִים
עַל בָּנוֹת בּוֹטְחוֹת, סָבִים וְסָבוֹת, וְעַל זַרְעָם וְטַפָּם שֶׁיָּלְדוּ
וְגַם לְרַבּוֹת, רִבְבוֹת, נֶאֱהָבִים בַּחַיִּים, בְּמוֹתָם לֹא נִפְרָדוּ.

אֶת דָּמָם דְּרֹשׁ, כִּי תִשָּׂא אֶת רֹאשׁ, שֶׁל כָּל נִדָּף לְעָלִים הַטְּרוּפִים
כָּל נַפְשׁוֹת מֵת, בִּימֵי שֶׁבֶר וָשֵׁאת, שִׁשָּׁה אַלְפֵי פְעָמִים אֲלָפִים
שְׁלִישִׁיָּה לְבָעֵר, בְּבְרַק זַעַם סוֹעֵר, מִכַּרְמֵי הַחֶמֶד אָהַבְתָּ
גּוֹאֵל הַדָּם, נָא זְכֹר צַעֲרָם, אַל תִּמְחֶה מִסֵּפֶר כָּתַבְתָּ.

זְכֹר הַנְּאָקוֹת, וְרַעַשׁ צְעָקוֹת, אָז יוּבְלוּ לָרֶצַח
יְאוֹרֵי דְמֵיהֶם, וְדִמְעוֹת פְּנֵיהֶם, לֹא תִשָּׁכַחְנָה לָנֶצַח
כָּל חִיל וּגְנִיחָה, וּנְהִי צְרִיחָה, מִשְׁדּוּדֵי לַהֲקוֹת הַכְּלָבִים
זְכֹר וּסְפֹר, בְּנֹאדְךָ צְרֹר, עַד עֵת נְקֹם עֶלְבּוֹן עֲלוּבִים.

בְּמַחֲנוֹת הַפְּרָאִים, כְּאֵב וּנְגָעִים, וּפַחֵי נְפָשׁוֹת עֲגוּמוֹת
חֲרָפוֹת וּצְחוֹק, כְּלִמּוֹת וָרֹק, פִּצְעֵי הַכָּאוֹת אֲיֻמּוֹת
וּרְעָבוֹן, צִמָּאוֹן, שִׁגָּעוֹן, עִצָּבוֹן, וְכִשָּׁלוֹן נֶחֱלָשִׁים בְּלִי כֹחַ
וְכָל נַאֲקוֹת חָלָל, מִכָּל יָחִיד אֻמְלָל, חָלִילָה לְךָ מִלִּשְׁכֹּחַ.

וְתִימְרוֹת עָשָׁן, וְקִיטוֹר מִכִּבְשָׁן, תִּלֵּי תִלִּים עֲצָמוֹת וְגִידִים
וְחַדְרֵי הָרַעַל, קוֹל שְׁאָגוֹת מִקָּהָל, הַנֶּחֱנָקִים תּוֹךְ תָּאֵי הָאֵדִים
וְסִרְחוֹן גּוּפוֹת, וּגְוִיּוֹת סְגוּפוֹת, גָּלַל דֹּמֶן אַדְמַת נוֹאֲצִים
אֵיךְ הָפְכוּ טוֹרְפֵיהֶם, לְבוֹרִית חֶלְבֵּיהֶם, וְעוֹר אִישׁ לְקִשּׁוּטֵי הַנָּשִׁים.

וּקְרִיצַת אֶצְבָּעוֹת, שֶׁל רָאשֵׁי הַפְּרָעוֹת,
לְיָמִין שִׁעְבּוּד פֶּרֶךְ, צַלְמָוֶת לִשְׂמֹאל
וְאֵיךְ יָרוּ יְרִיּוֹת, עַל חוֹפְרֵי הַבּוֹרוֹת, בְּיִסּוּרֵי חִבּוּט קֶבֶר הוֹרִידוּם שְׁאוֹל
אֵיךְ עִנּוּ אַחְיוֹתֵינוּ, וְסֵרְסוּ בְּנוֹתֵינוּ,
כּוֹסוֹת תַּרְעֵלָה מִידֵי רוֹפְאִים אַכְזָרִים
וּפְלִיטֵי הַשְּׂרִידִים, בִּמְחִלּוֹת וּסְתָרִים, וְטִמְיוֹן יְלָדִים בְּבָתֵּי שְׁמַד כְּמָרִים.

שֶׂה תָמִים לְעוֹלָה, דַּם בְּנֵי הַגּוֹלָה, הוֹי אֲרִיאֵל מִגְּבֹלֶת חֲסִידֶיךָ
צֹאן קָדָשִׁים מִי יִמְנֶה, אֲשֶׁר אֵשָׁם לֹא תִכְבֶּה,
בְּחוּנֶיךָ הָיוּ מְקַדְּשֵׁי שְׁמֶךָ
בְּקוֹל שְׁמַע יִשְׂרָאֵל, מָסְרוּ נֶפֶשׁ לָאֵל, שֶׁהוּא יַאַסְפֵם, וְעַד יוֹם אַחֲרוֹן
הִצְדִּיקוּ דִּין, וְאַף אֲנִי מַאֲמִין עָנוּ, וְשָׁרוּ שִׁירַת בִּטָּחוֹן.

וּבְכֵן נִשְׁאַר עַם, כְּיָתוֹם נִדְהָם, בְּלִי קְבָרִים לְהִשְׁתַּטֵּחַ
וְלֹא מַצֵּבוֹת, אֵיפֹה לִבְכּוֹת, יְבָבוֹת לֵבָב רוֹתֵחַ
רַק נִסְכֵי הַדָּם, אַזְכָּרָתָם, תּוֹסְסִים בְּלִי שׁוֹכֵחַ
וְהָרֵי אָפְרֵי עֲקֵדָתָם, תְּרוּמוֹת דִּשְׁנֵי מִזְבֵּחַ.

מִי יְמַלֵּל, צַעַר יִשְׂרָאֵל, אֲשֶׁר דַּעְתּוֹ מִכְּאֵב נִטְרֶפֶת
וּשְׁאֵרִית הַפְּאֵר, כִּמְעַט מִזְעֵיר, וְאֵיךְ קוֹמָתָהּ הַיּוֹם נִכְפֶּפֶת
אֵל חַי מְרַחֵם, עֲדָתְךָ נַחֵם, אֲשֶׁר לְךָ מְאֹד נִכְסֶפֶת
אוֹר חָדָשׁ תַּזְרִיחַ, קַרְנֵי הוֹד תַּצְמִיחַ, וְרוּחַ אֱלֹהִים מְרַחֶפֶת.

מז | זכרו נא וקוננו

קינה זו חיברה הרב שלמה הלברשטם, האדמו"ר מבובוב – ניצול שואה, אשר משפחתו נרצחה על קידוש השם.

זִכְרוּ נָא וְקוֹנְנוּ כָּל יִשְׂרָאֵל, קוֹלְכֶם יִשָּׁמַע בָּרָמָה
כִּי הִשְׁמִידָה גֶּרְמַנְיָה אֶת עַמֵּנוּ בִּימֵי זַעַם הַמִּלְחָמָה
בְּמִיתוֹת מְשֻׁנּוֹת אַכְזָרִיּוֹת, בָּרָעָב וּבַצָּמָא
אַל תִּשְׁכְּחוּ בְּכָל הַדּוֹרוֹת, עֲדֵי תִּזְכּוּ לִרְאוֹת בַּנֶּחָמָה

צַעֲקָתָם וּבְכִיּוֹתֵיהֶם, צְפוּפִים וּסְגוּרִים בַּקְּרוֹנִים
כַּצֹּאן לַטֶּבַח יוּבְלוּ לִשְׂרֵפָה בַּכִּבְשׁוֹנִים
קוֹל שַׁוְעָם יִזָּכֵר תָּמִיד לִפְנֵי שׁוֹכֵן מְעוֹנִים
בְּקָרְאָם שְׁמַע יִשְׂרָאֵל, מָסְרוּ נַפְשָׁם לַאֲדוֹנֵי הָאֲדוֹנִים

רָאשֵׁי יְשִׁיבוֹת וְתַלְמִידֵיהֶם, וַהֲמוֹנֵי עַמְּךָ שָׁמָּה
הֶעֱבִידוּם בְּעִנּוּיִים קָשִׁים, וַהֲרָגוּם בְּיָד רָמָה
דְּמֵי יְלָדִים רַכִּים צוֹעֲקִים אֵלֶיךָ מִן הָאֲדָמָה
נְקֹם נִקְמַת טַף וְנָשִׁים, לֹא תְחַיֶּה כָּל נְשָׁמָה

עַל שְׂרֵפַת אַלְפֵי מִדְרָשׁוֹת וּבָתֵּי כְנֵסִיּוֹת
רִבְבוֹת סִפְרֵי תוֹרָה וְלוֹמְדֶיהָ, נְקוֹנֵן בִּשְׁאִיּוֹת
שִׁלְּחוּ בָאֵשׁ מִקְדְּשֵׁי אֵל, הִצִּיתוּ וְעֵינֵינוּ צוֹפִיּוֹת
יְשַׁלֵּם הַמַּבְעִיר אֶת הַבְּעֵרָה, יָדִין בַּגּוֹיִם מָלֵא גְוִיּוֹת

זַעֲקוּ שָׁמַיִם וַאֲדָמָה עַל אַלְפֵי עֲיָרוֹת מִבְצְרֵי תוֹרָה
אַרְצוֹת אֵירוֹפָּה וּקְהִלּוֹתֶיהָ, נוֹחֲלֵי וּמְקַיְּמֵי מְסוֹרָה
צַדִּיקִים זְקֵנִים וַחֲסִידִים, דְּבֵקֵי אֱמוּנָה טְהוֹרָה
מִיּוֹם גָּלִינוּ מֵאַרְצֵנוּ, לֹא הָיָה כָּזֶה כִּלָּיוֹן נוֹרָא

רַחֵם עַל שְׁאֵרִיתֵנוּ, הַבֵּט נָא מִשָּׁמַיִם
לְמַחֲנוֹת הַקְּדוֹשִׁים, פִּי עֶשֶׂר כְּיוֹצְאֵי מִצְרָיִם
קוֹמֵם בֵּית קָדְשֵׁנוּ, וְנַחֲמֵנוּ בְּכִפְלַיִם
רוֹמְמֵנוּ, וַהֲבִיאֵנוּ לְצִיּוֹן וִירוּשָׁלַיִם.

מח | איכה תפארתנו

קינה לשש מאות ריבוא קדושי שואת תרצ״ט–תש״ה׳ מאת הרב אברהם רוזנפלד,
נדפסה לראשונה ב׳סדר קינות השלם לתשעה באב׳, לונדון תשכ״ה.

סימן א״ב (משולש)

אֵיכָה תִּפְאַרְתֵּנוּ מֵרָאשֵׁינוּ הִשְׁלַכְתָּ
אֵיכָה פָּנֶיךָ מִמֶּנּוּ הִסְתַּרְתָּ
אֵיכָה קָצַפְתָּ וְלֹא חָמַלְתָּ.

בְּלֵב נִשְׁבָּר וְנִדְכֶּה, בְּיוֹם צוֹם וַעֲצָרָה
בָּאנוּ לְפָנֶיךָ לִסְפֹּד וְלִבְכּוֹת בְּקִינָה וּבִילָלָה
בְּזָכְרֵנוּ אֶת קְדוֹשֵׁי הַשּׁוֹאָה תרצ״ט–תש״ה.

גְּאוֹן יַעֲקֹב אֲשֶׁר אָהַבְתָּ שִׁבַּרְתָּ.
גָּדַעְתָּ רָמֵי הַקּוֹמָה, וְהַגְּבֹהִים הִשְׁפַּלְתָּ
גַּפְנֵנוּ לְשַׁמָּה וּתְאֵנָתֵנוּ לִקְצָפָה שַׂמְתָּ.

דָּבְקוּ עַצְמֵינוּ לְעוֹרֵנוּ וּבְשָׂרֵנוּ
דָּכֹה דִּכִּיתָ לָאָרֶץ חַיֵּינוּ
דָּלְפָה מִתּוּגָה וַאֲנָחָה נַפְשֵׁנוּ.

הַנֶּאֱהָבִים וְהַנְּעִימִים, הַיְשָׁרִים וְהַתְּמִימִים
הָטְעֲנוּ בַּקְּרוֹנוֹת כִּכְבָשִׂים וּבְקָרִים
הַחֹם מַחֲנִק, וְהַפְּתָחִים חֲתוּמִים.

וָתִיקִים יוֹשְׁבִים עַל הָאָרֶץ דּוֹמְמִים
וּמָה הָיְתָה חַטָּאתָם, הֵם שׁוֹאֲלִים
וְלָמָּה נִגְזַר הַדִּין בְּלִי רַחֲמִים.

זָכוֹר תִּזְכֹּר אֶת צַעֲקַת הָעֲנָוִים
זַעֲקַת הַיְתוֹמִים הַגַּלְמוּדִים וְהַנֶּעֱזָבִים
זִלְזוּל חֲכָמִים, וְתַלְמִידֵיהֶם הָאֲהוּבִים.

חַיָּלִים רָאשֵׁי בֵּית אָבוֹת גִּבּוֹרִים
חֲלָלִים וּמְדֻקָּרִים נָפְלוּ מִלְיוֹנִים
חֶרְפָּה וּמְשַׁמָּה הָיְתָה לַגּוֹיִם.

טִפַּחְנוּ וְרִבִּינוּ, הָאַכְזָר כִּלָּם וְהֶשְׁמִם
טָרוֹף טָרְפוּ כִּזְאֵבִים לִשְׁפֹּךְ דָּמָם
טֶבַח שֵׁשׁ מֵאוֹת רִבּוֹא מִי זָמָם.

יָרְדוּ חַיִּים שְׁאוֹלָה, בִּשְׁמַע יִשְׂרָאֵל וּבַאֲנִי מַאֲמִין
יָצְאוּ נִשְׁמוֹתֵיהֶם מְעֻטָּרִין בְּטַלִּית וּתְפִלִּין
יֵבֹשׁוּ וְיִכָּלְמוּ וְיִהְיוּ כְּאַיִן הָרוֹצְחִין.

כָּלָה שְׁאֵרֵנוּ וּלְבָבֵנוּ עַל שֶׁבֶר חֶלְקֵנוּ
כֻּלָּנוּ נוֹשְׂאִים קִינָה בְּאָבְדַן חֲצִי עַמֵּנוּ
כִּי שְׁקוּלָה הַשּׁוֹאָה כִּשְׂרֵפַת בֵּית אֱלֹהֵינוּ.

לְאוֹשְׁוִיץ בּוּכֶנְוַלְד, בֶּרְגֶן־בֶּלְזֶן, דַּאכַאוּ, מֵידַנֶק וּטְרֶבְּלִינְקָה
לָקְחוּ וְהָדְחֲקוּ בְּחַדְרֵי גָז, וְנִשְׂרְפוּ בְּמוֹקְדוֹת הַכִּבְשָׁנִים בְּחֶרְפָּה
לָחֲמוּ הַקְּדוֹשִׁים הַטְּהוֹרִים, וְנָפְלוּ כַּגִּבּוֹרִים בְּגֵיטוֹ וַרְשָׁה.

מִכָּל פִּנָּה זוֹעֲקִים דְּמֵיהֶם הַקְּרוֹשִׁים
מָתַי יָבוֹא קֵץ לַפְּגָעִים הָאֲנוּשִׁים
מִסְפֵּד מַר וְקִינָה שְׂאוּ עַל הַקְּדוֹשִׁים.

נָאֲצוּ הַנּוֹאֲצִים אֶת הַבְּרִית וְאֶת תּוֹרָתֵנוּ
נָפְלוּ עָלֵינוּ מְחָרְפֶיךָ, וַנִּבְכֶּה בַּצּוֹם נַפְשֵׁנוּ
נָפְלָה עֲטֶרֶת רֹאשֵׁנוּ, אוֹי נָא לְנַחֲלָתֵנוּ.

סִפְרֵי תוֹרָה לִגְזָרִים קָרְעוּ וְטִמְּאוּ בִּידֵיהֶם
סָרְקוּ בְּשַׂר שְׁאֵרֵנוּ, וְעוֹרָם הָפְכוּ לְקִשּׁוּטֵיהֶם
סִפְדוּ וְחִגְרוּ שַׂק, וְהֵילִילוּ עֲלֵיהֶם וְעַל טַפֵּיהֶם.

עֵינֵינוּ זוֹלְגוֹת דָּם דְּמָעוֹת
עַל שְׂרֵפַת בָּתֵּי כְּנֵסִיּוֹת
עַל הֲרִיסַת יְשִׁיבוֹת וּבָתֵּי מִדְרָשׁוֹת.

פָּרְצוּ קְהִלּוֹתֵינוּ וְהָרְסוּ עֲדָתֵנוּ
פַּחַד קְרָאָנוּ וּרְעָדָה אֲחָזָתְנוּ
פָּנֵינוּ כִּסְּתָה כְלִמָּה בְּצָרוֹתֵינוּ.

צִיָּה עָרְקוּ בְּחֶסֶר וּבְכָפָן
צְנוּעוֹת בְּנַפְשָׁן שָׁלְחוּ יָדָן
צְעָקָה בְּיַם סוּף נִשְׁמַע קוֹלָן.

קְרוֹבִים וִידִידִים חֲבִיבִים, חֲסִידִים וִישָׁרִים
קְדוֹשִׁים וּטְהוֹרִים, כְּזֹהַר הָרָקִיעַ מַזְהִירִים
קַבְּלֵם וְהַסְתִּירֵם בְּסֵתֶר כְּנָפֶיךָ לְעוֹלָמִים.

רַחוּם, זְכֹר בְּרַחֲמֶיךָ אֶת שְׂרִידֵי נַחֲלָתֶךָ
רִבּוֹן הָעוֹלָמִים, הָסֵר דְּאָגָה וְתוּגָה מֵעַמֶּךָ
רִשְׁעַת הַגּוֹיִם וְשׂוֹנְאֵי יִשְׂרָאֵל תְּעַקֵּר בְּזַעְמֶךָ.

שְׁבוּיִם הַדְּרֵר, וּפְקַח קוֹחַ לַאֲסוּרֵנוּ
שֶׁמֶן שָׂשׂוֹן תַּחַת אֵבֶל תְּעַטְּרֵנוּ
שָׁלוֹם וְשַׁלְוָה תָּשִׂים לָנוּ וּלְאַרְצֵנוּ.

תָּרִים קַרְנֵנוּ וְתָחִישׁ גְּאֻלָּתֵנוּ בִּמְהֵרָה בְּיָמֵינוּ
תָּגֵל עֲרָבָה וְתִפְרַח כַּחֲבַצֶּלֶת יִשְׂרָאֵל מְדִינָתֵנוּ
תְּבָרְכֵנוּ בְּבִרְכַּת אַבְרָהָם יִצְחָק וְיַעֲקֹב אֲבוֹתֵינוּ.

מט | אלי, אלי

קינה זו חיברה יהודה לייב ביאלר כאשר חזר לוורשה שנה לאחר השואה.
הקינה בנויה במתכונת 'אֱלִי צִיּוֹן וְעָרֶיהָ' (עמ' 199)
ובקהילות רבות נאמרת לפניה באותו ניגון.

אֱלִי, אֱלִי, נַפְשִׁי, בְּכִי
וְזַעֲקִי, בַּת יִשְׂרָאֵל
מִסְפֵּד שְׂאִי וְהִתְיַפְּחִי
אָכְלָה הָאֵשׁ בְּיִשְׂרָאֵל.

עַל טֶבַח עָם, אֲשֶׁר הוּכַן
יִסּוּרֵי שְׁכוֹל, אַשְׁדּוֹת דָּמִים
זָקֵן גַּם טַף לֹא רֻחַם
עַל עֲקֵדָה קָרְבַּן תָּמִים.

עַל עוֹלָלִים, גְּמוּלֵי חָלָב
הַמְרֻטָּשִׁים לְפִי צוּרִים
וְעַל דָּמָם, אֲשֶׁר זָב
בְּרֹאשׁ חוּצוֹת לְעֵין הוֹרִים.

עַל הַקְּהִלּוֹת הַשּׁוֹמֵמוֹת
וְעַל חֻרְבַּן מִקְדְּשֵׁי אֵל
יְקוּדֵי לַהַב שַׁלְהָבוֹת
עָרֵי פְּאֵר בְּיִשְׂרָאֵל.

עֲלֵי דוֹרוֹת אֲשֶׁר נִגְדְּעוּ
דְּמֵי אָבוֹת עַל דְּמֵי בָנִים
בְּגֵיא אוֹשְׁוִיץ תַּמּוּ גָוְעוּ
עֲלֵי מוֹקְדוֹת הַכִּבְשָׁנִים

עֲלֵי כְּלוּאִים, חֲגוּרֵי שַׂק
הַנְּמַקִּים בְּרִבְבוֹתֵיהֶם
בְּטְרֶבְּלִינְקִי וּמֵידָנֶק
וְאֵין מְלַקֵּט עַצְמוֹתֵיהֶם.

עֲלֵי קְרוֹנוֹת, צְפוּפֵי אָדָם
אֲשֶׁר רֻפְּדוּ גָּפְרִית וָסִיד
צִחֵי צָמָא, כְּכְלוֹת נַפְשָׁם
צָעֲקוּ מַיִם וְאֵין מוֹשִׁיט.

עֲלֵי בָנוֹת, אֲשֶׁר עֻלְּפוּ
רְעִיּוֹת בְּנַפְשָׁן שָׁלְחוּ יָדָן
צ״ג הַטְּהוֹרוֹת יַחְדָּו נִסְפּוּ
וְלֹא חֻלַּל תֹּם כְּבוֹדָן.

עֲלֵי קְפוּאִים בִּשְׂדוֹת שְׁלָגִים
יְלָדִים רַכִּים בְּחֵיק אִמָּהוֹת
וְעַל קְדוֹשִׁים הַשּׁוֹאֲגִים
קְבוּרֵי חַיִּים מִתּוֹךְ בּוֹרוֹת.

עֲלֵי גְּוִילִים הַמְחֻלָּלִים
בִּידֵי נָאצִים מְנַאֲצֵי אֵל
טְרוּפִים, קְרוּעִים וּמְגֹאָלִים
בֵּין אַשְׁפַּתּוֹת וְאֵין גּוֹאֵל.

עַל צַדִּיקִים, עַנְוֵי עוֹלָם
נְדִיבֵי עָם, הוֹגֵי תוֹרָה
בְּתָאֵי רַעַל נֶחֱנַק קוֹלָם
נָפְלָה, כָּבְתָה הַמְּנוֹרָה.

עֲלֵי נֹעַר פִּרְחֵי הָעָם
חֲלוּצֵי קְרָב, כְּפִירֵי מְרִי
מוּל זֵדוֹנִים שׁוֹפְכֵי הַדָּם
הִשְׁתַּלְהֲבוּ רִשְׁפֵּי חֳרִי.

עַל נַהֲרוֹת דָּם וּבְכִי
נִקְמַת בְּרִית בַּלֵּב שְׁמוּרָה
בְּקְרָב גֵּטוֹ לְלֹא רְהִי
נֶחְשַׂף הָעֹז טְמִיר גְּבוּרָה.

עֲלֵי קִדּוּשׁ הַשֵּׁם וָעָם
וְעַל נִקְמַת דַּם טְהוֹרִים
בְּתַעֲצוּמוֹת מָסְרוּ נַפְשָׁם
לָחֲמוּ, נָפְלוּ הַגִּבּוֹרִים.

עֲלֵה גִּבּוֹר עַל בָּמֳתֵי עַד
כְּנֵר תָּמִיד בְּהוֹד זֹרְחִים
כָּל נֶטֶף דָּם, קָרְבַּן לְשַׁד
נִזְכֹּר עַד נֵצַח נְצָחִים.

עַל שֶׁבֶר עַם נִשָּׂא קִינָה
כְּבוּלֵי יָגוֹן, עֲטוּיֵי שׁוֹאָה
הֲלָנֶצַח תַּאֲפִיל שִׂנְאָה
וְלֹא תִּפְרֹשׂ הַנְּגֹהָה?

רְאֵה, אֱלֹהִים, עוֹרִי צָפַד
נָפַל לִבִּי, שׂוֹנְאַי קָמִים
הַקְשִׁיבָה שַׁוְעִי, חִישָׁה מִפְלָט
הַצִּילָה נַפְשִׁי מֵאַנְשֵׁי דָמִים.

אֱלִי, אֱלִי, נַפְשִׁי, בְּכִי
וְזַעֲקִי, בַּת יִשְׂרָאֵל
מִסְפֵּד שְׂאִי וְהִתְיַפְּחִי
אָכְלָה הָאֵשׁ בְּיִשְׂרָאֵל.

ציון, הלוא תשאלי

הגרסה המופיעה במחזורי אשכנז לשירו של ר' יהודה הלוי (עמ' 186).

צִיּוֹן, הֲלֹא תִשְׁאֲלִי לִשְׁלוֹם אֲסִירַיִךְ, דּוֹרְשֵׁי שְׁלוֹמֵךְ, וְהֵם יֶתֶר עֲדָרָיִךְ.
מִיָּם וּמִזְרָח וּמִצָּפוֹן וְתֵימָן, שְׁלוֹם רָחוֹק וְקָרוֹב, שְׂאִי מִכֹּל עֲבָרָיִךְ.
וּשְׁלוֹם אֲסִיר תִּקְוָה, נוֹתֵן דְּמָעָיו כְּטַל חֶרְמוֹן, וְנִכְסַף לְרִדְתָּם עַל הֲרָרָיִךְ.

לִבְכּוֹת עֱנוּתֵךְ אֲנִי תַנִּים, וְעֵת אֶחֱלֹם שִׁיבַת שְׁבוּתֵךְ, אֲנִי כִנּוֹר לְשִׁירָיִךְ.
לִבִּי לְבֵית אֵל, וְלִפְנִיאֵל מְאֹד יֶהֱמֶה, וּלְמַחֲנַיִם, וְכָל נִגְעֵי טְהוֹרָיִךְ.
שָׁם הַשְּׁכִינָה שְׁכֵנָה לָךְ, וְהַיּוֹצְרֵךְ פָּתַח לְמוּל שַׁעֲרֵי שַׁחַק, שְׁעָרָיִךְ.
וּכְבוֹד יהוה לְבַד הָיָה מְאוֹרֵךְ, וְאֵין סַהַר וָשֶׁמֶשׁ וְכוֹכָבִים מְאוֹרָיִךְ.
אֶבְחַר לְנַפְשִׁי לְהִשְׁתַּפֵּךְ, בְּמָקוֹם אֲשֶׁר רוּחַ אֱלֹהִים שְׁפוּכָה, עַל בְּחִירָיִךְ.
אַתְּ בֵּית מְלוּכָה, וְאַתְּ כִּסֵּא כְּבוֹד אֵל,
וְאֵיךְ יֵשְׁבוּ עֲבָדִים עֲלֵי כִסְאוֹת גְּבִירָיִךְ.
מִי יִתְּנֵנִי מְשׁוֹטֵט, בַּמְּקוֹמוֹת אֲשֶׁר נִגְלוּ אֱלֹהִים לְחוֹזַיִךְ וְצִירָיִךְ.
מִי יַעֲשֶׂה לִּי כְנָפַיִם וְאַרְחִיק נְדֹד, אָנִיד לְבִתְרֵי לְבָבִי בֵּין בְּתָרָיִךְ.

אֶפּוֹל לְאַפַּי עֲלֵי אַרְצֵךְ, וְאֶרְצֶה אֲבָנַיִךְ לִמְאֹד, וַאֲחוֹנֵן אֶת עֲפָרָיִךְ.
אַף כִּי בְעָמְדִי עֲלֵי קִבְרוֹת אֲבוֹתַי, וְאֶשְׁתּוֹמֵם בְּחֶבְרוֹן עֲלֵי מִבְחַר קְבָרָיִךְ.
הַר הָעֲבָרִים וְהֹר הָהָר, אֲשֶׁר שָׁם שְׁנֵי אוֹרִים גְּדוֹלִים, מְאִירַיִךְ וּמוֹרָיִךְ.
חַיֵּי נְשָׁמוֹת אֲוִיר אַרְצֵךְ, וּמִמָּר דְּרוֹר אַבְקַת עֲפָרֵךְ, וְנֹפֶת צוּף נְהָרָיִךְ.

יִנְעַם לְנַפְשִׁי, הֲלֹךְ עָרֹם וְיָחֵף, עֲלֵי חָרְבוֹת שְׁמָמָה, אֲשֶׁר הָיוּ דְבִירָיִךְ.
בִּמְקוֹם אֲרוֹנֵךְ אֲשֶׁר נִגְנַז, וּבִמְקוֹם כְּרוּבַיִךְ, אֲשֶׁר שָׁכְנוּ חַדְרֵי חֲדָרָיִךְ.
אָגֹז וְאַשְׁלִיךְ פְּאֵר נִזְרִי, וְאֶקֹּב זְמַן, חִלֵּל בְּאֶרֶץ טְמֵאָה אֶת נְזִירָיִךְ.
אֵיךְ יֶעֱרַב לִי אֲכֹל וּשְׁתוֹת, בְּעֵת אֶחֱזֶה כִּי יִסְחֲבוּ הַכְּלָבִים אֶת כְּפִירָיִךְ.
אוֹ אֵיךְ מְאוֹר יוֹם יְהִי מָתוֹק לְעֵינַי, בְּעוֹד אֶרְאֶה בְּפִי עוֹרְבִים פִּגְרֵי בְשָׂרָיִךְ.
כּוֹס הַיְגוֹנִים, לְאַט. הַרְפִּי מְעַט, כִּי כְבָר מָלְאוּ כְסָלַי וְנַפְשִׁי מַמְּרוֹרָיִךְ.
עֵת אֶזְכְּרָה אָהֳלָה אֶשְׁתֶּה חֲמָרֵךְ, וְאֶזְכֹּר אָהֳלִיבָה וְאֶמְצֶה אֶת שְׁמָרָיִךְ.

צִיּוֹן כְּלִילַת יֳפִי, אַהֲבָה וְחֵן עוֹרְרִי לְמֵאָז, וּבָךְ נִקְשְׁרוּ נַפְשׁוֹת חֲבֵרָיִךְ.
הֵם הַשְּׂמֵחִים לְשַׁלְוָתֵךְ, וְהַכּוֹאֲבִים עַל שׁוֹמְמוּתֵךְ, וּבוֹכִים עַל שְׁבָרָיִךְ.
מִבּוֹר שְׁבִי שׁוֹאֲפִים נֶגְדֵּךְ, וּמִשְׁתַּחֲוִים אִישׁ מִמְּקוֹמוֹ אֱלֵי נֹכַח שְׁעָרָיִךְ.
עֶדְרֵי הֲמוֹנֵךְ, אֲשֶׁר גָּלוּ וְנִתְפַּזְּרוּ מֵהַר לְגִבְעָה, וְלֹא שָׁכְחוּ גְּדֵרָיִךְ.
הַמַּחֲזִיקִים בְּשׁוּלַיִךְ, וּמִתְאַמְּצִים לַעֲלוֹת וְלֶאֱחֹז בְּסַנְסִנֵּי תְמָרָיִךְ.
שִׁנְעָר וּפַתְרוֹס הֲיַעַרְכוּךְ בְּגָדְלָם, וְאִם הֶבְלָם יְדַמּוּ לְתֻמַּיִךְ וְאוּרָיִךְ.
אֶל מִי יְדַמּוּ מְשִׁיחַיִךְ, וְאֶל מִי נְבִיאַיִךְ, וְאֶל מִי לְוִיַּיִךְ וְשָׁרָיִךְ.
יִשְׁנֶה וְיַחֲלֹף כְּלִיל, כָּל מַמְלְכוֹת הָאֱלִיל, חָסְנֵךְ לְעוֹלָם, לְדוֹר וָדוֹר נְזָרָיִךְ.

אִוָּךְ לְמוֹשָׁב אֱלֹהָיִךְ. וְאַשְׁרֵי אֱנוֹשׁ, יִבְחַר וִיקָרֵב וְיִשְׁכֹּן בַּחֲצֵרָיִךְ.
אַשְׁרֵי מְחַכֶּה, וְיַגִּיעַ וְיִרְאֶה עֲלוֹת אוֹרֵךְ, וְיִבָּקְעוּ עָלָיו שְׁחָרָיִךְ.
לִרְאוֹת בְּטוֹבַת בְּחִירַיִךְ, וְלַעְלֹז בְּשִׂמְחָתֵךְ, בְּשׁוּבֵךְ אֱלֵי קַדְמוּת נְעוּרָיִךְ.

מפתח הקינות

הקינות לפי סדר האלף בית

116 אאדה עד חוג שמים
180 אבל אעורר
130 אהלי אשר תאבת
164 אז בהלוך ירמיהו
166 אז במלאת ספק
132 אי כה אומר
33 איך מפי בן ובת
168 איך תנחמוני הבל
128 איכה אלי
114 איכה אצת באפך
137 איכה אשפתו
134 איכה את אשר כבר עשוהו
124 איכה ישבה חבצלת השרון
118 איכה תפארתי
270 איכה תפארתנו
272 אלי, אלי
199 אלי ציון ועריה
144 אם תאכלנה
170 אמרתי שעו מני
178 אצבעותיי שפלו
175 אש תוקד בקרבי
34 בליל זה יבכיון
267 הזוכר מזכיריו
153 החרישו ממני ואדברה
149 הטה אלהי אזנך
156 ואת נווי, חטאתי השמימה
146 ואתה אמרת
142 זכור את אשר עשה צר בפנים
31 זכור ה׳ מה היה לנו
269 זכרו נא וקוננו
182 יום אכפי הכבדתי
148 לך ה׳ הצדקה
161 מי ייתן ראשי מים
174 מעוני שמים
36 עד אנה בכייה בציון
158 על אלה אני בוכייה
196 ציון במשפט לכי לך
197 ציון, גברת לממלכות מציריך
186 ציון, הלוא תשאלי (ע״פ הנוסח המקובל)
276 ציון, הלוא תשאלי (ע״פ נוסח שד״ל)
191 ציון, ידידות ידיד
188 ציון עטרת צבי
194 ציון צפירת פאר
187 ציון, קחי כל צרי
190 ציון תקונני עלי
193 שאלי, שרופה באש
111 שבת, סורו מני
35 שומרון קול תיתן
184 שכורות ולא מיין

הקינות לפי מספרן הסידורי

31 א זכור ה׳ מה היה לנו
33 ב איך מפי בן ובת
34 ג בליל זה יבכיון
35 ד שומרון קול תיתן
36 ה עד אנה בכייה בציון
111 ו שבת, סורו מני
114 ז איכה אצת באפך
116 ח אאדה עד חוג שמים
118 ט איכה תפארתי
124 י איכה ישבה חבצלת השרון
128 יא איכה אלי
130 יב אהלי אשר תאבת
132 יג אי כה אומר
134 יד איכה את אשר כבר עשוהו
137 טו איכה אשפתו
142 טז זכור את אשר עשה צר בפנים
144 יז אם תאכלנה
146 יח ואתה אמרת
148 יט לך ה׳ הצדקה
149 כ הטה אלהי אזנך
151 כא ארזי הלבנון
153 כב החרישו ממני ואדברה
156 כג ואת נווי, חטאתי השמימה
158 כד על אלה אני בוכייה
161 כה מי ייתן ראשי מים
164 כו אז בהלוך ירמיהו
166 כז אז במלאת ספק
168 כח איך תנחמוני הבל
170 כט אמרתי שעו מני
174 ל מעוני שמים
175 לא אש תוקד בקרבי
178 לב אצבעותיי שפלו
180 לג אבל אעורר
182 לד יום אכפי הכבדתי
184 לה שכורת ולא מיין
186 לו ציון, הלוא תשאלי (ע״פ הנוסח המקובל)
276 לו ציון, הלוא תשאלי (ע״פ נוסח שד״ל)
187 לז ציון, קחי כל צרי
188 לח ציון עטרת צבי
190 לט ציון תקונני עלי
191 מ ציון, ידידות ידיד
193 מא שאלי, שרופה באש
194 מב ציון צפירת פאר
196 מג ציון במשפט לכי לך
197 מד ציון, גברת לממלכות מצירייך
199 מה אלי ציון ועריה
267 מו הזוכר מזכיריו
269 מז זכרו נא וקוננו
270 מח איכה תפארתנו
272 מט אלי, אלי

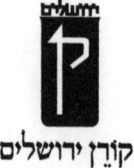

ירושלים

קורֵן ירושלים